국제투자협정의 예외조항 연구

- 규제권한과의 균형을 위한 예외조항 모색 -

유민총서

06

제3회 홍진기법률연구상
수 상 논 문

국제투자협정의 예외조항 연구

- 규제권한과의 균형을 위한 예외조항 모색 -

| 김보연 지음 |

홍진기법률연구재단

책머리에

　국제투자협정은 투자보호 목적의 조약이다. 오늘날에는 공공이익을 보호하는 규범으로도 의미가 있다. 이 책의 문제의식은 국제투자협정의 투자보호 의무가 투자유치국에게 구조적으로 불균형하게 형성되었다는 데에서 출발한다. 투자유치국의 규제조치에 대해 많은 투자분쟁이 제기되고 있으나 투자유치국의 규제권한을 어떻게 균형 있게 고려할 것인지에 관해서는 충분히 논의되지 못하였다. 그러나 최근 일부 국제투자협정을 중심으로 예외조항 도입이 중요한 실행으로 대두되고 있다. 이에 그 동안 국제투자협정의 규제권한 논의를 검토하고 기존 예외조항 실행의 한계를 분석하였다. 이러한 분석에 기초하여 국제투자협정에서 규제권한과의 균형을 위한 예외조항 모델을 제시하고자 하였다.

　국제투자협정에서 규제권한 행사에 관한 불균형이 나타나는 원인은 두 가지이다. 국제투자협정은 투자유치국의 재량권 행사를 제한하기 위한 조약으로 출발하였고, 최근에는 투자유치국의 정당한 규제목적에 근거한 조치에 대해서도 투자분쟁이 제기되고 있기 때문이다. 국제투자협정에서 투자보호와 규제권한 간의 관계가 응집되어 나타나는 조항이 바로 예외조항이다. 국제투자협정에서는 다양한 명칭과 형태의 예외조항이 존재하였지만 적용되는 주제와 범위에서 제한적이었으며, 실체적 의무에 따라 예외조항의 적용 여부가 상이하였다. 이에 따라 국제투자협정의 예외조항은 투자유치국의 규제권한을 균형 있게 고려하려는 목적으로는 불충분하고 제한적으로 여겨졌다. 국제투자협정의 예외조항을 해석한 아르헨티나 투자분쟁 사건에서 예외조항을 엄격하고 제한된 의미로 해석하면서 이러한 문제가 확인되었다.

국제투자협정에서 투자보호 의무와 규제권한 간의 균형을 확보하는 방법은 다양하다. 그러나 이 책은 최근 국제투자협정의 실행으로서 캐나다, 인도, EU, 일본, 한국의 일부 국제투자협정에서 확인되는 일반적 예외조항에 주목하였다. 국제투자협정별로 예외조항의 내용과 형태는 상이하지만 투자유치국의 규제권한을 점차 확장하려는 경향이 확인된다. 다양한 국제투자협정 실행이 투자보호 의무와 투자유치국 규제권한 간의 전반적 균형 확보로 연결되려면, 실체적 의무 조항 전반에 대해 규제권한 허용범위를 제시한 구체적 근거조항이 필요하다.

이 책에서는 최근 국제투자협정에서 규정된 여러 예외조항 실행을 종합적으로 검토함으로써 국제투자협정상 의무에 공통적으로 적용될 예외조항의 요소를 추출하였다. 하나의 예외조항에서 허용되는 규제조치의 범위를 명확하게 제시함으로써 국제투자협정에서 규제권한을 고려하는 일관된 해석을 도모할 수 있다. 모델조항에서는 정당한 정책목표를 구체적으로 규정하고, 일부 예외사유에 대해서는 예외조항의 남용방지를 위한 요건을 규정하였다. 예외조항의 적용범위와 절차적 요건을 고려하여 투자보호 의무와 규제권한의 균형을 재정립하기 위한 예외조항을 제안하였다.

마지막으로, 저자가 박사학위 논문을 완성하기까지 많은 분들이 학은(學恩)을 베풀어주신 데 감사인사를 드리고 싶다. 국제법을 연구하기 시작할 때부터 여러 조언과 격려를 아끼지 않으신 이재민 교수님, 정인섭 교수님, 이근관 교수님, 최태현 교수님께 감사드린다. 그리고 박사학위 논문심사 과정에서 귀중한 조언을 해 주신 신희택 교수님, 박덕영 교수님, 이재형 교수님께 감사드린다. 이제 연구자로서 한 걸음 내딛은 저자에게 우수논문상과 출판의 기회를 준 홍진기법률연구재단에도 감사를 전한다. 오랜 기간 연구하는 동안 물심양면으로 지원해주신 부모님께도 감사드린다.

2019년 8월
저자 김 보 연

차 례

[표 목차]

약어표(Abbreviations)

BIT	Bilateral Investment Treaty
CETA	Comprehensive Economic and Trade Agreement
CJEU	Court of Justice of the European Union
ECtHR	European Court of Human Rights
EU	European Union
FET	Fair and Equitable Treatment
FTA	Free Trade Agreement
GATS	General Agreement on Trade in Services
GATT	General Agreement on Tariffs and Trade
ICJ	International Court of Justice
ICSID	International Centre for Settlement of Investment Disputes
IIA	International Investment Agreement
ILC	International Law Commission
MFN	Most Favored Nation
NAFTA	North American Free Trade Agreement
OECD	Organization for Economic Cooperation and Development
PCIJ	Permanent Court of International Justice
RIAA	Reports of International Arbitral Awards
TFEU	Treaty on the Functioning of the European Union
TPP	Trans-Pacific Partnership Agreement
TTIP	Transatlantic Trade and Investment Partnership Agreement
UNCTAD	United Nations Conference on Trade and Development
WTO	World Trade Organization

제1장

서　　론

제1절　문제제기

1. 논의배경

국제투자협정은 투자보호 목적의 조약으로 출발했다. 국가들은 국제투자협정을 체결함으로써 외국인투자를 보호하고 유치하며 궁극적으로 경제발전을 도모하고자 한다. 최근에는 투자보호 이외에도 지속가능한 발전과 같은 전 지구적 목표도 협정의 목표로 반영하였다. 국제투자협정이 투자보호에 한정된 양자조약에서 오늘날에는 통상, 투자, 환경, 지적재산권 등 여러 경제사회적 문제를 함께 다루는 포괄적 경제조약의 한 챕터로 다루어지는 경향과도 무관하지 않은 변화이다.[1]

국제투자협정의 체결건수는 2019년 6월 현재 3,300건을 상회한다.[2] 1959년 서독과 파키스탄 간에 최초의 양자 간 투자협정이 체결된 후부터 60년이 넘지 않는 기간에 국제투자협정의 체결건수가 급증하였다. 다

---

[1] United Nations Conference on Trade and Development("UNCTAD"), *World Investment Report 2015* (United Nations, 2015), p. 125 참조. 이 책에서 사용하는 "국제투자협정"(International Investment Agreements: IIAs)이라는 용어는 "양자 간 투자협정"(Bilateral Investment Treaties: BIT)과 "그 밖의 투자협정"(Other IIAs, 혹은 Treaties with Investment Provisions: TIP)을 포괄하는 개념임을 밝혀둔다. 관련 용어의 정의는 UNCTAD의 International Investment Agreements Navigator, Terminology에서 볼 수 있다. <http://investmentpolicyhub.unctad.org/IIA> (2019년 6월 14일 검색) 참조.

[2] UNCTAD, *World Investment Report 2019* (United Nations, 2019), p. 99. 2019년 6월 현재 국제투자협정의 체결건수는 BIT 2,932건, TIP 387건을 합한 3,319건이다. 이 중 발효된 국제투자협정은 BIT 2,346건, TIP 313건을 합한 2,659건이다. <http://investmentpolicyhub.unctad.org/IIA> (2019년 6월 14일 검색) 참조.

만 많은 국가들이 국제투자협정을 체결하였으나 국제투자협정에 참여하는 정도가 현재의 국제투자협정 체제에 대한 만족도를 반영하지는 않는다.[3]

국제투자협정의 대표적인 구조적 쟁점으로 국내규제 위축(regulatory chill) 문제가 있다.[4] 국내규제 위축은 두 가지 차원에서 발생할 수 있다. 첫째는 투자유치국이 외국인투자 유치를 위해 국제자본의 선호도에 따라 환경, 보건, 안전 등의 공공정책 분야에서 관련 국내규제의 수준을 자발적으로 낮추는 현상이다.[5] 투자유치국의 규제조치는 국내에서 활동하는 외국인 투자자들에게도 동등하게 영향을 미치므로 국제자본은 대체로 국내규제 수준이 낮은 개발도상국을 선호하는 경향이 있다.[6] 둘째는 투자유치국 정부가 투자분쟁에 제소될 가능성을 우려하여 적극적인 규제조치가 요구되는 영역에서 소극적인 조치를 취하는 현상이다.[7]

또한, 투자보호의무와 투자유치국의 규제목표가 충돌하는 경우 투자유치국의 정당한 규제조치를 확보할 방안이 상대적으로 미흡하다는 문제도 제기된다. 이에 따라 최근 국제투자협정에서 규제권한을 확보하기 위한 방안이 여러 수준에서 논의되고 있다.[8] 기존에 체결된 대부분의

---

3) UNCTAD, *World Investment Report 2015*, p. xi 참조.

4) 일본 문헌에서는 "regulatory chill"를 "規制의 萎縮"이라고 번역하고 있다. 일본 구글 (2017년 4월 3일 검색) 참조. 국내 논문에서도 "chilling effect"를 "국가 규제권 행사에 대한 위축 효과"라고 소개하고 있다. 장승화, "한미 FTA 투자 관련 협상에서 나타난 몇 가지 쟁점에 관한 연구", 『국제거래법연구』 제15권 제2호 (2006), p. 21 참조. 이 책은 이를 "규제위축"이라고 번역하고자 한다.

5) Christine Côte, *A Chilling Effect?: The Impact of International Investment Agreements on National Regulatory Autonomy in the Areas of Health, Safety and the Environment*, A Thesis for Doctor of Philosophy (London School of Economics and Political Science, 2014), pp. 20~21, 각주 21 참조.

6) 1960년대부터 1990년대까지 국제자본의 이동방향이 미국, 유럽 등 선진국에서 남아메리카와 아시아의 개발도상국으로 이루어진 것은 개발도상국의 국내규제 수준이 선진국보다 낮은 것과도 관련이 있다.

7) Lone Wandahl Mouyal, *International Investment Law and the Right to Regulate: A Human Rights Perspective* (Routledge, 2016), p. 67 참조.

국제투자협정은 투자유치국이 타방 체약당사국 투자자에 대해 부담하는 투자보호 의무의 내용을 명시하였으나 규제권한에 관해서는 충분히 규율하고 있지 않았다.

이 연구는 기존 국제투자협정에서 규율하는 투자보호 의무의 내용이 투자유치국에게 구조적으로 불균형하게 형성되었다는 문제의식에서 출발한다. 정당한 규제목표를 위해 취한 조치를 투자협정 체제에서 보장하기 위한 수단으로서 다양한 예외조항이 제시되었지만 기존 국제투자협정의 실행에는 한계가 있다. 규제권한과의 균형을 고려한 예외조항을 도입하여야 한다는 점을 검토한다.

국제법에서는 예외조항을 도입하여 국가의 규제권한 확보를 위한 조약상 안전장치를 마련하고 구체적인 해석론을 발전시켰다. 대표적으로 긴급피난 항변은 관습국제법상 국가의 예외적인 조치가 허용되는 항변으로서 인정되었다. 반면, 국제투자협정에서는 규제권한 확보를 위해 어떠한 예외조항을 넣을 것인지에 관한 논의가 시작단계에 있다. 국제투자협정은 통일된 다자조약 체결에 이르지 못하였고 중재판정부의 판정을 통한 법리 형성에서도 일관되지 않은 판례로 인한 문제가 있다.[9] 이처럼 기존 투자협정을 통한 일관된 법리형성에 한계가 있으므로 국제투자협정의 조약문을 명확히 제시하는 것이 규제권한을 고려한 협정 체제를 마련하기 위한 안정적인 대안이다.

---

8) Stephan W. Schill, "International Investment Law and Comparative Public Law", Stephan W. Schill (ed.), *International Investment Law and Comparative Public Law* (Oxford University Press, 2010), p. 9 참조.
9) Susan Franck는 투자분쟁에서의 비일관성 문제를 세 가지로 정리하고 있다. 첫째는 동일한 실체적 의무조항에 대한 각 중재판정부의 판정 내용이 상이한 경우이다. 둘째는 동일한 사실관계, 관련 당사자, 유사한 투자자 권리가 문제된 분쟁에서 서로 다른 판정이 내려지는 경우이다. 셋째는 유사한 사실관계나 유사한 투자자 권리가 문제된 분쟁에서 서로 다른 판정이 내려지는 경우이다. Susan D. Franck, "The Legitimacy Crisis in Investment Treaty Arbitration: Privatizing Public International Law Through Inconsistent Decisions", *Fordham Law Review* (2005), pp. 1545~1546 참조.

국제투자협정에서 규제권한 문제는 새로운 쟁점은 아니다. 다수의 국제 판례와 학설에서 규제권한 문제가 논의되었다.[10] 국제투자협정의 과제로서 주요 국가들과 국제기구에서도 검토되었다. 예컨대 미국과 캐나다의 모델투자협정에서 비차별적 공공복지 목표에 관한 예외와 금융건전성에 관한 예외를 도입하였고, EU와 호주도 자유무역협정(Free Trade Agreement: FTA) 투자챕터에서 공공복지 목표에 관한 예외를 간접수용 부속서 또는 투자챕터에 적용되는 일반적 예외조항을 통해 도입하고 있다. UNCTAD와 OECD에서는 투자보호와 규제권한 간의 균형이 필요하다는 기본적 논의가 전개되었다.[11] 국가실행의 점진적 변화를 고려할 때 국제투자협정에서 투자보호와 규제권한을 균형 있게 구현하는 방안으로서 예외조항에 관한 국제법적 검토가 필요하다.

2. 연구목적

이 연구는 국제투자협정에서 투자자 이익과 투자유치국의 규제권한 간의 균형을 확보하기 위한 수단으로 예외조항의 의의를 검토하고, 그동안 국제투자협정의 예외조항 실행에서 어떠한 문제점이 있었는지를 확인하고자 한다. 이를 통해 가능한 범위에서 규제권한과의 균형을 위한 예외조항을 제시하는 것을 목적으로 한다.

WTO 협정의 일반적 예외조항은 국제투자협정에서 고려할 수 있는 하나의 대안으로 살펴본다. WTO 협정에서는 관세 및 무역에 관한 일반협정(General Agreement on Tariffs and Trade: GATT) 제20조 혹은 서비스

---

10) Schill, *supra* note 8, p. 7 참조.
11) UNCTAD, "Taking Stock of IIA Reform", *IIA Issues Note,* No. 1 (March 2016), pp. 2~3; David Gaukrodger, "The Balance between Investor Protection and the Right to Regulate in Investment Treaties", *OECD Working Papers on International Investment* (OECD Publishing, 2017) 각각 참조.

무역에 관한 일반협정(General Agreement on Trade in Services: GATS) 제
14조가 규제권한을 확보하기 위하여 처음부터 도입되었다. 일반적 예외
조항에 의하면 국내규제조치가 조약상 의무에 배치(背馳)되더라도 이
조항의 요건에 해당하면 협정에 합치하는 것으로 간주된다. 한편 국제투
자협정에는 다양한 형태와 내용의 예외조항이 존재하지만 WTO 협정과
같은 일반적 예외조항이 포함된 경우는 흔하지 않다. 캐나다, 호주 등
일부 국가들이 체결한 국제투자협정에서 GATT 제20조와 유사한 내용과
형식의 일반적 예외조항이 확인되고 있다.[12]

　국제투자협정에서 예외조항을 통해 규제권한과의 균형을 모색하는 이
유는 다음과 같은 문제 때문이다. 첫째, 예외조항의 부재상황에서 실체
적 의무조항 해석을 통해 투자유치국 규제권한이 충분한 수준으로 보장
될 수 있는지의 문제이다. 중재판정부가 투자유치국의 규제목적을 존중
하여 실체적 의무조항을 해석한다면 규제권한을 적절히 고려할 수 있다.
다만 투자유치국의 규제조치는 본질적으로 주권적 권한 행사의 일환(一
環)이라는 점에서 중재판정부가 국내규제조치에 대해 국제투자협정 합
치 여부를 판단하는 것이 주권을 지나치게 제약하는 것은 아닌지 비판
이 제기되고 있다.[13] 또한, 국제투자협정에 투자보호 의무와의 관계에서
투자유치국의 규제권한 행사가 허용되는 범위를 명시한 조항이 없다면
투자자나 투자유치국, 중재판정부 모두 국제투자협정 하에서 허용되는
규제권한의 범위를 합리적으로 예측하기 어렵다. 따라서 규제권한의 허
용범위를 명시한 예외조항 도입을 검토할 필요가 있다.

　둘째, 예외조항이 없으면 투자분쟁해결절차에서 투자유치국이 행사할

---

12) 예컨대, 2015 China-Australia FTA 투자챕터 제9.8조와 2014 Agreement Between
　　Canada and the Republic of Cameroon for the Promotion and Protection of
　　Investments 제17조가 일반적 예외조항의 사례이다.

13) Gus Van Harten, *Sovereign Choices and Sovereign Constraints: Judicial Constr-
　　aints in Investment Treaty Arbitration* (Oxford University Press, 2013) 참조.

수 있는 방어권이 제한되는지도 문제가 된다. 투자유치국은 자국의 규제
조치가 문제된 투자분쟁 사건에서 조치의 정당한 목적과 필요성을 입증
함으로써 해당 조치가 협정에 위반되지 않는다고 주장할 수 있다. 국제
투자협정에서 예외조항은 실체적 의무조항에 투자유치국의 규제목표를
고려한다는 문구가 들어가는 경우와 차이가 있다. 예컨대 투자자와 투자
유치국 간에 입증책임 분배가 문제될 수 있다. 즉, 투자자는 투자유치국
의 의무위반을 입증하는 반면, 투자유치국 정부는 자국 조치가 예외조항
에 해당하는 조치라는 점을 입증하게 된다. 예외조항은 일단 투자유치국
의 의무위반이 인정된 경우에 투자유치국이 제시할 수 있는 항변이다.

셋째, 예외조항은 국제투자협정에 대한 잠재적 불만국들의 투자협정
체제 이탈을 방지할 수 있는 안전장치라는 점이다. 투자자에 비해 투자
유치국이 불균형하게 의무를 부담한다는 인식에 따라 최근 일부 국가들
이 국제투자협정 체제에서 이탈하거나 투자자-국가 분쟁해결절차 조항
같은 본질적 조항에 대한 동의를 철회하는 움직임을 보이고 있다.14) 국
가들의 투자협정 이탈이 지속된다면 외국인 투자자들은 기존 협정에서
향유하던 투자에 대한 실체적이고 절차적인 보호를 상실할 수 있다. 반
면, 국제투자협정의 예외조항에서 정당한 정책목표를 적절히 반영한다
면 안보, 경제, 금융, 문화 등 여러 영역에서 규제조치를 허용할 수 있다.
예외조항에서 정당한 정책목표를 고려함으로써 기존 국제투자협정에 대

---

14) 볼리비아와 에콰도르, 베네수엘라는 각각 2007년, 2009년, 2012년 ICSID 협약을 탈
퇴하였으며, 다수의 양자 간 투자협정을 종료하였다. 더 나아가 아프리카, 아시아, 라
틴아메리카 국가들은 새로운 투자협정을 체결하기 위한 협상에 참여하지 않겠다고
선언하기도 하였다. ICSID, List of Contracting States and Other Signatories of the
Convention (as of April 12, 2016); UNCTAD, "Denunciation of the ICSID
Convention and BITs: Impact on Investor-State Claims", *IIA Issues Note* No. 2
(December 2, 2010); Caroline Henckels, *Proportionality and Deference in Investor-
State Arbitration: Balancing Investment Protection and Regulatory Autonomy*
(Cambridge University Press, 2015), pp. 4~5; Aikaterini Titi, *The Right to Regulate
in International Investment Law* (Nomos, 2014), pp. 23~26 각각 참조.

한 잠재적 불만을 약화시키고 투자보호라는 근본목적에 대한 국가 간 합의를 재확인할 수 있다.

국제협정에서 예외조항에 대한 기존 논의는 GATT 제20조 또는 GATS 제14조의 성립요건과 그 법적 의미를 규명하는 데 초점을 맞추었다.[15] 예외조항 논의가 국제법 일반이론과 유리(流離)되어 WTO 협정에 특수한 예외조항으로 검토된 이유는 다른 국제협정에는 이와 유사한 조항이 대체로 존재하지 않았기 때문이다. WTO 협정을 일종의 자기완비적 체제(self-contained regime)로 간주하는 시각과도 무관하지 않다.[16]

그러나 이 책에서는 국제법의 한 분야로서 국제투자협정이 어떻게 형성되고 발전했는지의 맥락에서 예외조항의 발전 방향을 모색해 보려고 한다. '일반화'된 예외조항의 도입은 국제투자협정에서 발생하는 투자유치국과 투자자 간 이익충돌(conflict of interests)을 해소할 수 있는 해결방안의 하나를 제시한다.

---

15) Stefan Zleptnig, *Non-Economic Objectives in WTO Law: Justification Provisions of GATT, GATS, SPS and TBT Agreements* (Martinus Nijhoff Publishers, 2010); Ingo Venzke, *How Interpretation Makes International Law: On Semantic Change and Normative Twists* (Oxford University Press, 2012), Chapter Ⅳ; Wenwei Guan, "How General Should the GATT General Exceptions Be?: A Critique of the 'Common Intention' Approach of Treaty Interpretation", *Journal of World Trade*, Vol. 48, No. 2 (2014); Lorand Bartels, "The Chapeau of the General Exceptions in the WTO GATT and GATS Agreements: A Reconstruction", *American Journal of International Law*, Vol. 109, No. 1 (2015) 각각 참조.

16) 자기완비적 체제란 국제법의 일부 분야에서 국제법상 책임추궁절차와는 별개로 해당 분야에 고유한 책임추궁절차가 적용된다는 이론이다. 일부 다자조약에서 이러한 경향이 확인되는바, 외교관계에 관한 비엔나 협약, 다자간 인권협약, WTO 협정이 그 대표적인 사례이다. 자기완비적 체제에 대해서는 Bruno Simma and Dirk Pulkowski, "Of Planets and the Universe: Self-contained Regimes in International Law", *European Journal of International Law*, Vol. 17, No. 3 (2006), pp. 490~491; Martti Koskenniemi & Päivi Leino, "Fragmentation of International Law? Postmodern Anxieties", *Leiden Journal of International Law*, Vol. 15 (2002), pp. 560~562 각각 참조.

제2절 연구의 의의

　기존 연구는 국제투자협정에서 예외조항의 의미를 검토하였으나 정당한 정책목표를 확보하기 위한 조항으로서의 의미를 제한된 범위에서 인정하고 있다. 대표적으로 Andrew Newcombe는 국제투자협정에서 일반적 예외조항이 일반적으로 수용되고 있지 않다는 점을 전제로 일반적 예외조항이 규제상 유연성을 확보하기 위한 적절한 대안인지를 검토하였다. 일반적 예외조항을 정당한 정책목표에 대한 고려를 국제투자협정에 명시적으로 포함시킨 조항이라고 보고, 일반적 예외조항을 통해 실체적 의무조항을 해석하면 규제권한에 대한 고려가 확장될 것인지를 개괄적으로 검토하였다.[17] Newcombe는 정책목표를 반영하려는 취지라면 일반적 예외조항을 도입하기보다는 공공이익과 사적 권리를 비교형량하는 해석방법을 채택하는 것이 효과적이라고 주장하였다.[18] 국제투자협정은 분권화된 조약체제이기 때문에 일반적 예외조항의 도입이 보편화되지 않은 상황에서 이를 도입하면 국제투자협정의 파편화가 심화될 우려가 있다는 것이다.

　Suzanne Spears는 국제투자협정의 예외조항을 국가의 규제권한 확보 방법으로 이해하고, 규제권한을 반영하기 위해 실체적 의무조항을 구체화하는 것과 일반적 예외조항 도입이라는 두 가지 방안을 비교 검토하

---

17) Andrew Newcombe, "General Exceptions in International Investment Agreements", *Draft Discussion Paper* (Prepared for BIICL Annual WTO Conference, May 13-14, 2008, London), <https://www.biicl.org/files/3866_andrew_newcombe.pdf> 참조.

18) Andrew Newcombe, "The Use of General Exceptions in IIAs: Increasing Legitimacy of Uncertainty?", Armand de Mestral & Céline Lévesque (eds.), *Improving International Investment Agreements* (Routledge, 2013), p. 269.

였다.[19] 어떤 방안이 보다 효과적인지에 대해 가치평가를 하기보다는 일반적 예외조항을 도입하는 경우와 실체적 의무조항을 구체화하는 경우에 각각 어떠한 의의가 있으며, 어떠한 한계에 봉착할 수 있는지를 살펴보고 있다.

Aikaterini Titi는 국제투자협정에서 규제권한이 갖는 의미에 주목하여 공공정책 목표를 추구할 권리를 보장하는 구체적인 방법을 검토하였다.[20] Titi는 국제투자협정에서 투자보호와 규제권한 간에 불균형이 있다는 점에서 논의를 전개했다. 국제투자협정에서 규제권한 문제가 반영된 양상을 다양한 주제와 실체적 의무별로 분석하고, 국제투자협정의 실체적 의무와의 관계에서 예외조항의 적용가능성을 검토하였다.

Jürgen Kurtz는 국제투자협정 체제와 WTO 협정 체제가 실제로 융합하고 있는지에 관한 이론적 검토에서 출발하여 국제투자협정에서 일반적 예외조항이 갖는 의의와 한계를 지적하였다. Kurtz에 의하면, 일반적 예외조항은 조약의 해석과 적용에 유연성과 안정성을 도입하였다는 데 그 의의가 있다.[21]

국제투자협정에서 예외조항의 도입 형태를 분석한 연구도 있다.[22] 이

19) Suzanne A. Spears, "The Quest for Policy Space in a New Generation of International Investment Agreements", *Journal of International Economic Law,* Vol. 13, No. 4 (2010).

20) Aikaterini Titi, *The Right to Regulate in International Investment Law* (Nomos, 2014).

21) Jürgen Kurtz, *The WTO and International Investment Law: Converging Systems* (Cambridge University Press, 2016), pp. 170~171 참조.

22) Armand de Mestral, "When Does the Exception Become the Rule?: Conserving Regulatory Space under CETA", *Journal of International Economic Law,* Vol. 18 (2015); Caroline Henckels, "Protecting Regulatory Autonomy through Greater Precision in Investment Treaties: the TPP, CETA, and TTIP", *Journal of International Economic Law,* Vol. 19, Issue 1 (2016); Amelia Keene, "The Incorporation and Interpretation of WTO-Style Environmental Exceptions in International Investment Agreements", *Journal of World Investment and Trade*, Vol. 18, No. 1 (2017); Julie A. Kim, "A Standard Public Order Treaty Carve-out as a Means for

러한 연구에서는 국제투자협정에서 규제권한 확보의 중요성을 다양한 측면에서 검토하고, 이를 국제투자협정의 과제로 제시하였다. 구체적인 접근방법에서는 각 연구가 차이가 있으며 이는 국가실행의 다양성에서 비롯된 것이다.

기존 연구는 규제권한의 고려수단으로서 예외조항이 갖는 의미를 부분적으로 지적하였으나 예외조항을 어떤 형태와 내용으로 도입하여야 하는지에 대해서는 구체적으로 논의하지 않았다. 국제투자협정의 발전 과정에서 예외조항에 관한 논의가 왜 충분히 이루어지지 못했는지, 어떤 방식으로 규제권한에 대한 고려를 투자협정에 반영하는 것이 효과적일지에 대해서 자세히 검토하지 않았다. 이에 이 책은 국제투자협정에서 예외조항의 의미와 실행을 비판적으로 검토한 후 투자협정에서 도입할 예외조항의 원형(原型)을 가능한 범위에서 제시해보려고 한다.

Balancing Regulatory Interests in International Investment Agreements", 서울대학교 박사학위 논문 (2017).

제3절 연구방법론

Karl Engisch가 언급했듯이 모든 법체계에는 법적 불확정(不確定)성, 즉 법의 흠결(欠缺) 문제가 있다.[23] Joseph Raz는 법의 흠결이 발생하는 상황을 두 가지로 구분하여 제시하였다. 첫째는 법이 불확실한 목소리로 말하는 경우이며, 둘째는 법이 여러 목소리로 말하는 경우이다.[24] 국제법에서는 특히 조약 문언이 모호하거나 불명확한 경우에 법의 흠결 문제가 나타난다. Hersch Lauterpacht는 국제법의 흠결이란 특정 주제에 대한 국가들의 의사가 합치하지 않기 때문에 해당 주제에 대한 법적 규율도 불충분하게 나타나는 경우를 의미한다고 했다.[25] 이러한 기존 입장을 종합해 볼 때, 국제사회의 현실이 변화하는 속도와 국제법이 발전하는 속도 사이에 차이가 발생할 때 국제법상 흠결이 나타나게 된다.

국제법의 주체인 국가 간에 법규범의 필요성에는 공감대가 형성되었으나 법규범의 내용에 대하여 입장이 상이한 경우에 법의 흠결이 확인된다. 국내법 체제와는 달리 중앙집권적 입법기관이 없으며, 국가들의 명시적이거나 묵시적인 의사의 합치가 국제법의 연원(淵源)으로 간주되는 국제법에서 법의 흠결 상황이 보다 빈번하게 나타난다.[26]

---

23) 칼 엥기쉬, 안법영·윤재왕 역, 『법학방법론』(세창출판사, 2011) (원서명: *Einführung in das juristische Denken*), p. 229 참조.

24) Joseph Raz, *The Authority of Law: Essays on Law and Morality*, 2nd edition (Oxford University Press, 2009), pp. 70~77; 김혁기, "법해석에 의한 모호성 제거의 불가능성", 『서울대학교 법학』 제50권 제1호 (2009), pp. 130~131 각각 참조.

25) Hersch Lauterpacht, *The Function of Law in the International Community* (Oxford University, 2011), pp. 78~85 참조.

26) 규범의 부재가 입법자의 의도에 기인한 것이라면 법의 흠결이라고 볼 수 없다. 특정 규범의 부재를 법의 흠결로 보려면 그러한 규범이 필요하다는 전제가 충족되어야 한

주로 양자조약의 형태로 국제투자 문제를 규율하고 있는 국제투자협정에서도 세 가지 측면에서 법의 흠결 상황이 확인된다. 첫째는 국제투자협정의 실체적 의무조항이 모호하고 다의적인 표현(open-textured language)으로 규정됨에 따른 불확정성이다. 둘째는 국제투자 문제가 현재 3,300개 이상의 양자조약이나 지역조약으로 규율되면서 실체적 의무에 대한 서로 다른 조약규정들이 공존함에 따른 불확정성이다. 셋째는 규제권한 문제가 중요해진 것에 비해 대부분의 국제투자협정에는 규제권한을 고려한 '일반화'된 조항이 규정되지 않은 흠결 상황이다. 첫 번째와 두 번째의 경우는 규범의 불확정성이 해석의 비일관성과 맞물려 국제투자법의 정당성(legitimacy)에 대해서도 문제를 제기한다.

법의 흠결 상황에서 전통국제법은 "금지되지 않으면 허용된다"라는 PCIJ의 로터스 사건(Lotus case)의 법리를 도입해왔다.[27] 로터스 사건은 국가들을 구속하는 법규는 국가들이 명시적으로나 묵시적으로 합의한 바에서 확인가능하다는 의사주의(意思主義) 원칙을 재확인하였다. 로터스 사건 법리를 국제투자협정 맥락에 적용하면 국제투자협정이 명시적으로 금지하지 않은 범위에서 규제권한 행사는 허용된다고 볼 여지가 있다.

국제투자협정에 투자보호와 규제권한의 균형을 위해 적용 가능한 구체적인 조항이 없는 경우, 관습국제법이나 다른 국제협약을 참조한 해석 원칙을 통해 규제권한의 근거를 찾을 수도 있다. 실제 국제투자분쟁에서 이러한 해석방법을 활용해왔다. 그러나 규제권한의 허용범위를 명시한 조항이 없다면 관습국제법이나 다른 협약을 참조한 해석을 통해 실체적

다. 칼 엥기쉬, 앞의 책 (주 23), p. 235 참조.

27) "국제법은 독립된 국가 간 관계를 규율한다. 그러므로 국가들을 구속하는 법규칙은 협정에 표현되거나 법의 원칙을 표현하는 것으로 일반적으로 수락되고, 이러한 기존의 독립된 공동체 간의 관계를 규율하기 위해 수락되거나 공통의 목적의 달성을 수락하고자 하는 관례에 의해 나타난 국가들의 자유의사로부터 나온다." *Lotus Case, France/Turkey*, PCIJ Series A No. 9 (1927), p. 18 참조.

의무와의 관계에서 규제권한 범위를 명확하게 제시하기는 쉽지 않다. 따라서 중재판정부가 실체적 의무 조항을 해석하면서 일관된 법리를 확인할 수 없다는 추가적인 문제가 나타나고 있다. 일관된 법리가 확인되지 않으면 국제투자분쟁의 효과적인 해결과 법치의 확립도 저해될 수 있다.

이러한 문제의식에서 이 책은 국제투자협정에서 일반화된 형태와 내용의 예외조항의 도입 필요성을 검토하고자 한다. 이러한 예외조항의 도입이 요구되는 이유로 국제투자협정의 기존 조항 해석이나 관습국제법을 참조한 해석으로는 투자보호와의 관계에서 규제권한을 충분히 반영할 수 없다는 점을 분석한다. 이를 위해서는 국제법의 법원(法源)인 조약과 관습이 국제투자 보호와 관련하여 어떻게 형성되고 발전하는지에 대한 검토가 필요하다고 보았다. 이러한 검토에 기초하여 궁극적으로는 국제투자협정의 발전이 가능한지의 문제에 대해 해답을 제시해보고자 한다.

이러한 근본적 문제제기가 가능한 것은 국제법이 국내법과 비교하여 다음과 같은 본질적인 차이가 있기 때문이다. 국내법에서는 입법기관에서 법을 제정하고, 법원에서 구체적 사안에 법을 적용하여 일관된 해석이 이루어지면 법리가 형성된다. 국내입법의 흠결이나 현행법의 합목적적 정당성의 결여로 법의 흠결이 확인되면 재판과정이나 입법과정을 통하여 해소될 것으로 기대된다.[28] 이와 달리 국제법에서는 입법자와 수범자가 모두 국가이며 국제법원의 판결에 선례구속원칙이 적용되지 않

---

28) "그러한 문제는 (해결할 수 없는 딜레마와는 반대로) 관련된 법원에 흠결을 보충할 관할권이 부여된다면 대개 해결가능하다. 만약 특정 법원에 그러한 관할권이 없다면, 법원은 입법이나 상위의 사법절차 같은 다른 수단에 의해 흠결이 보충될 수 있도록 이를 명시하여야 한다." Francois Venter, "Filling Lacunae by Judicial Engagement with Constitutional Values and Comparative Methods", *The Tulane European and Civil Law Forum* (Tulane University School of Law, 2014), p. 79 참조. 반면, 국제법에는 입법기구나 강제력 있는 관할권을 보유한 법원(法院)이 없다. Hugh Thirlway, *The Sources of International Law* (Oxford University Press, 2014), pp. 2~3 참조.

는다.29) 국제법에서는 규범의 흠결 상황에서 해석이나 새로운 규칙의 창출을 통해 흠결을 보충할 관할권을 가진 국제법원이 적용 가능한 법이 부재하거나 불충분하다는 이유로 그에 대한 판단을 제시하지 않는 재판불능(non liquet) 상황이 발생하기도 한다.30)

물론 국제법에서도 유사한 사안에 대해 일관된 판례가 축적됨으로써 재판과정에서 법의 흠결이 보충될 수 있다. 그러나 국제투자분쟁은 주로 당사자들이 구성한 중재판정부가 국제투자협정의 해석과 적용을 담당하면서 일관된 법리가 형성되는 데 어려움이 있다. 이는 수많은 양자 간 투자협정에 의해 투자보호에 대한 법적 규율이 이루어지기 때문에 심화되는 양상을 보이고 있다. 따라서 국제투자협정의 법적 흠결을 보충할 방법은 국제투자협정 조문의 명확화와 구체화를 통한 국제투자협정의 발전에서 찾아야 할 것이다. 이런 점에서 국제법 일반이론과 법학방법론에 대한 검토가 필요하다. Joseph Esser가 언급했듯이 이론이 구체적인 제도나 규범을 창출하지는 않지만, 이론을 통해 입법자와 법관에게 원리, 개념, 범주, 체계관념, 방법론적 기법을 제시해 줄 수 있기 때문이다.31)

이 책에서는 국가의 규제권한을 보장하기 위한 구체적인 조항의 부재, 그리고 규제권한에 관한 해석원칙의 불명확성이 국제투자협정의 흠결인지 살펴본다. 이러한 검토에 기초하여 국제투자협정의 흠결을 발전적으로 해소할 수 있는 방안으로 예외조항의 의미를 분석할 것이다.32)

---

29) 선례구속원칙 부재의 사례로 ICJ 규정 제59조, ICSID 협정 제53조 참조.

30) Ige F. Dekker & Wouter G. Werner, "The Completeness of International Law and Hamlet's Dilemma: Non Liquet, The Nuclear Weapons Case and Legal Theory", Nordic Journal of International Law, Vol. 26 (1999), p. 229 참조.

31) Joseph Esser, Grundsatz und Norm in der Richterlichen Fortbildung des Privatrechts (Mohr, 1990); 김형석, "법발견에서 원리의 기능과 법학방법론-요제프 에써의 『원칙과 규범』을 중심으로", 『서울대학교 법학』 제57권 제1호 (2016) 각각 참조.

32) UN 헌장 제13조 제1항에 의하면, UN총회 산하 국제법위원회(International Law Commission: ILC)는 국제법의 점진적 발전과 법전화를 그 임무로 한다. Alan Boyle

제4절 본문의 구성

이 책에서는 국제투자협정의 기존 예외조항이 갖는 문제점을 분석하고, 기존 예외조항의 내용상 한계와 해석상 한계를 극복하기 위하여 '일반화'된 예외조항을 제시하여야 한다는 점을 주장한다.

제2장에서는 국제투자협정의 목적과 규율대상을 살펴보고 국제투자협정의 역사적 맥락에서 투자보호와 규제권한의 관계를 고찰한다. 국제투자협정에서 투자보호와 규제권한 간에 불균형이 있음을 지적하고, 국제투자협정의 역사적 발전을 관습국제법상 외국인 보호규범에서부터 관련된 법적 쟁점에 비추어 검토한다. 국제투자규범의 발전 과정에서 투자유치국의 정당한 규제권한 행사를 어느 정도 고려할 것인지에 관해 국가들의 입장차가 존재했다. 투자보호와 규제권한의 균형을 어떻게 달성할 것인지에 관해서는 최근 다시 문제가 되었다.

제3장에서는 예외조항의 의의와 해석론을 고찰한다. 국제법상 예외조항의 개념을 개괄적으로 살펴본 후 특히 WTO 협정에서 일반적 예외조항이 어떠한 의의를 갖는 개념으로 제시되고 해석되었는지를 검토한다. 그 다음으로 논의의 초점을 국제투자협정으로 옮겨서 국제투자협정에서 '일반화'된 예외조항이 왜 중요한지를 살펴본다. 국제투자협정에 포함되어 있는 여러 유형의 예외조항들을 검토하고, 최근 국제투자협정에서 확

& Christine Chinkin, *The Making of International Law* (Oxford University Press, 2006), pp. 163~209 참조. 국제투자협정의 경우, OECD와 UNCTAD 등을 통하여 주요 쟁점에 대한 연구 및 규범의 다자화가 시도되었다. Andreas F. Lowenfeld, "Investment Agreements and International Law", *Columbia Journal of Transnational Law,* Vol. 42 (2003~2004), pp. 123~125; UNCTAD, *supra* note 11, "Taking Stock of IIA Reform", pp. 1~14 등 참조.

인되는 일반적 예외조항 도입에 관한 국가실행에 비추어 일반화된 형태의 예외조항을 두는 것이 중요하다는 점을 논증한다.

제4장에서는 국제투자협정상 예외조항의 해석과 관련하여 아르헨티나 투자분쟁 사건에서 제기되었던 해석론을 비판적으로 검토한다. 예외조항을 해석함에 있어서 관습국제법상 긴급피난 항변과 투자협정상 예외조항이 기능면과 내용면에서 갖는 차이를 고려해야 한다는 점을 살펴본다. 또한, 국제투자협정의 예외조항이 허용되는 정책목표를 명확히 규정하지 않고 예외조치의 허용범위도 제한적으로 규정하여 국가의 규제권한 행사를 충분히 고려하지 못하는 내재적 한계가 있다는 점을 주장한다.

제5장에서는 2000년부터 2016년까지 체결·발효된 국제투자협정에서 반영한 예외조항의 실증분석을 기초로 하여, 주요 국가들의 일반적 예외조항에 관한 실행을 분석한다. 국제투자협정에서 확인되는 일반적 예외조항의 유형을 분석한 후, 조약실행에서 확인되는 예외조항의 조문을 검토한다. 이러한 분석을 통해 국제투자협정에서 예외조항이 구체적 예외사유와 적용요건과 관련하여 다양한 형태로 존재하고 있음을 검토한다.

제6장에서는 국제투자협정에서 투자보호와 규제권한 간의 균형 설정을 위해 도입하여야 하는 예외조항의 모델조항을 제안한다. 간접수용 예외, 규제권한이론, 실체적 의무조항의 해석을 통한 규제권한 고려방법을 살펴볼 때 국제투자협정의 해석에 근거하여 투자유치국의 규제권한을 적절한 수준으로 확보하는 데에는 한계가 있으며 규제권한의 허용범위와 행사요건을 구체적으로 제시한 예외조항을 도입하는 것이 국제투자협정의 균형을 재조정하는 대안이 될 수 있다는 점을 분석한다.

이 책에서는 국제투자협정의 다양한 예외조항을 분석하기 위한 자료로서 일차적으로 UNCTAD의 국제투자협정 데이터베이스 *Mapping of IIA Contents*를 참조하였다. 하드데이터와 소프트데이터로 접근할 수 있는 국제투자협정의 조문들을 비교 검토함으로써 각 국의 조약실행을 분석하였다. 또한, 실체적 의무조항이나 예외조항의 해석이 문제된 여러 중재판정부의 판정례를 검토하였다. 관련 판례와 국가실행을 비판적으로 분석함으로써 국제투자협정에서 투자보호와 규제권한 간의 균형을 모색하기 위한 예외조항을 검토하였다.

제2장
국제투자협정과 규제권한 문제

국제투자협정은 투자보호와 투자증진을 목적으로 체결된다. 국제투자협정에서는 투자유치국의 투자보호 의무와 의무위반 시 투자자가 투자유치국을 상대로 제기할 수 있는 분쟁해결절차를 규정하고 있다.[1] 국제투자협정을 통해 해외투자에 대한 안정된 보호규범을 마련해야 한다는 데 국가들의 공감대가 형성되었다. 그러나 투자보호 의무와의 관계에서 투자유치국의 규제권한을 어느 수준으로 어떻게 유지할 것인지는 충분히 검토되지 않았다. 이 장에서는 국제투자협정의 기본구조를 살펴본 후, 투자협정의 역사적 발전에 비추어 규제권한 문제가 어떻게 다루어졌는지를 검토한다.

제1절 국제투자협정의 기본구조

1. 국제투자협정의 목적

투자보호규범이 양자 간 투자협정의 형태로 만들어진 것은 국가들의 의식적인 선택의 결과이다.[2] 국제투자협정은 투자보호 의무를 규정하고 투자자가 투자유치국 정부에 대해 직접 중재절차를 개시할 수 있는 투자자-국가 간 분쟁해결절차도 도입하였다.[3] 이러한 실체적 조항과 절차

---

1) Jeswald W. Salacuse, "The Emerging Global Regime for Investment", *Harvard International Law Journal*, Vol. 51, No. 2 (Summer 2010), pp. 427~428 참조.

2) Martins Paparinskis, *The International Minimum Standard and Fair and Equitable Treatment* (Oxford University Press, 2012), p. 160 참조.

조항을 토대로 하여 국제투자협정의 체약당사국들은 영역 내에서 적절
한 투자보호 수준에 대한 법적 기본틀을 마련하고자 한다.[4]

(1) 투자보호

국제투자협정의 일차적 목적은 투자보호에 있다. 이는 여러 중재판정
을 통해서 확인되었다.[5] 예를 들어 *SGS v. Pakistan* 사건에서 중재판정부
는, "양자 간 투자협정은 투자증진과 상호간 보호를 위한 조약이며, (···)
상대방 영토에서 일방 체약국의 투자자에 의한 투자에 대하여 우호적인
조건을 창출하고 유지하려는 목적"이라고 하였다. 이런 점에서 중재판정
부는 투자협정의 대상인 투자보호에 유리한 방향으로 해석상 불명확성
을 해결하는 것이 타당하다고 하였다.[6]

초기 국제투자협정에서 특히 투자보호 목적이 강조되었다. 초기 국제

---

3) Dolzer와 Schreuer는 투자자의 중재절차 개시권한이 1969년 차드-이탈리아 간 양자
   간 투자협정에서 처음 도입되었다고 한다. Rudolf Dolzer & Christoph Schreuer,
   Principles of International Investment Law, 2nd edition (Oxford University Press,
   2012), pp. 6~7 참조. 그러나 Salacuse에 의하면, 1968년 Indonesia-Dutch BIT 제11
   조에 체약국 국민이 제기한 ICSID 중재에 동의할 의무를 처음 규정하였다. 1968년
   Indonesia-Dutch BIT를 투자자-국가 간 중재절차를 도입한 최초의 투자협정으로 볼
   수 있다. Jeswald Salacuse, *The Law of Investment Treaties,* 2nd edition (Oxford
   University Press, 2015), p. 103 참조.

4) Paolo Bertoli & Zeno Crespi Reghizzi, "Regulatory Measures, Standard of
   Treatment and the Law Applicable to Investment Disputes", Tullio Treves et al.
   (eds.), *Foreign Investment, International Law and Common Concerns* (Routledge,
   2014), p. 28 참조.

5) Anne Van Aaken & Tobias A. Lehmann, "Sustainable Development and Interna-
   tional Investment Law", Roberto Echandi & Pierre Sauvé (eds.), *Prospects in
   International Investment Law and Policy* (Cambridge University Press, 2013), p.
   329 참조.

6) *SGS Société Générale de Surveillance S.A. v. Republic of the Philippines,* ICSID
   Case No. ARB/02/6, Decision of the Tribunal on Objections to Jurisdiction
   (January 29, 2004), para. 116 참조.

투자협정은 관습국제법으로 인정된 수용 시 보상규칙이 투자자에게 충분한 투자보호 수준을 보장하지 못하는 데에 기인하여 체결되었다. 해외투자에 적극 참여해 온 선진국들은 관습국제법상 외국인 보호가 갖는 한계를 극복하기 위해 양자 간 투자협정을 체결하여 투자보호 규범을 명확히 하고자 하였다.[7]

국제투자협정의 체결은 투자유치국의 국내법으로 투자를 규율하는 것이 갖는 한계를 인식하였기 때문이기도 하였다. 해외투자자들은 투자유치국의 국내법만으로는 해외투자가 갖는 위험요소인 국내법제의 급격한 변경, 법 적용상의 차별 같은 문제에 효과적으로 대응하기 어렵다는 점을 우려하였다.[8] 해외투자자들과 투자자 국적국들이 갖고 있던 우려는 1960년대와 1970년대에 현실화되었다.[9] 즉, 개발도상국들은 기존 관습국제법과는 달리 수용에 대한 보상기준을 국내법에서 확인하고자 하였다.[10] 1960년대와 1970년대에 걸쳐 전개된 국유화 과정에서 주로 유럽의 자본수출국들은 자국민의 해외투자재산을 보호해야 한다는 문제의식을 갖게 되었다. 따라서 유럽 국가들은 투자재산에 대한 최소한의 국제적 보호를 보장받기 위하여 양자 간 투자협정을 체결하였다.[11]

투자자 국적국과 투자유치국이 국제투자협정을 체결하는 근본 동기는 상이하다. 투자자 국적국은 자국 국적 투자자의 해외재산을 보호하고 투

---

7) Barnali Choudhury, "International Investment Law as a Global Public Good", *Lewis & Clark Law Review*, Vol. 17 (2013), p. 486; Jeswald Salacuse, "BIT by BIT: The Growth of Bilateral Investment Treaties and Their Impact on Foreign Investment in Developing Countries", *International Lawyers,* Vol. 24, No. 3 (1990), p. 659 참조.

8) Salacuse, *supra* note 7, p. 659 참조.

9) Salacuse, *supra* note 3, p. 125 참조.

10) 국내법에 기초한 수용 시 보상기준에 대한 개발도상국들의 주장에 관해서는 이 책 제2장 제2절 3.을 볼 것.

11) UNCTAD, "Scope and Definition", *UNCTAD Series on Issues in International Investment Agreements II* (New York and Geneva, 2011), p. 1 참조.

자자의 재산상 권리가 침해된 경우 효과적인 법적 구제절차를 마련하는 데 주된 목적이 있지만, 투자유치국은 해외투자를 유치함으로써 경제발전을 도모하고자 한다.12) 투자유치국의 이러한 기대는 안정된 투자환경을 마련하면 투자가 증가하고, 투자의 증가는 경제발전으로 이어진다는 기본 가정에 근거하고 있다.13) 투자유치국의 경우, 외국인 투자자의 경제활동에 관해 일정한 권리를 인정하더라도 그러한 활동으로 인해 자국의 규제정책이 제한되는 정도는 가급적 최소화하고자 한다.

국가들이 투자유치국이나 투자자 국적국의 어느 한 입장에만 놓이는 것은 아니지만 초기 국제투자협정에서는 주로 선진국들이 투자자 국적국의 입장을 대표하고, 개발도상국들이 투자유치국의 입장을 대표하였다. 초기 국제투자협정은 투자자 국적국이 투자보호에 갖는 이해관계와 투자유치를 통해 경제발전을 추구하려는 투자유치국의 이해관계가 합치하여 투자보호 의무를 주된 내용으로 하는 양자 간 협정으로 체결되었다.

(2) 공공이익 보호

1980년대 후반부터 2000년대까지 국제투자협정의 체결건수가 급증했다.14) 국제투자협정은 해외투자를 유치하기 위한 수단일 뿐만 아니라 해외직접투자를 규율하는 표준규범으로 간주되었다.15) 또한, 최근 국제투자협정은 투자유치국의 주권적 권한을 고려하는 협정으로 발전하였다. 특히 투자가 공중보건, 안전, 안보의 유지, 고용이나 환경보호에 미

---

12) Bertoli & Reghizzi, *supra* note 4, p. 29; Karl P. Sauvant, "The Evolving International Investment Law and Policy: Ways Forward", *Policy Options Paper* (International Centre for Trade and Sustainable Development, January 2016), p. 16 각각 참조.

13) Salacuse, *supra* note 3, p. 10 참조.

14) UNCTAD, *World Investment Report 2017* (United Nations, 2017), p. 111, Figure Ⅲ.11 참조.

15) Choudhury, *supra* note 7, p. 487 참조.

치는 영향으로 인해 국제투자협정은 공공이익과 직접 관련된 조약으로
서 중요한 의미를 갖게 되었다.[16]

국제투자협정에서 투자보호뿐 아니라 다양한 공공이익을 고려하게 된
배경은 두 가지 관점에서 설명할 수 있다. 첫째, 기존 국제투자협정이
투자유치국의 주권적 권한을 지나치게 제한한다는 비판에 따라 국제투
자협정을 반성적으로 재검토하였다는 점이다. 즉 대부분의 국제투자협
정은 국가의 주권적 권한을 고려하는 형태로 체결되지 않았다. 그러나
국가들은 자국 영역 내에서 법의 기초를 수립하며, 거시경제의 안정을
포함하여 국가의 정책 환경을 유지하고, 기본적인 사회적 기반시설에 투
자하고, 국내적으로 취약한 부문을 보호하며, 환경을 보호하는 것 등을
근본적인 임무로 하고 있다.[17] 국제투자협정이 규제권한을 제한하는 측
면이 부각되면서 국가가 수행하는 여러 권한 중에서 자신의 역량범위
내에서 어떤 규제권한에 초점을 맞출 것인지 선택하는 것이 중요해졌다.

이에 따라 일부 국가들은 투자보호에 초점을 맞춘 기존 국제투자협정
을 공공이익을 고려한 협정으로 조정하였다. 2000년대 이후 국제투자협
정은 예측가능하고 안정적인 투자규범을 마련함으로써 해외투자를 유치
하고 경제발전을 도모할 뿐만 아니라 체약당사국 간 경제관계를 긴밀히
하는 데에도 초점을 맞추었다.[18]

국제투자협정에서 공공이익을 고려하게 된 두 번째 배경은 국제투자

---

16) Patrick Juillard, "The Law of International Investment: Can the Imbalance Be
    Redressed?", Karl P. Sauvant (ed.), *Yearbook on International Investment Law and
    Policy 2008~2009* (Oxford University Press, 2009), p. 278 참조.
17) Sherif H. Seid, *Global Regulation of Foreign Direct Investment* (Asgate, 2002), p.
    27 참조.
18) Tarcisio Gazzini, "Bilateral Investment Treaties", Eric de Brabandere & Tarcisio
    Gazzini (eds.), *International Investment Law: The Sources of Rights and Obliga-
    tions* (Brill, 2012), p. 107; Andrew Newcombe & Lluís Paradell, *Law and Practice
    of Investment Treaties: Standards of Treatment* (Wolters Kluwer, 2009), pp.
    122~123 각각 참조.

분쟁의 증가이다. 2000년대 들어 투자분쟁의 제소건수가 증가하면서 국
제투자협정이 인권이나 환경문제 등 공공이익이 관계된 사안에서 국가
의 주권적 권한을 제한하는 측면이 부각되었다.[19] 이와 같은 국제투자
협정과 투자분쟁의 변화를 배경으로 하여 오늘날의 국제투자협정은 외
국인 투자를 위해 안정된 투자환경을 조성하는 투자보호 측면뿐 아니라
투자유치국에 대한 지속가능한 경제적 기여 및 공공이익 목표를 고려함
으로써 투자유치국을 발전시킨다는 측면도 고려하게 되었다.[20]

조약의 목적은 통상적으로 조약 전문(前文)을 통해 확인할 수 있다.
최근 국제투자협정 전문에서는 투자보호와 투자증진뿐만 아니라 체약당
사국 간 경제관계의 심화도 협정의 목적으로 제시하고 있다.[21] 예컨대,
미국의 2012년 모델투자협정 전문에는 "투자에 관하여 체약당사국 간
경제협력을 증진하기를 희망하고", "투자의 대우에 관한 합의가 사적 자
본의 흐름과 체약당사국의 경제발전을 촉진할 것임을 인식하며"라는 문
구가 있다.[22] 또한, 일부 국제투자협정에서는 규제목적의 고려, 경제발

---

19) Choudhury, *supra* note 7, pp. 487~488 참조.
20) *Ibid.*, p. 490 참조. 한편, 국제투자협정의 체결양상을 시기별로 구분하면서 시기별
    국제투자협정의 시점과 종점을 각각 상이하게 보기도 한다. 2000년대 이전과 이후를
    구분하는 Choudhury와 달리, Petersmann은 1959~1969년을 제1세대 국제투자협정,
    1969~2003년을 제2세대, 2003년 이후를 제3세대 국제투자협정으로 구분하고 있다.
    Ulrich Petersmann, *International Economic Law in the 21st Century: Constitutional
    Pluralism and Multilevel Governance of Interdependent Public Good* (Hart
    Publishing, 2012), pp. 289~290 참조.
21) Caroline Henckels, *Proportionality and Deference in Investor-State Arbitration:
    Balancing Investment Protection and Regulatory Autonomy* (Cambridge University
    Press, 2015), p. 8 각주 33 참조.
22) 2012년 미국 모델투자협정 전문의 해당 부분은 다음과 같다:
    "Desiring to promote greater economic cooperation between them with respect to
    investment by nationals and enterprises of one Party in the territory of the other
    Party; Recognizing that agreement on the treatment to be accorded such investment
    will stimulate the flow of private capital and the economic development of the
    Parties;…."

전의 도모, 지속가능발전의 확보 등을 조약의 목적으로 제시하는 움직임
도 나타나고 있다.[23]

투자보호와 다른 공공정책 목표 간의 균형 있는 고려는 최근 UN 행
동의제에서도 확인되고 있다. 2015년 7월, '발전을 위한 자금조달에 관
한 제3차 UN회의'(UN Conference on Financing for Development)에서 채
택한 Addis Ababa 행동의제는 각 국 정부가 투자를 지속가능한 발전 목
표를 달성하기 위한 분야에 효과적으로 활용하기 위한 체제를 수립해야
함을 강조하였다. 구체적으로 국가들은 "투자보호와 투자증진이라는 목
표는 공공정책 목표를 추구하는 우리의 능력에 영향을 미쳐서는 안 된
다. 우리는 공공이익을 위한 국내정책과 국내규제를 제한하지 않도록 적
절한 보호장치를 갖춘 무역 및 투자협정을 만들기 위해 노력할 것이다."
라고 선언하였다.[24] 국제투자협정이 정당한 규제목표를 위한 국가들의
역량을 제한해서는 안 된다는 점, 투자보호 목적과 투자유치국의 공공이
익 목표를 위한 국내규제 사이의 균형을 고려하는 방향으로 발전되어야
한다는 점을 시사하고 있다.

또한, 최근 체결된 일련의 자유무역협정의 전문을 보면, 국가들이 투
자보호 목적뿐만 아니라 다른 경제사회적 이익을 고려하며 특히 지속가
능한 발전을 참작하고 있다. 우선, 2015년 6월 한국-중국 간 자유무역협
정에서는 지속가능한 발전 목표가 경제발전, 사회발전, 환경보호와 긴밀

---

23) UNCTAD, "Investment Policy Framework for Sustainable Development" (New York and Geneva, 2015), UNCTAD/DIAE/PCB/2015/5, p. 16 참조.

24) United Nations, *Addis Ababa Action Agenda of the Third International Conference on Financing for Development,* adopted at the Third International Conference on Financing for Development (Addis Ababa, Ethiopia, 13~16 July 2015) and endorsed by the General Assembly in its resolution 69/313 of 27 July 2015.
"91. The goal of protecting and encouraging investment should not affect our ability to pursue public policy objectives. We will endeavour to craft trade and investment agreements with appropriate safeguards so as not to constrain domestic policies and regulation in the public interest."

한 상호의존 관계에 있으며 긴밀한 경제협력 관계가 지속가능한 발전에 중요하다고 제시하고 있다.[25] 2015년 호주-중국 자유무역협정(Free Trade Agreement between the Government of Australia and the Government of the People's Republic of China)의 전문에서도, "각 체약국 정부는 국가정책 목표를 달성하고, 공공복지의 보장을 위한 유연성을 보존하기 위하여 정부의 규제권한을 지지한다."라고 하였다.[26] 2016년 10월 EU와 캐나다간 체결된 포괄적 경제무역협정(Comprehensive Economic and Trade Agreement between Canada and the European Union and its Member States: "CETA") 전문에서도 규제목표에 대한 고려와 지속가능한 발전 목표가 모두 나타나고 있다.[27] 자유무역협정 전문은 투자챕터에 국한된 체결목적을 제시하는 것은 아니지만, 지속가능한 발전과 규제권한 문제를 언급함으로써 투자보호뿐 아니라 규제목표에 대한 적절한 고려가 필요하다는 점을 시사해준다.

최근 국제투자협정은 지속가능한 발전을 포함한 다양한 사회경제적 목표를 함께 고려하여 체결되고 있다.[28] 국제투자협정이 단지 투자관계

---

25) 2015년 한국-중국 FTA 전문의 해당 부분은 다음과 같다:
   "(⋯)MINDFUL that economic development, social development and environmental protection are interdependent and mutually reinforcing components of sustainable development and that closer economic partnership can play an important role in promoting sustainable development; (⋯)."
26) 2015 China-Australia FTA 전문 참조. UNCTAD의 IIA Mapping Project 데이터베이스에 의하면, 정리된 총 2573개의 국제투자협정 중에서 규제권한(right to regulate) 유지를 목표로 명시한 국제투자협정은 43개이다 (2017년 10월 13일 검색).
27) 2016년 CETA 전문의 해당 부분은 다음과 같다:
   "(⋯)Recognising that the provisions of this Agreement preserve the right of the Parties to regulate within their territories and the Parties' flexibility to achieve legitimate policy objectives such as public health, safety, environment, public morals and the promotion and protection of cultural diversity;(⋯)
   Reaffirming their commitment to promote sustainable development and the development of international trade in such a way as to contribute to sustainable development in its economic, social and environmental dimensions (⋯)."

만을 규율하는 협정이 아니라, 무역과 투자를 함께 다루는 포괄적 경제
협정의 한 챕터로 나타나는 경향과 맞물려 나타나고 있다. 물론 다양한
사회적 목표를 고려하더라도 투자보호와 투자유치를 주된 목적으로 하
는 기존 국제투자협정을 전면(全面) 수정하는 것은 아니다. 투자보호와
다른 정책적 고려사항을 균형 있게 고려해야 한다는 인식을 일부 국제
투자협정의 전문에서 반영한 것이다.[29]

2. 국제투자협정의 규율대상

양자 간 투자협정(Bilateral Investment Treaty: "BIT")은 타방 체약당사
국 투자자가 행한 투자를 규율한다. 국제법의 관점에서 BIT는 투자보호
의 적용범위를 확대하였다. 우선, 투자보호는 투자유치국과 투자 관련
약속을 한 특정 투자자에게만 부여되는 것이 아니라, BIT를 통해 일정한
자격을 획득한 모든 투자에 대해 부여된다.[30] 또한, 투자자-국가 간 분쟁
해결절차를 통해 투자자가 직접 투자유치국에 대해 중재절차를 개시할

---

28) Aaken & Lehmann, *supra* note 5, pp. 330~331 참조. 한편, 일부 국제투자협정에서
    투자자 보호뿐 아니라 지속가능한 발전까지 고려하면서 국제투자협정에는 환경기준
    이나 투자자의 책임 규정이 도입되었다. Rainer Geiger, "The Way Forward for the
    International Investment Regime: Lessons from the Past-Perspectives for the
    Future", Echandi & Sauvé (eds.), *Prospects in International Investment Law and
    Policy,* pp. 452~453 참조.
29) 예컨대 지속가능한 발전을 국제투자협정의 전문에서 직접 혹은 간접적으로 언급하는
    경향이 확인된다. UNCTAD의 국제투자협정 데이터베이스에서 정리한 2,573개의 국
    제투자협정 중 76개의 BIT 및 FTA에서 협정 전문에 "지속가능한 발전" 목표를 언급
    하고 있다. UNCTAD IIA Mapping Project 데이터베이스, <http://investmentpoli
    cyhub.unctad.org/IIA/mappedContent> (2017년 10월 13일 검색) 참조.
30) Frederic G. Sourgens, "Keep the Faith: Investment Protection Following the
    Denunciation of International Investment Agreements", *Santa Clara Journal of
    International Law,* Vol. 11, Issue 2 (2013), pp. 354~355 참조.

수 있게 되었다. 이는 전통국제법의 외교적 보호권에 의하면, 투자보호에 관한 국제의무를 위반한 경우 청구자격이 유효한 국적을 가진 기업의 국적국에만 허용되었던 것과 구별된다.[31] 무엇보다 BIT는 투자유치국에게 구체적인 의무를 부과한다. 즉 BIT의 투자보호 의무에 의하면 투자유치국의 규제조치가 합리적인 범위를 벗어나 투자자에 손해를 입히는 것은 금지되며 투자자가 입은 손해에 대해 배상하여야 한다. 이에 따라 국제투자협정은 국가의 주권적 재량 범위를 제한하는 역할을 한다.[32]

(1) 투자와 투자자

국제투자협정은 국가 간 자본이동을 상정한 조약이며, 타방 체약당사국 국민이 자국 영역 내에서 하는 투자행위를 규율한다.[33] 통상적으로 국제투자협정의 제1조에서 협정의 물적(物的) 적용범위와 인적(人的) 적용범위를 확인할 수 있다. 물적 적용범위는 협정의 대상이 되는 "투자"의 개념과 관련되며, 인적 적용범위는 이 협정을 통해 보호받는 "투자자"의 범위, 특히 투자자의 국적의 결정과 관련되어 있다. 투자는 체약당사국 정부가 실체적 의무를 부담하는 경제적 이익과 관련되며, 투자자란 국제투자협정을 통해 투자보호의 이익을 향유하는 자연인이나 법인

---

31) 1970년 바르셀로나 전력회사 사건에서는 외국자본을 대표하는 기업에 대해 위법행위가 이루어진 경우, 일반국제법의 규칙에 의하면 회사의 국적국만이 이에 대한 배상청구를 할 수 있다고 하였다. *Barcelona Traction, Light and Power Company, Limited,* Judgment (February 5, 1970), *I.C.J. Reports 1970,* para. 88 참조. 이 사건에서 ICJ는 주주보호를 위해서는 개인투자자와 투자유치국 사이에 직접 체결된 조약이나 특별협정이 필요하다고 하면서 일부 조약에서 기업의 직접제소권을 규정한 경우가 있으나 이 사건과는 무관하다고 보았다. *Ibid.,* para. 90 참조.

32) Sourgens, *supra* note 30, p. 355.

33) Peter Muchlinski, "The Framework of Investment Protection: The Content of BITs", Karl P. Sauvant & Lisa E. Sachs (eds.), *The Effect of Treaties on Foreign Direct Investment: Bilateral Investment Treaties, Double Taxation Treaties, and Investment Flows* (Oxford University Press, 2009), p. 39 참조.

(法人)을 말한다.[34] 두 개념 모두 본질적으로는 투자유치국의 국내법규에 의해 정해질 것이나 국제투자협정에 정의조항을 두어 협정의 적용범위를 상세하게 명시하기도 한다.

국제투자협정에서 투자를 정의하는 방식은 크게 두 가지로 구분된다. 하나는 자산의 종류에 따라 구분하는 방법이며 다른 하나는 기업에 기초하여 범위를 정하는 방법이다.[35] 국제투자협정에서 투자 개념을 어떻게 정의하는지에 따라 투자유치국의 의무 범위가 결정되며 이는 국가의 규제권한 범위와도 간접적으로 연결되어있다. 즉, 국제투자협정에서 규율하는 투자 개념이 확대되면, 투자유치국이 투자보호 의무를 부담하는 범위가 확장된다. 한편 투자유치국이 부담하는 협정상 의무 범위가 확대될수록 투자유치국이 협정상 의무에 따른 제약 없이 행사할 수 있던 규제권한의 행사 범위는 축소된다.

이러한 맥락에서 최근 국제투자협정에서 투자 개념을 넓게 해석함에 따라 투자유치국의 규제상 자율성을 과도하게 제한한다는 우려가 제기되었다.[36] 예를 들어 국제투자협정상 투자 개념의 공백을 활용하여 체약당사국 국적의 투자자가 국적국을 제소하거나, 법인 간 연결(corporate chain)을 활용하여 다수의 투자중재절차를 개시하는 경우 투자유치국의 규제권한을 지나치게 제한할 수 있다.[37] 따라서 투자와 투자자의 개념을 명확히 정의해야 한다는 주장이 제기되는 것은 투자보호와 투자유치국 규제권한 사이의 균형을 고려할 필요성에서 비롯된 것이기도 하다.[38]

---

34) UNCTAD, *supra* note 11, "Scope and Definition", p. xi 참조.
35) UNCTAD's IIA University Mapping Project, *Mapping Guide* (Revised, 2016), pp. 10~11 참조. 자산에 기초한 투자정의로는 대표적으로 2008년 호주-칠레 자유무역협정(Free Trade Agreement between Chile and Australia) 제10.1조, 기업에 기초한 투자정의로는 2008년 캐나다-페루 자유무역협정 제847조 참조.
36) UNCTAD, *supra* note 11, "Scope and Definition", p. 2 참조.
37) *Ibid.*, pp. 2~3 참조.
38) *Ibid.*, p. 3 참조.

(2) 투자자의 이익

국제투자협정은 투자유치국에게 투자보호 의무를 부과함으로써 실질적으로는 투자자의 이익을 보호한다. 즉, 투자협정에서 실체적 기대이익과 절차상 중재신청권을 보장받는 것은 실제 투자활동에 종사하는 체약당사국 국적의 자연인이나 법인이기 때문이다. NAFTA 중재판정부에서는 국제투자협정의 규율대상이 투자자의 권리인지 아니면 투자자 국적국의 권리인지가 다투어졌으나 오늘날에는 통상적으로 국제투자협정은 실질적으로 타방 체약당사국 투자자의 이익을 보호하는 조약으로 여겨지고 있다.[39]

국제투자협정 체제는 투자자 이익을 보호하는 성격으로 인해 혼합적 체제라고 불린다.[40] 혼합적 체제의 특징을 단적으로 보여주는 것은 국

---

39) 국제투자협정을 통해 인정되는 투자자 권리의 본질에 관하여 NAFTA의 투자분쟁 사건에서 논의되었다. NAFTA의 투자보호조항은 개별 투자자의 권리가 아닌 투자자 본국의 권리에 관한 것이라는 입장도 있었던 반면, 일부 판정은 투자자가 조약을 통해 직접 자신의 권리를 인정받는 것이라고 보았다. Patrick Dumberry, "Corporate Investors' International Legal Personality and Their Accountability for Human Rights Violations under IIAs", De Mestral & Lévesque (eds.), *Improving International Investment Agreements*, p. 185 참조. 이후 여러 중재판정을 통해 투자자들이 실체적 의무에 따른 적법한 기대를 보호받는다는 점, 중재절차를 직접 개시할 수 있는 절차상 권리를 인정받는다는 점이 확인되었다. Bertoli & Reghizzi, *supra* note 4, pp. 29, 36~42; Gazzini, *supra* note 18, pp. 107~112 각각 참조.

40) Zachary Douglas, "The Hybrid Foundations of Investment Treaty Arbitration", *British Yearbook of International Law* (2004), pp. 153~154; Joost Pauwelyn, "Rational Design or Accidental Evolution?", Zachary Douglas et al. (eds.), *The Foundations of International Investment Law: Bringing Theory into Practice* (Oxford University Press, 2014), p. 18 참조. 한편, Stephan W. Schill, "International Investment Law and Comparative Public Law", Stephan W. Schill (ed.), *International Investment Law and Comparative Public Law* (Oxford University Press, 2010), pp. 10~17에서는 국제투자법이 국제법이나 상사중재절차와는 별개의 공법이라는 점을 지적한다. 투자법은 개인투자자와 국가의 법적 관계를 다룬다는 점에서 전통국제법과 상이하며, 분쟁의 주제 면에서도 국가의 규제권한의 범위와 한계를 다

제투자분쟁에서 문제되는 조치는 공법적(公法的) 조치인 반면, 중재판정부에 의해 사법적(私法的) 해결이 이루어진다는 점이다. 국제투자분쟁은 투자유치국의 국내조치에 의해 외국인 투자자가 투자재산이나 기대이익을 상실한 경우에 발생하며, 궁극적으로 국가와 외국인 간의 권리의무관계를 다룬다는 점에서 공법적 성격을 갖고 있다.

국제투자분쟁은 투자유치국의 규제조치가 투자협정상 의무에 위반되는지를 다룬다. 국제투자분쟁에서 국가의 공법적 조치가 문제되기 때문에 투자자의 이익과 투자유치국의 이익을 어떻게 조화시킬 것인지가 중요한 쟁점이 된다. 그러나 그 동안 국제투자협정은 투자유치국이 향유하던 주권적 권한을 제한하는 내용으로 투자유치국의 투자보호 의무만을 규정하였을 뿐 투자유치국의 국내규제가 어떤 경우에 허용되는지에 관하여는 구체적인 예외조치를 유보조항에 명시한 경우를 제외하고는 거의 규정된 바가 없었다.

국제투자협정에 투자유치국의 규제권한을 허용하는 조항이 없는 경우 두 가지 방식으로 규제권한의 허용 여부를 판단할 수 있다. 첫 번째는 관습국제법이나 국내법에서 규제권한 문제를 어떻게 규율하고 있는지를 살펴보아야 한다. 두 번째는 국제투자협정의 실체적 의무조항의 해석을 통해 투자유치국의 규제권한이 인정될 수 있는지를 판단할 수 있다. 구체적으로 국제투자협정의 실체적 의무조항—즉, 공정하고 공평한 대우 조항이나 간접수용에 관한 조항—에 비추어 국가의 규제조치가 허용되는지를 판단할 수 있다. 2002년 미국 의회는 실체적 의무조항 해석의 상한선을 제시함으로써 미국의 주권적 권한을 보호하려는 시도를 한 바 있다.41) 조약의 구체적 조항의 해석을 입법적으로 통제하는 것이 국제

룬다는 점에서 상사중재와도 상이하다.

41) 당시 상원의원 Baucus의 다음 언급에서 잘 나타난다. "해외 미국민의 권리를 보호하는 협정을 체결하는 것이 우리의 목적이다. 그러나 그 목적을 위해 정부의 규제기능을 희생하려는 것은 아니다. 즉 미국법에서 미국투자자의 권리의 상한선을 정의하는

법에서 허용되는지 문제와는 별개로, 이러한 시도는 국제투자협정에서 투자유치국의 규제권한이 충분히 고려되지 못하였다는 인식을 보여준다.

3. 국제투자협정의 구조적 쟁점

(1) 양자조약을 통한 규범형성

오늘날 국제투자협정 체제는 3,300개 이상의 양자 간 투자협정과 자유무역협정의 투자챕터로 이루어져 있다. 또한 국제투자협정별로 실체적 의무의 내용을 조금씩 상이하게 규정하고 있다. 많은 국제투자협정에서 내국민대우나 최혜국대우, 공정하고 공평한 대우, 수용 시 보상의무와 같은 공통된 투자보호 기준을 규정하고는 있으나, 국제투자협정 간에 존재하는 차이를 고려할 때 국제투자협정은 하나의 체제로 형성되지 않았다고 여겨진다.[42] 즉, 국제투자협정은 양적으로 확장하였으나 개별 협정 간 실체적 조항 및 절차적 조항의 분권화, 중재판정부에 의한 협정 해석의 비일관성으로 인해 통일된 규범을 형성하지는 못하였다.

국제투자협정의 이러한 현황은 제2차 세계대전 이후부터 다자간 규범 체제를 수립해 온 국제통상 체제나 국제금융 체제, 국제인권조약 체제와 구분된다.[43] 국제통상 분야에서는 다자간 협정인 GATT와 WTO 부속협정을 통해 통상 문제를 규율하며 분쟁해결기구(Dispute Settlement Body:

바, (국제투자협정) 교섭자들은 그러한 상한을 초과하여 투자자에게 권리를 부여하는 협정을 체결하여서는 안 된다." Jan Kleinheisterkamp, "Investment Treaty Law and the Fear for Sovereignty: Transnational Challenges and Solutions", *The Modern Law Review*, Vol. 78, No. 5 (2015), p. 799 참조.

42) José E. Alvarez, *The Public International Law Regime Governing International Investment* (Pocketbooks of the Hague Academy of International Law, 2011), p. 172 참조.

43) Salacuse, *supra* note 3, p. 15 참조.

DSB)의 협정 해석을 통해 하나의 법 체제를 수립해왔다. 이러한 다자규범은 IMF 중심의 국제금융질서에서도 유사하게 확인된다.[44]

국제투자 분야에서는 1960년대부터 1990년대까지 다자조약을 체결하려는 시도가 여러 번 이루어졌다. 그러나 절차규칙을 다루는 1965년의 "국가와 다른 국가 국민간의 투자분쟁해결에 관한 협약"(Convention on the Settlement of Investment Disputes between States and Nationals of other States: "ICSID 협약")과는 별개로 실체규범의 맥락에서 다자조약이 성립되지 못하였다. 국제투자협정이 실체규범 측면에서 다자간 협정으로 발전하지 못한 원인은 선진국과 개발도상국들 간에 투자보호의 수준과 투자유치국의 규제권한 범위에 관한 이해관계가 첨예하게 대립하였다는 데 있었다.[45]

다른 한편으로는 양자조약 형식으로 투자문제를 규율하는 것이 투자보호와 투자유치라는 근본목적에 관해서 선진국과 개발도상국 양측에 모두 유리한 측면도 있었다. 선진국의 입장에서는 개발도상국들이 다자조약 체결과정에서 자신의 협상안을 관철할 목적으로 연합하는 것을 방지하기 위해서 양자조약 형식으로 투자규범을 마련하는 것이 보다 효과적이었다.[46] 개발도상국 입장에서도 투자유치를 위해 양자 간 투자협정을 체결하는 것이 효과적이었다.[47] 이에 따라 국제투자협정에서 실체적

---

44) Stephan W. Schill, "Ordering Paradigms in International Investment Law: Bilateralism-Multilateralism-Multilateralization", Douglas et al. (eds.), *The Foundations of International Investment Law,* p. 116 참조.
45) 국제투자 분야에서 다자규범을 수립하려는 시도는 모두 세 차례 있었다. 첫 번째는 국제무역기구(International Trade Organization: ITO) 설립 과정에서 있었고, 두 번째와 세 번째는 1967년과 1998년에 OECD를 중심으로 시도되었다. 1998년에는 Multilateral Agreement on Investment(MAI) 초안까지 만들었으나 주요 조항에 대한 컨센서스가 형성되지 않아 실패하였다. Stephan W. Schill, *The Multilateralization of International Investment Law* (Cambridge University Press, 2009), pp. 49~58 참조.
46) Salacuse, *supra* note 3, p. 16 참조.
47) Andrew T. Guzman, "Why LDCs Sign Treaties That Hurt Them: Explaining the Popularity of Bilateral Investment Treaties", *Virginia Journal of International Law,*

의무의 내용은 주로 양자 간 투자협정으로 규율되고 있다.

그러나 국제투자협정이 양자조약 형태로 존재한다고 하여 국제투자협정을 규율하는 아무런 원칙도 없다는 의미는 아니다. 국가들이 상호간에 중첩적으로 양자조약을 체결하여 수많은 국제투자협정들이 상호 연결됨에 따라 점차 외국인 투자자와 투자유치국을 규율하는 공통원칙이 확인되고 있기 때문이다.[48] 다만 이러한 공통원칙은 투자보호와 공공이익 문제를 어떻게 규율할 것인지에 관해서는 충분히 제시되지 않았다. 따라서 국제투자협정에서 근본적인 구조적 쟁점은 투자보호와 투자유치국의 정당한 공공이익의 관계를 어떻게 조정할 것인지와 관련되어있다.[49]

(2) 국제투자협정의 불균형: 투자유치국 규제권한 제한

Thunderbird v. Mexico 사건에서 Thomas Wälde는 국제투자협정에서 투자보호를 강조하는 것은 외국인 투자자가 투자유치국의 주권적 권한 하에 놓이기 때문에 상대적으로 취약한 입장이라는 데 근거한다고 하였다.[50] 주지하듯이 외국인 투자자는 투자유치국의 정치, 사회, 문화, 상업 제도와 친숙하지 않은 구조적 불리함(systemic handicap)이 있으므로 보다 강화된 투자보호를 필요로 한다.[51] 즉 투자보호를 강조하는 이유는 투자유치국 내에서 외국인 투자자가 직면하는 내재된 불균형을 일정 부분 상쇄(相殺)하기 위함이다.[52]

Vol. 38 (1998), pp. 122~124 참조
48) 양자조약들의 상호연결을 통해 점차 투자보호에 관한 사실상 다자화된 규범이 형성되고 있다는 논의로서 Schill, *supra* note 45 참조.
49) *Ibid.*, pp. 56~58 참조.
50) *International Thunderbird Gaming Corporation v. The United Mexican States*, UNCITRAL, *Separate Opinion of Thomas Wälde* (December 2005), para. 4 참조.
51) *Thunderbird v. Mexico, Separate Opinion of Thomas Wälde*, para. 33.
52) Jeanrique Fahner, "The Contested History of International Investment Law: From a Problematic Past to Current Controversies", *International Community Law*

그러나 국제투자협정은 투자유치국의 다양한 공공정책 목표를 충분히 반영하고 있지 못하다. 우선 국제투자협정에서는 투자유치국의 규제권한 제한이 구조적 쟁점으로 확인된다. 대부분의 양자 간 투자협정에서 공공이익을 고려한 규정을 두고 있지 않고, BIT를 준거법으로 하는 중재 판정부에서는 투자유치국이 부담하는 투자보호 의무 측면을 주로 강조하였다.53) 이에 따라 국제투자협정의 실체적 의무를 해석하는 과정에서 투자보호 의무가 투자유치국의 공공정책 목표와 충돌할 경우, 명시적으로 규정된 투자보호 의무에 우선순위를 두어 해석이 이루어졌다.

또한, 투자유치국과 투자자 간에 실체적 의무부담의 비대칭성이 확인되고 있다. 투자유치국은 투자협정상 의무를 부담하는 당사자인 반면, 투자자는 당사자가 아니므로 원칙적으로 투자유치국에 대해 조약상 의무를 부담하지는 않는다. 이러한 점에서 투자자의 권리와 의무가 균형 있게 고려되었다고 말하기 어렵다.54) 다만 많은 국제투자협정에서 투자보호의 대상이 되기 위해서는 해당 투자가 투자유치국 국내법에 합치하는 방식으로 이루어져야 한다는 전제조건을 두고 있다.55) 따라서 투자유치국은 국내법상 집행수단인 사법과 행정 등을 통해서 외국인 투자자에게 일반적이거나 구체적인 의무의 이행을 요구할 수 있다.56)

대부분의 국제투자협정에서는 투자유치국의 투자 관련 국내법을 준수해야 한다는 것 이외에 투자자에게 추가적인 의무를 부과하고 있지 않다. 최근 환태평양동반자협정(Trans Pacific Partnership Agreement: TPP)

Review, Vol. 17 (2015), p. 382.
53) Yulia Levashova, "Public Interest Norms in the European International Investment Policy: A Shattered Hope?", *European Company Law*, Vol. 9, No. 2 (2012), p. 87 참조.
54) *Ibid.*, p. 88 참조
55) Giorgio Sacerdoti, "Investment Protection and Sustainable Development: Key Issues", Steffen Hindelang & Markus Krajewski (eds.), *Shifting Paradigms in International Investment Law* (Oxford University Press, 2016), p. 29 참조.
56) *Ibid.*

투자챕터 제9.17조의 기업의 사회적 책임(corporate social responsibility) 조항에서 보듯이 간접적으로 투자자에게 의무를 부과하려는 경향이 확인되고 있다.[57] 그러나 기업의 사회적 책임 조항은 기업에 게 자율적인 행위기준을 제시할 뿐이며, 법적 구속력 있는 의무를 부과하는 조항은 아니다.[58]

따라서 외국인 투자에 관한 상세한 국내법 규정이 없는 투자유치국에서는 투자보호 의무에 비해 투자유치국의 규제권한이 제한된다는 문제가 지속적으로 나타나게 된다. 국제투자협정은 투자유치국과 외국인 투자자 간의 법률관계를 다루지만 대부분의 경우 투자유치국에만 조약상 의무를 부과하는 구조이기 때문에 이러한 불균형이 발생하게 된다.[59]

국제투자협정의 불균형 문제는 국제투자협정의 기본 목적, 국제투자분쟁의 급속한 증가, 실체적 의무조항의 모호한 규정이라는 세 가지 측면을 통해서도 확인할 수 있다. 첫째, 국제투자협정의 기본 목적이 투자유치국의 재량권 행사의 제한이었다는 점이다. 투자유치국의 관할권 내에 들어온 투자자들은 투자유치국 국내법을 준수할 의무를 부담한다. 따라서 투자유치 및 투자보호를 원하는 투자자 본국과 투자유치국이 투자자 및 투자에 대해 갖는 재량권(discretion)을 제한하려는 목적에서 국제투자협정을 체결하였다.[60] 그런데 국제투자협정은 투자자에게 일방적

---

57) TPP Article 9.17; 2013 Canada-Benin BIT, Article 16 등 참조.

58) 한편, OECD 다국적기업 가이드라인에서는 환경, 부패, 소비자 이익 등 기업의 책임 경영이 요구되는 분야에 대한 기본지침을 제시하고 있다. 또한, 국별 접촉처(National Contact Point)를 마련하여 가이드라인 이행에 관해 발생하는 문제의 해결에 기여하고자 한다. OECD, *OECD Guidelines for Multinational Enterprises* (2011 Edition), pp. 14~15 & pp. 71~75 참조.

59) Tarcisio Gazzini, "States and Foreign Investment: A Law of the Treaties Perspective", Rodrigo Polanco Lazo & Shaheeza Lalani (eds.), *The Role of the State in Investor-State Arbitration* (Brill, 2014), p. 23 참조.

60) Kenneth J. Vandevelde, *Bilateral Investment Treaties: History, Policy, and Interpretation* (Oxford University Press, 2009), p. 9 참조.

중재절차 개시권한을 부여하는 데 비해 투자유치국이 자국의 주권적 권한행사의 필요성을 주장하기 위해 요구되는 대응수단에 관해서는 규정하지 않았다.[61]

둘째, 투자분쟁 제소 건수의 증가와 함께 투자유치국이 정당한 규제권한 행사의 일환으로 취한 조치에 대한 투자분쟁 제소 건수 역시 증가하였다는 점이다. 예컨대 북미자유무역협정(North American Free Trade Agreement: NAFTA) 체결 이후 미국과 캐나다가 환경, 공중보건, 공공서비스를 목적으로 채택한 규제조치와 관련하여 다수의 투자분쟁이 제기되었다.[62] 이처럼 투자유치국의 정당한 규제조치에 대한 분쟁의 증가는 국제투자협정의 양적 확대가 투자유치국의 규제권한을 과도하게 위축시킨다는 우려를 뒷받침하고 있다.[63]

셋째, 국제투자협정의 조항이 불명확하거나 광의(廣義)의 표현으로 규정되어있는 점이다. 투자자들은 이러한 실체적 의무조항의 모호성을 자신에게 유리한 방향으로 해석하여 투자유치국을 제소할 수 있다. 실제로 NAFTA 투자분쟁절차에서 이러한 투자중재절차의 남용이 확인되었다.[64] 물론 중재판정부가 투자유치국의 규제권한과 투자보호의무 간 균형을 고려하여 투자협정을 해석하는 것이 가능하다. 그러나 중재판정부에게 위임된 권한은 투자협정의 해석과 적용이 아니라 부탁된 분쟁을

---

61) Muchlinski는 현재의 국제투자협정 체제가 투자유치국에 대해 의무를 부과하는 방향으로 편향되어있다고 지적하고 있다. Peter Muchlinski, "Regulating Multinationals: Foreign Investment, Development, and the Balance of Corporate and Home Country Rights and Responsibilities in a Globalizing World", Jose Alvarez & Karl P. Sauvant (eds.), *The Evolving International Investment Regime: Expectations, Realities, Options* (Oxford University Press, 2011), p. 34 참조.

62) 예를 들어, *Mondev International Ltd. v. United States of America,* ICSID Case No. ARB(AF)/99/2; *Methanex Corporation v. United States of America,* UNCITRAL; *S.D. Myers, Inc. v. Government of Canada,* UNCITRAL 등 참조.

63) Charles H. Brower, II, "Structure, Legitimacy, and NAFTA's Investment Chapter", *Vanderbilt Journal of International Law,* Vol. 36, Issue 1 (2003), pp. 45~46 참조.

64) *Ibid.,* pp. 59~62 참조.

해결하는 것이다.[65) 또한, 그 동안 다수의 중재판정부는 주로 투자보호에 초점을 맞추어 투자협정을 해석하여왔다.

그러므로 국제투자협정에서 투자보호의무와 규제권한간의 불균형 상황을 재조정하는 문제는 국제투자협정을 검토하고 수정하는 과정에서 필수적인 고려사항이라고 할 수 있다.66) 최근 국제투자협정에서 투자보호뿐 아니라 인권, 환경, 노동기준, 지속가능한 발전과 같은 공공목표를 반영하여야 한다는 주장이 제기되는 이유를 이해할 수 있다.67)

UN사무총장의 특별대표(Special Representative) John Ruggie도 2008년 보고서에서 투자보호와 투자유치국 규제권한 간에 존재하는 긴장관계에 대해 지적한 바 있다. 이 보고서에 의하면, 국제투자협정은 투자유치국의 투자보호 의무를 규정하지만 그 밖의 국내 사회정책상 보호의무―즉 국가의 규제이익의 범위에 속한 문제―에 대해서는 충분히 고려하지 않는다. 따라서 외국인 투자자에 의한 중재절차 개시를 우려하지 않고 국내규제 수준을 유지하기 어렵다는 규제위축 문제가 발생하게 된다.68)

이러한 문제를 염두에 두고, 이하에서 국제투자협정상 규제권한 문제를 국제법상 법의 흠결에 관한 논의와 관련하여 검토하고자 한다. 국제법상 법의 흠결은 주로 이론적 쟁점으로 다루어졌다. 국제투자협정의 맥

---

65) Anthea Roberts, "Power and Persuasion in Investment Treaty Interpretation: The Dual Role of States", *American Journal of International Law*, Vol. 104 (2010), p. 189 참조. 물론 중재판정부는 분쟁해결권한이 있으므로 판결과정에 내재된 해석권한을 사실상 부여받는다. 여기서 해석권한이 없다는 것은 판정의 선례구속성이 없다는 의미이다.

66) 2016년 3월 OECD에서 "Investment Agreements: Quest for Balance"를 주제로 회의가 개최되었으며, 최근 주요국의 모델투자협정 개정작업에서도 투자보호 의무와 규제권한을 동시에 고려하여 협정을 수정하는 움직임이 있다.

67) Levashova, *supra* note 53, p. 88 참조.

68) John Ruggie, "Protect, Respect and Remedy: a Framework for Business and Human Rights", *Report of the Special Representative of the Secretary-General on the Issue of Human Rights and Transnational Corporations and Other Business Enterprises*, General Assembly, A/HRC/8/5 (April 7, 2008), para. 34 참조.

락에서는 규제권한에 관한 구체적 조항의 부재, 더 나아가 규제권한에
관한 일관된 해석원칙의 부재와 관련하여 살펴보고자 한다.

(3) 국제투자협정의 법적 흠결

국제투자협정에서 규제권한에 관한 법적 흠결이 존재하는지에 대해
살펴볼 필요가 있다. 국제투자협정에 법적 흠결이 존재한다면, 투자유치
국이 정당한 공공복지 목표를 위해 어떠한 규제 조치를 취할 수 있는지,
특정한 규제조치의 허용범위가 어떠한지를 현 국제투자협정 체제 내에
서 합리적으로 예측할 수 없을 것이기 때문이다.

국제법에 흠결이 있는지의 문제는 기존 학설과 판례에서 모두 다루어
진 중요한 이론적 관심사였다. 1920년대에 상설국제사법재판소(Perm-
anent Court of International Justice: PCIJ) 규정 제38조 제1항 (c)호에 법의
일반원칙 도입을 논하는 과정에서 이 문제가 다루어졌다. 법의 일반원칙의
취지는 적용가능한 조약이나 관습의 부재로 인해 재판불능의 판결이 내려
지는 것을 방지하는 것이다.[69] Bin Cheng은 법의 일반원칙이 중재판정부와
국제법원의 판례에서 어떻게 적용되었는지를 구체적으로 논의하였다.[70]

또한 1950년대 Hersch Lauterpacht와 Julius Stone도 국제법상 흠결 문
제를 검토하였다. 과연 국제법에 흠결이 존재하는지, 국제법에 흠결이
있다면 재판불능을 선언하는 것이 가능한지에 관해 검토하였다.[71] Julius

69) 정인섭, 『신국제법강의: 이론과 사례』 제7판 (박영사, 2017), p. 59; Bin Cheng,
    *General Principles of International Law as Applied by International Courts and
    Tribunals* (Cambridge University Press, 2006), pp. 18~19 각각 참조.
70) Bin Cheng은 자기보존원칙, 신의칙, 국가책임의 일반원칙, 사법절차에서의 법의 일
    반원칙이 국제법원과 중재판정부의 판정에서 어떻게 다루어졌는지를 검토했다.
    Cheng, *supra* note 69, p. 26 이하 참조.
71) Hersch Lauterpacht, "Some Observations on the Prohibition of '*Non Liquet*' and
    the Completeness of the Law", Martii Koskenniemi (ed.), *Sources of International
    Law* (Ashgate, 2000); Julius Stone, "Non Liquet and the Function of Law in the

Stone은 국제법이 완전한(complete) 체제라는 전통적 입장에 반대하면서,
국제법이 국가 간 명시적 혹은 묵시적 의사의 합치로 형성되는 만큼 필
연적으로 법적 흠결의 문제가 제기될 수 있다고 지적하였다. 법적 흠결
상황에서 법원은 재판불능을 선언하든지 아니면 사법적(司法的) 선택행
위에 의한 법률형성(creation of law by a judicial act of choice)을 할 수밖
에 없다고 하였다.72) 이와 달리 Lauterpacht는 전통적인 시각과 같이 국
제법이 완전한 체제라고 하면서도 법적 흠결은 존재할 수 있다고 이해
하였다.73)

오랫동안 국제법을 완전한 체제로 본 전통국제법 이론가들은 국제법
체제에는 흠결이 존재하지 않는다는 입장을 견지하였다.74) 이들은 국제
법은 완결된 체제이므로 특정 사안에서 재판관이 재판불능(non liquet)을
선언하는 것은 허용되지 않는다고 주장하였다.75) 국제법의 흠결과 재판
불능 선언가능성은 1996년 ICJ의 *Legality of the Threat or Use of Nuclear
Weapons* 권고적 의견 사건에서 검토되었다. ICJ 판사들 간에 첨예한 의
견대립이 있었다.

1996년 ICJ 권고적 의견에서 다수의견은 국가의 존속 자체가 문제될

International Community", Koskenniemi (ed.), *Sources of International Law* 각각
참조.

72) Stone, *supra* note 71; p. 467 참조.

73) Lauterpacht, *supra* note 71 Stone, *supra* note 71 각각 참조.

74) 대표적으로 Hans Kelsen, *Principles of International Law* (Rinehart & Company,
1952), pp. 304~307 참조. Kelsen은 법실증주의 관점에서 적용가능한 조약이나 관습
국제법이 없는 경우 국제법 주체를 구속하는 규칙은 없으며, 이른바 법의 공백(gaps)
이란 도덕적이거나 정치적 의미에서만 존재한다고 했다. 켈젠은 법의 공백을 보충할
권한을 국제법 적용기관(law-applying organs)에 부여하는 데 대해 회의적이었다.

75) Joost Pauwelyn, *Conflict of Norms in Public International Law: How WTO Law
Relates to Other Rules of International Law* (Cambridge University Press, 2003),
pp. 150~151; ICJ, *Legality of the Threat or Use of Nuclear Weapons*, Dissenting
Opinion of Vice-President Schwebel, Advisory Opinion (July 8, 1996) ("Neither
predominant legal theory nor the precent of the Court admit a holding of *non
liquet*…") 각각 참조.

정도로 긴박한 자위(自衛)의 상황에서 핵무기의 위협이나 사용이 합법
인지 아니면 불법인지에 관해 현재의 국제법에서는 결론내릴 수 없다고
판시하였다.76) 핵무기의 위협이나 사용의 적법성 여부는 주요 국가 간
견해가 극명하게 대립하는 정치적 사안이다. 다수 재판관들은 이 사안을
현재의 국제법 하에서 어떤 규범이 적용되는지 판단이 불가능한 경우라
고 보아 재판불능을 선언하였으며, 이는 간접적으로 국제법상 흠결의 존
재를 인정한 사례로 여겨지고 있다.77)

이처럼 국제법상 흠결이 존재하는지, 만약 법적 흠결이 있다면 이는
어떻게 해소될 수 있는지의 문제는 국제법 이론과 실제 판례에서 검토
되었다. 그러나 이러한 논의에서는 국제법의 발전이 이루어지는 영역에
서의 규범의 공백 문제는 다루지 않았다. 투자분야에서는 국제정치경제
현실의 변화 속도에 비해 규범의 발전 속도가 지체되는 상황에서 발생
하는 법적 흠결을 어떻게 해결할 수 있는지에 대해서도 다룰 필요가 있
다. 국제투자협정은 국제정치경제의 변화에 따라 현재 규범의 발전이 활
발히 이루어지고 있기 때문이다.

이와 관련해서 국제법의 흠결에 관한 Lauterpacht의 논의를 살펴본다.
Lauterpacht는 국제법이 완결된 체제라고 하더라도 입법과정이나 구체적
인 법 적용 과정에서 법적 흠결이 확인될 수 있음을 긍정하였다. Lauter-

---

76) *Legality of the Threat or Use of Nuclear Weapons*, Advisory Opinion (July 8, 1996), *I.C.J. Reports 1996*, para. 105(2)(E); Pauwelyn, *supra* note 75, pp. 151~152 각각 참조.
77) *Non Liquet*은 라틴어로 "명확하지 않다"(unclear)는 뜻이다. 어떤 법체계이든지 적용 가능한 실정법이 없는 상황은 발생할 수 있기 때문에 잠정적인 재판 불능(provisional *non liquet*) 상황은 언제나 존재한다. 따라서 보다 근본적인 문제는 이러한 법적 흠결 상황을 해소할 수 있는지 여부이다. 만약 법적 흠결 상황을 실정법 내에서 해소할 수 없다면 진정한 의미의 재판불능(true *non liquet*)이 존재한다고 볼 수 있다. Stephen C. Neff, "In Search of Clarity: *Non Liquet* and International Law", Michael Bohlander et al. (eds.), *International Law and Power: Perspectives on Legal Order and Justice: Essays in Honour of Colin Warbrick* (Martinus Nijhoff, 2009), pp. 63~64 참조.

pacht는 진정한 의미의 법적 흠결과 가상(假想)의 법적 흠결을 구분하고 있다. 우선, 구체적인 입법과정에 결함이 있는 경우를 진정한 의미의 법적 흠결이라고 하였다.[78] 국제법에서 입법과정의 결함은 조약언어의 불명확성, 관습국제법 형성의 어려움, 중앙집권적 기관의 부재로 인해 발생할 수 있다. 구체적으로 조약문 작성 과정에서 국가들의 의사가 조약문에 반영되지 못하였을 때, 또는 관습국제법이 국제사회에서의 새로운 발전에 신속히 적응하지 못하였을 때, 혹은 상충하는 국제법 규칙들을 조정할 수 있는 기관이 부재할 경우에 진정한 의미의 법적 흠결이 확인되고 있다.[79] 둘째, 가상의 법적 흠결은 실정법이 합목적성을 달성하지 못할 때 나타난다. 즉 재판과정에서 실정법에 근거한 해결책이 해당 법의 전체적인 입법 목적에 비추어 불충분한 것으로 간주될 경우 가상의 법적 흠결이 존재하는 것으로 여겨진다.[80]

Lauterpacht의 논의에 기초하여 국제투자협정에서 규제권한 확보에 관한 규범적 상황을 검토하고자 한다. 국제투자협정의 경우에도 투자유치국의 공공이익 보호에 관한 법의 흠결이 존재하는가?

앞에서도 살펴보았듯이 현재 국제투자협정은 약 3,300개의 양자 간 협정 및 지역협정으로 규율되고 있다.[81] 초기 국제투자협정의 체결과정에서 개발도상국들의 관심사였던 규제권한 문제는 조약문에 반영되지 못하였다. 국제투자협정은 투자보호를 주된 목적으로 하였고, 국가의 규제권한 문제는 관습국제법이나 그 밖의 투자유치국의 국내법을 통해 규율될 수 있을 것으로 기대하였다. 그러나 국가들이 규제권한의 허용범위

---

78) Hersch Lauterpact, *The Function of Law in the International Community* (Oxford University Press, 2011), pp. 79~84 참조.

79) *Ibid.*

80) *Ibid.*, p. 87 참조.

81) James Zhan et al., "International Investment Rulemaking at the Beginning of the Twenty-First Century", Alvarez & Sauvant (eds.), *The Evolving International Investment Regime*, p. 199 참조.

에 대해 서로 다른 입장을 갖고 있고, 규제권한에 관한 입장 차는 각국 국내법에도 반영되어 있다. 또한 투자보호와 규제권한의 관계를 적절히 고려하기 위한 공통된 해석의 근거를 관습국제법이나 다른 국제협약에서도 확인할 수 없다. 이런 상황에서 비엔나 조약법 협약의 해석원칙에 따라 관습국제법이나 다른 국제협약을 참조하더라도 국제투자협정상 규제권한 문제는 적절한 수준으로 고려되기 어렵다.

이와 더불어 국제투자협정별로 실체적 의무조항이 상이하게 규정되었고, 실체적 의무조항의 해석에 관해 국제투자협정 참여자들의 입장이 서로 다르다는 문제가 있다. 조약은 기본적으로 당사국 간에만 법적 구속력을 미친다.[82] 동일한 취지의 규정이 국제투자협정에 따라 상이하게 규정된 경우 이러한 규정에 대한 서로 다른 해석과 적용 문제를 해소할 수 있는 방법은 거의 없다. 만약 서로 다른 조약의 각 당사국들 간에 새로운 다자조약이 체결되거나 새로운 관습국제법이 형성된다면 상이한 해석과 적용 문제를 보완할 수 있을 것이다. 그러나 선진국과 개발도상국간에는 국제투자협정상 투자보호 의무에 관하여 일관된 국가실행이나 법적 확신을 확인하는 것이 어렵기 때문에 관습국제법의 형성은 쉽지 않다.[83]

---

82) 1969년 비엔나 조약법 협약 제34조 참조. "조약은 그 동의 없이는 제3국에 대하여 의무나 권리를 창설하지 않는다"(*pacta tertiis nec nocent nec prosunt*)라는 일반규칙은 계약법, 그리고 국가들의 주권과 독립에 근거하고 있다. Robert Jennings & Arthur Watts (eds.), *Oppenheim's International Law,* 9th edition, Vol. 1 (Longman, 1992), p. 1260 참조.

83) 국제투자규범에서 관습국제법 형성의 어려움은 대표적으로 수용 시 보상기준에 관한 선진국과 개발도상국의 입장차에서 확인할 수 있다. BIT를 통한 관습국제법 형성을 부정하는 견해로서 Bernard Kishoiyian, "The Utility of Bilateral Investment Treaties in the Formulation of Customary International Law", *Northwestern Journal of International Law and Business*, Vol. 14, No. 2 (1994) 참조. 반면, 거의 동일한 국제투자협정을 통해 사실상 관습국제법이 형성되고 있다는 주장에 대해서는 Andreas F. Lowenfeld, "International Agreements and International Law", *Columbia Journal of Transnational Law*, Vol. 42 (2003~2004), pp. 128~130 참조. 다수의 BIT가 관습국제법을 대표하는 것으로 볼 수 없지만 향후 투자보호에 관한 관습국제

마지막으로 국제투자협정에서 예외적으로 허용되는 규제권한의 범위에 관하여, 중재판정부의 협정 해석과 적용을 통해 법적 흠결이 해소될 수 있을지를 살펴본다. ICSID 협약 제42조는 중재판정부의 재판준칙에 관하여 규정하고 있다. 동 협약 제42조 제1항에 의하면, 중재판정부는 당사자들이 합의한 그러한 법 규칙에 따라 분쟁을 판정해야 하며 그러한 합의가 없을 때에는 (국제사법에 관한 규칙을 포함하여) 분쟁당사국 자신의 법과 적용 가능한 국제법의 규칙을 적용하여야 한다. 특히 협약 제42조 제2항은 법의 침묵이나 불명확성을 이유로 재판불능의 판결을 내려서는 안 된다고 하고 있다. 또한 ICSID 협약 제42조 제3항은 제42조 제1항과 제2항에도 불구하고, 당사자들이 그렇게 합의하였다면 형평과 선에 따라 분쟁을 판단할 중재판정부의 권한을 침해하지 않는다고 규정하고 있다. 따라서 분쟁당사자들이 합의한 재판준칙이 없더라도 중재판정부의 법 적용 및 해석을 통한 투자분쟁 해결과정에서 규제권한의 허용범위가 규명될 수도 있다.

그러나 중재판정부의 투자협정 해석으로 규제권한의 허용범위가 규명되려면 투자분쟁에서 일관된 판례 법리를 통해 하나의 체제를 형성하고 있다는 점을 긍정할 수 있어야 한다. 대륙법계에서는 법문(法文)의 통일성을 통해 법체제가 형성된다고 본 반면, 보통법계에서는 이른바 선례구속원칙(stare decisis principle)을 통해 하나의 법체제가 형성된다고 이해하였다.[84]

수많은 양자조약과 지역조약으로 이루어진 국제투자협정에서는 협정문의 통일성에 근거한 하나의 법체제가 형성되어있지 않다. 특히 투자보호 의무에도 불구하고 국가의 규제권한이 어떠한 경우에 예외적으로 허

법의 발전을 촉진할 수 있다는 논의는 Patrick Dumberry, "Are BITs Representing the 'New' Customary International Law in International Investment Law?", *Penn State International Law Review*, Vol. 28, No. 4 (2010) 참조.

84) Schill, *supra* note 45, p. 279 참조.

용될 수 있는지에 관하여 다수의 국제투자협정 간에 통일된 접근법도
확인되지 않고 있다. 또한, 국제투자법에서는 중재판정부의 해석을 통해
하나의 법체제가 형성되었다고 판단하기도 어렵다. 이를 위해서는 국제
투자분쟁의 개별 결정들이 어떤 상위의 법원칙이나 공통의 규칙에 근거
한다고 볼 수 있어야 한다.[85] 예를 들어, 공정하고 공평한 대우와 같이
국제투자협정의 일부 조항의 해석과 관련해서는 법의 일반원칙이 적용
되어 개별 조약규정의 내용을 확정하고, 법적 흠결을 보충하는 역할을
하기도 했다.[86] 그러나 국제법에는 선례구속원칙이 적용되지 않기 때문
에 투자보호 문제에서 중재판정부의 일관된 해석을 통한 법체제의 발전
이 쉽게 확인되지 않는다.[87] 중재판정의 비일관성은 동일 취지의 조항
이라도 조약 문언의 내용이 다양한 국제투자협정의 형태로 인해서도 심
화된다.[88]

이처럼 국제투자협정에서는 규제권한의 허용범위가 구체적 조항으로
명시되지 않았고, 그 허용범위를 관습국제법이나 다른 국제협정을 참조
한 해석을 통해서 일관되게 제시하는 것도 어렵다. 국제투자협정에서 규
제권한 문제는 투자협정의 문언이나 그 해석을 통해 통일적으로 규율되
고 있지 않은바 국제투자협정의 법적 흠결로 볼 수 있다.

---

85) *Ibid.*, p. 280 참조.
86) 이와 관련하여 신의칙 같은 법의 일반원칙이 국제법 뿐만 아니라 투자협정의 해석에
서도 개별 조약규정의 내용을 확정하고, 법적 흠결을 보충하는 역할을 했다는 논의로
서 Tarcisio Gazzini, "General Principles of Law in the Field of Foreign Invest-
ment", *Journal of World Investment and Trade*, Vol. 10, Issue 1 (2009), pp. 116~
119 참조.
87) Schill, *supra* note 45, pp. 284 & 288~292 참조. 예를 들어, NAFTA 제1136조 제1
항과 ICSID 협약 제53조 제1항은 중재판정부의 판정이 당사자에만 구속력이 있고
다른 분쟁에 대해 구속력 있는 선례가 아니라는 점을 명시했다.
88) Catherine H. Gibson, "Beyond Self-Judgment: Exceptions Clauses in US BITs",
Fordham International Law Journal, Vol. 38 (2015), p. 3; Susan D. Franck, "The
Legitimacy Crisis in Investment Treaty Arbitration: Privatizing Public Law Through
Inconsistent Decisions", *Fordham Law Review* (2005), pp. 1584~1585 각각 참조.

제2절 국제투자협정의 역사적 발전

국제투자협정의 역사적 기원은 관습국제법상 외국인 보호규범에 있다. 구체적인 국제의무가 없다면, 외국인 처우 수준을 결정할 국가의 재량권이 관습국제법으로 인정되었다. 또한, 초기 국제투자협정에서는 관습국제법상 대우의 최저기준과 수용 시 보상의무를 중심으로 투자보호의무를 규정하였다. 구체적인 규범 내용은 국가실행과 판례, UN총회 결의 등을 통해 발전하였다. 이 절에서는 국제투자협정의 발전 과정을 외국인 보호에 관한 관습국제법 규범부터 살펴보기로 한다. 그 과정에서 투자보호 의무와 규제권한의 관계는 충분히 다루어지지 못했음을 검토한다.

1. 외국인 보호에 관한 관습국제법

(1) 관습국제법상 외국인 대우

국제투자규범은 관습국제법상 외국인 대우 규범에서 출발하였다.[89] 외국인 투자재산의 대우는 자국 영역 내로 들어온 외국인을 어떻게 처우할 것인지의 문제의 일부이며, 접수국의 국내관할권에 속한 문제로 여겨졌다. 20세기 초반 외국인에 대한 접수국의 의무는 이른바 *Neer* 기준

---

89) Dolzer & Schreuer, *supra* note 3, p. 3; Campbell McLachlan QC, "Investment Treaties and General International Law", *International and Comparative Law Quarterly*, Vol. 57 (2008), pp. 365~366 각각 참조.

(혹은 *Neer* 법리)에 기초한 것으로 이해되었다. 접수국은 외국인의 권리를 고의로 무시하지 않을 국제법상 최소기준을 준수할 의무는 부담하지만 그 밖에는 국내법에 따라 외국인을 대우할 수 있었다.[90] 접수국 내에서 외국인은 최소한의 기본적 권리를 보장받는 이외에는 접수국의 국내법을 준수할 의무를 부담하였다. 반면, 접수국은 관습국제법 하에서 외국인의 대우에 관하여 광범위한 행동의 자유를 향유하였다.

접수국이 외국인에게 최소한의 권리를 보장하는 것 외에는 국내법에 따른 재량권 행사를 인정받은 배경은 오랫동안 국제법이 국가 간의 법이었기 때문이다. 20세기 초반 국제법상 외국인 보호규범은 주로 이러한 규범을 위반한 경우 국적국이 접수국에 대해 어떠한 법적 책임을 추궁할 수 있는지의 문제인 국가책임법을 중심으로 발전하였다.

1930년 국가책임에 관한 헤이그 법전화 회의(Hague Codification Conference on International Responsibility)에서 국가의 국제의무가 정의되었다.[91] 국제의무란 조약, 관습, 혹은 법의 일반원칙으로부터 나온 의무로서 외국인이 그 신체와 재산에 관하여 국제공동체에 의해 승인된 규칙에 합치하는 대우를 확신할 수 있도록 고안된 것을 의미하였다.[92] 국제의무의 범위는 자국 영토 내에서 외국인이 신체나 재산상 입은 손해에 대해 국가가 부담하는 책임의 범위와 일치하였다. 이후 ILC에 의해 본격

---

90) *L.F.H. Neer & Pauline Neer v. United Mexican States*, Award (October 15, 1926), RIAA, Vol. Ⅳ, p. 60, para. 4 참조.

91) 1927년 국제연맹 총회는 국적문제, 영해, 자국 영토에서 외국인의 신체나 재산에 가해진 손해에 대한 국가책임이라는 세 가지 주제를 법전화하기 위한 외교회의를 갖기로 하고, 이 법전화회의가 1930년 헤이그에서 개최되었다. 다만 국적문제를 제외하고 다른 두 주제에 관해서는 구체적인 문서 도출에 실패하였다. <http://legal.un.org/ilc/league.shtml>(2017년 8월 23일 검색) 참조.

92) *Second Report by F. V. Garcia Amador*, Special Rapporteur, Responsibility of the State for Injuries Caused in Its Territory to the Person or Property of Aliens, A/CN.4/106 (February 15, 1957), *Yearbook of the International Law Commission*, 1957, Vol. II, p. 107 참조.

적으로 국가책임에 관한 법전화 작업이 전개된 이후에도 국제법상 외국
인 보호규범은 외국인이 입은 손해에서 비롯된 국가책임을 중심으로 논
의되었다.[93] ILC 국가책임협약 초안 작업의 첫 번째 특별보고관 Garcia
Amador는 1957년 초안에서 "국가의 국제의무"에 초점을 맞춘 이른바 헤
이그 공식(Hague Formula)을 수용(受用)하였다.[94] 1957년 초안 제1조는
국가의 국제의무의 의의와 범위를 다음과 정의하고 있다.[95]

> 이 초안의 목적상 "영토 내에서 외국인의 신체나 재산에 대해 야기된 피해
> 에 관한 국가의 국제책임"은 국가기관 일부나 공무원에 의한 작위나 부작위
> 의 결과로서 국가의 국제의무를 위반한 경우에 그러한 피해에 대한 배상의
> 무를 의미한다.[96]

1961년 외국인이 입은 손해에 대한 국가의 국제책임에 관한 협약 초
안(Draft Convention on the International Responsibility of States for Injuries
to Aliens, "하버드 국가책임협약 초안")에서도 국가책임이론을 투자자보
호의 한 측면으로 이해하였다.[97] 1961년 하버드 국가책임협약 초안은
국가책임의 일반원칙을 제시한 후 제10조에서 외국인 재산의 수용에 관

---

93) Eric De Brabandere, "Host State's Due Diligence in International Investment Law",
    Syracuse Journal of International Law and Commerce, Vol. 42, No. 2 (2015), p.
    322 참조.
94) *Second Report by F. V. Garcia Amador,* A/CN.4/106, p. 107 참조.
95) *Ibid.,* pp. 105~107 참조.
96) *Ibid.* 1957년 ILC 국가책임협약 초안 제1조는 다음과 같다:
    Article 1
    1. For the purposes of this draft, the "international responsibility of the State for
    injuries caused in its territory to the person or property of aliens" involves the
    duty to make reparation for such injuries, if these are the consequence of some
    act or omission on the part of its organs or officials which contravenes the
    international obligations of the State.
97) James Crawford, *State Responsibility: The General Part* (Cambridge University
    Press, 2013), pp. 34~35 참조.

한 규칙을 제시하였다. 외국인 투자보호는 외국인의 신체 및 재산에 대한 보호의무와 그 의무 위반 시 책임에 관한 규범의 한 부분으로 다루어졌다.

1970년대 이후 국가책임 규범은 실체적 의무 위반 문제와 책임추궁에 관한 규칙을 구분하였다. ILC 국가책임 초안 작업의 두 번째 특별보고관 Roberto Ago는 1차 규칙 위반의 결과인 2차 규칙에 관한 이론적 규명을 중심으로 국가책임협약 초안의 구체적 내용을 마련하였다.98) 이때부터 외국인 보호에 관한 국제법과 국가책임 규칙은 별개 규범으로 발전하였으며, 외국인 보호는 주로 국제인권협약과 국제투자협정으로 규율되었다.

관습국제법상 국가들은 외국인 보호에 관하여 상당한 재량권을 행사할 수 있었다. 다만 외국인의 국적국에 대한 국제의무를 위반하는 것은 허용되지 않았다.99) 외국인의 신체와 재산에 관한 구체적인 국제의무가 존재하는 경우에는 국가의 재량권 행사가 제한되었다.100) 예컨대 국가들은 외국인 재산 보호에 관해서도 상당한 행동의 자유를 보유하였지만 관습국제법 하에서 외국인 재산을 존중하고 특히 국제적으로 인정되는 최소한의 대우를 부여할 의무를 부담했다.101) 그러나 각 국은 자신의 정치, 경제, 사회체제를 결정할 권리가 있으며 재산권은 개념적으로 국가의 정치, 경제, 사회적 구조와 긴밀하게 연관되어 발전하였다. 외국인의 재산에 대한 접수국의 보호의무는 절대적인 것으로 간주되지 않았다.102)

---

98) *Ibid.*, p. 35; *Second Report on State Responsibility, by Roberto Ago*, the Special Rapporteur-the origin of international responsibility, Doc. A/CN.4/233, *Yearbook of the International Law Commission 1970*, Vol. II, p. 179 참조.

99) Jennings & Watts, *supra* note 82, p. 904 참조.

100) *Ibid.*

101) *Ibid.*, pp. 911~912 참조.

102) *Ibid*, p. 912 참조.

(2) 외교적 보호권과 외국인 대우의 최저기준

전통국제법에서 외국인이 입은 손해에 대한 구제는 외교적 보호권을 통해 이루어졌다. 1차적으로는 피해를 입은 외국인이 해당국의 국내법원을 통한 국내구제를 추구하지만, 국내절차를 통해 피해에 대한 구제를 받지 못한 경우 피해자의 국적국이 자국민이 입은 신체나 재산상 손해에 대해 국제법상 외교적 보호권을 행사할 수 있다. 자국민이 입은 피해는 그 국적국의 피해와 동일한 것으로 간주되었고 피해자의 국적국은 "자신의 선택에 따라" 외교적 보호권 행사 여부를 결정할 수 있다.103)

외교적 보호권이란 외국 정부의 행위로 인하여 자국민이 입은 피해를 국가 자신의 피해로 의제(擬制)함으로써 피해자 국적국이 외교적 행동이나 기타 평화적 방법으로 가해국에 대하여 직접 책임을 추궁하는 것을 허용하는 제도이다.104) 국가 중심 피해구제체제에서 외국인 투자자는 국내구제가 이루어지지 않았다면, 국적국이 외교적 보호권을 행사하는 경우에만 투자유치국의 위법행위로 인한 권리 침해를 전보(塡補)받을 수 있다.105) 즉, 국제법상 외교적 보호는 국가의 전속(專屬)적 권리이기 때문에 청구내용 및 청구 여부가 국적국의 재량에 맡겨져 있다. 외교적 보호권의 행사는 국제관계를 심각하게 저해하거나 무력사용이라는

---

103) Newcombe & Paradell, *supra* note 18, pp. 4~6 참조.

104) 정인섭, 앞의 책 (주 69), pp. 433~434; *The Mavrommatis Palestine Concessions*, *P.C.I.J. Reports 1924*, Series A, No. 2 ("자국민이 다른 국가의 국제법위반행위로 피해를 입고 통상의 경로를 통해서는 해당 위반국으로부터 만족스러운 배상을 얻지 못하였을 때, 국적국에 자국민을 보호할 권한이 있다는 것은 국제법의 기본원칙의 하나이다. 국가는 자국민을 대신하여 해당 사건을 맡아 외교적 조치를 취하거나 그를 대신하여 국제사법절차를 개시함으로써, 그 피해국민을 대신하여 국제법 규칙에 대한 존중을 확보하는 사실상 그 자신의 권리를 주장하는 것이다.") 참조.

105) 김화진, "새로운 국제질서와 회사의 국제법 주체성", 『인권과 정의』(2016), p. 91; *Barcelona Traction, Light and Power Company, Limited*, Judgment (February 5, 1970), para. 78 각각 참조.

결과로 이어지기도 한다.[106) 이러한 제반 사정으로 인해 국가들은 때로
는 정치적 고려에서 외교적 보호권을 행사하지 않기로 결정하기도 한
다.[107)

외교적 보호권은 국가의 재량적 판단에 따라 행사 여부가 결정되기
때문에 투자자가 투자유치국의 조치로 인하여 입은 경제적 피해를 구제
하는 수단으로 활용하기에는 예측가능성과 안정성의 측면에서 한계가
있다. 외교적 보호권 행사 이전에 이루어지는, 외국에서의 국내구제절차
도 해당국 법원의 공정성과 비용 문제 등으로 인해 외국인에게 효과적
인 구제수단을 제시하지 못할 수 있다. 따라서 국제투자협정은 전통국제
법상 구제수단이 개별 경제주체의 이익보호에 관하여 갖는 한계를 극복
하기 위하여 독자적인 권리구제절차를 명시한 협정으로 발전하였다.[108)

외교적 보호권 행사를 위해서는 국제법상 외국인 대우 기준이 확립되
어야 한다. 외국인에 대한 처우가 국제법상 기준에 미달하여 국제법 위
반으로 인정되어야 국가의 청구권 행사 여부를 논할 수 있으며 오랫동
안 국내표준주의와 국제표준주의가 경합하였다.[109) 국내표준주의란 외
국인에 대하여도 자국민과 동일한 수준의 대우를 하면 충분하다는 원칙
이고, 국제표준주의란 국제법에서 요구하는 최저기준 이상을 부여하여
야 한다는 원칙이다.[110)

---

106) Christoph Schreuer & Ursula Kriebaum, "From Individual to Community Interest
in International Investment Law", Ulrich Fastenrath et al. (eds.), *From Bilater-
alism to Community Interest: Essays in Honour of Judge Bruno Simma* (Oxford
University Press, 2011), p. 1080 참조.
107) *Barcelona Traction, Light and Power Company, Limited,* Judgment (February 5,
1970), para. 79; 정인섭, 앞의 책 (주 69), p. 437 각각 참조.
108) Christian Tietje, "Perspectives on the Interaction between International Trade and
Investment Regulation", Echandi & Sauvé (eds.), *Prospects in International
Investment Law and Policy,* p. 167 참조.
109) 정인섭, 앞의 책 (주 69), pp. 851~853; Jennings & Watts, *supra* note 82, p. 931
각각 참조.
110) 정인섭, 앞의 책 (주 69), p. 851 참조.

국제표준주의에 의하면, 국가는 자국 영역 내에 들어온 외국인과 그 재산에 대하여 관습국제법이 인정하는 이상의 대우를 부여하여야 한다.[111] 관습국제법상 최소한의 대우라는 관념은 국제인권법의 발전에 따라 국제적으로 인정되는 최소한의 권리가 존재한다는 인식이 점차 보편화된 데 따른 것이다. 오늘날 대부분의 국가들은 자국민과 외국인 구별 없이 모든 인간에 대해 "인권과 기본적 자유"를 보장하고 있다.[112] 국제표준주의에 따라 일정한 대우 이상을 외국인에 대해서도 부여해야 한다는 관념이 자리 잡은 것은 국제법 발전에서 비롯된 것이다.[113]

구체적으로 국제법상 대우의 최저기준의 위반이 어떠한 행위를 의미하는지에 대해서는 미국과 멕시코 간 혼성청구위원회(Mixed Claims Commission) 판례를 통해 확인되었다. 1926년 *Neer v. Mexico* 사건에서는 멕시코에서 발생한 미국인의 사망과 관련하여 멕시코 정부가 관련 조사 및 설명의무를 다하였는지가 문제되었다. 외국인에 대한 처우가 국제법 위반으로 인정되는 상황을 엄격한 기준으로 제시하였다.

> 외국인의 처우가 국제의무 위반에 해당하기 위해서는 그러한 처우가 악의적이고 신의에 반하거나 의무의 고의적인 경시에 해당하거나 정부의 조치가 국제기준에 너무나 미치지 못하여서 합리적이고 공정한 사람이라면 누구나 그러한 조치의 불충분성을 쉽게 인식할 정도가 되어야 한다.[114]

이른바 *Neer* 법리는 대우의 최저기준의 핵심을 제시한 것으로 여겨졌으며 이후의 중재판정에서 확인되었다.[115] *Neer* 법리를 국제법상 대우의

---

111) 이재형, "국제투자협정상 '대우의 최저기준'에 관한 연구", 『고려법학』 제73호 (2014), p. 3 참조.
112) *Second Report by F. V. Garcia Amador*, A/CN.4/106, pp. 113~114 참조.
113) Dolzer & Schreuer, *supra* note 3, pp. 1~4; Newcombe & Paradell, *supra* note 18, pp. 3~12 각각 참조.
114) *L.F.H. Neer & Pauline Neer v United Mexican States*, Award (October 15, 1926), RIAA, Vol. Ⅳ, p. 60, para. 4.

최저기준으로 보기에는 외국인이 국가의 의무위반을 수용해야 하는 정
도가 너무 높다는 비판도 제기되었다.[116] 그러나 NAFTA의 중재판정에
서도 *Neer* 법리를 국제법상 대우의 최저기준의 의미를 이해하는 기준으
로 활용하였다. NAFTA 자유무역위원회(Free Trade Commission) 해석지
침은 NAFTA 투자챕터의 공정하고 공평한 대우 의무를 해석하면서 이
를 국제법상 대우의 최저기준과 연결시켰으며, 더 나아가 NAFTA 중재
판정부에서는 *Neer* 기준을 약간의 변형을 거쳐 적용하였다.[117]

2. 초기 국제투자규범의 특징

관습국제법상 외국인 대우에서 출발한 국제투자규범은 처음부터 다자
간 조약으로 형성된 WTO 협정과 차이가 있다. GATT는 관세인하를 통
해 경제발전을 도모하고, 비차별과 시장접근 확대를 공통원칙으로 하는
다자간 협정으로 1948년 출발하였다.[118] 반면 국제투자규범은 투자유치

---

115) Dolzer & Schreuer, *supra* note 3, p. 3; Roland Kläger, '*Fair and Equitable
   Treatment*' in International Investment Law (Cambridge University Press, 2011),
   pp. 51~52; *Glamis Gold, Ltd. v. the United States of America,* UNCITRAL,
   Award (June 8, 2009), para. 616 각각 참조.
116) Kläger, *supra* note 115, p. 52; Newcombe & Paradell, *supra* note 18, p. 237 각각
   참조.
117) Kläger, *supra* note 115, p. 74 참조. NAFTA 자유무역위원회의 해석지침은 국제법
   상 대우의 최저기준을 다음과 같이 설명하고 있다: ① NAFTA 제1105조 제1항은
   관습국제법상 외국인에 대한 대우의 최저기준을 타방 당사국 투자자에 의한 투자의
   최저기준으로 규정한다. ② 공정하고 공평한 대우나 충분한 보호와 안전이라는 개
   념은 관습국제법상 외국인대우의 최저기준이 요구하는 이상의 대우를 요구하지 않
   는다. ③ NAFTA의 다른 조항이나 다른 국제조약의 위반이 있다는 결정은 제1105
   조 제1항 위반사실을 입증하지 않는다. NAFTA Free Trade Commission, *Notes of
   Interpretation of Certain Chapter 11 Provisions* (July 31, 2001), <https://www.
   state.gov/documents/organization/38790.pdf> (2017년 10월 10일 검색) 참조.
118) GATT의 기본원칙은 비차별과 시장접근의 확대이다. General Agreements on

국의 위법한 수용 같이 투자규범 위반조치로부터 투자자를 보호하는 간결한 규범으로 출발하였다.[119] 초기 국제투자협정에서는 투자보호에 관한 구체적 규칙(rules)이 아니라 추상적인 기준(standards)을 제시하였기 때문에 투자규범의 구체적 내용은 중재판정부의 해석을 통해서 형성되었다.[120] 따라서 관습국제법상 투자보호 원칙이 국제투자협정의 실체조항 해석 시 참조하는 수단으로 계속 활용되었다.[121]

또한, 외국인 대우에 관한 국제규범은 우호통상항해 조약, 국가실행, 중재판정부와 혼성위원회의 판정을 통하여 점차 발전하였다.[122] 이미 17세기부터 많은 국가들이 우호통상항해 조약을 체결하여 외국인에게 상업상 특권을 부여할 뿐 아니라 체약국 국민의 신체 및 재산의 보호, 내국민대우와 최혜국대우 등을 보장하면서 외국인 보호규범이 발전하였다.[123] 우호통상항해 조약은 양자 간 투자협정의 모태(母胎)로 여겨지며, 특히 제2차 세계대전 이후 우호통상항해 조약에서는 투자자 보호의 기본 원칙들을 제시하였다.[124] 그러나 초기 국제투자협정은 외국인 보호규범과 국가의 정당한 목적의 규제권한 행사에 대한 예외를 연결시키지

Tariffs and Trade, Articles 1 & 2; 한국국제경제법학회, 『신국제경제법』신보정판 (박영사, 2013), pp. 73 & 88 참조.

119) Jürgen Kurtz, "The Use and Abuse of WTO Law in Investor-State Arbitration: Competition and its Discontents", *European Journal of International Law*, Vol. 20, No. 3 (2009), p. 755 참조.

120) Santiago Montt, *State Liability in Investment Treaty Arbitration: Global Constitutional Law in the BIT Generation* (Hart Publishing, 2009), p. 3; Newcombe & Paradell, *supra* note 18, p. 237 각각 참조.

121) Kläger, *supra* note 115, p. 74 참조.

122) Newcombe & Paradell, *supra* note 18, pp, 11~12 참조.

123) Kate Miles, "International Investment Law: Origins, Imperialism and Conceptualizing the Environment", *Colorado Journal of International Environmental Law and Policy* Vol. 21, No. 1 (2010), p. 5 참조.

124) 법무부, 『양자 간 투자협정 연구』(2001), pp. 3~4; John F. Coyle, "The Treaty of Friendship, Commerce and Navigation in the Modern Era", *Columbia Journal of Transnational Law*, Vol. 51 (2013), pp. 326~327 각각 참조.

않았다. 하버드 국가책임협약 초안에서 건강, 도덕, 공공질서를 예외사
유로 다루었으나 초기 국제투자협정에는 반영되지 않았다.

1960년대와 1970년대 초기의 양자 간 투자협정은 다음과 같은 특징을
갖는다. 첫째, 1960년대와 1970년대의 국제투자협정은 주로 양자조약의
형식으로 체결되었으며, 투자와 관련된 제한된 목적만을 다루는 조약이
었다.125) Vandevelde에 의하면, 1960년대와 1970년대의 초기 국제투자협
정에서는 투자 이외의 쟁점을 포함하면 외국인에 대한 대우를 복잡하게
만들어 국가 간 합의가 어려워질 수 있는 점을 우려하여 투자 이외의 쟁
점을 배제하였다.126) 둘째, 초기 국제투자협정은 주로 선진국과 개발도
상국 간에 체결되었다.127) 양자 간 투자협정은 개발도상국 영역 내에서
이루어진 선진국 투자자의 투자를 보호하는 조약으로 의도되었으며, 협
정의 내용도 대체로 선진국에 의해 협정 초안이 마련되어 개발도상국에
대해 서명을 위해 개방되는 형태로 형성되었다.128) 초기 국제투자협정
은 선진국 투자자의 투자보호를 목적으로 하는 반면, 개발도상국은 투자
협정을 체결함으로써 선진국으로부터 투자를 유치하는 것을 주된 동기
로 하였다.129)

125) Vandevelde, *supra* note 60, p. 57 참조.
126) *Ibid.*
127) 1960~1999년까지 개발도상국들이 다른 국가 그룹과 체결한 BIT 건수의 추세를 나
    타낸 그래프에 의하면, 개발도상국들은 1960년대에 (총 68건 중에서) 65건, 1970년
    대에 (총 79건 중에서) 69건에 달하는 국제투자협정을 선진국과 체결하였다. UNC
    TAD, *Bilateral Investment Treaties 1959~1999* (New York, 2000), p. 5, Figure 2.
    Number of BITs concluded by developing countries, by decade, 1960~1999 참조.
128) Vandevelde, *supra* note 60, p. 57 참조.
129) UNCTAD, *supra* note 127, *Bilateral Investment Treaties 1959~1999*, p. 1 참조.

3. 투자보호에 관한 국가 간 입장차: 수용 시 보상기준

국제투자협정은 다양한 국제법 연원(淵源)의 상호작용을 거쳐서 점진적으로 발전하였다.[130] 우선 양자 간 투자협정 체결로 관습국제법상 외국인보호의 내용이 명확해졌으며, 조약상 투자보호의무의 불분명한 점은 중재판정부의 해석으로 보충되었다. 한편 국제투자협정의 체결로 투자보호 기준이 명확해졌으나 국제투자의 보호수준에 대한 국가 간 상이한 입장이 더욱 부각되기도 하였다. 외국인 재산 수용(收用) 시 보상기준에 관한 선진국과 개발도상국의 견해차에서 잘 나타났다.[131]

1920년대와 1930년대에 미국과 멕시코 간에 외국인 재산 수용 시 보상기준에 관한 의견이 대립하였다.[132] 당시 멕시코 외무장관은 1933년 국가의 권리와 의무에 관한 몬테비데오 협약(Montevideo Convention on the Rights and Duties of States) 제9조를 인용하면서 외국인 재산 수용으로 피해를 입은 외국인에게 국내법에 따른 대우를 부여하면 충분하다는 내외국인 평등원칙(principle of equality)을 주장하였다.[133] 한편, 당시 미국 국무장관 Cordell Hull은 내외국인 평등원칙은 개인의 적법한 권리에서의 평등과 그러한 권리 행사의 보호를 의미한다고 하면서, 이 원칙을 개인과 그 재산권을 보호하기 위해서가 아니라 개인에게 부여된 권리를 박탈하는 데 원용하는 멕시코의 주장에 문제가 있음을 지적하였다.[134]

---

130) Joost Pauwelyn, "Rational Design or Accidental Evolution?", Douglas et al. (eds.), *The Foundations of International Investment Law*, p. 19 참조.
131) Nico Schrijver, *Sovereignty over Natural Resources: Balancing Rights and Duties* (Cambridge University Press, 1997), pp. 352~359 참조.
132) Edwin Borchard, "The "Minimum Standard" of the Treatment of Aliens", *Michigan Law Review*, Vol. 38, No. 4 (1940), pp. 445~448 참조.
133) *Ibid.*, p. 445 참조. 1933년 몬테비데오 협약 제9조에 의하면 내국민과 외국인은 법과 국가기관의 동등한 보호를 받으며, 외국인들은 내국민의 권리 이외의 권리 혹은 내국민의 권리보다 확장된 권리를 주장할 수 없다.

1938년 Hull이 제시한 적법한 보상기준은 "신속하고 충분하며 효과적인 보상"(prompt, adequate, and effective compensation)이었다.[135] Hull의 수용 시 보상기준은 관습국제법으로 받아들여졌으나 1960년대 이후 개발도상 국들이 주권적 권한을 강조하면서 선진국과 개발도상국간 입장차가 나타났다.

이러한 국가 간 입장차는 1960년대 이후 UN총회 결의에서 재확인되었다. 1960년대와 1970년대 UN에서 국가의 경제적 권리를 논의하면서 이 문제를 다루었다. 개발도상국들은 국유화 조치를 주권의 한 표현으로 간주하고 보상기준 역시 "국내법에 따른 적절한" 보상을 주장하였다.[136] 특히 신생독립국들은 경제발전의 일환으로 국유화 조치를 단행하였기 때문에, 자국의 조치가 주권적 권리의 연장선상에 있다는 관점에서 이 권리를 국제적으로 보장받으려고 하였다. 일부 국가들은 자원에 대한 주 권적 권리의 관점에서 자국 영역 내의 천연자원에 대해서는 보상 없는 국유화가 정당화된다고 주장하기도 하였다.[137] 즉, 이러한 국가들은 천 연자원 개발에 외국자본이 투입되었더라도 관여된 외국자본에 대해 보 상을 지급할 필요가 없다고 보았다.

반면, 주로 자본을 수출하는 유럽 국가들은 자국 기업의 해외투자재

---

134) Borchard, *supra* note 132, p. 446 참조.
135) "신속한" 보상이란 보상금의 지급이 부당한 지연 없이 이루어져야 한다는 것이고, "충분한" 보상이란 수용조치가 취해지기 직전에 수용된 재산의 공정시장가격과 동 등한 보상금이 지급되어야 함을 의미하며, "효과적인" 보상은 자유롭게 이용 가능 한 통화로 지급이 이루어져야 한다는 것이다. Borzu Sabahi & Nicholas J. Birch, "Comparative Compensation for Expropriation", Schill (ed.), *International Investment Law and Comparative Public Law*, p. 760 참조.
136) 이러한 개발도상국의 입장은 천연자원의 자유로운 사용수익권이 주권적 권한이라 는 1950년대 이래 UN총회 결의의 연장선상에 있다. UN General Assembly Resolution 626 (VII) of 21 December 1952; UN General Assembly Resolution 1803 (XVII) on 14 December 1962 on Permanent Sovereignty of States over their Natural Resources 각각 참조.
137) Jennings & Watts, *supra* note 82, pp. 912~914 참조.

산 보호를 위해 관습국제법상 외국인 보호기준 혹은 국제투자협정상 투자보호 의무를 확인받고자 하였다. 개발도상국과 선진국 간 입장차를 해소하려면 국가의 정당한 이익보호라는 목표와 투자유치국의 자의적 조치로부터 외국인 재산을 보호한다는 목표 사이에서 균형 있는 접근을 취할 필요가 있었다.[138] 그러나 1960년대와 1970년대 국제투자협정은 실질적으로 투자유치국의 이익을 고려하지 못하였다.

1960년대와 1970년대의 UN총회 결의를 통해 투자보호 문제가 검토되었다. 우선, 1962년 UN총회 결의 제1803호는 국가들이 국제법에 따른 주권행사로서 수용이나 국유화 조치를 취하는 경우 조치국 내에서 유효한 규칙과 국제법에 따라 적절한 보상을 지급하여야 한다고 선언하였다.[139] 1962년의 이른바 "천연자원에 관한 영구주권 선언"은 관습국제법상 수용의 요건을 재확인한 것으로서 선진국들의 입장을 반영하였다.[140] 한편, 개발도상국들은 UN총회 결의에 경제적 권리에 대한 주장을 반영함으로써 자본수출국 중심으로 형성된 관습국제법상 "신속하고 충분하며 효과적인 보상" 기준을 재설정하고자 하였다. UN총회 결의는 그 자체로는 법적구속력이 없으나 국가실행을 확인하거나 혹은 법적 확신을 입증하는 증거로서 관습국제법 형성에 영향을 미칠 수 있기 때문이다.[141] 경제적 주권에 관한 개발도상국들의 요구사항이 UN총회 결의에

---

138) *Ibid.*, p. 915 참조.

139) "Nationalization, expropriation or requisitioning shall be based on grounds or reasons of public utility, security or the national interest (···). In such cases the owner shall be paid appropriate compensation, in accordance with the rules in force in the State taking such measures in the exercise of its sovereignty and in accordance with international law." UN General Assembly Resolution 1803, *Resolution on Permanent Sovereignty over Natural Resources* (December 14, 1962), UN Doc. A/5217 참조.

140) Robin C. A. White, "A New International Economic Order", *International and Comparative Law Quarterly,* Vol. 24 (1975), p. 545 참조.

141) Malcolm N. Shaw, *International Law*, 7th edition (Cambridge University Press, 2014), pp. 82~83 참조.

서 우호적으로 받아들여지면서 투자보호에 관한 기존 관습국제법의 법리는 약화되었다.[142]

경제적 주권을 정당화하려는 개발도상국의 입장은 특히 "신국제경제질서"(New International Economic Order)라는 개념에서 재확인되었다. 개발도상국들은 투자보호에 관한 선진국들의 기준, 특히 수용 시 보상기준이 지나치게 높기 때문에 국가가 정당한 목적을 위해 수용할 주권적 권한을 제한할 수 있다고 주장하였다.[143] 1974년 UN총회 결의 제3102호에서는 국가들이 천연자원과 경제활동에 관하여 완전하고 항구적인 주권(full permanent sovereignty)을 보유한다는 원칙을 제시하였다. "신국제경제질서 수립에 관한 선언"이라 불리는 이 결의에서는 "국가들이 천연자원을 보호하기 위하여, 이를 효과적으로 관리하고 국유화하거나 또는 자국민에 대하여 소유권을 이전할 권리를 포함하여 자신의 상황에 적합한 수단으로 천연자원을 이용할 권한을 갖는다"라고 하면서, 이러한 권리는 "각 국의 완전하고 항구적인 주권의 표현"이라고 천명하였다.[144]

개발도상국들의 주장은 투자보호와의 관계에서 주권적 권리가 보장되어야 한다고 언급한 점에서 넓은 의미에서 투자유치국의 규제권한을 고려해야 한다는 논의와 연결된다. 특히, 1974년 12월 UN총회 결의 제3281호의 "국가의 경제적 권리와 의무에 관한 헌장" 제2조에서는 국가가 보유하는 완전하고 항구적인 주권의 내용을 구체화하였다. 위 결의 제2조 제2항에서는 모든 국가들이 국내법 및 국가 목표에 따라 외국투자를 규율할 권리를 가지며, 자국 관할권 내에서의 다국적 기업의 행위를 국내법과 경제사회정책에 따라 규율할 권리를 갖는다고 규정하였

---

142) Nicholas DiMascio & Joost Pauwelyn, "Non-discrimination in Trade and Investment Treaties: Worlds Apart or Two Sides of the Same Coin?", *American Journal of International Law*, Vol. 102 (2008), p. 52 참조.

143) Kläger, *supra* note 115, p. 50; Paparinskis, *supra* note 2, p. 17 참조.

144) *Declaration on the Establishment of a New International Economic Order*, General Assembly Resolution 3201 (May 1, 1974), A/RES/S-6.

다.145)

UN총회 결의 제3281호 제2조 제2항 (c)에서는 외국인 재산의 국유화 시에 관련된 법규 및 관련 상황을 참작하여 적절한 보상이 지급되어야 한다고 하면서 적절한 보상인지가 문제되었을 때 국유화 조치를 한 국가의 국내법에 의거하여 국내법원이 해결한다고 규정하였다.146) 위 UN총회 결의 제3281호에서 "국내법에 의거하여 국내법원이 이를 해결한다"라고 제시한 부분은 수용 시 보상기준과 관련하여 완전한 보상(full compensation)이 아니라 투자유치국의 지불능력 등을 고려하여 적절하다고 간주하는 이보다 적은 보상액을 지급할 수 있음을 인정한 것이다.147)

1970년대의 일련의 UN총회 결의에서 나타나듯이 국가들은 경제적 발전단계에 따라 투자보호 수준에 관하여 상반된 입장을 표명하였다. 선진국들은 기존 관습국제법상 외국인의 대우에 관한 최소기준이 존재하며 이러한 규범이 외국인 투자의 보호에 관해서도 적용된다고 주장한 반면, 개발도상국들은 국내법과 정책에 대한 기본적 존중을 다른 국가들로부터 확인받고자 하였다.148)

1977년 *Texaco v. Libya* 사건에서는 수용에 관한 분쟁을 조치국인 리비아 국내법에 따라 리비아 법원에서 판단할 수 있는지가 쟁점이 되었다. 1974년 UN총회 결의 제3281호가 관습국제법으로 적용되는지와 관련된 문제였다. 중재판정부는 UN총회 결의의 법적 가치가 결의가 채택된 상황과 해당 결의가 언급한 원칙에 근거하여 결정될 수 있다고 하였다.

우선 이 사건에서는 1962년 UN총회 결의 제1803호는 다양한 그룹을 대표하는 다수 회원국의 지지를 얻었으나 1970년대의 UN총회 결의는

---

145) *Charter of Economic Rights and Duties of States, General Assembly Resolution 3281* (XXIX) (December 12, 1974), Article 2.2 참조.
146) *Ibid.*
147) Kenneth J. Vandevelde, *U.S. International Investment Agreements* (Oxford University Press, 2009), pp. 25~26 참조.
148) Newcombe & Paradell, *supra* note 18, pp. 31~32 참조.

시장경제를 표방하는 선진국들의 지지를 얻지 못했다는 데 주목하였
다.[149] 또한, 결의가 표방하는 가치와 관련해서는 국가들 일반이 동의한
권리에 관한 조항과 일부 국가집단이 반대하고 이를 채택한 국가들의
시각에서만 '형성중인 법'(de lege ferenda)으로 간주되는 법원칙에 관한
조항을 구별하는 것이 필수적이라고 보았다.[150] 이에 근거하여 중재판
정부는 1962년 UN총회 결의 제1803호는 관습국제법을 반영하였지만,
1974년 UN총회 결의 제3281호는 관습국제법으로 볼 수 없다고 하였
다.[151]

더 나아가 중재판정부는 UN총회 결의 제1803호에 반영된 신의칙
(principle of good faith)이 1974년 UN총회 결의 제3281호에도 반영되어
있다고 하면서, 국유화 조치를 취한 국가라도 기존의 계약상 약속을 존
중할 의무가 있다는 이유로 리비아의 주장을 배척하였다.[152] 이처럼
1977년 Texaco v. Libya 사건에서 개발도상국들의 주장이 반영된 1974년
UN총회 결의 제3281호는 기존 관습국제법에 반하는 것으로 판정되었
다.[153] 따라서 국유화에 관한 투자보호 수준을 국제의무와 무관하게 국
내법으로 정할 수 있다는 결의는 관습국제법으로 인정되지 않았다.

국제투자규범의 조약화(條約化)는 1950년대 후반부터 이루어졌고, 1980
년대 이후에는 국제투자협정 체결건수가 급증하였다. 이러한 국제투자
협정 체결건수의 증가원인 중 하나는 1970년대 UN총회 결의에서 선진

---

149) *Texaco Overseas Petroleum Company and California Asiatic Oil Company v. Government of the Libya Arab Republic*, Dupuy, Sole Arbitrator, Award on the Merits (19 January 1977), para. 86, E. Lauterpacht (ed.), *International Law Reports* (Grotius Publications Limited, 1979), p. 491 참조.

150) *Ibid.*, para. 87 참조.

151) *Ibid.*, paras. 87~88 참조.

152) *Ibid.*, paras. 90~91 참조.

153) Julien Cantegreil, "The Audacity of the Texaco/Calasiatic Award: René-Jean Dupuy and the Internationalization of Foreign Investment Law", *European Journal of International Law*, Vol. 22, No. 2 (2011), p. 450.

국과 개발도상국 간에 투자보호 의무의 내용에 관한 입장차가 확인되었기 때문이다. 산업 부문과 선진국들은 국제투자규범의 예측가능성과 안정성을 선호하였고, 이러한 이해관계를 주로 반영하여 국제투자협정이 체결되었다.[154] 다시 말해, 관습국제법상 투자보호 기준의 불명확성을 해결하기 위한 대안으로 국제투자협정이 체결되었다. 한편, 투자유치국의 규제권한을 고려하여 외국인 투자를 규율할 권리는 초기 국제투자협정에 충분히 반영되지 못하였다.

---

154) Schill, *supra* note 45, p. 24 참조.

제3절 국제투자협정에서의 규제권한 문제

최근 국제투자협정은 투자보호의무와의 관계에서 투자유치국의 규제권한을 적절한 수준으로 고려하기 위한 방법을 주요 과제로 모색하고 있다. 이러한 배경에는 기존 국제투자협정에서는 투자유치국의 주권에 대한 고려가 배제되어 있었다는 문제의식이 있다. José Alvarez는 이를 '국가의 복귀'(Return of the State)라고 표현했다.[155] 이 절에서는 국제법상 규제권한 개념을 살펴본 후, 국제투자협정 맥락에서는 규제권한이 어떻게 다루어지는지를 검토한다. 규제권한 문제는 간접수용의 해석이론과 국제위법행위에 대한 예외사유로서 검토되었고, 최근에는 규제권한의 허용범위를 명시한 조항이 필요하다는 논의로 발전하였다.

1. 규제권한의 개념과 성질

(1) 국제법상 규제권한 개념

규제권한은 국가 주권의 대내적 표현 방식이다. 국제법상 규제권한이란 국가가 자국 영역 내에서 안보, 경제, 사회 등의 각 분야에서 행사할 수 있는 것으로 국제법상 인정된 권한을 의미한다. 국제법질서는 국가 간 주권평등을 전제로 형성되었다. 따라서 일국의 대내적 규제권한 행사

---

155) José Alvarez, "Return of the State", *Minnesota Journal of International Law*, Vol. 20, No. 2 (2011) 참조.

는 국가의 국제의무와 긴장관계에 있다. 주권 개념 자체가 국가 내적으로는 어떠한 권리에도 우선하는 최고권(supremacy)을 의미하지만 다른 국가와의 관계에서는 주권평등(sovereign equality) 측면으로 발전해왔기 때문에 국제법의 발전은 규제권한 범위에 대한 재검토를 요구하게 된다.

국제법에서 규제권한 개념은 주권 혹은 국내관할권의 범위와 관련하여 다루어졌다. 즉, 국제법이론에서는 명시적으로 "규제권한"이라는 표현으로 국가의 대내적 권한을 논하고 있지는 않다. 예를 들어, Ian Brownlie는 국제법상 주권 개념은 국가 간 관계에서의 평등과 독립이라는 관념을 의미한다고 하면서 이로부터 배타적 관할권의 원칙과 불간섭의무가 도출된다고 보았다.156) 이에 따르면, 주권 개념의 파생(派生)개념인 관할권은 원칙적으로 다른 국가로부터의 간섭 없이 독자적으로 행사할 수 있는 권한을 의미한다. 주권 개념이 경제적 측면으로 발현되면 각 국가들이 자국 영역 내 천연자원에 대한 주권적 권리를 가지며, 타국으로부터 간섭 없이 영역 내 경제활동을 규율할 권한을 갖는다는 내용으로 구체화되기도 한다.157)

오늘날 국가의 규제권한은 체약당사국이 다양한 국제조약을 체결하여 국제의무의 구속을 받기 때문에 제한되는 경우가 빈번하게 확인되고 있다.158) 국제조약의 체결은 그 자체가 바로 국가의 대외적 주권 행사이다. 그렇다면, 국제법상 규제권한이 제한되는 것은 국가들의 대외적 주권 행사에 따른 논리적 결과이며 조약체결에 따른 규제권한 제한은 오

---

156) Stefan Zleptnig, *Non-Economic Objectives in WTO Law: Justification Provisions of GATT, GATs, SPS and TBT Agreements* (Martinus Nijhoff, 2010), p. 90; Ian Brownlie, *Principles of Public International Law*, 7th edition (Oxford University Press, 2008), pp. 76 & 289 각각 참조.

157) Zleptnig, *supra* note 156, p. 90; Schrijver, *supra* note 131, pp. 20~25 참조.

158) GATT 제3조 제4항, TBT협정 제2.1조, SPS 협정 제2조 등에 규정된 내국민대우 조항은 조약상 의무의 존재로 인해 국내 규제조치가 제한된다는 점을 보여주는 조항이다.

늘날 수많은 조약을 체결하고 있는 어떤 국가라도 피할 수 없는 문제라고 할 수 있다. 이에 일부 학자들은 국가 주권의 발현을 극복해야 한다고 간주하였다.[159]

(2) 국제투자협정상 규제권한의 법적 성질

규제권한을 대내적 주권에서 비롯된 개념으로 보면, 국가의 규제권한은 관습국제법으로 인정되어 온 국제법의 기본원리의 하나이다. 곧 규제권한은 국제투자협정에 구체적인 규제권한 조항이 존재하여야만 보호되는 것은 아니다.[160] 조약체결 이전부터 관습국제법에 근거하여 국가의 일반적 규제조치들이 허용되어왔다. 관습국제법에 근거한 규제조치는 국제투자협정 체결로 투자유치국이 투자보호 의무의 구속을 받게 되면 제한될 수 있다.

이렇게 볼 때, 국제투자협정의 예외조항은 투자유치국이 관습국제법상 권리로 인정받아온 규제권한 행사 중에서 어떠한 내용을 어떠한 형식으로 특별히 보호할 것인지의 문제와 관련되어있다. 첫째, 예외조항은 '일반적 규제권한에 대한 예외'(exception to general regulatory powers)의 성격을 갖는 투자보호 의무에 대하여 예외적으로 허용되는 구체적인 규제조치의 범위를 제시한다. 둘째, 예외조항은 투자협정 체결로 인해 감축된 규제권한의 범위를 부분적으로 확대시킴으로써 투자보호와 규제권한 사이의 균형을 재조정하려는 목적을 갖는다. 따라서 관습국제법상 일반적 규제권한과 비교할 때, 국제투자협정의 예외조항에서는 국제의무

---

159) Alvarez, *supra* note 155, p. 225 참조.
160) 국제투자법을 조약법이나 관습법과 동일시하는 것은 학자들과 실무가들로 하여금 주권 개념을 엄격한 요건을 필요로 하는 소수의 공공정책 예외와 동일시하도록 한 문제가 있다고 한다. Jorge E. Viñuales, "Sovereignty in Foreign Investment Law", Douglas et al. (eds.), *The Foundations of International Investment Law*, p. 324 참조.

에도 불구하고 예외적으로 허용되는 '핵심적인 규제권한'의 범위를 구체적으로 제시할 필요가 있다.

2. 국제투자협정상 규제권한 개념의 발전

국제투자협정상 규제권한은 세 가지 쟁점과 관련하여 논의되었다. 첫째, 간접수용에 관한 해석이론의 하나로서 규제권한이론(police powers theory), 둘째, 국제투자협정상 의무에 관한 예외사유로 인정되는 규제권한의 유형, 셋째, 국제투자협정상 구체적인 규제권한 조항이 존재하는지의 문제이다.

(1) 규제권한이론

Aikaterini Titi는 국제투자협정에서 규제권한의 의미를 제시하였다. 우선, 광의의 규제권한과 협의의 규제권한을 구분하였다. 광의의 규제권한은 국가의 일반적 규제능력(state's regulatory capacity)을 의미한다. 한편, 국제투자협정상 규제권한은 대내적 주권 개념에서 파생되었으나 일반적 규제능력보다는 협소한 개념이다.[161] 구체적으로 "투자유치국이 보상의무를 부담하지 않고(no duty to compensate), 국제투자협정에 따른 국제적 의무를 이탈하여 규율할 수 있도록 예외적으로 허용해주는 법적 권리(legal right)"로 정의된다.[162]

---

161) Aikaterini Titi, *The Right to Regulate in International Investment Law* (Nomos, 2014), pp. 32~33 참조.

162) *Ibid.*, p. 33 ("…the right to regulate denotes the legal right exceptionally permitting the host state to regulate in derogation of international commitments it has undertaken by means of an investment agreement without incurring a duty to compensate.") 참조.

규제권한이론은 미국 헌법의 재산권 조항 해석 과정에서 제시되었다. 고전적 의미의 규제권한이론은 국가의 규제조치가 공공목적을 위해 비차별적이고 국제법에 합치하는 방법으로 취해졌다면 보상을 요하지 않는다는 것이다.[163] 미국 연방수정헌법 제5조는 적법절차원칙과 사적재산권 수용 시 정당한 보상원칙 등을 규정하고 있다.[164] 또한, 미 연방헌법상 수용 시 정당한 보상원칙의 예외로서 공공안전, 건강과 도덕, 공공복리 증진을 위한 규제조치가 허용된다는 법리가 발전하였다. 공공안전 등을 위한 일반적인 규제권한은 주(州)정부의 권한이었고, 미국수정헌법 제5조의 수용 개념에서 제외되는 것으로 간주되었기 때문이다.[165] 이러한 이론의 연장선상에서 미국 연방대법원 *Pennsylvania Coal Co. v. Mahon* 사건은 공익 목적의 국가의 규제조치가 재산권을 완전히 박탈하지 않는다면 어느 정도까지는 보상을 필요로 하지 않는다고 하였다.[166]

미국 헌법의 규제권한이론은 국가들이 국내법에 근거하여, 혹은 주권의 표현으로서 규제조치를 취할 권리가 있음을 강조한다.[167] 더 나아가

---

163) 권한용, 김윤일, "투자자-국가소송제도(ISD)에 있어 간접수용 규정에 관한 법적 검토", 『동아법학』제60호 (2013), p. 310 참조.

164) 미 연방수정헌법 제5조에서는 사유재산이 정당한 보상 없이 공공목적으로 박탈되어서는 안 된다고 규정하고 있다 ("…nor shall private property be taken for public use, without just compensation") <https://www.law.cornell.edu/constitution/fifth_amendment> (2017년 6월 5일 검색) 참조.

165) 권한용, 김윤일, 앞의 논문 (주 163), p. 311 참조.

166) *Ibid.*, pp. 311~312 참조. 1922년 *Pennsylvania Coal Co. v. Mahon* 사건에서 홈즈 대법관(Justice Holmes)은 "일반적 규칙에 의하면, 재산권은 어느 정도는 규제될 수 있으나, 만약 그러한 규제가 지나치면 수용으로 간주되어야 한다."(The general rule at least is that while property may be regulated to a certain extent, if regulation goes too far it will be recognized as a taking.)라고 언급하였다. *Pennsylvania Coal Co. v. Mahon*, 260 U.S. 393, 415 참조.

167) Francisco Orrego Vicuna, "Regulatory Authority and Legitimate Expectations: Balancing the Rights of the State and the Individual under International Law in a Global Society", *International Law FORUM du droit international*, Volume 5, No. 3 (2003), p. 190 참조.

공공이익을 위한 규제권한 행사는 헌법으로 인정된 권리이므로 일정한
규제목적으로 취해지는 규제권한 행사는 보상을 필요로 하는 수용과는
구분된다고 하였다.[168]

한편, 국제법의 규제권한이론은 1960년대에 외국인이 입은 손해에 대
해 국가책임이 성립하는지 여부를 논하는 과정에서 확인되고 있다. 관습
국제법과 다수의 국제투자협정에 의하면, 수용이 적법하려면 세 가지 요
건ㅡ공공 목적, 비차별, 적절한 보상ㅡ을 충족하여야 한다.[169] 특히 국
가의 정당한 정책목표는 공공질서, 도덕, 건강의 세 가지 사유로 제한되
어왔다.[170] 미국헌법상 규제권한이론과 마찬가지로, 관습국제법에서도
정당한 규제목표를 위한 투자유치국의 조치는 수용에 해당하지 않으며
보상을 필요로 하지 않는다는 해석기준을 제시하였다.

따라서 국제법상 규제권한이론은 "공공복지를 보호하기 위하여 국가
가 취하는 규제조치"는 국제법 위반으로 간주되지 않는다는 의미로 이
해되었다.[171] 여기서의 허용되는 규제조치의 범위는 미국법학원(Ame-
rican Law Institute)의 『미국대외관계법 리스테이트먼트』의 수용과 규제
조치를 구분하는 주해에서 확인할 수 있다. 즉, 1987년 『미국대외관계법
리스테이트먼트』 제3판의 제7부 제2장 제712항에 의하면, "국가는 신의

---

168) 신희택, 김세진 편저, 『국제투자중재와 공공정책: 최신 국제중재판정례 분석』(서울
    대학교 출판부, 2014), p. 156 참조.
169) Catherine Yanaca-Small, "Indirect Expropriation and the Right to Regulate",
    International Investment Law: A Changing Landscape (OECD, 2005), pp. 43 &
    54 참조.
170) Julien Chaisse, "Exploring the Confines of International Investment and Domestic
    Health Protection: Is a General Exceptions Clause a Forced Perspective?",
    American Journal of Law and Medicine (2013), p. 354 참조.
171) Jasper Krommendijk & John Morijn, "'Proportional' by What Measure(s)?:
    Balancing Investor Interests and Human Rights by Way of Applying the
    Proportionality Principle in Investor-State Arbitration", Pierre-Marie Dupuy et al.
    (eds.), *Human Rights in International Investment Law and Arbitration* (Oxford
    University Press, 2009), p. 433 참조.

칙에 따른 일반적 과세조치, 규제, 범죄에 대한 몰수, 그 밖에 국가들의 규제권한 내에 있는 것으로 통상 인정되는 종류의 비차별적인 조치로부터 야기된 재산의 상실이나 다른 경제적 손해에 대해 책임이 없다."[172] 이와 유사한 입장은 2005년 *Methanex* 사건과 2006년 *Saluka v. Czech Republic* 사건에서도 확인되었다.[173]

국제투자협정의 규제권한 개념은 간접수용에 관한 법리의 발전 과정에서 구체화되었다.[174] 간접수용이란 투자유치국의 조치가 재산권의 물리적 박탈에 이르지는 않으나 외국인 투자자의 재산이 사실상 수용(*de facto* expropriation) 또는 수용에 준하는(tantamount to expropriation) 효과를 갖는 경우를 의미하며, 간접수용에 해당하면 보상의무를 부담한다.[175] 한편, 규제권한이론에 의하면, 관습국제법상 국가의 규제권한 행사 혹은 투자재산에 상당한 영향을 미치는 국내규제 조치가 간접수용에 해당하지 않는 경우가 있으며, 이때에는 보상의무를 부담하지 않게 된

---

172) American Law Institute, *Restatement of the Law, Third, Foreign Relations Law of the United States,* Vol. 2 (Washington D.C., 1987), Pt.Ⅶ, Ch. 2, §712 Comment g.참조.

173) *Methanex Co. v. United States of America,* UNCITRAL, Final Award (August 3, 2005), Part. Ⅳ-Chapter D, para. 7 참조. 특히 *Saluka v. Czech Republic* 사건에서는 통상적으로 국가의 규제권한 범위 내에 있다고 인정되는 일반적 규제조치의 경우 수용에 해당하지 않고 외국인 투자자에 보상을 지급할 책임이 없다는 것이 오늘날 관습국제법이라고 하였다. *Saluka Investment B.V. v. the Czech Republic,* UNCITRAL, Partial Award (March 17, 2006)("*Saluka v. Czech Republic,* Partial Award"), para. 262("···a State does not commit an expropriation and is thus not liable to pay compensation to a dispossessed alien investor when it adopts general regulations that are "commonly accepted as within the police power of States" forms part of customary international law today.") 참조.

174) Alain Pellet, "Police Powers or the State's Right to Regulate", Meg N. Kinnear et al. (eds.), *Building International Investment Law: The First 50 Years of ICSID* (Wolters Kluwer, 2016), pp. 447~448 참조.

175) 이재민, "투자분쟁해결절차에서의 간접수용 개념: NAFTA에서의 미국의 경험을 중심으로", 『서울법학』 제20권 제2호 (2012), pp. 179~180 참조.

다.[176) 간접수용과 정당한 규제권한 행사를 구분하는 이론적 근거로서 규제권한이론이 활용되었다.

그러나 규제권한이론은 간접수용 해당 여부를 판단하는 여러 접근법 중 하나일 뿐이다. 그 동안 중재판정부는 간접수용에 해당여부를 판단하는 방법으로 대체로 세 가지 접근법을 취해왔다. 첫 번째는 규제조치의 목적을 고려하지 않고 조치의 효과에 따라 간접수용 여부를 판단하는 단일효과설(sole effect theory), 두 번째는 규제권한 행사를 간접수용의 예외로 다루는 방법, 세 번째는 투자유치국 조치의 목적과 효과를 모두 고려하는 방법이다. 최근 판례에서는 간접수용 여부를 판단할 때 조치의 목적과 효과를 모두 참작하며, 일부 판례는 조치의 목적과 투자자에 대한 효과를 평가할 때 비례성 원칙을 활용하고 있다.[177)

간접수용에 관한 세 가지 접근법 중 규제권한이론은 정당한 규제권한 행사를 간접수용에서 배제하는 것이다. 규제권한이론에서는 국내헌법상 재산권 조항 또는 국제투자협정상 간접수용 조항을 해석할 때 정당한 규제권한 행사의 범주를 제시하고 있다. 공공이익을 위해 비차별적으로 취해진 규제조치의 경우에는 보상의무를 면제함으로써 국가의 규제권한 행사를 보호할 가능성을 마련해주었다. 간접수용이나 공정하고 공평한 대우 등 국제투자협정의 실체적 의무 위반인지 문제되었을 때 투자유치국은 문제된 조치가 공공이익이나 인권을 위한 조치라는 점을 강조하여 국가의 규제적 자율성을 인정받을 수 있다.[178)

따라서 국제투자협정 맥락에서 규제권한은 두 가지 법적 함의를 갖는

---

176) Caroline Henckels, "Indirect Expropriation and the Right to Regulate: Revisiting Proportionality Analysis and the Standard of Review in Investor-State Arbitration", *Journal of International Economic Law*, Vol. 15, No. 1 (2012), p. 225 참조.

177) *Ibid.,* pp. 225~226 참조.

178) Diane Desierto, *Public Policy in International Economic Law: The ICESCR in Trade, Finance, and Investment* (Oxford University Press, 2015), p. 317 참조.

것으로 이해할 수 있다. 첫째, 규제권한 개념은 투자자의 사적 이익 보호와 공공 이익의 유지 사이에서 적절한 균형을 확보하는 기준으로 작용한다.[179] 규제권한 개념은 국제투자협정의 목적이 투자보호임을 강조한 전통적 입장과 국가가 정당한 규제목적으로 취하는 건강, 환경, 안전, 금융규제 관련 조치를 방해해서는 안 된다는 입장 사이에서 균형점을 찾으려는 시도에서 도출되었다.[180] 둘째, 규제권한 개념은 투자유치국의 특정한 조치가 실체적 의무조항에 위배되는지를 판단함에 있어서 실체적 의무의 내용을 구체화하는 데 반영되었다.[181] 즉, 국가가 정당한 목적에서 행한 규제권한 행사인지를 고려하여 간접수용이나 공정하고 공평한 대우 위반에 해당하는지를 판단할 수 있다.[182]

(2) 예외사유로서의 규제권한

국제법에서는 규제권한 행사를 국제위법행위의 예외적 정당화 사유로 인정하고 있다. 국가가 정당한 목적으로 일정한 요건에 따라 규제권한을 행사하였다면 문제된 조치를 처음부터 국제법상 위법행위로 간주하지 않는다. 이처럼 예외사유로서 허용되는 규제조치는 2001년 국가의 위법행위로 인한 국제책임에 관한 협약초안("2001년 ILC 국가책임협약 초안")에 규정된 위법성 조각사유와는 구별된다.

---

179) David Gadkrodger, "The Balance between Investor Protection and the Right to Regulate in Investment Treaties", *OECD Working Papers on International Investment* (OECD Publishing, 2017) 참조.

180) *Ibid.*, pp. 6~7 참조.

181) Titi, *supra* note 161, p. 42 참조.

182) 예컨대, 공정하고 공평한 대우(Fair and Equitable Treatment) 조항은 이익의 균형을 고려하므로 투자유치국의 정당한 이익을 전적으로 간과한 해석은 공정하고 공평한 대우에 해당하지 않는다. Titi, *supra* note 161, pp. 276~277 참조. 예컨대, *Saluka v. Czech Republic* 사건에서 중재판정부는 투자자의 적법하고 합리적인 기대와 투자유치국의 정당한 규제상 이익을 비교하는 방식을 채택하였다. *Saluka v. Czech Republic, Partial Award,* para. 306 참조.

우선 2001년 ILC 국가책임협약 초안에 규정된 위법성조각사유는 초안에서 명시한 여섯 가지 사유에 해당하고, 제시한 요건을 충족한다면 "그러한 사유가 존재하는 동안" 국제의무를 불이행하더라도 정당화된다는 것이다. 동 초안 제20조부터 제25조에서 규정하고 있는 피해국의 유효한 동의, 자위권, 대응조치, 불가항력, 조난, 긴급피난이 그에 해당한다.[183] 이러한 위법성조각사유는 국제법상 의무위반이 발생하였더라도 이로 인한 국가책임을 배제할 수 있는 특별한 상황이 존재하기 때문에 인정된다. 반면, 국제법상 예외사유로서의 규제권한은 국가의 특정 조치로 외국인이 손해를 입었더라도 그러한 행위의 위법성을 처음부터 배제하는 경우를 의미한다. 따라서 규제권한 예외에서 제시하는 정당한 목적의 규제조치는 국제법상 위법행위와 예외적으로 정당화되는 조치를 구분하는 기준일 뿐 아니라 투자유치국의 규제조치와 외국인의 이익 간 균형을 확보하는 수단으로도 검토되었다.

1961년 하버드 국가책임협약 초안에서 이러한 국제법상 예외사유로서의 규제권한에 관한 논의의 일단(一端)을 확인할 수 있다. 하버드 국가책임협약 초안은 국가의 작위 또는 부작위로 인해 외국인이 손해를 입는 경우에 관하여만 다루고 있다. 국제조약이나 다른 국제법 위반으로 인하여 국가 간 관계에서 발생하는 책임 문제는 다루지 않는다.[184]

우선, 하버드 국가책임협약 초안 제1조에 의하면, 외국인에게 손해를 끼치는 국가의 특정한 작위나 부작위는 위법한 것으로 간주된다. 하버드 국가책임협약 초안 제4조 제2항에서는 그러한 위법행위가 정당화될 수 있는 예외사유로서 "그러한 목적으로 입안된 법에 따라 공공질서, 건강,

---

183) Crawford, *supra* note 97, pp. 274~321; ILC 국가책임협약 초안 제1부 제4장, 제20조부터 제25조 각각 참조.

184) Louis B. Sohn & R. R. Baxter, "Responsibility of States for Injuries to the Economic Interests of Aliens", *American Journal of International Law,* Vol. 55, No. 3 (1961), p. 546 참조.

혹은 도덕을 유지하기 위한 실질적 필요성"을 제시하였다.[185] 이러한 규제목표를 위한 조치가 접수국의 국내법에서 명백하게 벗어난 것이라거나 정의의 원칙 혹은 조치국의 행위를 규율하는 원칙에서 불합리하게 벗어나지 않았을 것을 조건으로 하여 조치가 정당화된다.

하버드 국가책임협약 초안 제4조 제2항의 예외사유는 같은 초안 제10조 제5항의 수용이나 재산권 사용의 침해가 위법하지 않은 경우를 규정하는 데에서도 유사하게 확인된다.[186] 하버드 국가책임협약 초안 제10조 제5항에 의하면, 세법의 집행, 환율가치의 일반적 변화, 권한당국의

---

185) Chaisse, *supra* note 170, p. 343; Sohn & Baxter, *supra* note 184, p. 549, Article 4, Para. 2 참조.

Article 4. Sufficiency of Justification

2. The actual necessity of maintaining public order, health, or morality in accordance with laws enacted for that purpose is a "sufficient justification" within the meaning of sub-paragraph 1(a) and 1(b) of Article 3, except when the measures taken against the injured alien clearly depart from the law of the respondent State or unreasonably depart from the principles of justice or the principles governing the action of the authorities of the State in the maintenance of public order, health, or morality recognized by the principal legal systems of the world.

한편, 하버드 국가책임협약초안 제4조 제1항은 범죄행위에 대한 국내법에 따른 처벌, 제4조 제3항은 국제법상 교전국이나 중립국의 권리와 의무의 행사, 제4조 제4항은 피해를 입은 외국인의 과실(fault)이나 위험한 활동에 자발적 참여, 제4조 제5항은 세계 주요 법 체제에서 인정된 특별상황을 충분한 정당성을 갖는 기타 사유로 제시하고 있다.

186) Sohn & Baxter, *supra* note 184, p. 554, Article 10, Para. 5 참조.

Article 10. Taking and Deprivation of Use or Enjoyment of Property

5. An uncompensated taking of property of an alien or a deprivation of the use or enjoyment of property of an alien which results from the execution of the tax laws; from a general change in the value of currency; from the action of the competent authorities of the State in the maintenance of public order, health, or morality; or from the valid exercise of belligerent rights; or is otherwise incidental to the normal operation of the laws of the State shall not be considered wrongful, provided: (⋯).

공공질서·건강·도덕유지 조치, 교전권의 유효한 행사, 국가의 통상적 법
집행 과정에서 부수적으로 발생한 외국인 재산의 보상 없는 수용이나
외국인 재산의 사용수익권의 박탈은 위법한 것으로 간주되어서는 안 된
다. 이 중 권한당국의 공공질서, 건강이나 도덕유지 조치 부분은 위 하
버드 협약초안 제4조 제2항의 예외사유와 그대로 겹치고 있다.

하버드 국가책임협약 초안 제4조 제2항은 국가의 작위나 부작위로 외
국인이 손해를 입은 경우에도 이러한 예외사유에 해당한다면 처음부터
위법행위에 해당하지 않는다는 항변으로 기능한다. 외국인에 대한 국가
의 일정한 규제조치를 정당화하는 예외사유이다. 반면, 위 초안 제10조 제
5항의 공공질서 등을 위한 조치는 그로 인해 재산권 박탈이나 재산권 침
해가 발생한 경우에 "보상을 지급하지 않더라도" 그러한 행위의 위법성이
배제된다는 것으로 재산권 침해에 한정된 구체적인 항변으로 기능한다.

하버드 국가책임협약 초안 제4조 제2항의 예외사유는 1965년『미국대
외관계법 리스테이트먼트』제2판 제4장에서도 확인된다. 1965년『미국
대외관계법 리스테이트먼트』는 통상 국제위법행위로 간주되나 예외적
으로 정당화되는 상황을 제197조 내지 제201조에서 규정하였다. 특히,
제197조 제1항에서는 국가의 규제권한과 법집행에 관련된 예외적 상황
을 규정하고 있다. 국가의 행위로 외국인이 손해를 입었더라도 공공질
서, 안전, 건강의 유지, 혹은 국제기준에 따른 법집행을 위해 합리적으로
필요한 행위라면 국제적 정의기준에서 이탈한 것이 아니다.[187] 또한, 제

---

187) American Law Institute, *Restatement of the Law, Second, Foreign Relations Law
of the United States* (Washington D.C., 1965), Ch. 4, §197, p. 592 참조.
§197. Police Power and Law Enforcement
1. Conduct attributable to a state and causing damage to an alien does not depart
from the international standard of justice indicated in §165 if it is reasonably
necessary for (a) the maintenance of public order, safety, or health, or (b) the
enforcement of any law of the state (including any revenue law) that does not
itself depart from the international standard.

199조에서는 재난이나 긴급상황의 경우에는 생명과 재산 보호를 위해
합리적으로 필요하다면 국가의 행위로 인해 외국인이 손해를 입었더라
도 제165조의 국제적 정의 기준에서 이탈한 것이 아니라고 한다.[188]

(3) 간접수용과 규제권한 관련 판례 검토

국제투자협정에서는 규제권한이론이 간접수용 해당성을 판단하는 해
석기준으로 발전하였다. 즉, 정당한 목적의 규제조치가 비차별적으로 적
용되었다면 간접수용에 해당하지 않는다.[189] 그러나 규제권한이론을 해
석기준으로 채택하여 간접수용에 해당하지 않는다고 판정한 투자분쟁
사례는 많지 않다. 대부분의 경우에 중재판정부는 규제권한이론이 아니
라 다른 근거에서 간접수용에 해당하지 않는다고 판정해왔다.

2002년 *Feldman v. Mexico* 사건 중재판정부는 (보상을 요하지 않는)
정부의 유효한 규제조치가 인정되어야 한다는 점을 제시하면서, 수용조
치와 공공이익을 위한 규제조치를 구분하는 기준을 『미국대외관계법 리
스테이트먼트』 제3판 제712항에서 찾고 있다.[190] *Feldman v. Mexico* 사
건은 멕시코 정부의 담배수출 금지조치가 간접수용에 해당하지 않는다
고 판정하였으나 이러한 판정은 규제권한이론에 근거한 것은 아니었
다.[191] 한편, 2006년 *Fireman's Fund v. Mexico* 사건 중재판정부는 수용조

---

188) *Ibid.*, §199, p. 595 참조.

189) Dolzer & Schreuer, *supra* note 3, pp. 120~121 참조.

190) *Marvin Feldman v. The United Mexican States,* ICSID Case No. ARB(AF)/99/1,
Award (December 16, 2002)("*Feldman v. Mexico*, Award), paras. 103~105 참조.

191) 중재판정부는 외국투자자의 모든 사업상 문제를 수용에 해당하는 것으로 볼 수 없
으며, NAFTA와 관습국제법 원칙에 의하면 국가는 담배수출에 관해 "회색시장"을
허용할 의무가 없고, 관련기간 동안 IEPS 법은 멕시코 재판매업자에게 담배수출권
을 부여하지 않았으며, 신청인의 투자는 다른 멕시코 제품의 수출과 관련하여 전적
으로 신청인의 통제 하에 있었다는 점을 근거로 제시하였다. 이러한 요소들을 동시
에 고려한다면, 문제된 조치는 간접수용과 규제조치 중에서 유효한 규제조치 쪽에
가깝다는 점에서 간접수용에 해당하지 않는다고 하였다. *Feldman v. Mexico*,

치와 투자유치국의 정당한 규제조치를 구분하기 위해 해당 조치가 투자유치국의 규제권한에 속하는지를 그러한 판단의 근거 중 하나로 제시하였다.[192] 그러나 이 사건에서도 규제권한이론은 간접수용에 해당하지 않는다는 판정의 주된 근거는 아니었다.[193]

2005년 *Methanex* 사건과 2006년 *Saluka v. Czech Republic* 사건에서는 규제권한이론에 근거하여 수용조치와 정당한 목적의 규제조치를 구별하였다. *Methanex* 사건에서는 외국인 투자자나 투자에 영향을 끼치는 공공목적의 비차별적인 규제와 관련하여, 그러한 규제를 자제한다는 구체적 약속이 없었다면 보상이 필요한 수용조치에 해당되지 않는다고 하였다.[194] *Saluka v. Czech Republic* 사건에서도 일상적인 규제권한의 행사로서 일반적 복지를 목표로 하여 신의칙에 따른 규제를 비차별적인 방식으로 채택하였다면 외국인 투자자에게 보상을 지급할 책임이 없다는 것이 국제법으로 확립되어 있다고 판정하였다.[195]

2010년 *Chemtura v. Canada* 사건에서 중재판정부는 캐나다의 등록취소 조치가 재산권의 상당한 박탈에 해당하지 않는다고 보았다.[196] 문제된 조치들로 계약상 재산권의 박탈이 있었더라도 투자유치국의 조치는 인간의 건강과 환경에 대한 위험을 인식하여 비차별적으로 취해졌기 때문에 규제권한의 유효한 행사이고, 수용에 해당하지 않는다고 판정하였다.[197]

이처럼 국가의 일반적인 규제권한 행사가 간접수용에 해당하지 않는

Award, para. 111 참조.

192) *Fireman's Fund Insurance Company v. The United Mexican States*, ICSID Case No. ARB(AF)/02/1, Award (July 17, 2006), para. 176 참조.

193) Pellet, *supra* note 174, p. 452 참조.

194) *Methanex Corporation v. United States of America*, Final Award, Part IV-Chapter D, para. 7 참조.

195) *Saluka v. Czech Republic*, Partial Award, para. 255 참조.

196) *Chemtura Corporation v. Government of Canada*, UNCITRAL, Award (August 2, 2010), paras. 259~265 참조.

197) *Ibid.*, para. 266 참조.

다고 보는 판정례가 발전하였다. 그러나 규제권한이론을 간접수용 해당성 판단에 직접 적용한 경우는 Methanex 사건, Saluka v. Czech Republic 사건, Chemtura v. Canada 사건에서만 확인되고 있다. 또한, 간접수용에 해당하는지 아니면 정당한 규제권한 행사인지를 판정하는 데 있어서 중재판정부의 해석기준도 각기 달랐다. 일부 중재판정부에서는 조치의 목적과 본질, 적용방법에 주목하여 정당한 공공목적을 위해 비차별적으로 적용된 경우에는 보상을 필요로 하지 않는 정당한 규제조치라고 판시한 반면, 다른 중재판정부에서는 정당한 공공목적을 위한 조치라면 보상 없이도 정당화할 수 있다는 데 동의하지 않았다.[198] 또한, 일부 중재판정부에서는 간접수용에 해당하지 않는다고 판정한 경우에도 규제권한이론이 핵심적 논거로 활용되지 않았다. 정당한 규제권한에 해당하는 조치가 무엇인지 그 범위도 명확하지 않다.

이처럼 중재판정부에서 국제투자협정상 간접수용 해당여부를 판정할 때 해석기준이 각기 상이하였다는 점에 비추어 볼 때, 국제투자협정에 반영된 규제권한 개념은 투자유치국의 조치가 언제 어떠한 경우에 허용되는지를 충분히 제시하지 않는 것으로 보인다. 이로부터 정당한 규제권한 행사의 범위를 국제투자협정의 구체적 조항으로 명시할 필요가 있음을 추론할 수 있다.

3. 최근 규제권한 관련 쟁점

(1) 국제투자협정의 과제로서의 규제권한

국제정치경제 질서가 식량, 에너지, 금융, 환경 등 여러 부문에 걸쳐

---

198) Vera Korzun, "The Right to Regulate in Investor-State Arbitration", *Vanderbilt Journal of Transnational Law*, Vol. 50 (2017), pp. 376~377 참조.

위기에 직면하면서 개발도상국들의 일련의 위기 시 대응조치를 투자정
책에서 어떻게 다룰 것인지가 중요해졌다. 국제투자협정의 교섭 과정뿐
만 아니라 국제투자협정의 해석 및 적용 과정에서도 국가의 규제권한을
어떻게 확보할지가 주요 쟁점이 되었다.[199]

 우선 1980년대와 1990년대 체결된 대부분의 국제투자협정은 투자자에
게 실체적 이익과 절차적 권리를 허용하는 반면, 주로 투자유치국인 개
발도상국은 일방적으로 의무를 부담하는 내용이었다.[200] 초기 국제투자
협정에서는 외국인 투자자와 투자에 대한 대우에 관하여 투자유치국이
준수해야 할 규칙을 수립하였으나, 투자자의 행위에 대해 균형을 맞추는
조항(counterbalance)이나 투자자 권리에 대한 예외조항은 없었다.[201] 또
한, 초기 국제투자협정에는 투자유치국 정부의 비(非)경제적 규제목표를
고려하는 조항이 없었다. 협정상 규제권한을 보장하는 근거가 없었기 때
문에 중재판정부가 어떤 해석방법을 취하는지에 따라 투자유치국의 규
제권한이 허용될 것인지가 결정되는 법적 불확실성 상태에 있었다.

 1990년대 후반부터 공공정책에 대한 고려가 국제투자협정에 여러 방
식으로 도입되었다.[202] 그 배경은 첫째, 해외투자를 적극 유치한 국가들
이 다수의 양자투자협정을 체결한 이후 공공정책을 입안하고 집행하는
과정에서 투자협정상 의무 위반 가능성에 봉착하였기 때문이다.[203] 둘

---

199) UNCTAD, "Towards a New Generation of International Investment Policies:
    UNCTAD's Fresh Approach to Multilateral Investment Policy-Making", *IIA
    Issues Note*, No. 5 (July 2013), pp. 3~5 참조.
200) Margie-Lys Jaime, "Relying Upon Parties' Interpretation in Treaty-Based Inves-
    tor-State Dispute Settlement: Filling the Gaps in International Investment
    Agreements", *Georgetown Journal of International Law*, Vol. 46 (2014), p. 271
    참조.
201) *Ibid.*
202) UNCTAD, *Bilateral Investment Treaties 1995~2006: Trends in Investment
    Rulemaking* (New York and Geneva, 2007), pp. 141~142 참조.
203) *Ibid.*

째, 투자유치국이 안보, 공공질서, 건강, 안전, 천연자원 보호, 문화적 다
양성의 보호, 금융건전성 규제 등 정당한 공공정책 목적으로 취한 조치
를 해외투자 보호를 위해 지나치게 제한하여서는 안 된다는 인식 변화
를 반영하는 것이다.204)

국제투자협정에서 투자자의 이익과 공공이익 간에 적절한 균형을 확
보하는 것은 중요해졌으나 그러한 균형의 확보 방법에 대해서는 국제투
자협정 참여자 간에 상당한 입장차가 있다.205) 국제투자협정에서 고려
하는 공공정책 목표는 이미 GATT와 GATS의 일반적 예외조항에서 허용
되는 정당한 정책목표로 열거된 내용과도 부분적으로 일치하고 있다.206)
이런 점에서 국제투자협정에서 예외조항을 도입하면서 WTO협정의 일
반적 예외조항을 참조하는 실행도 확인되고 있다. 한편, 구체적인 예외
조항을 넣지 않고 투자보호와 규제권한 행사를 비교형량하는 해석방법
이 필요하다는 주장도 확인된다.207)

(2) 국제투자분쟁에서의 규제권한 쟁점

국제투자분쟁 건수가 급증하고 다양한 유형의 규제조치가 투자분쟁의
대상이 되면서 규제권한 문제가 중요한 쟁점이 되었다.208) 외국인 투자

---

204) *Ibid.*
205) UNCTAD, *supra* note 199, "Towards a New Generation of International Invest-
ment Policies", p. 6 참조.
206) GATT 1994 제20조, GATS 제14조 참조. WTO 협정에서는 "국내규제상의 자
유"(domestic regulatory autonomy)란 개념을 정의하지 않고 있으나, 이는 일국의
특수한 경제, 사회, 문화적 필요와 선호도에 따라 국내정책을 자유롭게 선택하고 추
구할 수 있음을 의미한다. Gisele Kapterian, "A Critique of the WTO Jurispru-
dence on 'Necessity'", *International and Comparative Law Quarterly*, Vol. 59
(2010), pp. 93~94 참조.
207) Brigitte Stern, "The Future of International Investment Law: A Balance Between
the Protection of Investors and the States' Capacity to Regulate", Alvarez &
Sauvant (eds.), *The Evolving International Investment Regime*, p. 192 참조.

자가 국제투자협정상 의무 위반을 이유로 투자유치국 정부를 직접 제소
하는 투자자-국가 분쟁해결절차(Investor-State Dispute Settlement: ISDS 절
차)는 점차 활발히 활용되는 추세에 있다. 2015년에만 조약에 근거한
ISDS 절차가 약 72건이나 개시되었으며 1987년부터 2017년 7월 31일까
지 알려진 투자분쟁 사건의 제소건수는 총 817건에 이른다.[209] 최근 국
제투자분쟁에서는 투자유치국 정부의 일상적인 규제권한 행사로서 취해
진 조치가 간접수용에 해당하는지가 자주 다투어지고 있다.[210] 간접수
용 해당 여부를 판단하는 것과 관련하여 규제조치의 정당성이 검토되고
있다.[211]

또한 최근에는 미국, EU 같은 선진국들 사이에서도 국제투자협정에서
어떻게 규제권한을 확보할 것인지가 중요한 쟁점이 되고 있다.[212] 국제
투자협정에서 투자보호와 규제권한의 균형을 고려하여야 하며 이를 위
해 기존 국제투자협정을 구조적으로 개편해야 한다는 문제의식을 개발
도상국뿐만 아니라 선진국들도 공유하고 있다.

구체적으로, 캐나다와 미국은 일부 중재판정부에서 투자유치국의 규
제주권에 비해 투자자의 권리에 지나치게 유리하게 국제투자협정을 해
석해왔다는 우려를 반영하여 2004년과 2012년에 모델투자협정을 개편하
였다. 투자보호뿐 아니라 지속가능한 발전을 투자협정의 전반적 목표로
언급하였으며, 수용에 관하여 보다 상세하고 정교한 조항을 두었고, 공

---

208) UNCTAD, *World Investment Report 2016*, pp. 104~106 참조.

209) *Ibid.*, p. 104; "Number of Known Investor-State Cases Break 800 Mark", <http://
investmentpolicyhub.unctad.org/News/Database/Archive/555>(2017년 9월 24일 검
색) 각각 참조.

210) 모리카와 토시타카, "수용·국유화: 투자협정중재에서 규제와 간접수용", 일본국제
경제법학회 (편), 『국제경제법의 쟁점: 통상·투자·경쟁』(박영사, 2014), pp. 298~
299 참조.

211) *Ibid.*, pp. 308~310 참조.

212) "EU-미국 FTA 협상서 소비자보호 환경규제 충돌", 『연합뉴스』 2016년 5월 2일자
참조.

정하고 공평한 대우를 보장하고, 공공정책 예외조항을 두었다.[213] 또한, EU는 미국과 Transatlantic Trade and Investment Partnership Agreement (TTIP)를 교섭하면서 투자보호뿐만 아니라 EU와 그 회원국의 공공정책 목표를 보장하기 위한 규제권한에 대한 고려를 별도의 법적 쟁점으로 취급하였다.[214]

4. 규제권한 고려조항의 중요성

국제투자협정에서 투자보호와 규제권한의 관계를 명확히 제시하지 않으면 어떠한 목적의 규제조치라도 협정 위반으로 제소될 수 있어 규제 위축으로 이어질 수 있다.[215] 또한, ISDS 절차의 신청건수가 증가하였고

---

213) Mavluda Sattorova, "Reassertion of Control and Contracting Parties' Domestic Law Responses to Investment Treaty Arbitration: Between Reform, Reticence and Resistance", Andreas Kulick (ed.), *Reassertion of Control over the Investment Treaty Regime* (Cambridge University Press, 2017), pp. 54~55; Paul Barker, "Legitimate Regulatory Interests: Case Law and Developments in IIA Practice", Kulick (ed.), *Reassertion of Control over the Investment Treaty Regime*, p. 231 각각 참조.

214) EU Commission, "Investment in TTIP and Beyond: The Path for Reform", *Concept Paper* (May 5, 2015), p. 3 참조. 예컨대, EU는 2015년 11월 미국과의 TTIP 제안에서 투자챕터의 Section 2 투자보호와 관련하여 규제권한에 관한 조항을 제시했다.

Article 2

1. The provisions of this section shall not affect the right of the Parties to regulate within their territories through measures necessary to achieve legitimate public objectives, such as the protection of public health, safety, environment or public morals, social or consumer protection or promotion and protection of cultural diversity.

215) Howard Mann, "Investment Agreements and the Regulatory State: Can Exceptions Clauses Create a Safe Haven for Governments?", *Background Papers for the Developing Country Investment Negotiators' Forum* (IISD, 2007), p. 2 참조.

많은 투자분쟁에서 국가의 규제조치를 신청원인으로 한 점에서 규제권한 문제는 국제투자협정의 구조적 쟁점으로 부각되었다.216) 이에 따라 국제투자협정에서 투자보호와 규제권한의 관계를 구체적으로 반영하는 것이 중요한 쟁점이 되었다.

특히 최근 규제권한 문제는 중재판정부가 규제권한 행사의 정당성 여부를 판단하는 것이 적절한지와도 연결되어 있다. Gus Van Harten이 언급했듯이 공법적 성격의 규제조치에 대해 판단하는 방법으로 중재절차는 적합하지 않을 수 있다.217) 중재절차의 한계를 고려하여 국제투자분쟁에서 공공정책상 재량권 행사를 존중해야 한다는 입장이 제기되었다. 예컨대, 최근 호주, 캐나다, 미국, EU 회원국들에 대해 ISDS 절차가 개시되었고, 중재판정부가 각 국의 국내 공법(公法) 규정을 직접 검토하면서 투자분쟁에 있어서 정치적 역량의 중요성이 강조되고 있다.218)

이러한 논의가 전개되는 것은 국제투자협정의 내용과 형식이 상당 부분 변화하였지만 국제투자협정의 목적이 여전히 투자보호에 맞추어져 있는 것과도 관련되어있다. 규제권한의 허용범위를 명시한 조항이 없다면, 국제투자협정의 체약당사국이 협정상 의무에 반하는 규제조치를 취하였을 때 그러한 규제조치의 성격과 적절성 여부와 상관없이 그 국가는 투자중재 절차에 제소될 수 있기 때문이다.219)

투자유치국 정부 입장에서는 투자 이외에 다른 정당한 정책목표로서 환경, 공공질서, 안보, 보건 등도 고려할 필요가 있다.220) 그러나 국제투

---

216) *Ibid.*
217) Gus Van Harten, *Sovereign Choices and Sovereign Constraints in Investment Treaty Arbitration* (Oxford University Press, 2013), pp. 3~9 참조.
218) Joost Pauwelyn, "The Rule of Law without the Rule of Lawyers?", *American Journal of International Law*, Vol. 109, No. 4 (2015), p. 764 참조.
219) Rahim Moloo & Jenny J. Chao, "International Investment Law and Sustainable Development bringing the Unsustainable Divide", Andrea K. Bjorklund (ed.), *Yearbook on International Investment Law and Policy 2012~2013* (Oxford University Press, 2014), pp. 274~275 참조.

자협정은 투자유치국에 대해서는 실체적 의무와 절차적 의무를 부과하는 반면, 투자자 국적국과 투자자에 대해서는 구체적 의무나 책임을 규정하지 않는 형태로 존재해왔다. 해외자본을 주로 유치하는 개발도상국의 입장에서는 국가의 규제권한이 어떠한 경우에 허용되는지에 관한 조항의 부재는 규제위축뿐 아니라 국제투자협정에 대한 근본적인 회의(懷疑)로 이어지기도 하였다.221) 미국과 캐나다 같은 선진국들도 NAFTA에서의 경험을 통해 정부의 민감한 규제조치가 투자중재절차의 제소대상이 될 수 있음을 확인하였다. 또한, 금융위기와 경제위기 상황에서 외국인 투자자들이 경제안정화 조치를 투자협정 위반으로 제소할 수 있는 가능성도 크게 증가하였다.222)

이러한 상황에서 국제투자협정에서 투자자 보호와 공공이익이 충돌할 경우에 어떠한 가치가 우선하는지에 대한 근거를 제시하지 못한 것은 문제가 된다. 투자보호와 공공이익이라는 상반된 이익 간 균형을 확보할 수 있도록 국제투자협정을 재편하는 것이 중요하다. 다시 말해, 국가의 규제권한이 어떠한 경우에 인정될 수 있는지, 예컨대 전 지구적 공공이익(Global Pubic Interest)을 보장하기 위한 목적에서 국가의 규제권한을 행사하는 것이 허용될 수 있는지 등에 대하여 국제투자협정에서 명시할 필요가 있다.223)

---

220) 국제투자협정의 구조적 문제점을 체제내적으로 보완하여 국제투자협정의 점진적 발전을 시도하여야 한다는 논지의 글로서 Moloo & Chao, *supra* note 219; Joshua Paine, "The Project of System-Internal Reform in International Investment Law: An Appraisal", *Journal of International Dispute Settlement,* Vol. 6 (2015) 등을 참조.

221) 최근 일부 국가들이 ICSID 협약에서 탈퇴하거나, 국제투자협정에서 ISDS 절차를 배제하기도 하는 것은 이러한 문제의식에서 나타난 것으로 볼 수 있다. 이에 관해서는 Suzanne A. Spears, "The Quest for Policy Space in a New Generation of International Investment Agreements", *Journal of International Economic Law,* Vol. 13, No. 4 (2010), p. 1043 참조.

222) *Ibid.,* p. 1042 참조.

223) Andreas Kulick, *Global Public Interest in International Investment Law* (Cam-

대체로 국내법에서 공공이익 문제를 규율하지만 국제투자분쟁의 준거법에서 국내법을 배제하는 경우도 있다. 이런 경우 공공이익을 위한 규제조치가 국제투자협정상 의무위반에 해당한다고 제소되었을 때 투자유치국 정부가 분쟁해결절차에서 이를 효과적으로 방어할 수 있는 수단이 사실상 없게 된다.224) 국제투자협정에 국내규제조치의 정당성을 주장할 수 있는 구체적 조항이 마련되지 않는 한 투자유치국이 투자분쟁에서 행사할 수 있는 방어수단은 상당히 제한된다.

오늘날 국제투자협정 체제에서는 금융, 환경, 보건 등에서의 위기에 대응하기 위한 국가의 규제조치가 국제투자협정상 의무위반에 해당할 수 있는 문제가 상존(常存)하고 있다.225) 이런 점에서 국제투자협정에서 규제권한을 고려하는 예외조항이 어떻게 논의되어왔는지를 검토할 필요가 있다. 다음 장에서는 우선, 일반국제법의 예외조항에 대해 검토한다. 다음으로 WTO 협정상 일반적 예외조항의 의의와 해석론을 살펴본다. 이러한 논의에 기초하여 국제투자협정상 예외조항을 살펴보고자 한다. 다음 장의 논의는 국제투자협정에서 예외조항을 어떠한 내용과 형식으로 도입해야 하는지 검토하기 위한 전제로서 의미가 있다.

---

bridge University Press, 2012), p. 51 참조.

224) *Ibid.,* pp. 4 & 51 참조.

225) Anna Joubin-Bret et al., "International Investment Law and Development", Marie-Claire Cordonier Segger et al. (eds.), *Sustainable Development in World Investment Law* (Wolters Kluwer, 2011), p. 24.

제3장

예외조항의 의의와 해석론

국제법상 예외조항은 국가의 정당한 규제권한을 보호하기 위한 취지의 조항이다. 조약의 체약당사국은 예외조항에 근거하여 그렇지 않으면 국제법상 의무위반으로 간주되었을 규제조치를 채택하고 집행할 수 있다. 또한, 국제분쟁에서 피제소국은 예외조항에 근거하여 문제된 조치가 협정상 의무위반이 아니라고 항변할 수 있다. 이 장에서는 우선, 국제법에서 예외조항이 갖는 의미를 살펴본다. 다음으로, WTO 협정상 일반적 예외조항의 의미와 해석론을 검토한다. 마지막으로 국제투자협정에서 예외조항의 의의를 검토하고 일반화된 예외조항의 부재가 제기하는 문제점을 고찰한다.

제1절 일반국제법상 예외조항의 의의

1. 논의의 전제

국제투자협정에서 예외조항 실행은 일관되지 않다. 하나의 국제투자협정에서 예외조항, 유보조항, 국가안보 예외조항, 일반적 예외조항 등을 동시에 규정한 경우도 있고, 각 국제투자협정에서 서로 다른 표제의 조항에서 같은 취지의 예외조치를 규정한 사례도 있다.[1] 예외조항의 명

---

1) 하나의 협정에서 다양한 예외조항을 둔 사례로 2004년 캐나다 모델투자협정이 있다. 이 모델투자협정은 제9조 "유보와 예외"(Reservations and Exceptions), 제10조 "일반적 예외"(General Exceptions), 제11조 "건강, 안전, 환경조치"(Health, Safety and Environmental Measures)를 규정하였다. 한편, 같은 취지의 조항을 서로 다른 표제에

칭과 유형의 다양성은 다른 국제조약에서도 확인되고 있다. 국제투자협
정 맥락에서 예외조항을 검토하기에 앞서, 일반국제법상 예외조항이 어
떻게 발전해왔는지를 살펴본다. 예외조항은 주로 국제법상 의무위반에
해당하는 상황이 어떠한 경우에 예외적으로 정당화되는지와 관련하여
논의되어왔다.

2. 일반국제법의 예외조항 개념

조약상 예외조항은 국제조약상 의무를 유연하게 적용할 수 있도록 하
는 유연성 메커니즘(flexibility mechanism)의 하나다. 유연성 메커니즘이
란, 조약상 의무 준수에 따른 비용이 의무준수로 인한 이익을 초과하여
체약당사국들의 광범위한 의무위반이 예견될 때, 조약상 의무를 적절히
조정함으로써 조약의 계속적 이행을 유도하는 메커니즘을 의미한다.[2]
그 중에서 예외조항은 조약 체약당사국들이 처음부터 조약상 의무위반
으로 간주되지 않을 구체적인 상황과 요건을 합의로 결정하여 조약의
일부로 반영한다. 이를 통해 체약당사국들이 조약상 의무와 그 밖의 중
요한 국가이익을 균형 있게 고려할 수 있도록 한다. 예외조항은 국가의
단독행위인 조약법상 유보나 종료 같은 제도와는 구별된다.[3] 예외조항

서 규정한 사례로 2004년 캐나다 모델투자협정은 본질적 안보예외를 제10조 "일반
적 예외"(General Exceptions) 제4항에서 규정하고 있으며, 2012년 미국 모델투자협
정은 제18조에 "본질적 안보"(Essential Security) 조항을 별도로 두고 있다.

2) Laurence R. Helfer, "Flexibility in International Agreements", Jeffrey Dunoff &
Mark A. Pollack (eds.), *International Law and International Relations: The State
of the Art* (Cambridge University Press, 2012), p. 176 참조.

3) 조약법상 유보, 종료, 예외조항 같은 유연성 메커니즘은 체약당사국에게 조약체결로
인한 위험을 조정할 권한을 공통적으로 부여함으로써 조약의 현실적응력을 높이는
안전장치이다. *Ibid.*, p. 175 참조. 체약당사국들이 채택할 수 있는 유연성 메커니즘
유형은 *ibid.*, p. 179, Table 7.1 참조.

에 해당하면, 체약당사국은 예외조항에서 규정한 요건에 따라 조약상 다른 의무에 위배되는 구체적인 조치를 취할 수 있기 때문이다.

일반국제법의 예외조항은 두 가지 유형으로 나눌 수 있다. 첫 번째는 체약당사국들의 명시적인 합의의 결과로 조약에 도입된 예외조항이다. 체약당사국의 일방적 의사표시에 따라 일부 분야에 대한 조약상 의무의 적용을 배제할 수 있는 유형이다. 예컨대, 1950년 "인권 및 기본적 자유에 관한 유럽협약"(Convention for the Protection of Human Rights and Fundamental Freedoms: "유럽인권협약"), 1966년 "시민적·정치적 권리에 관한 국제규약"(International Covenant on Civil and Political Rights: ICCPR), 1969년 미주인권협약(American Convention on Human Rights) 등의 국제인권협약에서는 조약상 의무로부터의 이탈이 절대적으로 금지되는 일부 의무를 제외하고는 공공위기 상황에서 인권조약상 의무의 적용을 배제할 수 있다는 예외조항이 규정되어있다.[4]

둘째, 국제법상 국가의 기본적 권리에 해당하기 때문에, 조약이나 관습국제법상 의무에도 불구하고 그 위반에 따른 책임이 일시적으로 배제되는 근거규정도 있다. 예컨대, 2001년 ILC 국가책임협약 초안의 긴급피난 항변을 들 수 있다. 긴급피난 항변은 특히 국가의 본질적 이익보호를 위한 관습국제법으로 발전하였다. 국가의 국제의무 위반행위의 위법성을 조각하는 근거조항의 경우, 위에서 살펴본 조약상 예외조항과는 달리 조약상 의무가 유효하게 적용된다.[5] 즉, 긴급피난 항변에서는 이에 해당하는 예외상황이 존재하는 한도에서 '일시적으로' 국제법상 의무위반에 따른 책임이 발생하지 않는다고 본다.[6]

---

4) Ed Bates, "Avoiding Legal Obligations Created by Human Rights Treaties", *International and Comparative Law Quarterly*, Vol. 57, Issue 4 (2008), p. 753 참조.
5) James Crawford, *State Responsibility: The General Part* (Cambridge University Press, 2013), p. 282 참조.
6) *Ibid.*

3. 예외조항의 작동방식

(1) 조약상 예외조항: 의무위반에 해당하지 않는 효과

국제법에 따라 국가를 구속하는 국제의무의 내용이 확인되면 국가는 그러한 국제의무를 준수하여야 한다. "약속은 지켜져야 한다"(*Pacta sunt servanda*)라는 기본원칙은 1969년 조약법에 관한 비엔나협약 제26조에서 확인된다. 비엔나협약 제26조에 의하면, "발효한 모든 조약은 그 체약당사국을 구속하며, 체약당사국에 의하여 신의성실하게 이행되어야 한다." 이러한 기본원칙에 근거하여 일국이 조약상 의무를 위반한 경우에 국제책임이 발생하게 된다.[7]

그러나 문제된 조약에 예외조항이 있다면, 어떠한 체약당사국이 조약상 의무에 일응 위배되는 조치를 취하더라도 조약상 의무위반에 해당하지 않을 수 있다. 이 때 조약상 예외조항은 조약을 구성하는 불가분의 일부로서 해석된다. 따라서 국제의무를 준수해야 한다는 기본원칙에도 불구하고 예외조항이 적용된다면 그 범위에서 문제된 조치가 국제의무에 위반에 해당하지 않는 법적 효과가 발생한다.[8]

이처럼 조약상 예외조항에 해당하여 특정 행위가 조약상 의무위반에 해당하지 않게 된 사례는 다음과 같다. 우선 조약상 의무의 적용이 일시적으로 혹은 영구적으로 배제되는 조항을 들 수 있다. 국제인권협약의 비상시 예외조항(derogation clause)이 그러한 사례이다.[9] 이 조항에서는

---

7) Duncan B. Hollis, "Defining Treaties", Duncan Hollis (ed.), *The Oxford Guide to Treaties* (Oxford University Press, 2012), p. 14 참조.

8) 예를 들어, *Oil Platforms* 사건에서는 1955년 미국-이란 우호통상항해조약 제10조 제1항과 제20조 제1항 (d)의 관계가 문제되었다. 제20조 제1항 (d)는 이 사건에서 일종의 예외조항으로 기능하였다. 즉, 제10조 제1항 위반이 있더라도, 제20조 제1항 (d)에 해당하면 그러한 효과로 조약상 의무위반 자체가 성립하지 않는 것으로 간주되었다. *Oil Platforms (Islamic Republic of Iran v. United States of America)*, Judgment (November 6, 2003), *I.C.J Reports 2003*, paras. 32~34 참조.

긴급상황에서는 기본적 권리의 적용을 중지하고, 이에 위배되는 조치를 취할 수 있다고 규정하고 있다.

예컨대, 유럽인권협약 제15조 제1항에서는 "국가의 존립을 위협하는 전쟁이나 공공위기 시에 체약당사국은 사태의 긴급성이 요구하는 한도에서 그러한 조치가 국제법 하의 다른 의무와 불합치하지 않을 것을 조건으로 하여 협약 하의 의무에 위배되는 조치를 취할 수 있다."라고 규정하고 있다. 마찬가지로 ICCPR 제4조에서도 "국가의 존립을 위협하는 공공위기 시에 그러한 위기가 공식적으로 선포되었을 때, 규약 당사국은 상황의 긴급성이 요구하는 한도에서 그러한 조치가 국제법 하의 다른 의무와 불합치하거나 인종·피부색·성별·언어·종교 혹은 사회적 신분에만 근거한 차별이 아닐 것을 조건으로 하여 규약 하에서의 의무에 위배되는 조치를 취할 수 있다."라고 규정하였다. 미주인권협약 제27조 제1항도 "전쟁, 공공위험, 당사국의 독립이나 안전을 위협하는 다른 위기 시에 국가들은 상황의 긴급성에 의해 엄격히 요구되는 한도와 기간 동안 협정 하에서의 의무에서 이탈하는 조치를 취할 수 있다. 다만, 그러한 조치는 국제법 하의 다른 의무와 불합치하지 아니하고, 인종·피부색·성별·언어·종교·사회적 기원에 근거한 차별이 아닐 것을 요건으로 한다."라고 규정하고 있다.

위에서 살펴본 국제인권협약상 예외조항은 다음과 같은 공통 요건을 규정하고 있다. 첫째, 국가의 존립을 위협하는 전쟁이나 공공위기의 발생하였을 것. 둘째, 상황의 긴급성이 요구하는 한도와 기한에서 한시적으로 적용할 것. 셋째, 금지되는 차별이거나 국제법 하의 다른 의무에 위반하지 않을 것이다.[10] 이 중에서 예외조항을 원용하기 위한 상황적

---

9) Derogation이란 특정 조항의 조건을 한정된 기간 동안 적용하지 않도록 일방당사자가 행사할 수 있는 권능을 의미한다. *Separate Opinion of Judge Higgins, Oil Platforms (Republic of Iran v. United States of America)*, Judgment of 2003, para. 4 참조.

요건인 "국가의 존립을 위협하는 공공위기"에 관해서는 유럽인권법원
판례와 유럽인권위원회 보고서에서 그 의미를 확인할 수 있다. 우선,
1961년 *Lawless v. Ireland* 사건에서는 유럽인권협약 제15조의 공공위기
에 관하여, "국민 전체에 영향을 미치고 공동체의 삶을 위협하는 예외적
인 위기상황"이라고 언급하였다.[11] 또한, 유럽인권위원회 보고서에서는
그러한 위기의 성격에 대해 협약에서 허용하는 공공안전, 건강과 질서유
지를 위한 통상(通常)의 조치나 제한이 적절하지 않다는 점에서 '예외
적'이어야 한다고 하였다.[12]

　이렇게 볼 때 국제인권협약의 예외조항은 관습국제법상 긴급피난 항
변과 유사한 기능을 하는 것으로 보인다. 국가의 존립에 대한 본질적이
고 예외적인 위기 상황에서 원용할 수 있으며, 일정한 조건 하에서 인권
협약의 여러 의무에 위배되는 조치를 취할 수 있도록 허용하는 조항이
기 때문이다.[13] 그러나 위에서 살펴본 국제인권협약을 제외하고 대부분
의 인권조약들은 조약상 의무에 대한 예외를 허용하지 않고, 실제 예외
조항을 활용한 경우에도 위와 같은 엄격한 형식적 요건을 준수하여 원
용한 경우가 많지 않다.[14] 특히 유럽인권법원에서는 예외상황이 존재하

---

10) Mohamed M. El Zeidy, "The ECHR and States of Emergency: Article 15: A
　　Domestic Power of Derogation from Human Rights Obligations", *MSU-DCL
　　Journal of International Law*, Vol. 11 (2002), pp. 267~271 참조.
11) European Court of Human Rights, *Lawless v. Ireland* (No. 3), Application No.
　　332/57, Judgment (July 1, 1961), para. 28 참조.
12) *Denmark, Norway, Sweden and the Netherlands v. Greece* (the "Greek case"),
　　Application Nos. 3321/67 and 3 others, *Report of the European Commission of
　　Human Rights on the "Greek Case"*(November 5, 1969), para. 153 참조.
13) 예컨대, 유럽인권협약 제15조 제2항은 의무에 대한 예외를 원용할 수 없는 협약상
　　의무를 열거하고 있다. 또한 같은 협약 제15조 제3항에 의하면 의무를 이탈하는 조치
　　를 채택한 경우와 그러한 조치를 중단한 경우에 Council of Europe 사무총장에게 조
　　치의 내용과 이유를 통보하여야 한다. ICCPR 제4조 제2항과 제3항에서도 그에 위반
　　하는 조치를 취할 수 없는 조항을 열거하고, 의무에 위반하는 조치를 취한 경우 UN
　　사무총장을 통해 타방 당사국들에게 통보하여야 한다는 요건을 두고 있다.
14) William A. Schabas, *The European Convention on Human Rights: A Commentary*

는지와 관련하여 판단재량이론을 활용하여 국가의 판단을 존중하는 입장을 취해왔다.[15] 즉 예외조항을 실제 적용할 때에는 국가의 재량적 판단에 의해 예외적 조치를 인정하는 방식으로 활용되었다.

(2) 긴급피난 항변: 의무위반의 정당화 기능

조약상 예외조항이 없는 경우에도 관습국제법상 긴급피난 항변에 해당한다는 점을 입증한다면, 국제의무 위반에 따른 책임이 면제될 수 있다. 조약상 예외조항의 경우 해당 조약상 의무에 관해서만 적용되지만, 이와 달리 관습국제법상 긴급피난 항변은 조약상 의무뿐 아니라 관습국제법상 의무에 대해서도 적용되는 것으로 이해되고 있다.[16]

긴급피난이라는 개념은 국제법상 국가책임 관련 규칙을 법전화(法典化)하는 과정에서 계속 논의되어왔다.[17] 이미 1930년 헤이그 법전화회의 준비위원회에서는 책임을 부인할 수 있는 상황의 하나로 자위권을 제시하면서 비슷한 사례로서 국가에 귀속된 책임의 정도를 측정하는 데 참작할 수 있는 불가항력과 긴급피난을 언급하고 있다.[18] 1930년대만 하

(Oxford University Press, 2015), pp. 587~588 참조.

15) 판단재량 이론이란, 사법자제의 원리로서 유럽인권협약의 기본틀 내에서 일차적인 법질서 확보권한은 각 회원국의 권한당국에 있음을 인정하는 것이다. 다시 말해, 유럽인권협약의 기본적 권리가 회원국 내에서 보호되고 있는지에 대한 일차적인 판단 권한을 각 회원국에게 유보함으로써 주권국가의 재량적 판단을 존중하는 것이다. Oren Gross & Fionnuala Ní Aoláin, "From Discretion to Scrutiny: the Revisiting of the Margin of Appreciation Doctrine in the Context of Article 15 of the European Convention on Human Rights", *Human Rights Quarterly,* Vol. 23 (2001), p. 626 참조.

16) 2001년 ILC 국가책임협약 초안 제26조에 의하면, 위법성 조각사유는 일반국제법의 강행규범에 따른 의무와 합치하지 않는 행위의 위법성을 조각하지는 않는다. 이 조항을 적극적으로 해석하면, 강행규범에 해당하지 않는 관습국제법상 의무위반에는 긴급피난 항변이 적용될 수 있다.

17) Diane Desierto, *Necessity and National Emergency Clauses: Sovereignty in Modern Treaty Interpretation* (Brill, 2012), p. 48 참조.

더라도 긴급피난은 행위의 위법성을 배제하는 사유가 아니라 책임을 감소시키는 사유로서 다루어졌다.[19] 이후 ILC의 Roberto Ago에 의해 국가책임법이 1차 규칙에 따라 성립한 의무를 불이행한 결과인 2차 규칙에 관한 규범으로 확립되면서 긴급피난은 "항변"(excuse)으로 다루어졌다.[20]

2001년 ILC 국가책임협약 초안 제25조는 긴급피난 항변 요건을 규정한다. 즉, 긴급피난 항변은 통상 국제법에 위배되는 조치이지만, 중대하고 임박한 위험에서 국가의 본질적 이익을 보호하기 위한 유일한 수단인 예외적인 상황에서는 그러한 조치를 채택할 수 있다고 간주한다.[21] 관습국제법상 긴급피난 항변은 국제법의 1차 규칙에 따라 국제의무 위반임이 인정된 경우에만 원용할 수 있다. 그렇기 때문에 국제의무 위반 행위의 결과로서 그 위법성을 배제할 수 있는지 결정하는 2차 규칙으로 기능한다.[22] 또한, 조약상 예외조항이 다른 조약상 의무의 적용을 배제하는 것과 달리 긴급피난 항변의 경우는 국제법상 의무위반이 인정되더라도 이를 정당화하는 상황이 있음을 의미한다.

---

18) *International Responsibility: First Report by Garcia Amador, Special Rapporteur*, A/CN.4/96 (January 20, 1956), para. 184, *Yearbook of the International Law Commission*, 1956, Vol. II, p. 208 참조.

19) *First Report by Garcia Amador*, A/CN.4/96, para. 185.

20) Desierto, *supra* note 17, p. 49 참조.

21) 관습국제법상 긴급피난 항변에 관해서는 이 책 제4장 제2절 국제투자협정상 예외조항의 한계에서 구체적으로 검토한다.

22) Andrew D. Mitchell & Caroline Henckels, "Variations on a Theme: Comparing the Concept of 'Necessity' in International Investment Law and WTO Law", *Chicago Journal of International Law*, Vol. 14, No. 1 (Summer 2013), p. 97 참조.

4. 검토

예외조항은 조약상 의무의 유연한 적용을 가능하게 한다. 이 절에서
는 국제법상 예외조항의 한 유형으로 국제인권협약의 비상시 예외조항
을 살펴보았다. 국제인권협약의 예외조항은 상황의 긴급성에 따라 조약
상 일부 의무의 적용을 정지할 수 있게 하는 조항이다. 즉, 체약당사국
은 국가의 존립을 위협하는 상황에서 예외조항에 근거하여 조약상 의무
에 위배되는 조치를 취할 수 있다. 다만, 이 예외조항은 예외상황에서
한시적으로 적용되며 해당 조치가 국제법상 금지되는 차별이거나 국제
법 하의 다른 의무에 위반해서는 안 된다는 요건을 충족하여야 한다.

또한, 국제인권협약의 예외조항은 위기 시에 조약상 의무에 위배되는
조치가 허용되는 점에서 관습국제법상 긴급피난 항변과 유사한 기능을
한다. 그러나 체약당사국이 이러한 예외조항을 원용하여 구체적 조치를
취한 경우에는 다른 조약상 의무위반에도 해당하지 않는 것으로 여겨지
는 반면, 긴급피난 항변을 원용한 경우에는 국제법상 의무위반에 해당하
더라도 그러한 위반을 정당화한다는 차이가 있다.

국제조약에서 예외조항을 명시적으로 둔 사례는 많지 않다. 국제법상
조약상 의무를 일부 배제하거나 의무위반을 정당화하기 위한 취지의 예
외조항이 실제로 원용되어 인정된 사례 역시 많지 않다. 또한, 이러한
예외조항은 어떠한 상황과 요건에서 조약상 의무에서 이탈한 조치를 취
할 수 있는지를 다룰 뿐이며, 어떠한 규제조치가 조약상 의무와의 관계
에서 허용되는지 양자 간 균형의 문제는 다루고 있지 않다.

이 책 제2장에서 살펴보았듯이 조약상 의무와 규제권한 행사의 관계
는 외국인의 재산보호와 관련하여, 특히 관습국제법상 규제권한 이론과
관련하여 검토되었다.23) 국제조약의 예외조항에서 구체적으로 어떠한

---

23) 예를 들어 유럽인권협약 제1부속서 제1조는 개인의 재산권 보호 원칙과 함께 공공목
   적 조치의 허용성을 규정하였다. 재산권에 대한 어떠한 제한에 대해서도 공공이익과

목적과 요건으로 규제조치가 허용되어왔는지를 살펴보려면 WTO 협정 상 일반적 예외조항을 검토하여야 한다. 이에 관해 다음 절에서 살펴보기로 한다.

사적이익 간에 균형을 맞출 것을 요구하고 있다. 이 조항의 목적은 특정 조치가 수용에 해당하는지 아니면 재산권의 제한에 해당하는지를 구분하는 것이 아니라 국가의 규제권한과의 비교를 통해 보상의무가 발생하는지를 결정하는 것이다. Markus Perkams, "The Concept of Indirect Expropriation in Comparative Public Law- Searching for Light in the Dark", Schill (ed.), *International Investment Law and Comparative Public Law*, pp. 113~114 참조.

제2절 WTO 협정상 일반적 예외조항의 의의

GATT와 GATS의 일반적 예외조항은 처음부터 국가의 정당한 규제조치를 보호하기 위한 목적으로 원용되었다.[24] WTO 패널과 항소기구는 국제교역질서 확립이라는 다자간 목표와 정당한 규제권한 행사 사이에 균형을 맞추는 방향으로 일반적 예외조항에 관한 해석론을 제시하였다. 국제법상 예외조항이 주로 국가의 본질적 이익과 관련된 예외조항이었던 반면, WTO 협정의 일반적 예외조항은 협정에 규정된 일반의무와 정당한 규제권한 간에 균형을 맞추기 위한 목적으로 처음부터 도입되었다. 이러한 WTO 협정의 일반적 예외조항은 최근 일부 국제투자협정에서도 유사한 형태가 확인되고 있다. 이러한 점을 고려하여 WTO 협정의 일반적 예외조항의 요건과 관련 쟁점을 살펴보기로 한다. 특히 일반적 예외조항이 어떠한 본질을 갖는 조항인지를 제시하려고 한다.

1. 도입배경

WTO 협정은 무역장벽을 완화하고 철폐함으로써 국가 간 공정한 경쟁 질서를 확립하고자 한다. 이를 위해 비차별대우 의무와 수량제한금지

---

24) 이 책에서는 WTO 협정에서 명시적으로 "예외"(exceptions)라고 규정한 경우만을 검토하였다. 예외조항으로 명시된 경우 이외에도 자유무역 원칙으로부터 이탈(departure)에 해당하면 사실상 예외조항으로 범주화할 수 있는지에 관한 논의가 있으나, WTO 항소기구는 협정문 해석을 통해 예외조항을 추출하려는 시도에 부정적이었다. Asif H. Qureshi, *Interpreting WTO Agreements: Problems and Perspectives*, 2nd edition (Cambridge University Press, 2015), pp. 148~157 참조.

의무 등을 규정하고 있다.[25] 한편, WTO 협정의 일반적 예외조항은 회원
국이 정당한 정책목표를 위해 취하는 규제조치가 협정상 의무에 일응
위배되더라도 이를 허용하기 위한 목적으로 도입되었다. 이에 따라 일반
적 예외조항에서는 정당한 정책목표를 열거하고 이 협정의 어떠한 조항
도 체약당사국이 동 조항에 따른 국가의 규제조치를 채택하거나 실시하
는 것을 방해하지 않는다고 규정하고 있다.

공공정책에 대한 고려가 국제무역을 제한하는 논리로 활용되거나 무
역 이외의 조치를 정당화하는 수단이 될 수 있다는 관념은 20세기 초부
터 나타났다.[26] 이에 따라 국제통상협정에서는 일찍부터 국가의 규제목
표를 보호하기 위한 예외조항을 도입했다. 우선 1927년 국제연맹의 경제
이사회(Economic Committee)에서는 어떠한 유형의 정책은 필수불가결한
성격이므로 자유무역 목적에 위배되지 않는 것으로 간주해야 한다는 공
공정책 예외에 관한 국제관행이 존재한다고 보았다.[27] 또한, 일반적 예
외조항의 초기 형태는 1927년 세계경제포럼(World Economic Forum)에서
채택된 "수출입금지와 제한 폐지에 관한 국제협약"(International Agree-
ment for the Abolition of Import and Export Prohibition and Restrictions) 제
4조에서 확인되었다.[28]

위 협약 제4조는 특정한 유형의 금지나 제한 조치가 이 협약에서 금
지되지 않는다고 하면서 허용되는 사유로서 공공안전(public security), 도
덕 및 인도적 고려, 무기나 전쟁물품의 거래, 공중보건 및 병충해로부터

---

25) 최승환, 『국제경제법』 제4판 (법영사, 2014), pp. 150~155 참조.
26) Ingo Venzke, *How Interpretation Makes International Law: On Semantic Change
and Normative Twists* (Oxford University Press, 2012), p. 150 참조.
27) *Ibid.*, p. 151 참조.
28) 1927년 협약 전문은 <https://www.loc.gov/law/help/us-treaties/bevans/m-ust000002-
0651.pdf> (2016년 7월 29일 검색) 참조. 이 협약은 국제무역을 다자조약으로 규율
하고자 한 최초의 시도로 여겨진다. Douglas A. Irwin et al., *The Genesis of the
GATT* (Cambridge University Press, 2008), p. 162, 각주 309 참조.

동식물의 보호, 예술적이거나 고고학적 가치를 갖는 국보의 보호를 포함
하여 일곱 개의 사유를 열거하였다. 또한, 이러한 금지나 제한조치는 동
일한 조건의 국가 간에 자의적 차별이거나 국제무역에 대한 위장된 제
한이어서는 안 된다는 조건도 충족하여야 한다고 규정하였다. 이처럼 수
출입금지와 제한 폐지에 관한 국제협약 제4조는 예외사유를 열거하고,
이러한 사유에 따른 금지나 제한조치가 자의적 차별이거나 무역에 대한
위장된 제한이어서는 안 된다고 규정하여 이후의 GATT의 일반적 예외
조항과 거의 비슷한 형태로 규정되어있다.

　제2차 세계대전 이후 세계경제질서 재편을 논의하는 과정에서 국제무
역기구(International Trade Organization, ITO)를 설립하려는 다자간 시도
가 이루어졌다.[29] GATT는 국제무역기구 협상의 일부로 논의되었으며,
1947년 2월 GATT의 초안 제20조와 1947년 7월 초안 제19조에서는 일반
적 예외조항과 안보상 예외조항이 단일 조항에 규정되었다.[30] 일반적
예외조항과 안보상 예외조항은 GATT 초안 준비위원회의 제네바 회기에
분리되었다. 아바나 회의에서는 "공공안전에 관한 법이나 규정의 집행에
필요한"(necessary to the enforcement of laws and regulations relating to
public safety) 조치라는 예외사유를 추가하였으며, GATT 초안의 기초자
들은 이를 "공공질서"(public order, *ordre public*)라는 법 개념을 포섭하는
것으로 이해하였다.

---

29) Stefan Zleptnig, *Non-Economic Objectives in WTO Law: Justification Provisions of
　　GATT, GATs, SPS and TBT Agreements* (Martinus Nijhoff Publishers, 2010), p.
　　103 참조.
30) *Ibid.* 또한, United Nations Economic and Social Council, *Draft General Agreement
　　on Tariffs and Trade*, E/PC/T/C.6/85 (February 15, 1947), pp. 31~32; United
　　Nations Economic and Social Council, *Report of the Tariffs Agreement Working
　　Party General Agreement on Tariffs and Trade*, E/PC/T/135 (July 24, 1947), pp.
　　53~54 참조.

2. 일반적 예외조항의 조문

(1) 규제조치의 허용규정

일반적 예외조항에서는 협정의 다른 일반조항에 대하여 체약국의 예외적 조치가 허용된다고 규정한다. 즉, "이 협정의 어떠한 조항도 체약국이 다음의 조치를 채택하거나 집행하는 것을 금지하는 것으로 해석되어서는 아니된다"(Nothing in this agreement shall be construed to prevent the adoption or enforcement by any contracting party of measures…). 이러한 문구로 미루어 볼 때 일반적 예외조항은 GATT 의무 전체에 대하여 적용되는 것으로 의도된 조항이다.[31] 구체적 예외인 최혜국대우 의무에 대한 예외나 내국민대우 의무에 대한 예외와는 달리 일반적 예외조항은 일응 어떠한 GATT 의무 위반으로 간주되는 조치라고 하더라도 해당 조치를 채택할 수 있다고 규정하고 있다.

GATT 제20조에서는 일반적 예외조항의 원용을 정당화하는 사유를 10개의 항에 걸쳐 구체적으로 제시하였다.

> (a) 공중도덕을 보호하기 위하여 필요한 조치,
> (b) 인간이나 동·식물의 생명 또는 건강을 보호하기 위한 조치,
> (c) 금이나 은의 수출입에 관한 조치,
> (d) GATT에 반하지 아니하는 국내법령의 보호(관세의 실시, GATT 규정에 의해 운영되는 독점의 실시, 특허권, 상표권 및 저작권의 보호, 기만적 관행의 방지에 관한 법령포함),

---

31) 이와 관련하여 GATT 제20조는 국내 정책목표가 무역에 관한 약속에 우선할 수 있다는 관념을 반영한다고 설명하기도 한다. 즉, 무역에 관한 약속은 모든 회원국들이 어떤 비용을 감수하더라도 준수해야 하는 최상(最上)의 가치를 표방하는 것으로 간주되지 않는다는 것이다. Petros C. Mavroidis, *Trade in Goods: The GATT and the Other WTO Agreements Regulating Trade in Goods* (Oxford University Press, 2012), p. 326 참조.

(e) 제소자 노동상품에 관한 조치,

(f) 예술적 역사적 혹은 고고학적 가치가 있는 국보의 보호를 위하여 적용하는 조치,

(g) 유한천연자원(exhaustible resources)의 보호에 관한 조치(다만 동 조치가 국내 생산이나 소비의 제한과 관련하여 실시되는 경우에 한함),

(h) 정부 간 상품협정하의 의무에 따라 취하는 조치,

(i) 국내원료가격 안정계획의 일환으로 (원료의 국내가격이 세계시장가격이 하일 때 그러한 기간 동안 국내제조산업에 필요한 그러한 원료의 본질적 수량을 확보하기 위하여) 국내원료 수출을 제한하는 조치,

(j) 국내 전반 혹은 지역적으로 공급이 부족한 제품의 획득 또는 분배를 위하여 불가결한 조치.32)

한편, GATS 제14조에서는 다섯 가지 예외사유를 열거하고 있다.

(a) 공중도덕(public morals)이나 공공질서(public order)의 보호를 위해 필요한 조치,

(b) 인간이나 동·식물의 생명 및 건강보호를 위해 필요한 조치,

(c) 기만행위 및 사기행위의 방지 또는 서비스계약 불이행효과의 처리, 개인자료의 처리 및 배포와 관련된 개인 사생활보호와 개인의 기록 및 계좌의 비밀보호, 안전(safety) 등에 관한 조치를 포함하여 동 협정의 규정에 위배되지 아니하는 법률이나 규정의 준수를 확보하기 위해 필요한 조치,

(d) 직접세에 대한 내국민대우의 예외,

(e) 이중과세방지조약에 대한 최혜국대우의 예외 등을 위한 규제조치.33)

GATS 제14조 (a).호와 (b).호의 예외사유는 GATT 제20조에 규정된 예외사유와 사실상 같은 내용이다. 다만 GATS에서는 공중도덕 보호뿐만 아니라 공공질서 보호도 규정하고 있다. GATS 제14조 주해에 의하면 공공질서 예외는 "근본적인 사회이익에 대해 진정하고도 충분히 심각한 위협이 제기되는 경우에만 원용될 수 있다."34)

---

32) GATT 1994 협정 제20조; 최승환, 앞의 책 (주 25), pp. 190~191 참조.

33) GATS 제14조; 최승환, 앞의 책 (주 25), p. 445 참조.

(2) 열거된 정책목표의 성격

WTO 협정은 정당한 정책목표를 구체적으로 열거하는 방식으로 예외조항을 규정하였다. 열거된 정책목표의 성격에 관하여 두 가지 입장이 대립한다. 우선 통설에 의하면, GATT 제20조에 열거된 정책목표는 1940년대 GATT 교섭 과정에서 체약국들이 중요하게 고려한 목표를 반영한 것이다. 일반적 예외조항을 규정하여 여기에 열거된 정책목표에 대해서는 무역자유화라는 공통 목표보다 우선순위를 둘 수 있도록 의도하였다는 것이다.35)

한편 열거된 정책목표는 체약국들이 중요하다고 간주한 사회적 가치를 반영한 것이 아니라는 반론이 있다. 이러한 정책목표는 상품의 원산지나 수입국에 따른 차별만을 염두에 둔 것이며 예컨대 기술규정의 통일(harmonization) 같은 다른 성격의 규제조치를 고려하지는 않았다는 것이다. 예컨대 무역에 관한 기술장벽협정(Agreement on Technical Barriers to Trade, "TBT 협정")의 경우는 일반적 예외조항을 두지 않고, 내국민대우를 해석할 때에만 정책목표를 고려하고 있다.36)

위 반론에 의하면 WTO 부속협정별로 중요하게 고려하는 정책목표가

---

34) GATS 제14조 (a) 각주 5; 최승환, 앞의 책 (주 25), p. 445 참조.

35) Jürgen Kurtz, "Charting the Future of the Twin Pillars of International Economic Law", *Jerusalem Review of Legal Studies*, Vol. 9, No. 1 (2014), p. 40 참조.

36) *Japan-Alcoholic Beverage* 사건과 *EC-Asbestos* 사건에서 각각 미국과 EU는 국가의 규제목표를 내국민대우와 관련하여 상품의 동종성 판단 시 고려할 수 있는지 아니면 일반적 예외조항의 적용단계에서 판단할 것인지의 문제를 제기하였다. 그러나 위 사건의 항소기구들은 이 주장에 대해 검토하지 않았다. Frieder Roessler, "Regulatory Autonomy of WTO Members under Article Ⅲ:4 GATT", Julien Chaisse & Tsai-yu Lin (eds.), *International Economic Law and Governance: Essays in Honour of Mitsuo Matsushita* (Oxford University Press, 2016), pp. 32~34 참조. 다만, GATT에서는 내국민대우에 일응 위반되는 조치가 정당한 정책목표에 관한 것일 경우 일반적 예외조항으로 허용될 수 있다. 따라서 GATT는 규제목표에 관해서는 일반적 예외조항의 적용단계에서 판단하는 것으로 본다.

상이하였고, 각 부속협정에 일반적 예외조항을 적용할 수 있는지 여부도 각각 상이하였다. WTO 부속협정 모두에 대해 일반적 예외조항이 동일하게 적용되는 것이 아니라 우선, GATT와 GATS에 일반적 예외조항이 적용되고 있다. 무역 관련 투자조치에 관한 협정 제3조와 같이 GATT의 예외조항을 인용한 경우에도 일반적 예외조항이 적용된다. TBT 협정이나 위생 및 검역조치에 관한 협정(Agreement on the Application of Sanitary and Phytosanitary Measures: "SPS 협정")처럼 일반적 예외조항의 취지를 반영하여 실체적 의무조항을 규정한 경우에는 해당 실체적 의무조항 해석 시 조치의 목적을 고려하게 된다.[37] 이런 점에서 다른 WTO 부속협정들에서도 일반적 예외조항을 통해 정당한 정책목표에 따른 조치가 허용되는지는 사안별로 검토하여야 한다.

(3) 두문의 요건

일반적 예외조항의 두문(chapeau)에 의하면, "회원국의 조치는 동일한 조건에 있는 국가 간에 자의적이거나 부당한 차별의 수단이 되거나 국제무역에 대한 위장된 제한을 가하는 방법으로 적용되어서는 안 된다." 이는 일반적 예외조항에 따른 규제조치를 취하더라도 비차별 원칙과 위장된 무역제한금지 원칙에 따라 적용하여야 한다는 의미이다.[38] 일반적 예외조항의 두문에서 규정한 비차별 원칙은 '자의적이고 부당한 차별'(arbitrary or unjustifiable discrimination)을 금지한다는 점에서 모든 종류의 차별을 원칙적으로 금지하는 GATT의 일반의무와는 구별된다.[39]

---

37) 조영진, "GATT 제XX조 일반적 예외의 WTO 부속협정 적용 여부에 대한 고찰", 『국제경제법 연구』 제13권 제1호 (2015), pp. 37~42 참조.
38) 최승환, 앞의 책 (주 25), p. 191 참조.
39) *Ibid.*

3. 실체적 의의

WTO 협정의 일반적 예외조항에 해당하려면 다음과 같은 실체적 요 건이 충족되어야 한다. 첫째, 회원국의 정책목표가 예외조항에 열거된 정책목표에 해당하여야 한다. 둘째, 정책목표와 규제조치 사이에 관련성 혹은 필요성이 있어야 한다. 셋째, 일반적 예외조항에 근거한 조치가 조 약상 의무를 부당하게 배제하기 위한 취지로 남용되어서는 안 된다. 이 하에서 각 실체적 요건의 의의를 구체적으로 살펴본다. 다음으로, 일반 적 예외조항이 안보상 예외조항과 어떻게 구별되는지를 검토한다.

(1) 정당한 정책목표의 고려

WTO 협정은 국가 간 공정한 무역규범을 수립하려는 목적의 국제통 상규범이다. WTO 회원국들은 국가 간 교역에서 다른 회원국의 상품에 대해서는 양허된 관세를 부과하는 이외의 차별적인 조치를 취해서는 아 니되며, 다른 회원국의 서비스에 대해서 부속서에 열거된 조치 이외의 차별적인 조치를 취해서도 안 된다.[40] GATT와 GATS의 기본 목적과 성 격을 고려할 때 일반적 예외조항은 회원국이 추구하는 정당한 국내 정 책목표에 따른 조치와 WTO 협정상 의무 간에 법적 합치성을 확보하기 위한 규정이라고 할 수 있다.

우선, 국가들은 일반적 예외조항에 근거하여 무역 이외의 다른 정책 목표를 고려한 조치를 취할 수 있다. 많은 국가들은 WTO 협정에서 규 율하는 무역 이외에도 다른 사회적 가치와 이해관계를 보호하고 증진하

---

[40] WTO 협정의 두 가지 주요 목표는 회원국 정부가 정당한 정책목표를 추구하는 데 있어서 유연성을 유지하고, 정부와 사적 당사자들에게 예측가능성을 보장해주는 것 이다. Ole Kristian Fauchald, "Flexibility and Predictability Under the World Trade Organization's Non-Discrimination Clauses", *Journal of World Trade*, Vol. 37, No. 3 (2003), p. 446 참조.

고자 한다.[41] 특정한 정책목표를 위해 WTO 협정의 기본원칙, 특히 비차별 의무와 합치하지 않는 국내입법이나 조치를 취하여야 할 경우도 자주 발생하게 된다. 일반적 예외조항이 없다면 회원국들이 무역 이외에 다른 정책목표를 위해 취하는 조치는 WTO 협정과 양립할 수 없게 되고, 이에 따라 협정 위반 문제가 반복적으로 제기될 수 있다.[42] 구체적으로 일반적 예외조항은 실체적 의무조항보다 특정한 규제조치가 우선하는 방식으로 작동한다. 일반적 예외조항에서는 WTO 협정에 합치되지 않는 국내법이나 조치가 일정한 사유에 해당할 경우 허용될 수 있다는 점을 명시하고 있기 때문이다.[43]

이런 점에서 국가의 규제적 자율성이 보장되어야 한다는 측면에서 일반적 예외조항이 검토되어왔다. 그러나 1947년 GATT 초안 당시와 마찬가지로 1995년 WTO가 출범하였을 때에도 규제적 자율성을 어떻게 확보할 것인지의 문제에 관해 국가 간 논쟁이 계속 이어져왔다.[44] 예컨대, WTO 협정에서는 각 회원국이 국가 간 무역을 왜곡하는 효과를 갖는 국내입법이나 행정조치를 취하는 것을 금지한다. 그러나 이러한 의무에도 불구하고 각 국은 자신의 정책목표를 선택한 수단에 의하여 추구할 행동의 자유를 보장받아야 한다는 입장을 많은 국가들이 공유하고 있다.[45] 따라서 GATT 제20조와 GATS 제14조의 일반적 예외조항은 회원국이 협

41) Henrik Anderson, "Protection of Non-Trade Values in WTO Appellate Body Jurisprudence: Exceptions, Economic Arguments, and Eluding Questions", *Journal of International Economic Law*, Vol. 18 (2015), pp. 388~389; GATT 1994 협정 제1조 내지 제3조 참조.
42) Anderson, *supra* note 41, p. 389 참조.
43) Peter Van den Bossche & Werner Zdouc, *The Law and Policy of the World Trade Organization: Text, Cases and Materials*, 3rd edition (Cambridge University Press, 2013), pp. 543~544 참조.
44) Michael Ming Du, "The Rise of National Regulatory Autonomy in the GATT/WTO Regime", *Journal of International Economic Law*, Vol. 14, No. 3 (2011), pp. 641~642 참조.
45) *Ibid.*, p. 644 참조.

정상 의무에도 불구하고 일정한 정책적 재량을 행사할 수 있는 협정상 근거를 제시한다는 점에서 그 효용이 인정되었다.

다음으로, WTO 협정상 일반적 예외조항에서는 정당한 정책목표를 한정적으로 열거하고 있다. 일반적 예외조항이 규정하는 정책목표로는 공중도덕의 보호, 공공질서의 보호, 인간과 동식물의 생명과 건강의 보호, 국내법이나 규정의 이행 확보, 천연자원의 보호 등이 있다. GATT/WTO 분쟁 사례에서는 일반적 예외조항이 주로 환경이나 건강에 관한 정책목표에 따른 조치와 관련하여 원용되었다.[46] 또한 공중도덕이나 공공질서를 유지하기 위한 조치가 WTO 분쟁해결절차에서 다루어지면서 다양한 범위의 정책적 관심사가 협정상 의무위반을 정당화하는 근거로 활용되고 있다.[47]

예를 들어, *US-Gambling* 사건에서는 문제된 조치가 공중도덕이나 공공질서를 보호하기 위한 조치인지를 검토하였다. 이 사건 패널은 "공중도덕이라는 개념은 어떤 공동체나 국가가 표방하는 옳고 그름에 관한 기준을 의미한다."라고 하면서, "이 개념의 내용은 사회, 문화, 윤리, 종교적 가치 등의 여러 요소에 기초하며 시공간에 따라 다양할 수 있다."라고 언급하였다.[48] 또한, 미국의 일련의 입법이 사회의 공중도덕이나

---

46) Appellate Body Report, *United States-Standards for Reformulated and Conventional Gasoline*, WT/DS2/AB/R (May 20, 1996) ("Appellate Body Report, *US-Gasoline*"); Appellate Body Report, *Brazil-Measures Affecting Imports of Retreaded Tyres*, WT/DS332/AB/R (December 17, 2007) ("Appellate Body Report, *Brazil-Retreaded Tyres*") 등 참조.

47) 공공질서 개념이 WTO 분쟁해결절차에서 해석의 주제가 되지는 않았다. 그러나 유럽의 관련 법리에 의하면, 공공질서(public order, *ordre public*)는 넓은 범위의 이익을 정당화하기 위해 원용될 수 있는 사유이다. William J. Davey, "Non-Discrimination in the World Trade Organization: The Rules and Exceptions", *Recueil des Cours 354, Collected Courses of the Hague Academy of International Law 2011* (Martinus Nijhoff, 2012), p. 369 참조.

48) Panel Report, *United States-Measures Affecting the Cross-Border Supply of Gambling and Betting Service*, WT/DS285/R (November 10, 2004) ("Panel Report,

공공질서를 보호하기 위하여 필요한 조치인지를 검토하면서 "공공질서
란 공공정책과 법에 반영된 사회의 근본이익을 보호하는 것을 의미한
다."라고 언급하였다.[49] 이 사건을 통해 특정한 국내입법이나 정책이 근
본적으로 중요한 사회적 이익을 보호하는 경우 일반적 예외조항에 근거
하여 허용될 수 있게 되었다. 공중도덕 및 공공질서 예외조치의 허용가
능성은 *China-Publications and Audiovisual Products* 사건[50], *EC-Seal
Products* 사건에서도 확인되었다.[51]

한편, 국가가 추구하는 정책목표 중에서 WTO 협정의 일반적 예외조
항을 통해 정당화될 수 있는지 여부가 불명확한 경우가 있다. 예를 들어,
국가가 국제법상 강행규범 준수 같은 정책목표를 추구한 경우 이러한
목적의 조치를 취한 결과는 WTO 협정의 일반원칙 위반에도 해당하지
않는 것으로 해석될 수 있다.[52] 즉, 강행규범 준수와 관련된 조치는
WTO 협정상 일반의무 위반에 해당하지 않고, 일반적 예외조항의 허용
되는 정책목표로서 정당화될 것을 요하지 않는다.[53] 그러나 강행규범에
이르지 않는 인권보호와 같은 그 밖의 정책목표에 대해서는 조약상 예
외조항에 해당할 경우에는 일응의 WTO 협정상 의무위반이 있더라도 이

US-Gambling"), para. 6.465 & para. 6.461 참조.

49) *Ibid.*, para. 6.467 참조.

50) Panel Report, *China —Measures Affecting Trading Rights and Distribution Services for Certain Publications and Audiovisual Entertainment Products*, WT/DS363/R (August 12, 2009)("Panel Report, *China-Publications and Audiovisual Products*"), para. 7.763 참조.

51) Appellate Body Reports, *European Communities-Measures Prohibiting the Importation and Marketing of Seal Products*, WT/DS400/AB/R, WT/DS401/AB/R (June 18, 2014)("Appellate Body Reports, *EC-Seal Products*"), paras. 5.200-5.201 참조.

52) Anderson, *supra* note 41, p. 396 참조. 비엔나 조약법 협약 제53조에 의하면, "조약은 그 체결당시에 국제법의 강행규범과 충돌하는 경우에 무효이다." 즉 강행규범은 조약보다 우위에 있으며 조약의 타당근거를 정하는 역할도 강행규범이 한다. 따라서 강행규범 준수로 인한 결과는 WTO 협정 위반에 해당하지 않는다고 해석할 수 있다.

53) Anderson, *supra* note 41, p. 396 참조.

러한 목표를 위한 조치가 정당화된다고 볼 수 있다.[54] WTO 항소기구에
서는 GATT 제20조의 필요성 요건 분석과 관련하여, 추구하는 공통된
이익이나 가치의 중요성을 고려하여야 한다고 하면서 보다 중요한 가치
가 관련된 경우에는 필요한 조치임을 인정하는 것이 용이할 것이라고
판단한 바 있다.[55]

(2) 조치의 필요성 혹은 관련성

회원국들은 일반적 예외조항에 근거하여 WTO 협정이 추구하는 국제
무역 목표 이외에 각 국의 국내정책상 사회적 목표에도 우선순위를 둘
수 있게 되었다.[56] 일반적 예외조항은 문제된 조치가 예외조항에 명시
된 목적을 위하여 "필요한"(necessary) 조치이거나 "관련된"(related to) 조
치일 것을 요건으로 한다. 예컨대, GATT 제20조 (a)호, (b)호, (d)호에서
는 필요한 조치일 것을 규정하고 있고, GATT 제20조 (g)호는 관련된 조
치일 것을 요구하고 있다.[57]

---

54) *Ibid.*
55) *Ibid.*, pp. 396~397; Joost Pauwelyn, *Conflict of Norms in Public International
Law: How WTO Law Relates to Other Rules of International Law* (Cambridge
University Press, 2003), p. 108; Appellate Body Report, *European Communities-
Measures Affecting Asbestos and Products Containing Asbestos*, WT/DS135/AB/R
(April 5, 2001)("Appellate Body Report, *EC-Asbestos*"), para. 172, citing Appellate
Body Report, *Korea-Beef,* para. 162("'the more vital or important [the] common
interests or values' pursued, the easier it would be to accept as 'necessary' meas-
ures designed to achieve those ends."); Appellate Body Report, *Brazil-Retreaded
Tyres*, para. 179, citing Appellate Body Report, *US-Gambling*, para. 307("a panel
must consider the relevant factors, particularly the importance of the interests or
values at stake, the extent of the contribution to the achievement of the measure's
objective, and its trade restrictiveness.···This comparison should be carried out in
the light of the importance of the interests or values at stake.") 각각 참조.
56) Van den Bossche & Zdouc, *supra* note 43, p. 545 참조.
57) GATT 제20조 및 GATS 제14조 참조.

Korea-Beef 사건 항소기구는 필요성 요건과 관련하여 세 가지 판단기준을 제시하였다. 첫째, 공통의 이익이나 가치의 상대적 중요성, 둘째, 문제된 조치가 목적 실현에 기여하는 정도, 셋째, 문제된 조치가 국제무역에 미치는 영향이 그것이다.[58] 따라서 회원국이 취한 조치가 상대적으로 더 중요한 이익이나 가치를 보호하고자 하며, 조치가 목적 실현에 충분히 기여하고, 국제무역에 미치는 영향이 적은 경우에 필요성 요건을 충족시키게 된다. 또한, Korea-Beef 사건 항소기구는 여러 관련 요소들을 비교형량하여, 회원국이 WTO 협정에 합치하는 대안을 채택할 것으로 기대할 수 있는지, 또는 WTO 협정에 덜 불합치하는 조치가 합리적으로 이용가능한지를 결정해야 한다고 하였다.[59] 조치의 필요성에 관한 위 항소기구의 법리는 GATS 제14조 (a)호의 공중도덕에 관한 예외, GATT 제20조 (b)호의 인간 또는 동식물의 건강보호에 관한 예외를 해석한 이후 판정에서도 활용되고 있다.[60]

GATT 제20조 (g)호의 관련성 요건에 관해서는 US-Shrimp 사건의 항소기구가 문제된 조치와 정책목표 사이에 "긴밀하고 실재하는"(close and real) 관계가 있어야 한다고 해석하였다.[61] 또한, China-Raw Materials 사건에서는 조치와 정책목표 간의 긴밀하고 실재하는 관계란, "채택된 조치가 추구하는 목적에 합리적으로 관련되어야 한다"(The means are reasonably related to the ends)라는 의미라는 점을 확인하였다.[62]

---

58) Appellate Body Report, Korea-Beef, para. 164 참조.
59) Ibid., para. 166 참조.
60) Van den Bossche & Zdouc, supra note 43, p. 565 참조.
61) Appellate Body Report, United States-Import Prohibition of Certain Shrimp and Shrimp Products, WT/DS58/AB/R (November 6, 1998) ("Appellate Body Report, US-Shrimp"), para. 141 참조.
62) Appellate Body Reports, China-Measures Related to the Exportation of Various Raw Materials, WT/DS394/AB/R, WT/DS395/AB/R, WT/DS398/AB/R (February 22, 2012) ("Appellate Body Reports, China-Raw Materials"), para. 355 참조.

(3) 두문: 일반적 예외조항의 남용방지

WTO 패널과 항소기구는 회원국의 특정 조치가 일반적 예외조항에 근거하여 정당화되는지와 관련하여 2단계 분석방법을 채택하였다. 2단계 분석이란, 일반적 예외조항의 개별 예외사유에 해당하는지를 먼저 검토한 다음 두문의 요건을 충족하는지를 검토하는 방법이다.[63] 일반적 예외조항에 두문을 규정한 이유는 구체적인 예외사유에 해당하여 잠정적으로 정당화된 조치가 일반적 예외조항을 남용하는 방법으로 적용되는 것을 방지하기 위한 것이다.[64]

WTO 항소기구에 의하면, 두문은 예외조항을 원용할 국가의 권리와 다른 회원국의 무역상 권리 사이에서 적절한 균형점을 찾기 위한 것이라고 한다.[65] 두문에 제시된 요건은 신의칙과 동 원칙의 표현인 권리남용금지 이론(doctrine of abuse of rights, *abus de droit*)을 일반적 예외조항의 "적용"과 관련하여 반영한 것이라 할 수 있다.[66] 따라서 일반적 예외조항을 적용하면서 다른 회원국들에 대해 자의적이거나 부당한 차별이 되거나, 국제무역을 제한하는 우회조치로 이용하는 것은 일반적 예외조항의 취지에 부합하지 않게 된다.

이런 점에서 일반적 예외조항은 정당한 정책목표를 위한 회원국의 조치를 보호하는 조항일 뿐 아니라, 다른 국가들의 협정상 이익도 함께 고려하는 조항이라고 할 수 있다. 이와 같은 항소기구의 입장은 국가들의 상반되는 권리 행사에서의 균형을 고려하는 점에서 비례성 분석을 도입한 것으로 볼 수 있다.[67]

---

63) Van den Bossche & Zdouc, *supra* note 43, p. 572 참조.
64) *Ibid.*, p. 573 참조.
65) Appellate Body Report, *US-Shrimp*, para. 159 참조.
66) Venzke, *supra* note 26, p. 181 참조.
67) *Ibid.* 비례성 분석은 서로 다른 원칙이나 정당한 공공정책 목표들이 충돌할 때 이를 해소하기 위한 해석이론이다. 조약해석 원칙만으로는 상충하는 권리와 이익 간에 우

(4) 안보상 예외와의 구별

안보상 예외조항은 본질적 안보이익 보호를 위한 조치, 국제평화와 안전의 유지에 관한 조치를 허용하는 조항으로 GATT 제21조와 GATS 제14조 *bis*에서 규정하고 있다. GATT 초안 작성 시 일반적 예외조항과 안보상 예외조항은 하나의 조항에 규정되어 있었으나 제네바에서 협약 초안을 작성하는 과정에서 별도의 조항에 규정되었다.[68] 이에 따라 WTO 협정은 주로 공공질서와 환경보호 등의 정책목표를 위한 조치와 안보 목적에서 취하는 조치를 구분하여 서로 다른 요건으로 규정하고 있다. GATT 제21조는 안보상 예외를 다음과 같이 규정하고 있다.

제21조 안보상 예외

이 협정의 어떠한 규정도 다음으로 해석되지 아니한다.

(a) 공개 시 자신의 본질적인 안보이익에 반한다고 체약당사자가 간주하는 정보를 제공하도록 체약당사자에게 요구하는 것, 또는

(b) 본질적인 안보이익의 보호를 위하여 필요하다고 체약당사자가 간주하는 다음의 조치를 체약당사자가 취하는 것을 방해하는 것,

 (i) 핵분열성 물질 또는 그 원료가 되는 물질에 관련된 조치

선순위를 제시하지 못할 때 비례성 분석은 이러한 이익 간의 갈등을 해결하는 방법으로 유용할 수 있다. 이에 관해서는 Benedict Kingbury & Stephan W. Schill, "Public Law Concepts to Balance Investors' Rights with State Regulatory Actions in the Public Interest-The Concept of Proportionality", Schill (ed.), *International Investment Law and Comparative Public Law*, pp. 78~80 참조.

68) United Nations Economic and Social Council, Second Session of the Preparatory Committee of the United Nations Conference on Trade and Employment, E/PC/T/196 (September 13, 1947), pp. 50~53, Article XX and Article XXI; Wesley A. Cann, Jr, "Creating Standards and Accountability for the Use of the WTO Security Exception: Reducing the Role of Power-based Relations and Establishing a New Balance between Sovereignty and Multilateralism", *Yale Journal of International Law*, Vol. 26 (Summer 2001), p. 421 참조.

(ii) 무기, 탄약 및 전쟁도구의 거래에 관한 조치와 군사시설에 공급하기 위
하여 직접적 또는 간접적으로 행하여지는 그 밖의 재화 및 물질의 거
래에 관련된 조치
(iii) 전시 또는 국제관계에 있어서의 그 밖의 비상시에 취하는 조치
(c) 국제평화와 안보의 유지를 위하여 국제연합헌장 하의 자신의 의무에 따
라 체약당사자가 조치를 취하는 것을 방해하는 것.

위 예외조항에서 알 수 있듯이 안보상 예외와 일반적 예외는 구체적
인 내용과 요건에서 차이가 있으므로 그 해석과 적용에서도 차이가 있
다.69) 우선, 안보상 예외조항에는 그러한 조치가 회원국 간에 자의적이
거나 부당한 차별이거나 국제무역에 대한 위장된 제한에 해당하는 방법
으로 적용되어서는 안 된다는 두문(chapeau)의 요건이 없다. 따라서 안보
상 예외조항은 일반적 예외조항보다는 덜 엄격한 조건에서 적용된다.
또한 안보상 예외조항에는 본질적 안보이익과 관련하여 회원국의 자
기판단(self-judging) 권한이 명시되어 있다.70) 각 회원국은 자국의 조치
가 안보상 예외를 원용할 수 있는 "본질적 안보이익"에 관한 사안인지를
스스로 판단할 수 있다. 무엇보다 통상의 경우라면 GATT/WTO 협정에
대한 위반으로 간주될 정치적 목적의 경제제재 조치를 취하는 것이 안
보상 예외조항의 도입을 통해 허용되었다.71) 반면, 일반적 예외조항은
핵심적인 국내규제 영역과 관련된 조치를 허용하는 규정이라는 점에서

---

69) Van den Bossche & Zdouc, *supra* note 43, p. 595 참조.
70) GATT 제21조와 GATS 제14조 *bis*에는 각각 "which it considers"라는 문구가 포함
되어있다. 국가가 자신의 판단에 기초하여 안보상 예외에 해당하는지를 결정할 수
있다는 의미이다. 회원국의 자기판단 권한은 1947년 GATT 협정 체결 당시부터 그
남용 가능성으로 인하여 체약국 간에 논쟁을 불러일으켰다. Roger P. Alford, "The
Self-judging WTO Security Exception", *Utah Law Journal*, No. 3 (2011), pp. 698~
699 참조.
71) Michael Hahn, "Vital Interests and the Law of GATT: An Analysis of GATT's
Security Exception", *Michigan Journal of International Law*, Vol. 12 (Spring
1991), p. 560 참조.

WTO 협정의 안보상 예외와는 분명히 구별된다.[72]

그러나 이러한 개념상 구분에도 불구하고, 실제 사례에서 본질적 안보이익의 보호를 위한 조치와 특정한 정책목표를 추구하기 위한 조치를 어떻게 구별할 것인지는 명확하지 않다.[73] 관련된 국가실행을 보면, 일부 국가들은 GATT 제21조의 안보상 예외를 본질적 안보이익에 실질적 위협이 제기된 경우뿐 아니라 이에 대한 잠재적 위협이 제기된 경우에도 원용하였으며, 그 밖에 지정학적 안정성, 외교정책, 핵심 국내산업에 대한 위협에 대해서도 이 규정을 원용하였다.[74]

GATT 협정 기초자들의 취지와 조약의 문언에 비추어 볼 때, WTO 협정의 안보상 예외조항을 특정한 사회경제적 결과에 대응하기 위한 조항으로 해석하는 것은 적절하지 않다.[75] GATT 교섭 당시 체약국들은 안보상 예외를 원용할 수 있는 사유를 전쟁이나 국제적 긴급상황에 한정하는 것으로 이해하였고, 다만 이러한 사유에 해당하는지의 판단을 각 국가에게 유보하였기 때문이다.[76] GATT의 안보상 예외조항은 국가들이 중요하다고 간주하는 정치군사적 상황에 대응하기 위한 목적에서 만들어진 규정이라고 보아야 한다.[77]

---

72) *Ibid.*, pp. 558~559 참조.
73) Cann, Jr, *supra* note 68, p. 414 참조.
74) *Ibid.*, pp. 422~425 참조.
75) Hahn, *supra* note 71, p. 580 참조.
76) Alford, *supra* note 70, p. 699 참조.
77) Hahn, *supra* note 71, pp. 580~581 참조.

4. 일반적 예외조항의 해석론

(1) 엄격한 해석방법의 문제점

WTO 분쟁해결절차에서 피제소국은 GATT나 GATS의 의무위반으로 주장된 조치에 대해 일반적 예외조항에 해당한다고 주장함으로써 자국 조치의 정당성을 항변할 수 있다.[78] 일반적 예외조항에 따른 항변이 이루어지면, 패널이나 항소기구는 회원국의 문제된 조치가 일응 GATT나 GATS에서 규정하고 있는 수량제한금지, 내국민대우, 최혜국대우 등의 의무에 위반되는지를 우선 검토한 후, 해당 조치가 일반적 예외조항의 구체적인 공공정책 목표와 관련되거나 이를 위해 필요한 조치인지를 검토한다.[79] 일반적 예외조항의 요건을 충족하면 특정 조치가 협정상 의무위반에 해당하지 않는 것으로 간주된다.

초기 GATT 패널은 GATT 제20조가 예외조항이므로 엄격하게 해석되어야 한다고 보았다. 우선 GATT 패널은 일반적 예외조항의 필요성 요건을 엄격하게 해석해왔다. 즉 GATT 제20조의 "필요성"이란, 해당 조치가 "가장 덜 무역제한적인 수단"인지 여부를 판단하는 기준이라고 보았다.[80] 이에 따라 WTO 출범 이전까지 GATT 체제 하에서 회원국의 조치

---

78) Diane Desierto, *Public Policy in International Economic Law: The ICESCR in Trade, Finance, and Investment* (Oxford University Press, 2015), p. 189 참조.

79) Venzke, *supra* note 26, p. 152; Du, *supra* note 44, p. 664 각각 참조.

80) 예를 들어, Cynthia C. Galvez, ""Necessity", Investor Rights, and State Sovereignty for NAFTA Investment Arbitration", *Cornell International Law Journal*, Vol. 46 (2013), p. 155; *United States-Section 337 of the Tariff Act of 1930*, Report by the Panel adopted on 7 November 1989, L/6439-36S/345, para. 5.26("It was clear to the Panel that a contracting party cannot justify a measure inconsistent with another GATT provision as "necessary" in terms of Article XX(d) if an alternative measure which it could reasonably be expected to employ and which is not inconsistent with other GATT provisions is available to it.") 각각 참조.

가 GATT 제20조를 통하여 정당화된 사례는 하나도 없다.[81]

GATT 패널은 GATT 제20조 (g)호의 관련성에 관해서도 제한되고 엄격한 의미로 해석하였다. *Canada-Herring and Salmon* 사건에서는 "GATT 제20조 (g)호는 고갈 가능한 천연자원의 보전에 필수적이고 본질적인 조치만을 다루는 것은 아니고 좀 더 넓은 범위의 조치를 다룬다"라고 하면서도, "이 조항의 목적은 무역정책 목표를 위한 조치의 범위를 넓히는 것이 아니라 단지 고갈 가능한 천연자원의 보전을 목적으로 하는 정책을 추구하는 것을 방해하지 않는 데 있다"고 하면서, "이 조항의 의미상 '보전에 관련된 것'으로 해석되려면 고갈 가능한 천연자원의 보전을 주(主)목적으로 하여야 한다"라고 하였다.[82]

그러나 일반적 예외조항의 요건을 엄격하게 해석하는 것은 일반적 예외조항을 도입함으로써 국가에 유보하고자 한 정책목표에 관한 자율성을 지나치게 제한하는 문제가 있다. 국제법 해석규칙을 살펴보더라도 예외조항을 다른 규정에 비교하여 더 엄격하게 해석할 근거는 확인할 수 없다. Hersch Lauterpacht는 국가들의 조약 체결목적은 관련 영역에서 주권을 제한하는 것이라고 하면서, "일반 원칙으로부터 이탈에 대해서는 그에 반하는 추정이 존재한다"(presumption against derogations from a general principle)라는 주장은 충분한 근거가 없다고 하였다.[83] 특히 일반적 예외조항은 조약 체결로 제한된 국가의 권리를 일부 회복하려는 조항으로서 주권적 권한을 인정하는 효과를 갖는다. 따라서 일반적 예외조항을 엄격하게 해석하여야 한다고 보기 어렵다.

---

81) Du, *supra* note 44, p. 665 참조.

82) *Canada-Measures Affecting Exports of Unprocessed Herring and Salmon* ("*Canada-Herring and Salmon*"), Report of the Panel adopted on 22 March 1988, L/6268-35S/98, para. 4.6 참조.

83) Hersch Lauterpacht, "Restrictive Interpretation and the Principle of Effectiveness in the Interpretation of Treaties", *British Yearbook of International Law* (1949), p. 60 참조.

오히려 다수의 국제 판례에서는 위 해석방법과 반대되는 법리를 형성
해왔다. 예를 들어, *EC-Hormones* 사건 항소기구는 이른바 *in dubio mitius*
원칙이란 조약 해석에서 주권을 존중하는 원칙이라고 하면서 만약 용어
의 의미가 모호하다면 의무를 부담하는 당사국에게 유리하게 해석하는
것이 선호된다고 하였다.[84] 예외조항은 회원국의 공공정책 권한을 존중
하는 취지의 조항이므로 엄격하게 해석하면 회원국의 주권을 지나치게
제약하는 결과로 이어질 수 있다. 다만 실제 사건에서는 *in dubio mitius*
원칙에 근거하기보다는 구체적인 조약문언을 해석하는 방법을 사용한
다.[85] 따라서 실제 국제재판에서는 예외조항이라고 하여 엄격하게 해석
하거나, 주권을 존중하는 해석방법이 통상적으로 활용되지는 않는다. 즉,
예외조항에 대한 엄격한 해석방법은 "용어의 의미를 조약의 문맥과 목
적에 비추어 성실하게 해석하여야 한다"라는 비엔나 조약법 협약 제31
조의 기본원칙을 대체하지 않는다.

이와 연결된 맥락에서 *US-Shrimp* 사건 항소기구는 특정 조치를 GATT
제20조 적용범위에서 선험적으로(*a priori*) 배제해 온 패널의 접근법을
비판하였다.[86] *US-Shrimp* 사건 패널은 미국은 Section 609를 통해 수출국

---

84) Graham Cook, *A Digest of WTO Jurisprudence on Public International Law
Concepts and Principles* (Cambridge University Press, 2015), pp. 259~260;
Appellate Body Report, *European Communities ‐ Measures Concerning Meat and
Meat Products(Hormones)*, WT/DS26/AB/R, WT/DS48/AB/R (February 13, 1998)
("Appellate Body Report, *EC-Hormones*"), para. 165, footnote 154 각각 참조.

85) *China-Publications and Audiovisual Products* 사건(DS363)에서 중국 정부가 *in
dubio mitius* 원칙을 원용하였으나 이 사건 항소기구는 이 원칙이 WTO 분쟁해결절
차에서 관련되기는 하지만 이 분쟁에는 적용되지 않는다고 판시하였다. *China-
Intellectual Property Rights* 사건(DS362)에서 중국 정부는 주권에 대한 제한은 당사
국들의 명백한 동의가 있어야만 승인될 수 있다고 주장하였으나, 패널은 주권에 대한
고려는 이미 조약문에 반영되어 있다고 언급하였다. 즉 패널과 항소기구는 *in dubio
mitius* 원칙을 적용하기보다는 조약문을 해석하고 있다. Cook, *supra* note 84, pp.
260~261 참조.

86) Appellate Body Report, *US-Shrimp*, para. 121 참조.

이 자신과 같은 보존정책을 채택하는지를 조건으로 국내 새우시장에 대한 접근을 결정하였기 때문에 이 조치는 GATT 제20조에서 배제되는 조치에 속한다고 판단하였다. 그러나 이 사건 항소기구는 GATT 제20조 각 호의 조치는 실체적 의무에 대한 예외이므로 수입국에게 특정한 정책의 준수를 요구하는 것이 선험적으로 제20조의 적용을 배제하지 않는다고 하였다.[87] 이처럼 WTO 항소기구는 예외조항을 조약을 구성하는 일부로서 조약해석원칙에 따라 해석하면 충분하며 제한적으로 해석하여야 하는 것은 아니라고 보고 있다.[88]

이러한 이유로 그 동안 GATT 패널에서 일반적 예외조항의 필요성 요건에 관해 채택한 엄격한 해석방법은 WTO 분쟁해결기구에서는 완화되었다. WTO 패널과 항소기구에서는 일반적 예외조항을 해석할 때 문제된 규제조치와 관련된 변수들을 종합적으로 고려하고 해당 조치국의 특수한 정치, 문화, 사회적 상황에 비추어 대안적 조치의 가능성을 검토하는 방법을 채택하였다.[89] *Brazil-Retreaded Tyres* 사건 항소기구는 국제교역과 공공정책 목표 사이에는 긴장관계가 존재한다고 언급하면서, WTO 회원국이 주어진 맥락에서 적절하다고 간주하는 보호수준을 결정할 권리를 갖는다는 기본원칙을 확인하였다. 또한, 정책목표를 달성하기 위해 조치가 기여하는 바를 분석해야 하며, 필요한 조치로 인정되기 위해서는 필수불가결한(indispensable) 조치이어야 하는 것은 아니고 목적 달성에 중요한(material) 기여를 하면 된다고 하였다.[90]

---

87) *Ibid.*
88) Andrew Newcombe, "General Exceptions in International Investment Agreements", Segger et al. (eds.), *Sustainable Development in World Investment Law,* p. 364 참조.
89) Galvez, *supra* note 80, pp. 155~156 참조.
90) *Ibid.*, p. 156; Appellate Body Report, *Brazil-Retreaded Tyres*, paras. 210~211 각각 참조.

(2) 일반적 예외조항의 해석방법

WTO 항소기구는 비엔나 조약법 협약 제31조의 조약의 해석원칙에 따라 일반적 예외조항을 해석한다. 즉, 해당 조항의 문언을 조약의 대상 과 목적, 문맥을 고려하여 해석하며, 제한된 해석방법을 채택하지 않고 있다. 일반적 예외조항은 WTO 협정에서 실체적 의무위반에 대한 적극 적 항변의 역할을 하기 때문에 WTO 협정의 일반조항에서 추구하는 무 역자유화와 시장접근 확대라는 의무와 일반적 예외조항에서 추구하는 사회적 가치 또는 이익의 보호 간에 균형을 맞추는 해석방법을 취하였 다.[91] *US-Gasoline* 사건 항소기구는 이러한 일반적 예외조항의 해석방법 을 다음과 같이 언급한 바 있다.

> GATT 협정상의 적극적 의무와 일반적 예외조항에 구체화되어 있는 정책의 관계는 조약을 해석할 때 해당 사건의 사실적 법적 맥락을 면밀히 조사하 고, 회원국의 의도와 목적을 표현하기 위하여 실제 사용된 용어를 간과하지 않음으로써 사안별로 협정의 기본구조, 해당 협정의 대상과 목적 내에서 의 미를 갖게 된다.[92]

또한, WTO 패널과 항소기구는 일반적 예외조항의 예외사유에 해당하 는지 여부에 이어, 두문의 요건을 충족시키는지를 순차적으로 판단하는 2단계 분석방법을 취하고 있다.[93] 두문의 요건은 일반적 예외조항의 남

---

91) Van den Bossche & Zdouc, *supra* note 43, p. 547; Appellate Body Report, *US-Gasoline*, p. 18; Andrew D. Mitchell, *Legal Principles in WTO Disputes* (Cambridge University Press, 2008), pp. 195~200 참조.

92) Appellate Body Report, *US-Gasoline*, p. 18.

93) Davey, *supra* note 47, pp. 365~366; Anastasios Gourgourinis, "Reviewing the administration of domestic regulation in WTO and investment law: the international minimum standard as 'one standard to rule them all'?", Freya Baetens (ed.), *Investment Law within International Law: Integrationist Perspectives* (Cambridge University Press, 2013), p. 317; Appellate Body Report, *US-Gasoline*, p. 22 각각

용을 방지하기 위한 것이며, 예외사유에 해당하는 조치라도 다른 회원국
의 권리와 의무를 적절히 고려하여 합리적으로 적용되어야 한다는 취지
를 반영한 것이다.[94] 항소기구는 정당한 규제조치의 행사라고 주장하는
피제소국과 실체적 의무조항의 위반이 존재한다고 주장하는 제소국 사
이에서 상호간 권리의 균형, 즉 규제권한과 WTO 협정상 권리의 균형을
확보하는 방향으로 일반적 예외조항을 해석한다.[95]

(3) 입증책임의 분배

일반적으로 입증책임은 세 가지 문제와 관련되어 있다. 첫째, 소송의
양 당사자 중에서 사실 및 법적 주장에 대하여 증거를 제출하여 입증할
책임을 누가 지는지의 문제, 둘째, 사실의 존부가 불명확할 때 어느 쪽
이 불이익을 입게 되는지의 문제, 셋째, 입증책임을 충족하려면 어느 정
도로 입증을 하여야 하는지의 문제이다.[96] 입증책임의 일반원칙은 어떤
의무의 위반을 주장하는 자가 입증책임을 진다는 것이다.

WTO 항소기구 역시 어떠한 사실이나 항변을 주장하는 자가 입증책
임을 부담한다는 일관된 입장을 취하고 있다.[97] 이에 따라 WTO 협정의
실체적 의무 위반에 대해서는 이러한 의무위반이 발생하였다고 주장하

참조.

94) 김호철, 『기후변화와 WTO: 탄소배출권 국경조정』(경인문화사, 2011), p. 311;
   Appellate Body Report, *US‐Gasoline*, p. 22 각각 참조.

95) 김호철, 앞의 책 (주 94), pp. 312~313; Appellate Body Report, *US-Shrimp*, paras.
   156~159 각각 참조.

96) 오승진, "WTO 분쟁해결과 입증책임", 『국제법학회논총』 제59권 제1호 (2014년 3
   월), pp. 67~68 참조.

97) *Ibid.*, p. 76; Appellate Body Report, *United States-Measures Affecting Imports of
   Woven Wool Shirts and Blouses from India*, WT/DS33/AB/R (May 23, 1997)
   ("Appellate Body Report, *US-Wool Shirts and Blouses*"), p. 14 ("the burden of
   proof rests upon the party, whether complaining or defending, who asserts the
   affirmative of a particular claim or defence").

는 제소국 측에서 입증책임을 부담한다.

한편, 일반적 예외조항에 대해서는 자국 조치의 정당성을 주장하는 피제소국이 예외조항의 요건을 충족하였음을 입증할 책임, 즉 적극적으로 항변할 책임을 부담한다.[98] 구체적으로 US-Wool Shirts and Blouses 사건에서 항소기구는 "GATT 제20조는 그 자체로 의무를 성립시키는 적극적인 규칙이 아니라 GATT 1994의 다른 규정에 근거한 의무로부터의 예외이며, 적극적 항변의 본질을 갖는다. 그러한 항변에 대한 입증책임은 이를 주장하는 당사국에 있는 것이 합리적일 것이다." 라고 언급하였다.[99]

자국 규제조치의 정당성을 주장하는 피제소국이 일반적 예외조항에 대한 입증책임을 부담하는 점은 일반적 예외조항의 활용에서 제약으로 작용한다. 특히 일반적 예외조항은 두문에서 "자의적이거나 부당한 차별이 아닐 것," "국제무역에 대한 위장된 제한이 아닐 것"이라는 추가적인 요건을 제시하고 있다. US-Gasoline 사건 항소기구에 의하면, 피제소국은 일반적 예외조항의 예외사유에 해당한다는 점뿐만 아니라, 두문의 요건을 충족시키는지 역시 입증하여야 한다.[100] 이에 따라 피제소국이 일반적 예외조항을 원용하기 위해, 조치의 적용이 자의적이거나 정당화할 수 없는 차별의 수단 또는 국제무역에 대한 위장된 제한이 아닐 것까지도 입증해야 하는 것은 지나치게 높은 입증책임을 부담시키는 것이라는 비판이 제기되었다.[101] 그러나 일반적 예외조항은 그렇지 않으면 WTO 협정의 일반의무 위반으로 간주될 상황에서 이를 정당화하는 규제조치가 있다는 조항이고, 특히 두문은 일반적 예외조항의 남용을 방지하기 위한 규정이다. 두문에 대해서도 피제소국이 입증책임을 부담하는 것이

---

98) 오승진, 앞의 논문 (주 96), pp. 76~77 참조.
99) Appellate Body Report, *US-Wool Shirts and Blouses*, p. 16 참조.
100) Appellate Body Report, *US-Gasoline*, pp. 22~23 참조.
101) 오승진, 앞의 논문 (주 96), p. 81 참조.

타당하다.

5. 일반적 예외조항의 적용범위

일반적 예외조항은 이 협정상 어떠한 의무에 대해서도 예외적 규제조치를 허용하는 점에서 일반적인 항변사유로 기능하고 있다. 한편, 일반적 예외조항은 열거하고 있는 사유에 한하여 예외적으로 국가의 규제조치를 허용한다는 점에서 제한적으로 적용된다는 특징이 있다. 따라서 일반적 예외조항의 취지를 국가의 규제권한 행사를 제한된 범위에서 허용하는 것으로 볼 것인지, 아니면 국가의 포괄적인 재량권 행사를 허용하는 것으로 볼 것인지에 대한 입장차가 존재한다.[102] 일반적 예외조항은 제한된 범위에서 규제권한을 인정하는 측면과 일반적인 항변으로서의 특징을 모두 갖는 조항이다.

우선, 일반적 예외조항은 정당한 정책목표를 구체적으로 명시하고 있으며, 명시된 정책목표에 한해서만 예외적으로 규제조치를 허용한다.[103] 동 조항에서 규정한 정책목표에만 적용된다는 의미에서 규제권한의 허용범위가 한정적이다.[104]

둘째, 일반적 예외조항은 회원국이 이 조항에 따른 권리를 행사한 경우에 작동한다는 점에서 제한적 성격을 갖는다. 예를 들어, GATT 제20조 (b)호의 경우 특정한 조치가 인간이나 동식물의 건강이나 환경을 보호하기 위하여 필요한 조치일 경우에 적용된다. WTO 회원국이 건강보

---

102) Davey, *supra* note 47, p. 364 참조.
103) GATT 제20조와 GATS 제14조에 대해, 이 조항들이 무역 이외의 사회적 관심사항과 관련하여 국가의 규제적 자율성의 한계를 규정하는 비배제조치로서 기능한다는 점에서 일반적 예외조항이라는 명칭과 달리 제한된 예외로서 작동한다고 보는 견해가 있다. Gourgourinis, *supra* note 93, p. 317 참조.
104) Van den Bossche & Zdouc, *supra* note 43, p. 546 참조.

호 목적으로 특정한 무역제한을 부과하기로 결정하였을 경우에 국가의
규제권한이 발생한다는 점에서 조건적 성격을 갖고 있다.[105]

셋째, 일반적 예외조항은 다양한 정책목표와 관련하여 특정한 규제조
치가 협정에 합치된다고 주장하는 항변이다. 일반적 예외조항은 GATT
와 GATS의 어떠한 의무에 대해서도 예외로서 작용하며, GATT와 WTO
의 많은 분쟁사례에서 피제소국이 빈번히 제기하는 항변의 역할을 하고
있다.[106] 일반적 예외조항에 근거하여 회원국 정부가 정책목표를 달성
하기 위하여 고안한 합리적인 조치가 협정체제 내에서 허용될 수 있는
지 적극적으로 고려된다는 의의가 있다.[107]

마지막으로, GATT와 GATS의 일반적 예외조항이 WTO 부속협정 전
체에 적용되는지는 추가적인 검토가 필요하다. 대표적으로 WTO 보조금
및 상계조치에 관한 협정("보조금 협정")에는 일반적 예외조항이나 안보
상 예외조항이 적용되지 않으며 해당 협정에 이에 상응하는 예외조항도
없다. 이와 관련하여 경제위기 시 국가가 입안하는 일련의 조치의 적법
성이 인정되려면 보조금 협정에도 GATT나 GATS와 마찬가지로 유사한
예외조항을 도입해야 한다는 논의가 있다.[108] 이는 환경보호나 기후변
화에 대응하기 위한 조치와 같이 정당한 정책목표를 위한 조치라도 보
조금 지급을 수단으로 한 경우에는 그러한 조치의 정당성을 인정받을
수 없기 때문이다.

일반적 예외조항을 도입하지 않은 WTO 부속협정에 대해서 일반적
예외조항이 적용되는지 여부는 현재 명확하지 않기 때문에 패널과 항소

---

105) Pauwelyn, *supra* note 55, p. 160 참조. 이와 달리 특정한 사실적 여건이 존재하면
자동적으로 발동하는 경우, 그러한 의무의 성격은 "무조건적"(unconditional)이다.

106) Van den Bossche & Zdouc, *supra* note 43, pp. 546 & 548 참조.

107) Davey, *supra* note 47, p. 365 참조.

108) Jaemin Lee, "Beneath the Tip of the Iceberg-Global Financial Crisis, Bank
Bailouts and the SCM Agreement", *Asian Journal of WTO & International
Health Law & Policy,* Vol. 10 (2015), pp. 409~410 참조.

기구가 이를 어떻게 해석해왔는지 살펴볼 필요가 있다. 관련 판정례를 살펴보면, *US-Shrimp (Thailand)* 사건과 *US-Customs Bond Directives* 사건에서 인도는 반덤핑협정 제18조 제1항 위반에 관해서는 GATT 제20조 (d)호를 적용할 수 없다는 주장을 제기하였다.[109] 그러나 이 사건 항소기구는 반덤핑협정 위반 조치에 대해 일반적 예외조항이 이용가능한지를 판단하지 않고 해당 조치가 GATT 제20조 (d)호의 의미상 법규정의 준수를 확보하기 위하여 필요한 조치가 아니라고 판시하였다.[110] *China-Publications and Audiovisual Products* 사건 패널은 GATT 제20조 (a)호가 중국의 WTO 가입의정서에 적용될 수 있다고 가정한 후 제20조에 따른 분석을 하였다.[111] 그러나 이 사건 항소기구는 먼저 GATT 제20조 (a)호가 중국의 가입의정서 조항 위반에 적용될 수 있는지 검토한 후 위 조항에 따른 분석을 해야 한다고 하였다.[112] *US-Poultry* 사건에서는 SPS 협정 제2조와 제5조 위반에 대해서는 GATT 제20조 (b)호가 적용될 수 없다고 보아 제20조에 따른 분석을 하지 않았다.[113] GATT 제20조가 일반적 예외조항을 구체적으로 도입하지 않은 WTO 부속협정에 대해서 적용될 것인지 문제는 대상협정별로 판단하고 있다.

---

109) Appellate Body Report, *United States-Measures Relating to Shrimp from Thailand, United States-Customs Bond Directives for Merchandise Subject to Anti-Dumping/Countervailing Duties*, WT/DS343/AB/R, WT/DS345/AB/R (August 1, 2008)("Appellate Body Report, *US-Shrimp (Thailand), US-Customs Bond Directives*"), paras. 306~308.
110) Appellate Body Report, *US-Shrimp(Thailand), US-Customs Bond Directives*, paras. 310~313.
111) Panel Report, *China-Publications and Audiovisual Products*, para. 7.745 참조.
112) Appellate Body Report, *China-Measures Affecting Trading Rights and Distribution Services for Certain Publications and Audiovisual Entertainment Products*, WT/DS363/AB/R (January 19, 2010), paras. 213~215.
113) Panel Report, *United States-Certain Measures Affecting Imports of Poultry from China*, WT/DS392/R (September 29, 2010), para. 7.481.

6. 검토

국제법에서 예외조항은 국가의 존립(存立)에 중대한 위기가 발생하였을 때 한시적으로 예외조치를 허용하는 조항의 형태로 존재해왔다. 반면, WTO 협정의 일반적 예외조항은 정당한 정책목표를 위한 조치를 협정상 다른 의무와의 관계에서도 허용하기 위한 목적에서 도입되었다. 일반적 예외조항에 해당하면 일응 조약상 의무위반이 인정되더라도 정당한 정책목표를 위한 규제조치가 협정상 의무위반에 해당하지 않는 것으로 간주된다. 일반적 예외조항에 관해서는 ① 공중도덕, 환경보호, 천연자원의 보전 등 여러 공공정책 목표와 관련된 예외사유에 해당하고, ② 그러한 목표를 위해 필요한 조치이거나 관련된 조치이며, ③ 자의적 차별이거나 무역에 대한 위장된 제한이 아닐 것이라는 두문의 요건을 모두 충족시킨 경우에 피제소국의 항변으로 활용되었다.

초기 GATT 패널에서는 일반적 예외조항의 요건을 엄격하고 제한적으로 해석하였다. 그러나 WTO 항소기구는 협정의 대상과 목적을 고려하여 실체적 의무와 예외조항을 통한 규제조치를 균형 있게 해석하여야 한다고 보고 있다. 항소기구는 국제교역 목표와 공공정책 목표 사이에 긴장관계를 고려하면서, 문제된 규제조치 맥락과 조치국의 현실상황에 비추어 필요하고 합리적인 조치인지를 종합적으로 검토하는 방법으로 예외조항을 해석하고 있다.

이러한 일반적 예외조항은 다양한 정책목표와 관련하여 협정상 어떠한 의무에 대해서도 적용되어 왔으며, 협정의 목적과 특정 조치의 목적을 모두 고려하여 양자 간 균형을 확보하는 방향으로 해석되었다. 그러나 지금까지 GATT와 WTO 분쟁사건에서 일반적 예외조항을 성공적으로 원용한 사례가 거의 확인되지 않고 있다.[114) 예외조항을 실제 국가들

---

114) Davey, *supra* note 47, p. 365 참조. 예컨대 GATT 제20조 항변에서 정책목표의 정당성은 대체로 받아들여졌으나 그러한 목적을 위한 구체적 수단은 조정되어야 하

이 성공적으로 원용할 수 없다면 규제권한과의 균형을 고려하는 예외조항의 효용성이 제한될 수밖에 없다. 이런 점에서 이 책에서는 예외조항의 구체적 도입방식에 주목하고자 한다.

는 것으로 여겨졌다. *Ibid.*, p. 426 참조.

제3절 국제투자협정의 예외조항 검토

국제투자협정의 예외조항은 투자협정상 어떠한 의무에 대해서도 적용되는 조항으로 규정되기보다는 주로 일부 투자보호 의무의 적용을 배제하는 형태로 규정되었다. 또한, 국제투자협정별로 예외조항의 내용과 형태가 다르다. 이 절에서는 국제투자협정에서 확인되는 다양한 예외조항의 특징을 살펴본다. 다음으로, 국제투자협정에서 적절한 수준의 규제권한을 확보하기 위한 조항이 대체로 부재한 원인을 검토한다. 마지막으로, 국제투자협정에서 규제권한과 투자보호 의무의 균형을 위해 '일반화'된 예외조항을 도입해야 한다는 점을 살펴본다.

1. 예외조항의 다양성

국제투자협정에서 예외조항은 유보조항, 예외조항, 비배제조치 조항 등 다양한 명칭으로 규정되었다. 구체적인 예외조항이 국제투자협정에서 실질적으로 어떤 기능을 수행하는지가 중요하며 어떤 명칭으로 불리는지가 중요하지는 않다. 국제투자협정에서 규제권한을 확보하기 위한 예외조항에 해당하는 범주를 확정하기 위해 다양한 명칭의 예외조항 각각의 특징과 기능을 살펴보고 이를 일반적 예외조항과 비교하여 검토한다.

(1) 예외조항과 유보조항의 특징

국가들은 국제투자협정 체결 시 특정 분야나 주제를 투자협정상 의무에서 배제하기 위한 취지로 "예외"(exceptions)나 "유보"(reservation)와 같은 명칭의 조항을 활용하고 있다.115) 국제투자협정의 조약실행을 살펴보면, 많은 국가들이 조약 교섭과정에서 어떤 부문을 국제투자협정상 의무의 적용범위에서 제외할 것인지 합의한 후 이러한 합의 내용을 조약 본문이나 부속서 등에 포함시킨다.116)

예외조항과 유보조항은 국제투자협정의 적용범위를 제한하는 점에서는 공통점이 있으며 조약실행에서도 유보조항과 예외조항을 혼용해서 사용하기도 한다. 그러나 예외조항은 원칙적으로 국제투자협정상 어떠한 투자보호의무도 적용되지 않는 주제영역을 규정하며, 일종의 '광범위한' 적용배제(broad carve-outs) 조항을 지칭한다.117) 반면, 유보조항은 특정한 기존 국내법규에 대해 국제투자협정상 일부 의무가 적용되지 않는다는 취지의 '좁은 범위의' 제한조항(narrower limitation)을 지칭한다.118)

한편 국제투자협정에는 비배제조치(Non-Precluded Measures) 조항이라는 예외조항이 있다. 비배제조치 조항은 특정한 공공정책 목표에 따른 조치를 배제하지 않는다는 내용으로 규정하고 있다. 예외조항의 한 유형으로서 특히 예외적인 상황에서 국제투자협정상 투자보호 의무의 적용을 제한하는 조항이다.119) 비배제조치 조항은 특정한 목적의 조치가 협정 전체에 대해서 배제되지 않는다고 규정하기도 하고, 투자협정의 일부

---

115) Andrew Newcombe & Lluís Paradell, *Law and Practice of Investment Treaties: Standards of Treatment* (Wolters Kluwer, 2009), p. 482 참조.

116) *Ibid.* 예컨대, 2012 Canada-China BIT 제8조 예외조항은 최혜국대우(제5조), 내국민대우(제6조), 경영진 및 이사회(제7조) 등의 조항이 적용되지 않는 경우를 규정하고 있다. 이 BIT 제8조의 예외조항은 국제투자협정의 일부 조항에 대해서만 적용되는 점에서 구체적 예외이다.

117) Newcombe & Paradell, *supra* note 115, pp. 482~483 참조.

118) *Ibid.*

119) William Burke-White & Andreas Von Staden, "Investment Protection in Extraordinary Times: The Interpretation and Application of Non-Precluded Measures in Bilateral Treaties", *Virginia Journal of International Law*, Vol. 48, No. 2 (2008), p. 311 참조.

의무-특히 비차별대우 의무-에 한정해서 그러한 조치가 배제되지 않는다고 규정하기도 한다.

(2) 비합치조치 조항의 특징

주로 미국이 체결한 양자 간 투자협정과 일부 자유무역협정의 투자챕터에서는 비합치조치(non-conforming measures)라고 불리는 조치를 조약 본문이나 부속서에서 열거하고 있다.[120] 비합치조치란 체약당사국들이 그 동안 유지해왔거나 향후 채택할 규제조치 중에서 국제투자협정상 의무와 양립하기 어려운 조치들을 별도의 양허표(schedule)에서 열거하고, 이러한 기존의 규제조치에 대해서는 투자협정의 일부 실체적 의무조항이 적용되지 않는다고 규정하는 것이다.[121]

국가들은 조약 본문이나 부속서에 비합치조치를 열거함으로써 국내적으로 중요한 이익과 관련된 조치에 대해 투자협정의 적용을 배제하고자 한다. 통상적으로 체약당사국들은 상호 간에 일부 분야에 대해 적용하지 않을 투자협정상 의무에 관하여 합의한 후, 각 당사자가 별도의 부속서 등에서 구체적으로 이러한 의무가 적용되지 않는 국내법에 근거한 규제조치인 비합치조치를 열거하는 방식(negative approach)으로 규정한다.

예를 들어, 2007년 한국-미국 간 자유무역협정(이하 "한미 FTA") 제11.12조는 체약당사국이 기존에 유지해 온 비합치조치에 대해서는 내국민대우, 최혜국대우, 이행요건, 이사회 관련 조항들이 적용되지 않는다고 규정하고 있다.[122] 한미 FTA 부속서 1과 부속서 2에서 체약당사국이 각각 유지해왔거나 채택할 수 있는 조치로서 위와 같은 투자협정상 의

---

120) Newcombe & Paradell, *supra* note 115, p. 483 참조.
121) *Ibid.*
122) 2007년 대한민국과 미합중국간의 자유무역협정(2007. 6. 30. 서명, 2012. 3.15 발효) 제11.12조, <www.fta.go.kr/us/doc/1/> (2017년 12월 23일 검색) 참조.

무가 적용되지 않는 조치의 목록을 구체적으로 기재하고 있다.

이러한 유보조항, 예외조항, 비합치조치에 관한 부속서는 공통적으로 국가들의 고유한 정책목표에 따른 조치들을 조약상 의무와 조화시키기 위해 도입되며 국제투자협정 체제의 유연성을 확보하는 기능을 한다.[123]

(3) 일반적 예외조항의 특징

예외조항이나 유보조항과는 달리, 일반적 예외조항은 특정 분야나 조치를 국제투자협정의 적용범위에서 배제하는 조항이 아니다. 일반적 예외조항은 투자보호 의무와의 관계에서 허용되는 정책목표를 열거하고, 조치와 목표 간의 관련성이나 필요성을 요건으로 하여 조치의 적용을 허용하는 조항이다. WTO 협정에서 유추할 수 있듯이, 일반적 예외조항은 국가의 중요한 규제권한 행사로서 협정상 의무와의 관계에서 허용될 수 있는 공공목적의 규제조치에 대해 국제투자협정 의무 전반에 걸친 재량권을 인정한다.[124] 이 조항에 근거하여 국가는 일정 범위에서 국제투자협정의 투자보호 의무에 우선하여 규제권한을 행사할 수 있다.

일반적 예외조항은 공공정책 목표를 추구한다는 공익(公益)의 측면이 강조되고 있다. 일반적 예외조항은 "협정상 의무의 적용을 배제하는" 것이 아니라 협정상 의무와 국가의 규제권한 행사를 균형 있게 보장하려는 목적의 조항이다.[125] 따라서 특정 조치가 일반적 예외조항에 해당하

123) UNCTAD, "Preserving Flexibility in IIAs: The Use of Reservations", UNCTAD/ITE/IIT/2005/8, *UNCTAD Series on International Investment Policies for Development* (May 2006), pp. 5~7 참조.

124) *Ibid.*, p. 7.

125) 예컨대, France 2006 Model BIT 제1조 제6항은 당사국들이 문화적, 언어적 다양성을 보존하고 증진하기 위한 조치들의 틀 안에서 구체적 조치를 취하는 것을 방해하는 것으로 간주되어서는 안 된다고 규정하고 있다. 이러한 조항은 문화산업에 참여하는 투자자를 보호하는 동시에 투자유치국의 문화적 다양성에 관한 규제조치를 허용하는 점에서 투자자와 투자유치국 간에 권리의 균형을 고려한 규제권한 조항으로

면 그 범위에서 투자협정상 의무가 제한되는 효과가 있다. 즉, 일반적 예외조항의 요건을 충족하면 투자유치국이 취한 정당한 목적의 규제조 치는 투자협정상 의무위반에 해당하지 않는다.

기존 국제투자협정에서는 정당한 공공정책 목표를 위한 국가의 조치 를 보장하는 취지의 일반적 예외조항이 도입된 경우는 많지 않았다. 그 대신에 협정 전체에 적용되는 국가안보에 관한 예외조항 혹은 일부 의 무에 대한 비배제조치 조항이 일반적 예외조항과 유사한 방식으로 국가 의 규제조치를 허용하였다. 예를 들어, 1991년 US-Argentina BIT 제11조 와 2005년 US-Uruguay BIT 제18조 제2항에는 "이 협정의 어떠한 조항도 국제평화나 안전의 유지 혹은 회복, 그 자신의 본질적 안보이익의 보호 와 관련된 의무의 달성을 위해 필요하다고 간주하는 조치를 취하는 것 을 배제하는 것으로 이해되어서는 안 된다"라는 국가안보 예외조항이 있다.126) 국가안보 예외조항은 허용되는 정책목표를 본질적 안보의 보 호 등으로 한정(限定)하지만, 이러한 목적의 조치를 배제하는 것으로 이 해되어서는 안 된다고 규정한 점에서 일반적 예외조항과 유사한 방식으 로 작동한다.

국제투자협정의 조약실행에서 유보조항, 구체적 예외조항, 일반적 예 외조항은 서로 다른 취지와 내용으로 규정되는 별개의 조항이다. 이는 국제투자협정의 실행에서 각각의 조항을 병행하여 도입하기도 한다는 점에서 확인된다. 예를 들어, 2013년 Canada-Benin BIT에는 서로 다른 예

볼 수 있다. Aikaterini Titi, *The Right to Regulate in International Investment Law* (Nomos, 2014), pp. 37 & 227 참조. 이러한 예외조항은 2004년 캐나다 모델투자협 정 제10조 제6항에서 보듯이 문화산업 투자에는 투자협정이 적용되지 않는다는 적 용배제 조항과는 작동방식에서 차이가 있다. *Ibid.*, p. 37 참조.

126) 국제투자협정에서 국가안보 예외는 다양한 명칭으로 불리고 있다. 본질적 안보예외 혹은 안보예외라고 불리기도 하고, 일부 연구에서는 비배제조치 조항이라 부른다. Newcombe & Paradell, *supra* note 115, pp. 483~484 & 489; Burke-White & Von Staden, *supra* note 119 각각 참조.

외조항과 유보조항이 제18조 내지 제20조에 규정되어있다.[127)

2. 예외조항의 기능

통상적으로 조약의 유효한 해석방법에서는 조약을 구성하는 각 조항을 조화롭게 해석하여 각 조항에 효과를 부여할 것을 요구한다.[128) 국제투자협정의 예외조항은 독자적으로 존재하는 조항이 아니라 투자보호에 관한 다른 실체적 의무조항과의 관계를 고려하여 해석된다. 따라서 예외조항에 해당하면 실체적 의무조항은 예외조항 범위에서 아무런 효과가 없게 된다.[129) Jeswald Salacuse에 의하면, 국가들은 중요한 이익을 조약의 적용범위로부터 보호하고, 해당 분야에서 국가가 입법상 권한이나 규제상 권한을 행사할 권능을 유지할 목적으로 예외조항을 도입한다.[130)

이런 취지를 고려할 때 예외조항은 다음과 같은 기능을 한다. 첫째, 예외조항이 있는 경우, 조약상 의무에 일응 위반하는 조치를 취한 국가는 예외조항을 원용하여 조약상 의무위반에 따른 책임에서 벗어날 수 있다. 즉, 조약상 예외조항에 해당하면 조약상 의무위반에 해당하지 않는 것으로 간주되고, 예외조항이 없었다면 부담하였을 의무위반에 따른

127) 2013년 Canada-Benin BIT 제18조는 유보, 제19조는 구체적 예외, 제20조는 일반적 예외라는 표제의 조항이다. 유보조항은 투자협정상 일부 조항이 적용되지 않는 투자유치국의 조치를 명시하며, 구체적 예외는 국제투자협정의 일부 실체적 의무가 적용되지 않는 구체적 주제영역-예컨대 지적재산권, 정부조달, 보조금 등-을 규정하고 있다. 일반적 예외조항에서는 투자협정 전체 맥락에서 투자유치국에게 허용된 조치, 이 협정상 의무가 적용되지 않는 공공목적의 규제조치에 대해 규정하고 있다.
128) Richard Gardiner, *Treaty Interpretation*, 2nd edition (Oxford University Press, 2015), p. 66 참조.
129) Kenneth J. Vandevelde, *Bilateral Investment Treaties: History, Policy and Interpretation* (Oxford University Press, 2009), p. 178 참조.
130) Jeswald Salacuse, *The Law of Investment Treaties*, 2nd edition (Oxford University Press, 2015), p. 377 참조.

책임도 부담하지 않는다. 국가들은 조약을 체결하여 조약상 의무를 부담하게 되므로 예외조항은 이와 반대로 조약 체결로 인해 제한되는 투자유치국의 주권적 권한을 일정 부분 보상해주는(compensate) 기능을 한다.

둘째, 예외조항은 일부 조약상 의무의 적용을 배제하는 효과를 갖는다. 이런 점에서 예외조항을 조약법상 유보와 유사한 기능을 하는 것으로 간주하기도 한다. 그러나 조약법상 유보란, 비엔나 조약법 협약 제2조 제1항에 규정되었듯이 국가가 조약에 기속적 동의를 표시할 당시에 그 조약의 일부 조항을 자국에 적용함에 있어서 그 일부 조항의 법적 효과를 배제하거나 변경하고자 의도하는 때에 행하는 "일방적 선언"이다.131) 조약법상 유보는 조약의 일부 조항에 대해 일방 당사국이 행하는 단독행위이므로 조약문의 실질적 일부를 구성하는 조항으로서 체약당사국들의 사전합의를 통해 조약에 포함되어 당사국들에게 공통되게 적용되는 예외조항과는 구별하는 것이 타당하다.132) 조약법상 유보는 통상 다자조약의 일부 당사자가 행하는 선언인 반면, 예외조항은 양자조약의 경우에도 당사국 간 합의에 기초하여 도입된다는 점에서도 근본적인 차이가 있다.133)

셋째, 예외조항은 적용배제(carve-outs) 조항과 유사한 기능을 하는 것으로 여겨진다. 적용배제 조항은 체약당사국이 특정 분야나 주제를 조약의 적용범위에서 제외하는 취지의 조항이다. 예컨대, GATS의 항공운송서비스에 관한 부속서 제2조는 대표적인 적용배제의 사례다.134) GATS

131) 1969년 조약법에 관한 비엔나 협약 제2조 제1항(d) 참조.
132) 한편, NAFTA 제1108조는 특정 부문이나 주제 영역을 국제투자협정상 의무로부터 배제하는 조항을 "유보와 예외"(reservations and exceptions)라는 표제 하에 규정하였다. 일부 부문이나 영역에 대해 협정상 의무를 배제하는 조항은 주로 구체적 예외조항(specific exceptions)을 의미한다. Newcombe & Paradell, *supra* note 115, pp. 482~483 참조.
133) 정인섭, 신국제법강의: 이론과 사례 제7판 (박영사, 2017), p. 302 참조.
134) UNCTAD, *supra* note 123, "Preserving Flexibility in IIAs", pp. 21~22.

항공운송서비스 부속서 제2조는 "(…)이 협정은 교통권이나 교통권의 행사와 직접 관련된 서비스에 영향을 미치는 조치에 대해서는 적용되지 않는다"라고 규정하여 협정의 적용이 배제되는 조치를 명시하였다.[135] 즉, 적용배제 조항은 국내적으로 중요한 의미를 갖는 분야에 대해 조약의 적용을 배제함으로써 국가의 주권적 권한을 보장한다. 이와 마찬가지로 예외조항도 구체적인 주제나 분야에 대해 조약상 의무가 적용되지 않는다.

넷째, 예외조항은 정당한 국내정책 목표를 국제적 수준에서 정당화하는 유효한 항변수단으로 기능한다. 정당한 국내정책 목표에는 국가의 고유한 정책적 고려뿐 아니라 국제적 관심사도 포함된다. Andreas Kulick에 의하면, 국가들은 인권보호, 부패방지, 환경보호와 같이 범세계적 공공이익(global public interest)을 추구하기 때문에 국제적 차원에서 적법한 항변이 보장될 필요가 있다.[136] 공공이익 목표는 통상 회원국의 국내법 규정으로 보장되지만 이러한 목표를 반영한 국내법 규정이 조약상 의무와 배치될 경우에는 별도의 예외조항이 없다면 협정상 의무위반에 해당하여 공공이익 목표를 추구하는 것이 어려울 수 있다.[137] 따라서 정당한 국내정책 목표를 명시한 예외조항에서 국제협정상 의무에도 불구하고 그러한 정책목표를 위한 조치가 허용된다고 규정하면 예외조항을 협정상 의무위반 주장에 대한 항변으로 활용할 수 있다.

---

135) General Agreement on Trade in Services, Annex on Air Transport Services, Article 2 참조.

136) Andreas Kulick, *Global Public Interest in International Investment Law* (Cambridge University Press, 2012), p. 4 참조.

137) *Ibid.* 확립된 국제법의 원칙에 의하면 국내법을 이유로 국제법 위반을 정당화할 수 없다. 비엔나 조약법 협약 제27조 참조. 마찬가지로 2001년 ILC 국가책임협약 초안 제32조에 의하면, 국내법을 이유로 의무이행의 중지나 배상의무의 불이행을 주장할 수 없다.

3. 일반적 예외조항의 기능

국제투자협정의 예외조항은 환경, 보건, 국가안보 등 주권적 권한행사와 관련된 분야에서 취해진 국내조치에 대해 투자협정의 적용을 배제함으로써 이러한 조치를 예외적으로 허용하려는 목적에서 도입된다. 일반적 예외조항은 예외조항의 유형이지만, 구체적 적용 방식에서는 차이가 있다. 즉, 일반적 예외조항은 일부 규제조치에 대해서 투자협정의 적용을 배제하는 것이 아니라 협정상 의무는 원칙적으로 계속 적용된다. 일반적 예외조항은 조약상 의무위반이 일응 인정되었을 때 적용된다는 점에서 조약 전체에서 기대되는 이익의 범위 내에서(within the set of expected benefits of the agreement as a whole) 작동한다.138) 반면 대부분의 예외조항, 그 중에서도 적용배제 조항은 체약당사국이 명시한 부분에 한정해서 조약의 적용범위를 제한하며 해당 조약이 어떠한 보호목적을 갖는지는 부차적인 쟁점이다.

대표적으로 WTO 협정에서는 일반적 예외조항이 다음과 같은 네 가지 기능을 하고 있다. 첫째, 국가의 정당한 목적의 규제권한 행사를 협정 체제 내에서 허용한다. 구체적으로 일반적 예외조항은 무역 이외의 공공정책 목표에 대한 고려를 협정의 해석과 적용에 반영하는 기능을 해왔다.139) 회원국은 일반적 예외조항에 근거하여 자신이 취한 특정 규제조치의 정당성을 주장하거나 더 나아가 관련된 국내입법의 적용을 정당화하는 항변을 제기할 수 있다. WTO 분쟁해결절차에서 일반적 예외조항에 근거한 항변이 이루어지면, 패널과 항소기구는 실체적 의무에 일

---

138) Robert Stumberg, "Sovereignty by Subtraction: the Multilateral Agreement on Investment", *Cornell International Law Journal* (Summer 1998), Vol. 31, No. 3, p. 594 참조.

139) 나이키 쿄코, "WTO법과 회원국의 비경제규제주권: GATT, SPS협정, TBT협정에 의한 새로운 질서", 일본국제경제법학회 (편), 『국제경제법의 쟁점』, p. 60 참조.

응 위반되는 회원국의 조치가 이 조항에 규정된 공공정책 목표를 위한
조치로서 정당화될 수 있는지를 검토한다.

둘째, 일반적 예외조항은 WTO 분쟁해결절차에서 일종의 헌법적 기능
을 수행한다. GATT 제20조와 GATS 제14조에서 정당한 정책목표, 조치
의 필요성 혹은 관련성 요건, 두문의 요건을 규정하며, 이에 따라 예외
조항을 원용하는 회원국은 조치의 정당성과 필요성, 방법의 적절성 등을
고려하여 관련 국내입법이나 조치가 정당화된다는 점을 주장한다. WTO
패널과 항소기구는 이러한 요건을 고려하여 협정에 합치하는 조치인지
에 대해 판단하므로 헌법과 유사한 검토가 이루어진다.

셋째, 일반적 예외조항이 없었다면 국가들이 국제통상협정에 따른 의
무에 구속받기로 동의하지 않았을 것이라는 점에서 이 조항은 조약에
대한 기속적 동의를 확보하는 안전장치로 기능한다. 다시 말해 일반적
예외조항을 통해 일부 국내정책 영역이 조약상 의무의 영향을 받지 않
기 때문에 국가들이 조약 체제에 참여하게 한다.[140]

넷째, 일반적 예외조항은 WTO 협정의 궁극적 목적을 구현하는 기능
을 한다. WTO 설립협정 전문에서 보듯이 WTO 협정의 궁극적 목적은
무역자유화와 시장접근의 확대, 그리고 지속가능한 발전을 고려하여 통
합된 다자간 무역체제를 발전시키는 것이다.[141] 일반적 예외조항은 자유
무역에 관한 목표 이외에 회원국이 고려하는 기타 정당한 정책목표를 반
영한 조항이므로 WTO 협정의 궁극적인 취지를 구현하는 기능을 한다.

WTO 협정과 달리, 국제투자협정에는 다양한 명칭과 형태의 예외조항
이 있다. 특히 규제권한 확보에 관해서는 일부 양자 간 투자협정에서는
환경조치 혹은 금융건전성 조치와 관련하여 구체적 예외조항을 포함시
키기도 하였다.[142] 예컨대 2007 Japan-Cambodia BIT 제20조에서는 "이

---

140) Zleptnig, *supra* note 29, pp. 88~89 참조.
141) 1994년 WTO 설립협정(Marrakesh Agreement Establishing the World Trade
　　 Organization) 전문; Zleptnig, *supra* note 29, pp. 86~88 참조.

협정의 다른 규정에도 불구하고 금융건전성을 위한 금융서비스에 관한 조치를 취하는 것을 방해해서는 안 된다."라고 규정하여 금융건전성에 관한 예외를 제시하고 있다. Japan-Cambodia BIT 제24조는 "환경조치를 완화시킴으로써(by relaxing environmental measures) 다른 체약당사국 투자자의 투자를 촉진시키는 것을 자제하여야 한다."라고 하여 환경과 투자의 관계를 규정하고 있다.

환경조치나 금융건전성 조치에 관한 구체적 예외조항과 달리, 일반적 예외조항은 국제투자협정의 어떠한 의무위반에 대해서도 투자유치국의 정당한 목적의 규제조치를 허용하는 취지의 조항이다. 즉, 일반적 예외조항은 투자유치국이 고려하는 여러 공공정책 목표를 달성하기 위하여 필요한 조치에 대해 투자협정상 의무 전반에 대하여 적용되며, 최근 일부 국제투자협정에서만 확인되고 있다.[143)

그러나 국제투자협정의 일반적 예외조항이 GATT 제20조나 GATS 제14조의 일반적 예외조항과 유사한 형태를 취하더라도 그 기능은 차이가 있을 것으로 생각된다. 국제투자협정의 예외조항은 투자보호 목적을 고려하여, 다양한 규제조치 중에서도 투자보호의무 위반에 해당하는 조치와 공공정책 목표를 위해 신의칙에 따라 이루어진 규제조치를 구분하는 방식으로 규정되고 있기 때문이다.[144) 그러므로 국제투자협정상 일반적 예외조항은 공공정책 목표를 고려하여 신의칙에 따라 취해진 규제조치를 보호하는 조항으로 규정될 것이다. 다시 말해, 투자보호 의무를 보호

---

142) Catherine H. Gibson, "Beyond Self-Judgment: Exceptions Clauses in US BITs", *Fordham International Law Journal*, Vol. 38 (2015), pp. 17~32; Zleptnig, *supra* note 29, p. 88 각각 참조.

143) Newcombe & Paradell, *supra* note 115, p. 484 참조. 일반적 예외조항에 관한 주요 국가들의 실행과 관련 조문은 이 책 제5장 제2절과 부록 참조.

144) Elizabeth Boomer, "Rethinking Rights and Responsibilities in Investor-State Dispute Settlement: Some Model International Investment Agreement Provisions", Jean E. Kalicki (ed.), *Reshaping the Investor-State Dispute Settlement System* (Brill, 2014), p. 192 참조.

하면서도 국가의 중요한 규제권한 행사가 협정상 의무와의 관계에서 허용되는 법적 근거를 제시해준다.

4. 국제투자협정상 일반적 예외조항의 규율방식

앞의 제2장에서 살펴보았듯이 국제투자협정에서는 투자유치국의 정책 재량(policy discretion)을 반영하지 않았기 때문에 투자자 이익과 투자유치국 규제권한이 균형 있게 고려되지 못하였다.[145] 이러한 불균형은 오늘날 국제투자협정이 비판받는 주된 이유 중 하나이기도 하다. 국가들이 허용되는 규제권한의 범위를 어떻게 합의하여 어떠한 형태로 국제투자협정에 포함시킬 것인지는 향후 협정 개정 및 신규 체결 과정에서 검토해야 할 중요한 쟁점이다.[146]

만약 일반적 예외조항의 형태를 취한다면 허용되는 규제권한의 범위를 구체적으로 제시할 것이다. 투자유치국의 일반적 규제권한(general regulatory powers) 행사는 제한될 수밖에 없으나, 규제권한 행사의 본질적 부분은 보호되어야 한다는 점을 반영하게 될 것이다. 구체적으로 일반적 예외조항은 다음과 같이 투자자의 이익과 투자유치국의 규제권한의 관계를 규율하게 된다. 첫째, 예외적으로 허용되는 규제목적을 구체적으로 명시한다. 둘째, 이 협정의 어떠한 조항도 일반적 예외조항에 명시된 규제목적을 추구하기 위하여 투자유치국이 취하는 조치를 방해하

---

145) Gus Van Harten, *Investment Treaty Arbitration and Public Law* (Oxford University Press, 2007), p. vii 참조.

146) UNCTAD는 국제투자협정의 과제로서 체계적 일관성 향상, 책임 있는 투자, 분쟁해결절차 개선, 투자증진, 규제권한 보장의 다섯 가지 영역을 제시하였다. UNCTAD, *World Investment Report 2016*, p. 109, Figure Ⅲ.9. 참조.

는 것으로 간주되지 않는다고 규정한다. 셋째, 그러한 규제조치의 적용
이 투자 간 혹은 투자자 간에 자의적이거나 부당한 차별, 혹은 국제무역
이나 투자에 대한 위장된 제한에 해당하는 방법으로 적용되지 않는다는
요건을 넣기도 한다. 일반적 예외조항에 해당하면 투자유치국은 어떠한
투자보호 의무에 관해서도 명시된 규제목표를 위한 구체적인 조치를 외
국인 투자자에 대해 취할 수 있다.[147]

일반적 예외조항은 국가의 규제권한을 전면적으로 허용하는 조항은
아니다. 투자유치국의 규제권한의 범위가 넓어지면 투자자의 이익이 제
한되며, 투자유치국 규제권한의 전면적 허용은 국제투자협정의 기본 목
적인 투자보호를 사실상 형해화(形骸化)할 수 있기 때문이다.[148] 일반적
예외조항은 투자보호 목적과 규제권한을 균형 있게 확보하기 위한 실효
성 있는 방안의 하나로서 의미가 있다.

5. 일반적 예외조항의 전반적 부재

투자자 이익과 투자유치국의 규제권한 사이의 균형 확보를 위한 방안
으로서 일반적 예외조항이 갖는 위와 같은 효용은 인정되지만, 그 동안
국제투자협정에서 일반적 예외조항은 전반적으로 부재해왔다. 그 원인
은 무엇이며, 현 시점에서 '일반화된 예외조항'의 도입을 검토하여야 하
는 이유를 살펴보고자 한다.

---

147) Titi, *supra* note 125, pp. 35~37 참조.
148) 국제투자협정의 기본 목적은 투자유치국의 주권 행사로부터 투자자의 이익을 보호
     하는 것이기 때문이다. 이에 관해서는 Jeswald W. Salacuse & Nicholas P.
     Sullivan, "Do BITs Really Work?: An Evaluation of Bilateral Investment Treaties
     and Their Grand Bargain", *Harvard International Law Journal,* Vol. 46 (2005),
     p. 75 참조.

(1) 원인

국제투자협정에서 일반적 예외조항이 부재한 이유는 대체로 다음의
세 가지로 정리할 수 있다. 첫째, 초기 국제투자협정의 체약당사국 간의
근본적 입장차, 두 번째는 다른 형태의 예외조항 특히 국가안보 예외조
항이 주로 확인되는 점, 세 번째는 실체적 의무의 성격에 따라 예외조항
의 적용 여부가 상이했다는 점이다. 각각에 대해 살펴보기로 한다.

초기 국제투자협정은 주로 자본수출국과 자본수입국간에 체결되었다.
자본수출국과 자본수입국은 국제투자협정에서의 투자보호 의무 수준을
어떻게 규정할 것인지, 투자보호 의무에 대해 어떠한 형태의 예외조항을
둘 것인지에 관해 서로 다른 입장을 갖고 있었다. 즉, 자본수출국들은
투자보호 의무를 보다 정확하고 포괄적인(all-encompassing) 내용으로 규
정하고자 하였지만, 자본수입국들은 투자보호 의무를 일반적이고 모호
한 내용으로 규정하고 예외조항을 두고자 하였다.149) 초기 국제투자협
정은 대체로 자본수출국인 선진국의 투자협정 모델을 기초로 체결되었
다.150) 이에 따라 예외조항이나 일반적 예외조항을 두기보다는 투자보
호 의무에 초점을 맞추어 국제투자협정이 체결되었다.

둘째, 국제투자협정에서는 국가안보 예외조항과 비차별대우에 한정된
공공정책 예외조항을 주로 도입하였기 때문이다. 많은 국제투자협정에
서 국가안보 예외조항이 확인되고 있다.151) 국가안보 예외조항은 예외
적인 상황에서 국가안보를 위한 조치에 관하여 국제투자협정상 실체적
조항의 적용을 일시적으로 제한함으로써 투자유치국에 대한 투자자의
일부 권리를 제한하는 역할을 한다.152) 또한, 일부 국제투자협정에서는

---

149) Salacuse, *supra* note 130, p. 132 참조.
150) *Ibid.*
151) Burke-White & Von Staden, *supra* note 119, pp. 312~313 & 318 참조.
152) *Ibid.*, p. 311; William J. Moon, "Essential Security Interests in International
    Investment Agreements", *Journal of International Economic Law*, Vol. 15, No.

주로 비차별대우 의무에 한정하여 공공안전, 공공질서, 공중보건, 도덕에 관한 구체적 예외조항을 두고 있기도 하다.[153]

셋째, 국제투자협정은 실체적 의무에 따라 예외조항의 적용 여부에 대해 서로 다른 접근방식을 채택하였기 때문이다. 예컨대, 공정하고 공평한 대우(fair and equitable treatment: FET) 의무에 대해서는 구체적 예외가 적용된 사례가 거의 없다.[154] 상대적 기준(contingent standard)에 해당하는 비차별대우 의무와는 달리, FET 의무는 관습국제법상 외국인 대우의 최저기준의 핵심을 반영하는 절대적 기준(non-contingent treatment)이다.[155] 국제투자협정에서는 절대적 기준인 FET 의무로부터의 어떠한 이탈도 허용하지 않는다는 취지에서 이에 관한 예외조항을 규정하지 않았다.[156] FET 의무의 구체적 내용이 사안별로 중재판정부의 해석을 거쳐 형성되어왔다는 부분도 이에 대한 예외조항 적용을 어렵게 하였다.[157] 한편, 수용 조항은 다른 투자보호 의무와는 달리 수용이 적법하게 행해지기 위한 요건을 규정하며, 수용 조항으로부터의 이탈이 허용되지 않는다는 것이 일반적인 입장이었다.[158] 그러나 최근 일부 국제투자

2 (2012), pp. 481~482 각각 참조.

153) Titi, *supra* note 125, pp. 126~127 참조.

154) *Ibid.*, pp. 143~144 참조.

155) 국제투자협정상 일반적인 대우는 (a) 다른 투자자나 개인에 대한 구체적인 요소, 사건, 정부 활동과 무관한 절대적인 기준, (b) 다른 투자나 투자자에 대한 투자유치국의 대우를 조건으로 한 상대적 기준으로 구분된다. 절대적 기준의 대표적 예는 FET 의무이고, 상대적 기준의 사례는 비차별 의무이다. Salacuse, *supra* note 130, p. 229 참조.

156) Titi, *supra* note 125, p. 144 참조.

157) *Mondev International Ltd. v. the United States of America,* ICSID Case No. ARB(AF)/99/2, Award (October 11, 2002), para. 118에서는 공정하고 공평한 대우에 해당하는지 여부의 판정은 추상적으로 이루어질 수 없고, 특정 사안의 사실관계에 근거하여야 한다고 하였다. 같은 취지로 *Waste Management, Inc. v. United Mexican States* ("Number 2"), ICSID Case No. ARB(AF)/00/3, Award (April 30, 2004), para. 99 참조.

158) Titi, *supra* note 125, pp. 149~150 참조.

협정에서는 공중보건, 안전, 환경 같은 정당한 공공복지 목표를 보호하기 위한 비차별적인 규제조치는 간접수용에 해당하지 않는다는 내용의 구체적인 조항을 규정하고 있다.[159]

이처럼 국제투자협정에서는 국가안보 예외조항, 비차별대우 의무에 한정된 예외조항, 간접수용에 관한 예외가 일부 협정에서 확인되었다. 반면, 정당한 규제목적의 국내조치에 대해 어떠한 협정상 의무도 배제된다는 취지의 일반적 예외조항은 전반적으로 부재하였다.

(2) 왜 '일반화'된 예외조항이 중요한가?

2006년 *ADC v. Hungary* 사건 중재판정부는 투자자에 대한 어떠한 조치라도 국제법 하에서 국내경제와 법 문제를 규율할 고유한 권리(inherent right)의 행사라는 이유만으로 인정될 수는 없다고 하였다.[160] 국제법상 국내문제를 규율할 국가의 권리에 아무런 제한이 없는 것은 아니며, 예컨대 양자 간 투자협정 체결로 조약상 의무를 부담하게 되면 국가의 권리가 제한되기 때문이다.[161]

위와 같은 중재판정부의 설시에서 미루어볼 때, 국제투자협정 체결 이후 투자유치국의 규제권한 범위는 다음과 같은 방법으로 정해진다. 첫째, 실체적 의무 해석을 통해 국가의 규제권한이 어느 정도 제한되는지

---

159) *Ibid.*, pp. 150~151 참조. 예컨대, 2009년 ASEAN Common Investment Agreement 제14조 및 이에 대한 부속서 2; 2011년 Colombia Model BIT 제6조 제2항(c); 2012년 US Model BIT Annex B 제4항 등 참조.

160) *ADC Affiliate Limited and ADC & ADMC Management Limited v Republic of Hungary*, ICSID Case No ARB/03/16, Award (October 2, 2006) ("*ADC v. Hungary*, Award"), para. 423 참조.

161) *ADC v. Hungary*, Award, para. 423 ("Therefore, when a State enters into a bilateral investment treaty like the one in this case, it becomes bound by it and the investment-protection obligations it undertook therein must be honored rather than ignored by a later argument of the State's right to regulate.") 참조.

알 수 있어야 한다. 둘째, 실체적 의무의 존재로 인해 국가의 규제권한
이 제한되더라도 구체적인 규제권한 조항을 통해 규제권한이 허용될 수
있는지를 검토하여야 한다. 그러나 기존 국제투자협정에는 실체적 의무
조항이 모호하게 규정되었고 '일반화'된 예외조항이 부재하였다. 투자유
치국의 규제권한이 어디까지 허용되는지의 기준이 제시되지 못하였다.

첫째, 국제투자협정상 실체적 의무조항의 모호성은 규제권한 허용범
위의 불명확성으로 이어졌다. 국제투자협정은 다른 국제조약과 비교하
더라도 실체적 의무의 내용이 추상적이고 간결한 표현으로 규정되어있
다.162) 예를 들어, 1959년 서독과 파키스탄의 BIT는 단 9페이지에 불과
하였으며, 이처럼 간략하게 핵심적 의무만을 담은 BIT가 1990년대까지
의 표준적인 모습이었다. 반면, 규제권한에 대한 고려는 실체적 의무조
항에 규정되지 않았기 때문에 실체적 의무조항의 해석을 통해 규제권한
이 어느 정도로 허용될 것인지 예측하기 어려웠다. 그러므로 중재판정부
에서 규제목적을 적극적으로 고려한 해석을 하지 않는다면 투자유치국
의 규제권한 행사 범위가 위축될 수 있었다.163)

둘째, 국제투자협정상 예외조항의 다양성으로 인해 규제권한의 허용
범위에 대한 불확실성이 발생하기도 한다. 국제투자협정의 예외조항에
서는 대체로 특정 분야나 구체적 조치에 대하여 협정상 의무의 적용이

---

162) 예컨대, 공정하고 공평한 대우 의무는 국제투자협정에서 가장 빈번하게 주장되는
실체적 의무조항의 하나이지만, 이 의무의 규범적 내용에 대해서는 국가 간, 중재인
들 간에 합의된 견해가 확인되지 않는다. Caroline Henckels, *Proportionality and
Deference in Investor-State Arbitration: Balancing Investment Protection and
Regulatory Autonomy* (Cambridge University Press, 2015), p. 70; Stephan W.
Schill, "Fair and Equitable Treatment, The Rule of Law, and Comparative Public
Law", Schill (ed.), *International Investment Law and Comparative Public Law*,
pp. 151~159 각각 참조.

163) Stephan W. Schill, "International Investment Law and Comparative Public Law",
Stephan W. Schill (ed.), *International Investment Law and Comparative Public
Law* (Oxford University Press, 2010), p. 7 참조.

배제된다고 규정하고 있다. 그러나 국제투자협정별로 어떠한 규제조치가 허용되는지가 상이할 뿐 아니라, 하나의 협정에서도 실체적 의무에 따라 예외조항의 적용 여부가 상이하였다. 이러한 예외조항의 다양성은 규제권한의 허용범위에 관한 해석상 불확실성을 심화시켰다.

이처럼 국제투자협정 체제에서는 각 국제투자협정별로, 그리고 개별 국제투자협정 내에서도 실체적 의무조항과 예외조항을 어떻게 해석하는지에 따라 규제권한의 허용범위가 각기 상이하였다. 국제투자협정의 체결로 투자자에게 우호적인 투자환경이 조성되었지만, 국제투자협정은 체약당사국들의 규제권한 행사범위를 위축시키게 된다.[164] 이에 따라, 투자유치국의 규제권한 행사가 어떤 경우에 허용되는지를 명확하고 예측가능하게 제시하기 위하여 일반화된 형태의 예외조항을 규정하는 것이 중요해졌다.

6. 예외조항에 관한 국가실행 변화

최근 국제투자협정에서 다양한 규제권한 고려방법이 확인되고 있다. UNCTAD에 의하면, 대표적으로 조약 전문에 건강이나 환경에 대한 고려를 포함시키는 방법, 투자협정의 적용범위를 제한하는 방법, 공정하고 공평한 대우 조항이나 간접수용 조항의 범위를 명확히 하는 방법 등이 있다.[165] 첫 번째는 조약 전문에 반영된 정당한 정책목표를 실체적 의무조항 해석에서 고려하는 방법이며, 두 번째와 세 번째는 투자협정의 적용범위를 제한하거나 투자보호 의무를 구체화하여 정당한 목적의 규제조치가 투자보호 의무에 위반되는 경우를 제한하는 방법이다. 적용범위

---

164) UNCTAD, *World Investment Report 2015*, p. 128 참조.
165) UNCTAD, *World Investment Report 2016*, pp. 113~114 참조. 국제투자협정상 규제권한의 다양한 고려방법에 관해서는 이 책 제5장 제1절 참조.

를 제한하거나 투자보호 의무를 구체화하는 방식은 간접적으로 규제권
한을 보장한다.

WTO 협정과 같이 일반적 예외조항을 도입하는 경우도 최근 국제투
자협정에서 증가하는 경향을 보여주고 있다. 아래 [표 3-1]에서 보듯이
UNCTAD에 의하면, 1962년~2011년의 국제투자협정에서는 조사된 협정
중 12%에 해당하는 164개의 협정에서 일반적 예외조항을 도입하였으나
2012년~2014년의 최근 투자협정에서는 조사된 협정 중 58%, 즉 23개의
협정에서 일반적 예외조항을 도입하였다.

[표 3-1] 일반적 예외조항 도입 현황 비교

1962~2011년 체결된 국제투자협정 (조사된 1372개 협정 기준)	2012~2014년 체결된 국제투자협정 (조사된 40개 협정 기준)
164 (12%)	23 (58%)

* UNCTAD, *World Investment Report 2016*, p. 114의 Table Ⅲ. 7 참조.

(1) 초기 국제투자협정의 경우

초기 국제투자협정은 자본수출국과 자본수입국 간에 투자보호에 초점
을 맞춘 조약으로 체결되었다.[166] 예외조항에 관한 실행은 일반화되지
않았다. 우선, 1990년대까지 국제투자협정 체결을 주도하였던 선진국들
이 투자보호에 이해관계가 있었기 때문이다. 선진국들은 자국 국적 투자
자인 기업의 이익을 대표하였다.[167] 둘째, 예외조항을 도입하여 규제권

---

166) Margie-Lys Jaime, "Relying Upon Parties' Interpretation in Treaty-Based Investor-
State Dispute Settlement: Filling the Gaps in International Investment Agree-
ments", *Georgetown Journal of International Law*, Vol. 46 (2014), p. 268 참조.
167) *Ibid.*, p. 272; Kenneth J. Vandevelde, "A Brief History of International Invest-
ment Agreements", Sauvant & Sachs (eds.), *The Effect of Treaties on Foreign
Direct Investment*, p. 15; Sungjoon Cho & Jürgen Kurtz, "Converging Diver-
gences: A Common Law of International Trade and Investment", *Chicago-Kent*

한 행사를 확보해야 한다는 주장은 투자유치국인 개발도상국에 의해 제기되었으나 이는 국제투자협정에 충분히 반영되지 않았기 때문이다.[168] 국제투자협정 체결 시에 개발도상국의 협상능력은 구조적으로 제한되었으므로 초기 국제투자협정은 선진국의 입장을 반영하여 예외조항이 배제된 형태로 체결되었다.[169] 즉, 초기 국제투자협정은 투자유치국의 투자보호 의무를 주로 규정하고, 특히 투자재산 보전과 투자재산 수용 시 보상의무를 강조하였다.[170]

특히 국제투자협정에서 '일반화'된 예외조항 도입 논의가 본격적으로 이루어지지 못한 배경으로는 실체적 의무조항에 대한 해석론이 점진적으로 발전해왔다는 점을 들 수 있다. 일반적 예외조항은 실체적 의무위반이 일응 인정되었을 때 투자유치국이 제기할 수 있는 항변의 기능을 한다. 최혜국대우, 내국민대우, 공정하고 공평한 대우와 같은 실체적 의무조항들의 요건과 해석론이 명확하게 정립되어야 일반적 예외조항의 적용가능성이 검토될 수 있다. 그러나 국제투자협정에서는 실체적 의무조항들이 추상적이고 일반적인 의무로 존재하였고 구체적인 내용은 중재판정부의 해석을 통해 사안별로 규명되었다.[171] 국제투자협정에서 실체적 의무가 추상적 형태로 규정됨에 따라 '일반화'된 예외조항의 도입 논의가 진전되지 못하였다.

College of Law Research Paper, No. 2015-02, p. 20 각각 참조.

168) Jürgen Kurtz, *The WTO and International Investment Law: Converging Systems* (Cambridge University Press, 2016), p. 172 참조.

169) *Ibid.*

170) 小寺 彰 편저, 박덕영·오미영 (역), 『국제투자협정과 ISDS』(한국학술정보, 2012) (원서명:『國際投資協定-仲裁による法的保護』), p. 31 참조.

171) Friedrich Rosenfeld, "The Trend from Standards to Rules in International Investment Law and Its Impact upon the International Power of Arbitral Tribunals", in *ASIL Proceedings* (2014), pp. 191~193; Federico Ortino, "Refining the Content and Role of Investment 'Rules' and 'Standards': A New Approach to International Investment Treaty Making", *ICSID Review*, Vol. 28, No. 1 (2013), pp. 155~157 참조.

(2) 최근 국제투자협정의 경우

최근 국제투자협정에서는 규제권한을 확보하기 위한 구체적인 수단을 마련하여야 한다는 점을 인정한다. 그 중에서 공공정책 목표를 명시한 예외조항은 투자유치국의 다양한 정책적 관심사를 반영하면서 투자보호와 규제권한을 균형 있게 확보하도록 해 준다.

그러나 국제투자협정의 예외조항에서 규제권한의 적절한 수준과 그 규정방법에 관해서는 합의에 이르지 못하였다. 제5장에서 살펴보겠지만, 최근 국제투자협정의 일반적 예외조항에서도 협정별로 서로 다른 예외 사유와 요건을 규정하고 있다. 각 국제투자협정의 예외조항은 규제권한의 범위를 공통적으로 명확하게 제시하기보다는 서로 다른 공공정책 목표를 열거하거나 GATT 제20조나 GATS 제14조를 적절한 변경을 거쳐서 유추 적용한다고 규정하였다. 따라서 [표 3-1]에서 보았듯이 최근 국제투자협정에서 일반적 예외조항의 도입 비율이 증가하였더라도 국제투자협정의 예외조항 실행은 일반화되지 못하였다. 예외조항을 통해 투자유치국에게 허용되는 규제권한의 내용에 대해서는 아직 국가 간 합의가 부재한 것으로 나타난다.172)

---

172) 규제권한의 허용수준에 대한 합의의 부재는 국가별 일반적 예외조항에서의 서로 다른 접근방식에서 잘 나타난다. 예를 들어, EU에서는 투자의 범위를 제한하는 한편, 투자설립과 비차별대우에 관해서만 일반적 예외조항을 도입했다. 반면, 인도는 모델 투자협정에서 두문의 요건 대신에 비차별적으로 적용되는 일반적 적용성을 갖는 조치일 것을 규정했다. 2016 CETA Articles 8.2 & 28.3; 2015 Indian Model BIT Article 32.1 참조. 이 책 제5장에서 자세히 검토한다.

제4절 일반적 예외조항 도입의 법적 효과

국제투자협정에 일반적 예외조항을 도입해야 하는가? 이에 관해 다수
설은 소극적인 입장을 취하고 있으며, 국제투자협정 실행에서도 일반적
예외조항의 도입이 보편화되지 않았다. 그러나 일부 국제투자협정을 중
심으로 규제권한 확보목적의 일반적 예외조항 도입이 점차 증가하고 있
다. 이 절에서는 일반적 예외조항에 관한 상반된 입장을 중심으로 일반
적 예외조항 도입의 의미와 그 법적 효과를 검토한다.

1. 일반적 예외조항 도입의 의미

국제투자협정상 일반적 예외조항 도입에 관한 회의(懷疑)론은 세 가
지 근거를 제시한다. 첫째, 국제투자협정의 일반적 예외조항은 투자보호
이외에 다른 정책목표를 국제투자협정에 반영하기 위한 적합한 수단이
아니며, 국제투자협정에서 투자보호와 규제권한 간의 균형을 보장하지
도 못한다는 것이다.[173] WTO 협정은 회원국 간 시장접근 확대라는 공
통된 목표에 근거하며, 일반적 예외조항은 중요한 규제목표를 추구할 체
약국의 구체적 권리를 보장하기 위한 조항이다.[174] 일반적 예외조항의
이러한 도입취지는 1947년 GATT에서 제시되었고, 1994년 WTO 설립협

---

173) Boomer, *supra* note 144, p. 194 참조.
174) Mark Wu, "The Scope and Limits of Trade's Influence in Shaping the Evolving
    International Investment Regime", Douglas et al. (eds.), *The Foundations of
    International Investment Law*, p. 196 참조.

정을 채택하면서 다시 확인되었다.[175] 반면, 국제투자협정은 비차별 원
칙과 시장접근 확대를 기본원칙으로 하여 국제교역의 자유화라는 공통
목표를 추구하는 WTO 협정의 경우와 구별된다. 국제투자협정에서는 다
수의 국가 간에 공통된 기본원칙이나 목표를 확인하는 것이 쉽지 않고
투자자와 투자유치국 간에 투자보호라는 맥락에서 작동한다.[176] 특히
규제권한 허용범위에 관해서는 국제투자협정별로 취하는 입장이 상이하
게 나타나고 있다. 따라서 국제투자협정의 일반적 예외조항의 경우 투자
유치국의 규제권한 행사가 확장될 것인지가 불분명하다는 문제가 있다.
국가들은 일반적 예외조항을 도입함으로써 투자보호 의무를 축소하려는
의도일 수도 있고, 투자보호 기준을 명확히 하기 위해 조심스럽게 일반
적 예외조항을 두는 것일 수도 있다.[177]

둘째, 일반적 예외조항의 의미가 중재판정부의 해석에 맡겨졌기 때문
에 일반적 예외조항의 도입에 따른 법적 효과가 불분명하다는 점이
다.[178] WTO협정의 일반적 예외조항의 경우에도, GATT 제20조를 최혜
국대우나 내국민대우와 같은 폭넓은 의무에 대한 좁은 예외(narrow
exception)로 보아야 할 것인지, 아니면 국가들에게 상당한 재량권을 부
여하여 광범위한 목표를 이행하기 위한 정책을 입안하도록 허용해주는
것인지에 관한 입장차가 있다.[179] GATT의 경우 패널에서 예외조항을
좁게 해석하였기 때문에 정부의 규제조치는 GATT의 실체적 의무에 의
해 상당히 제한받을 수 있었다.[180] 마찬가지로 국제투자협정의 예외조

---

175) *Ibid.*
176) Nicholas DiMascio & Joost Pauwelyn, "Non-discrimination in Trade and Invest-
    ment Treaties: Worlds Apart or Two Sides of the Same Coin?", *American Journal
    of International Law*, Vol. 102 (2008), p. 56 참조.
177) Andrew Newcombe, "The Use of General Exceptions in IIAs: Increasing Legiti-
    macy of Uncertainty?", Armand de Mestral & Céline Lévesque (eds.), *Improving
    International Investment Agreements* (Routledge, 2013), p. 277 참조.
178) *Ibid.*
179) Davey, *supra* note 47, p. 364 참조.

항의 경우도 그 의미가 명확하게 규정되거나, 이에 관한 중재판정부의 해석지침이 확인되기 전까지는 일반적 예외조항의 도입에 따른 기대효과는 제한적일 수 있다.

셋째, 일반적 예외조항이 없더라도 실체적 의무를 해석함으로써 정당한 규제조치가 허용될 수 있으므로 일반적 예외조항을 도입할 필요가 없다는 견해도 있다. 대표적으로 미국이나 캐나다가 체결한 양자 간 투자협정의 간접수용 부속서에는 공공정책 목표를 위하여 비차별적으로 취해진 재산상의 조치는 간접수용에 해당하지 않는다는 취지의 규정이 있다.[181] 간접수용에 관한 예외조항에 의하면, 공공정책 목표를 위해 비차별적으로 취해진 규제조치는 국제투자협정상 실체적 의무 위반에 해당하지 않는다.[182] 실체적 의무 위반에 해당하지 않으면 별도로 일반적 예외조항에 따라 허용되는 조치인지를 판단할 필요가 없다. 따라서 간접수용 예외조항 같은 국제투자협정의 실체적 의무조항에 국가의 규제권한에 대한 고려가 반영되어있기 때문에 예외조항 도입이 투자유치국의 규제권한을 확보하는 창설적 효과를 갖지 않는다고 한다.[183]

그러나 위와 같은 일반적 예외조항 도입에 관한 회의론(懷疑論)은 일반적 예외조항이 투자보호 이외의 규제목표를 협정에 반영하는 안전한

---

180) *Ibid.*

181) 2012 US Model BIT, Annex B, Article 4(b)("Except in rare circumstances, non-discriminatory regulatory actions by a Party that are designed and applied to protect legitimate public welfare objectives, such as public health, safety, and the environment, do not constitute indirect expropriation.") 참조. 유사한 취지의 규정이 Canada Model BIT, Annex B의 13(1)(c)에서도 확인된다. 관련 조문은 Chester Brown (ed.), *Commentaries on Selected Model Investment Treaties* (Oxford University Press, 2013), pp. 93~94 & 787~788 참조.

182) *Ibid.*, pp. 791~792 참조.

183) Gabriele Gagliani, "The Interpretation of General Exceptions in International Trade and Investment Law: Is a Sustainable Development Interpretive Approach Possible", *Denver Journal of International Law and Policy*, Vol. 43, No. 4 (2015), pp. 578~579 참조.

대안이라는 점에서 반박할 수 있다. 구체적으로 일반적 예외조항의 도입
은 다음의 의의가 있다.

우선, 일반적 예외조항은 협정상 의무위반으로 제소된 투자유치국에
게 효과적인 방어수단을 보장할 수 있다. 국제투자협정에서 구체적 조항
을 도입하여 투자자의 청구에 대항하려는 시도는 최근에 나타나고 있
다.184) 투자자들은 국제투자협정에 따라 투자보호를 인정받고 투자유치
국의 협정위반에 대해 중재를 신청할 권리를 갖지만, 투자유치국에게 어
떠한 규제권한이 허용되는지에 관해서는 협정상 근거가 없었다. 이는 투
자분쟁에 빈번히 제소되는 국가들이 국제투자협정 체제에 불만을 갖는
원인이었다. 국제투자협정에 대한 잠재적 불만국들은 ICSID 협약에서
탈퇴하거나 기존 국제투자협정을 종료하거나 재검토하는 방식으로 대응
하고자 하였다.185) 일반적 예외조항은 기존 투자협정을 전면적으로 재
검토하지 않고도 국제투자협정에서 투자유치국의 방어권을 보장할 수
있다는 의의가 있다.

둘째, 일반적 예외조항이 있다면, 중재판정부는 국제투자협정의 실체
적 의무조항 위반에 대한 판단과 별도로 실체적 의무위반이 정당화될
수 있는지에 관하여 검토하여야 한다.186) 조약의 유효한 해석원칙이 일
반적 예외조항에 대해서도 적용된다면, 일반적 예외조항의 도입은 투자

---

184) Giorgio Sacerdoti, "BIT Protections and Economic Crises: Limits to Their
   Coverage, the Impact of Multilateral Financial Regulation and the Defence of
   Necessity", *ICSID Review*, Vol. 28, No. 2 (2013), p. 354 참조.
185) Mavlude Sattorova, "Reassertion of Control and Contracting Parties' Domestic
   Law Response to Investment Treaty Arbitration", Andreas Kulick (ed.), *Reasser-
   tion of Control over the Investment Treaty Regime* (Cambridge University Press,
   2017), p. 54; IISD, "Venezuela's Withdrawal From ICSID: What it Does and
   Does Not Achieve", *Investment Treaty News* (April 13, 2012), <https://www.iisd.
   org/itn/2012/04/13/venezuelas-withdrawal-from-icsid-what-it-does-and-does-not-achi
   eve/> (2017년 9월 25일 검색) 참조.
186) Gagliani, *supra* note 183, p. 579 참조.

보호와의 관계에서 확보되는 규제권한의 수준을 확장하는 것으로 해석될 수 있다.[187] 모든 조약의 조항들은 각 조항을 법적으로 유효하게 할수 있도록 해석되어야 하며, 일반적 예외조항의 경우에도 마찬가지이다.[188]

위와 같은 이유로 일반적 예외조항은 투자유치국의 방어권을 일정 부분 보장하고 규제권한의 허용범위를 확장해줌으로써 국제투자협정에서 투자보호와 함께 규제권한을 동시에 확보할 수 있도록 할 수 있다. 구체적으로, 일반적 예외조항은 두 가지 기능을 할 수 있다. 첫째, 다른 조약과 마찬가지로 예외조항을 도입함으로써 국가들은 조약을 통해 부담하는 의무 범위를 조정하고 투자자와 투자유치국 간에 권리와 의무의 균형을 맞출 수 있다.[189] 둘째, 일반적 예외조항은 공공정책 목표를 위한 일련의 규제조치가 일응 협정상 의무위반에 해당하는 경우에 잠재적 위반국의 항변으로 활용될 수 있다.[190]

물론 일반적 예외조항의 도입만으로 국제투자협정이 봉착한 구조적 과제들이 일거에 해결될 것이라고 예상하기는 어렵다.[191] 그러나 일반적 예외조항은 그 동안 국제투자협정에서 규제조치를 허용하는 근거로서 채택해 온 구체적 예외조항이나 실체적 의무조항의 해석과 비교하여 보다 넓은 범위의 정책목표를 허용하는 것으로 규정할 수 있다.

---

187) *Ibid.,* pp. 582~583 참조.
188) *Ibid.*, p. 579 참조.
189) Kenneth J. Vandevelde, "Rebalancing Through Exceptions", *Lewis & Clark Law Review,* Vol. 17, No. 2 (2013), p. 454 참조.
190) 최승환, 앞의 책 (주 25), p. 192 참조.
191) Sacerdoti, *supra* note 184, p. 354 참조.

2. 일반적 예외조항의 법적 효과

관습국제법에서는 투자유치국에서의 투자행위가 기본적으로 투자유
치국의 주권에 종속되어 있었다.[192] 그러나 국제투자협정 체결로 국가
들이 부담하는 투자보호 의무에 비해 규제권한에 대한 고려가 불균형해
짐에 따라 이를 보완할 수 있는 수단이 검토되었다. 국제투자협정에서
일반적 예외조항의 법적 효과를 네 가지 측면에서 살펴본다. 첫째는 투
자유치국의 유효한 항변수단으로 기능할 수 있다는 점이고, 둘째는 국가
의 정당한 규제정책의 범위와 한계에 관하여 일관된 해석지침을 제시할
수 있다는 점이다. 셋째는 일반적 예외조항은 동일한 규제목적을 가진
조치가 국가 간 무역에 대해 적용되든지 아니면 해외투자에 대해 적용
되든지 조치의 허용여부에 관해 유사한 결과를 가져올 수 있다는 점이
다. 넷째, 일반적 예외조항에 관한 입증책임을 누가 부담하는지의 문제
이다.

(1) 투자유치국의 유효한 항변

국제투자협정을 체결하는 과정에서 투자보호뿐 아니라 국가의 규제권
한을 어떻게 반영할 것인지는 필수적인 고려사항이다.[193] 일단 국제투
자협정을 체결하여 투자보호 의무를 부담하면 이전에 정당한 규제조치
에 속했던 국내정책이더라도 협정상 의무위반에 해당하여 투자자-국가

---

192) Jeswald Salacuse, "BIT by BIT: The Growth of Bilateral Investment Treaties and
Their Impact on Foreign Investment in Developing Countries", *International
Lawyers*, Vol. 24, No. 3 (1990), p. 660 참조.

193) UNCTAD, *World Investment Report 2016*, pp. 109~114; Hi-Taek Shin & Julie
A. Kim, "Balancing the Domestic Regulatory Need to Control the Inflow of
Foreign Direct Investment Against International Treaty Commitments: A Policy-
Oriented Study of the Korean Foreign Investment Promotion Act and the
Korea-US FTA", *Asia Pacific Law Review*, Vol. 19, No. 2 (2011), p. 179 참조.

분쟁해결절차가 개시될 수 있기 때문이다. 일반적 예외조항이 국가의 규제권한을 확보하는 방법으로서 갖는 의의를 투자유치국 국내법, 관습국제법상 긴급피난 항변, 조약 전문의 규제목표를 고려한 해석, 구체적 예외조항 활용 같은 다른 규제권한 확보방법과 비교하여 살펴본다.

첫째, 투자유치국의 국내법은 투자유치국의 정당한 정책목표 및 그에 따른 구체적 조치를 투자협정 체제 내에서 보장하기 위한 수단으로서 제한적 의미를 갖는다. 국제법 원칙에 의하면, 국내법을 이유로 국제의무 위반을 정당화할 수 없기 때문이다.[194] 또한, 일부 양자 간 투자협정의 경우 준거법에서 국내법을 명시하지 않는 경우도 있다. 이에 따라 국제투자협정에서는 국내법에 따른 조치를 유보목록에 규정하고 이에 대해 협정 적용을 배제하는 방법을 채택하였다. 투자유치국의 국내법은 투자자가 준수해야 할 최우선적 규범이지만, 투자유치국의 규제권한을 국제적 수준에서 보장하려면 정책목표에 대한 고려를 국제투자협정에 직접 반영하는 것이 보다 효과적이다. 그러나 대부분의 국제투자협정은 일부 협정에서 국가안보 예외조항을 규정한 것 이외에는 주로 투자자 보호에 초점을 맞추어 투자유치국에 일방적으로 의무를 부과하는 방식으로 투자보호 의무를 형성하여왔다.[195]

둘째, 관습국제법상 긴급피난 항변을 원용하거나 당사자 간 다른 협약의 내용을 참작하여 투자유치국의 조치를 정당화하는 경우를 살펴본다. 규제권한에 관한 구체적 조항이 없는 상황에서 국가들은 관습국제법상 긴급피난 항변을 원용하거나 투자보호 의무를 해석함에 있어서 관습국제법의 해석론이나 당사자 간 적용되는 다른 협약의 내용을 참작해야

---

194) 비엔나 조약법 협약 제27조; 이재민, "국내법 우선 적용 조항과 비엔나 협약 제27조", 『법학논총』 제28집 제4호 (한양대학교 법학연구소, 2011년 12월), pp. 62~64 각각 참조.

195) José E. Alvarez, *The Public International Law Regime Governing International Investment* (Pocketbooks of the Hague Academy of International Law, 2011), p. 414 참조.

한다고 주장해왔다.[196] 그러나 관습국제법상 긴급피난 항변을 원용하여 허용되는 국가의 규제조치인지를 판단하는 경우 긴급한 상황에서 유일한 수단일 것을 요구하여, 정책목표의 허용범위가 지나치게 제한될 수 있다. 다른 국제협약의 관계규칙을 참작하는 것도 비엔나 조약법 협약 제31조 제3항 (c)에 의하면 관련 협약과 국제투자협정의 긴밀한 관련성 -즉 주제와 개념 등에서의 관련성-을 요구하기 때문에 투자협정에 규제권한에 관한 문구가 없는 한 해석상 한계가 있다.[197]

무엇보다 국제투자협정 해석을 통한 규제권한 확보는 협정에 명확한 근거가 없는 상황에서는 규제조치의 허용 여부를 중재판정부의 판단에 일임(一任)하는 결과를 가져온다. 그러나 국제투자협정에 명확한 근거가 없는 경우에 중재판정부에서 투자유치국의 주권적 권한 행사를 인정한 사례는 거의 확인되지 않고 있다. 예컨대, *ADC v. Hungary* 사건과 *Occidental v. Ecuador* 사건에서 중재판정부는 국내문제를 규율할 투자유치국의 권리를 인정하면서도 국제투자협정상 의무를 포함한 법치(rule of law)의 원칙에 의해 투자유치국의 규제권한이 제한된다고 하였다.[198]

셋째, 국제투자협정 전문에 규제목표를 반영하는 경우를 살펴본다. 이는 실체적 의무조항을 해석할 때 투자보호 목적 외에 정당한 정책목표를 고려하도록 함으로써 투자유치국의 이익을 참작하는 방식이다. 비엔나 조약법 협약 제31조 제2항에 의하면, 조약 문언은 조약의 대상과 목적을 고려하여 해석하여야 하며, 조약의 전문은 조약의 전체적인 목적을

---

196) Suzanne A. Spears, "The Quest for Policy Space in a New Generation of International Investment Agreements", *Journal of International Economic Law*, Vol. 13, No. 4 (2010), p. 1046 참조.

197) Hervé Ascensio, "Article 31 of the Vienna Conventions on the Law of Treaties and International Investment Law", *ICSID Review*, Vol. 31, No. 2 (2016), p. 381 참조.

198) *ADC v. Hungary, Award*, para. 423; *Occidental Petroleum Corporation and Occidental Exploration and Production Company v. The Republic of Ecuador*, ICSID Case No. ARB/06/11, Award (October 5, 2012), paras. 529~530 각각 참조.

확인하는 수단이다.[199] 그 동안 국제투자협정에서 투자자 보호 이외에 다른 공공정책 목표는 부차적으로 다루어졌다는 점에서 전문에 새로운 정책 목표를 반영하는 것도 가능하다.[200] 예를 들어, NAFTA는 조약 전문에 "[투자와 무역에 관한 목표]를 환경보호와 보존에 합치하는 방식으로 달성하고; 공공복지를 보장하기 위한 유연성을 유지하며; 지속가능한 발전을 촉진하며; 환경법이나 규정의 발전과 이행을 강화한다."라는 문구를 두고 있다.[201] 그러나 조약 전문에 정당한 규제목적을 반영하더라도 이에 근거한 해석이 특정한 규제조치를 직접 허용하는 효과는 없다. 다만, 국가가 정당한 규제조치를 취한 경우 실체적 의무 위반으로 해석되지 않을 가능성을 제시해 줄 따름이다.

넷째, 구체적 예외조항을 통해 투자유치국의 규제권한 행사를 허용하는 경우를 살펴본다. 일부 국제투자협정에서는 건강이나 환경, 노동 등에 관한 규제조치별로 어떠한 경우에 특정 규제조치가 허용되는지를 명시하는 구체적 조항을 규정하고 있다. 예를 들어 NAFTA 제1114조 제1항은 "이 챕터의 어떠한 규정도 회원국이 영역 내에서의 투자활동이 환경적 관심사에 주의를 기울이는 방식으로 취해지는 데 적합하다고 간주하는, 그렇지 않으면 이 협정과 합치하는 조치를 채택, 유지 혹은 집행하는 것을 방해하는 것으로 간주되어서는 안 된다."라는 환경관련 예외조항을 규정하고 있다.[202] 그러나 NAFTA 제1114조의 환경관련 예외조항은 '그렇지 않으면 이 챕터와 합치하는'(otherwise consistent with this

---

199) Markus W. Gehring & Avidan Kent, "Sustainable Development and IIAs: From Objective to Practice", De Mestral & Lévesque (eds.), *Improving International Investment Agreements,* p. 289; Spears, *supra* note 196, p. 1065 각각 참조.

200) Spears, *supra* note 196, p. 1067 참조.

201) Rahim Moloo & Justin Jacinto, "Environmental and Health Regulation: Assessing Liability Under Investment Treaties", *Berkeley Journal of International Law,* Vol. 29, No. 1 (2011), p. 8 참조.

202) *Ibid,* pp. 8~9; NAFTA 제1114조 참조.

Chapter)이라는 문구를 두고 있어 법률상 유효한 항변으로 기능하지 못한다. 투자유치국의 환경조치가 NAFTA 투자챕터 위반에 해당한다는 주장이 제기되었을 경우에는 이 조항에 따라 조치의 정당성을 주장할 수 없기 때문이다.203) 투자유치국이 일응 협정에 위배되는 환경조치를 채택한 경우 NAFTA 제1114조는 그러한 환경조치를 정당화하지 못한다.

이처럼 투자유치국의 국내법, 관습국제법이나 다른 협약에 따른 해석, 조약 전문을 통한 해석, 구체적 예외조항 등 규제권한을 확보하기 위한 대안들은 실제 투자분쟁해결절차에서 투자유치국이 규제조치의 정당성을 직접 주장하는 근거로 한계가 있다. 투자유치국에게 충분히 효과적이고 적절한 방어수단을 제시해주지 못한다. 반면, 일반적 예외조항은 투자유치국에 대해 유효한 항변을 제시하는 의미가 있다. 즉, 국제투자협정에 일반적 예외조항을 포함시킴으로써 규제조치가 협정에 위반되는지 여부를 판단할 때 유연성을 고려한 해석을 채택하도록 하는 것이다.204) 일반적 예외조항 같이 구체적으로 규제권한을 보장하는 조항이 있으면 중재판정부에 유용한 지침이 될 수 있다.205) 또한, 국제투자협정에서 일반적 예외조항의 도입 효과는 WTO 협정상 일반적 예외조항의 해석과 적용사례에서 유추할 수 있다. WTO 회원국들은 조약상 의무와 중요한 정책목표의 양립이 불가능한 상황에서 일반적 예외조항을 원용함으로써 조약상 의무로부터 면제될 수 있었다.206) 국제투자협정에서도 일반적

---

203) Howard Mann, "Investment Agreements and the Regulatory State: Can Exceptions Clauses Create a Safe Haven for Governments?", Background Papers for the Developing Country Investment Negotiators' Forum (IISD, 2007), p. 8 참조.

204) Jürgen Kurtz, "Adjudging the Exceptional at International Investment Law: Security, Public Order and Financial Crisis", International and Comparative Law Quarterly, Vol. 59 (2010), p. 359; Kurtz, supra note 168, pp. 170~171 참조.

205) Newcombe, supra note 88, p. 370; Amelia Keene, "The Incorporation and Interpretation of WTO-Style Environmental Exceptions in International Investment Agreements", Journal of World Investment and Trade, Vol. 18, No. 1 (2017), p. 89 각각 참조.

예외조항을 통해 국가들은 투자보호 목표뿐만 아니라 국가의 통상적인
규제권한 행사라는 목표를 고려할 수 있다.

(2) 규제권한에 관한 일관된 해석지침

대부분의 국제투자협정에는 ISDS 절차 조항이 있다.[207] 투자자-국가
간 분쟁에서는 당사자들의 합의로 구성된 중재판정부에서 투자유치국의
조치가 투자협정상 의무를 위반하였는지를 판단한다. 국가 간 중재에서
는 조약당사자 간 조약해석과 적용문제를 다루는 반면, 투자자-국가 간
중재에서는 투자자가 제기한 구체적인 분쟁을 해결하는 데 초점을 맞춘
다.[208] 다만 투자자-국가 간 분쟁해결은 결국 국제투자협정의 해석과 적
용을 통해 이루어지므로 중재판정부는 묵시적으로 국제투자협정을 해석
하고 적용할 권한을 위임받게 된다.[209]

중재판정부의 판정은 국제투자협정의 실체적 의무를 해석하는 과정에
서 일관된 해석의 제시라는 측면에서 한계를 노정하였다. 우선, 국제투
자협정이 주로 양자조약으로 규율되고 협정별로 구체적 의무의 내용이 조
금씩 상이하기 때문이다. 둘째, 국제법상 선례구속 원칙이 적용되지 않기
때문이다. 중재판정부의 국제투자협정 해석과 적용에 따라 동일한 사안에
대해서도 서로 다른 결론에 도달할 가능성도 배제되지 않고 있다.[210]

---

206) Spears, *supra* note 196, p. 1059; Appellate Body Report, *United States-Measures Affecting the Cross-Border Supply of Gambling and Betting Service*, WT/DS285/AB/R (April 20, 2005)("Appellate Body Report, *US-Gambling*"), para. 291 각각 참조.

207) Rudolf Dolzer & Christoph Schreuer, *Principles of International Investment Law*, 2nd edition (Oxford University Press, 2012), p. 258 참조.

208) Anthea Roberts, "Power and Persuasion in Investment Treaty Interpretation: The Dual Role of States", *American Journal of International Law*, Vol. 104 (2010), p. 183 참조.

209) *Ibid.*, p. 189 참조.

210) 반면 WTO 분쟁해결절차에서는 선례구속원칙은 적용되지 않지만, 항소기구는 동일

특히 기존 국제투자협정에서는 언제 규제권한이 인정되는지에 관하여 협정 해석의 불명확성 문제가 나타났다. 기존 국제투자협정과 국제인권협약에서는 규제권한 행사를 허용하기 위하여 예외조항이나 실체적 의무조항의 해석방법으로 규제권한 이론, 판단재량이론, 비례성 분석 등을 활용해왔다.211) 그러나 이러한 해석방법은 실체적 의무조항 위반에 해당하는지와 관련하여 규제권한과 투자자의 이익 간의 균형을 고려하는 의미는 있으나, 구체적으로 어떤 규제조치가 허용될 수 있는지에 관해 해석방향을 제시해주지는 않는다.

따라서 국제투자협정에 일반적 예외조항을 도입함으로써 정당한 규제정책의 범위와 한계에 관하여 보다 일관되고 예측 가능한 지침을 제시할 수 있을 것이다. WTO 협정의 일반적 예외조항은 정당한 정책목표를 달성하기 위해 필요한 경우 일견 협정에 위반되는 규제조치를 채택하거나 유지할 수 있다는 법리를 발전시켜왔기 때문이다.212) 일반적 예외조항을 국제투자협정에 도입한다면 중재판정부는 어떠한 경우에 국가의 규제권한 행사가 예외조항에 기초하여 허용될 수 있는지를 판단할 때 정책목표의 중요성을 비교형량하는 관련 법리를 참조할 수 있다.213)

한 주제를 다루는 항소심 간에 일관성을 유지하고자 노력함으로써 분쟁해결절차의 안정성과 예측가능성을 달성하고자 한다. Yasuhei Taniguchi & Tomoko Ishikawa, "Balancing Investment Protection and Other Public Policy Goals: Lessons from WTO Jurisprudence", Chaisse & Lin (eds.), *International Economic Law and Governance,* pp. 77~78 참조.

211) 간접수용에 관한 해석방법의 하나인 규제권한이론은 이 책 제2장 제3절 참조. 판단재량이론과 비례성 분석에 대해서는 각각 전게주 15와 전게주 67 설명 참조.

212) Spears, *supra* note 196, p. 1059.

213) Suzanne Spears에 의하면, 조약상 의무 위반 여부를 판단하기 위하여 투자자 보호와 다른 사회적 정책목표를 비교형량하는 것은 일반적 예외조항과 구별된다. 일반적 예외조항은 조약상 의무가 해당 조약에 제시된 주요 정책목표와 양립할 수 없는 상황에서 조약상 의무를 면제해주는 기능을 한다. *Ibid.*, pp. 1059~1060 참조.

(3) 통상규범과 투자규범의 관련성

국제투자규범과 국제통상규범은 별개의 법체계로 존재해왔다. 1980년
대와 1990년대에 걸쳐 무역 분야와 투자 분야를 통합하여 하나의 포괄
적인 다자 간 조약체제로 규율하려는 시도가 있었지만 성공하지 못하였
다.[214] 현재 국제통상규범은 대체로 WTO를 중심으로 한 다자간 협정에
의하여 규율되는 반면, 국제투자규범은 양자 간 투자협정을 중심으로 규
율되고 있다.

국제투자법과 국제통상법은 조약상 의무와 국가의 규제조치의 관계를
규율하는 데 있어서 상당히 다른 접근 방식을 취해왔다.[215] 즉, 국제투
자협정에서는 간접수용에 해당하거나 공정하고 공평한 대우의 위반이라
는 주장이 제기되었을 때, 관련된 1차 규칙을 해석하면서 공공이익이나
인권에 대한 고려를 강화하려는 목적에서 규제상 자율성을 주장한다.[216]
반면, 국제통상협정은 국제무역을 왜곡하는 국가의 차별적 조치를 철폐
하거나 조정함으로써 국제통상체제에서 경제적 균형을 회복하는 사법질
서를 확립하고자 한다.[217] 또한, 국제통상협정과 달리 국제투자협정은
위법한 조치에 대한 금전배상을 구하거나, 혹은 적법하지만 투자자의 정
당한 기대를 훼손하는 상황에 대한 보상(compensation)을 구하는 방식을
통해 권리 침해에 대한 구체적인 법적 구제를 허용하고 있다.[218]

그러나 최근 들어 국제통상규범과 국제투자규범이 하나의 포괄적 경
제협정에서 규율되고 있다. 2000년대 후반 다자간 무역협상이 교착상태

---

214) Wu, *supra* note 174, p. 169 참조.
215) Desierto, *supra* note 78, p. 317 참조.
216) *Ibid.*
217) *Ibid.*, p. 318 참조.
218) *Ibid.* 예컨대, 수용에 대해서는 "신속하고, 충분하고 효과적인 보상"이라는 조약규
　　 정이 적용되며, 수용 이외의 조약의무 위반에 대해서는 관습국제법상 국가책임규칙
　　 에 따른 배상원칙이 적용된다.

에 이르면서 자유무역협정이 빈번히 체결되었는데, 자유무역협정에서는 협정의 일부로 투자 챕터를 포함하고 있기 때문이다.[219] 자유무역협정에서 무역과 투자를 함께 규율하면서, 오늘날 국제통상규범과 국제투자규범은 긴밀한 관계를 갖는 것으로 이해되고 있다.[220]

또한, 국제통상규범과 국제투자규범은 유사한 의무규정을 두고 있다. 예컨대, 최혜국대우 의무나 내국민대우 의무와 같은 협정상 의무를 유사하게 규정하고 있다. 통상규범과 투자규범 사이에 판례 법리를 상호참조하는(cross-fertilization) 양상이 나타나면서 실체적 의무조항 해석에서도 양자 간 유사성이 확인되고 있다.[221] 이런 점에서 국제투자협정에서 국제통상규범의 내용을 간과하는 것은 통상과 투자가 함께 규율되는 현실적 맥락을 반영하지 못하여 문제가 될 수 있다.[222]

그렇다면 최근 국제투자협정상 일반적 예외조항의 도입은 국제통상규범과 국제투자규범이 규범적으로 긴밀한 관련성을 갖는 경향의 하나로 이해할 수 있다. 즉 정당한 규제권한 행사를 허용하는 목적의 GATT와 GATS의 일반적 예외조항을 국제투자협정에서 규제권한을 확보하는 조약상 장치로서 유사하게 도입하는 경향이 나타나고 있다.[223]

더구나 많은 경우에 국가의 통상조치와 투자조치는 밀접히 관련되어

---

219) Wu, *supra* note 174, p. 170; Tomer Broude, "Investment and Trade: the 'Lottie and Lisa' of International Economic Law?", Echandi & Sauvé (eds.), *Prospects in International Investment Law and Policy*, pp. 140 & 144 각각 참조.

220) Mary E. Footer, "International Investment Law and Trade: the Relationship that Never Went Away", Baetens (ed.), *Investment Law within International Law*, pp. 260~261 참조.

221) Isabelle Van Damme, "The Eighth Annual WTO Conference: An Overview", *Journal of International Economic Law*, Vol. 12, No. 1 (2009), p. 176 참조.

222) Jürgen Kurtz, "On the Evolution and Slow Convergence of International Trade and Investment Law", Giorgio Sacerdoti et al. (eds.), *General Interest of Host States in International Investment Law* (Cambridge University Press, 2014), p. 112 참조.

223) Wu, *supra* note 174, pp. 195~199 참조.

있다. 실제로 동일한 조치가 통상협정과 투자협정에 동시에 해당하기도
하며, 이 경우 사실상 동일한 조치에 대하여 투자분쟁과 통상분쟁이 순
차적으로 혹은 동시에 제기되는 상황도 나타나고 있다.[224] 국제투자협
정에 일반적 예외조항을 도입한다면, 국제통상협정과 국제투자협정 간
에 상호관련성이 증대되는 상황에서 동일한 규제목적의 투자조치와 통
상조치에 대해서는 공통적으로 규제권한 행사를 허용할 수 있을 것으로
보인다.

(4) 입증책임의 문제

일반적 예외조항은 본안 절차에서 제소국의 협정상 의무 위반 주장에
대한 항변으로 기능한다. 또한 이 조항은 입증책임과 관련하여서도 일정
한 절차적 의미를 갖고 있다. WTO 패널과 항소기구에서는 일반적 예외
조항에 관하여, 피제소국이 예외조항에 해당성을 입증하여야 하므로 "적
극적 항변"(affirmative defence)의 성격을 갖는다고 하였다.[225]

국제투자협정에서도 일반적 예외조항에 관한 이러한 입증책임의 원칙
이 그대로 적용되는지는 검토할 필요가 있다. 만약 예외조항이 일반규칙
의 적용을 배제하는 성격이라면, 일반규칙의 위반이라고 주장하는 제소

---

224) Kurtz, *supra* note 222, pp. 116~117 참조. 예를 들어, Philip Morris사(社)는 2011
   년 호주의 Plain Packaging Law에 대하여 양자 간 투자협정에 따른 중재절차를 제
   기하였고, 쿠바, 온두라스, 도미니카, 인도네시아, 우크라이나는 호주를 상대로
   GATT, TRIPs 협정, TBT 협정 등의 위반을 주장하며 WTO 분쟁해결절차를 개시
   했다. WTO, *Australia −Certain Measures Concerning Trademarks, Geographical
   Indications and Other Plain Packaging Requirements Applicable to Tobacco
   Products and Packaging* (DS434, DS435, DS441, DS458, DS467) 참조.

225) Michelle T. Grando, *Evidence, Proof, and Fact-Finding in WTO Dispute
   Settlement* (Oxford University Press, 2009), p. 153 참조. 이 밖에도 패널은 예외조
   항의 성격을 갖는 섬유류협정 제6조, TRIPS 협정 제30조, GATT 제15조의 입증책
   임도 피제소국에 있다고 보았다. *Ibid.*, p. 155 참조.

측에서 상대방이 이러한 적용배제의 상황에 해당하는지를 검토하여야
할 것이다.226) 일반적 예외조항에 대한 통상적 입증책임은 피제소국에
있으나 적용배제의 성격을 갖는 규정이라면 그 입증책임이 제소 측에
있게 된다.227)

이런 점에서 입증책임 문제는 국제투자협정에서 일반적 예외조항을
어떠한 형식으로 도입할 것인지의 문제와도 관련되어있다. 일반적 예외
조항을 구체적 예외사유에 해당할 경우 국제투자협정의 실체적 의무의
적용을 면제시키는 취지로 규정한다면, 협정상 의무위반을 주장하는 청
구인, 곧 투자자 측에서 적용배제 요건에 해당하지 않는다는 점을 주장
하고 입증해야 한다. 반면, 일반적 예외조항을 특정 조치가 협정위반에
해당하지 않는다고 규정한다면, 일반적 예외조항에 해당한다는 점을
WTO 협정과 마찬가지로 피청구인인 투자유치국이 주장하고 입증하여
야 한다. 일반적 예외조항을 어떠한 형태와 취지로 도입하느냐에 따라
투자자와 투자유치국 간에 입증책임의 분배에 관해 상이한 결론이 도출
될 수 있다.

일반적 예외조항은 투자유치국의 조치가 일응 실체적 의무조항 위반
이라고 인정되었을 때 정당한 목적의 규제조치이므로 협정 위반에 해당
하지 않는다는 취지의 조항이다. 따라서 투자보호 의무와 규제권한 사이
에 균형을 이루어야 한다는 취지에서 보면 실체적 의무조항 위반에 대
한 입증책임은 투자자가 부담하고, 일반적 예외조항 해당성의 입증책임
을 투자유치국이 부담하는 방향으로 이를 규정할 필요가 있다.

---

226) *Ibid.*, p. 154 참조.
227) *Ibid.* WTO 협정에서 적용배제(exclusion) 성격을 갖는 규정으로는 SPS 협정 제3.3
조, TBT 협정 제2.4조가 있다. *Ibid.*, pp. 157~160 참조. 예컨대 WTO 항소기구에
서는 SPS 협정 제3.1조는 제3.3조의 상황, 즉 국제기준보다 높은 수준의 SPS 조치
를 취할 권리를 적용범위에서 배제하고 있으므로 제3.3조에 대한 일응의 위반이 있
는지에 대해서도 제소국이 입증책임을 부담한다고 하였다. Appellate Body Report,
EC-Hormones, para. 104 참조.

3. 소결

국제투자협정에서는 규제권한과의 균형을 위한 일반적 예외조항 도입에 관한 논의가 최근에 비로소 이루어졌다. 또한, 일반적 예외조항 실행도 아직 일반화되지 않았다. 특히 일반적 예외조항 도입을 회의적으로 보는 입장에서는 투자유치국의 정책목표를 국제투자협정에 반영하는 수단으로 적합하지 않다고 비판하기도 한다.

그러나 일반적 예외조항은 투자유치국이 정당한 정책목표를 위해 취하는 조치가 투자보호 의무에 위반되지 않는다고 규정함으로써 규제권한의 범위를 구체적으로 제시하는 조항이다. 투자유치국의 규제권한이 언제 어떤 범위에서 허용되는지 명확한 근거조항이 없다면 중재판정부의 실체적 의무조항 해석만으로 투자유치국의 규제권한 행사가 언제 허용될 것인지 예측하기 어렵다는 문제가 남게 된다. 일반적 예외조항은 정당한 규제조치의 범위를 구체적이고 명확하게 제시함으로써 투자유치국이 일반적 예외조항에 근거하여 자국 조치의 정당성을 항변할 수 있도록 한다.

제4장

국제투자협정상 예외조항 해석과 한계

이 장에서는 일반적 예외조항이 부재한 상황에서 관습국제법상 항변과 국제투자협정상 예외조항의 해석, WTO 협정의 일반적 예외조항 관련 판정례의 유추적용을 통해 국가의 규제조치를 정당화하고자 한 시도를 고찰한다. 1990년대까지 대부분의 국제투자협정에는 투자유치국의 규제권한을 확보하는 일반적 예외조항이 포함되어 있지 않았다.[1] 이에 따라 국제투자협정 하에서 특정한 규제조치가 허용되는지와 규제조치의 허용범위 문제가 국가안보 예외조항 해석을 통해 다루어졌다.[2] 구체적으로 아르헨티나 투자분쟁 사건에서는 경제위기 상황에서 국가의 규제조치를 정당화하기 위해 투자유치국이 활용할 수 있는 국제법상 항변수단을 검토하였다. 이하에서는 우선 판례의 예외조항 해석방법론을 비판적으로 분석하고, 기존 국제투자협정의 예외조항과 관습국제법상 긴급피난 항변이 투자유치국의 방어수단으로서 갖는 한계를 살펴보려고 한다.

제1절 국제투자협정상 예외조항의 해석

1. 문제의 제기

국제투자협정상 예외조항 해석을 통해 투자유치국의 정당한 규제조치

---

1) Suzanne A. Spears, "The Quest for Policy Space in a New Generation of International Investment Agreements", *Journal of International Economic Law*, Vol. 13, No. 4 (2010), p. 1045 참조.
2) *Ibid.*, p. 1046 참조.

를 허용하는 법리가 확립되었는가? 실제 분쟁사례에서 예외조항을 통해
투자보호와 규제권한의 관계가 적절한 수준으로 규명되었는지를 살펴보
고자 한다. 아르헨티나 투자분쟁 사건에서 경제위기 시 아르헨티나가 취
한 긴급조치와 관련하여 예외조항 해석이 쟁점이 되었다.

1990년대 후반 심각한 경제위기에 봉착한 아르헨티나는 일련의 긴급
조치법을 입안하고 공공목적의 규제조치를 취하였다. 외국인 투자자들
은 아르헨티나가 취한 공공이익 조치가 국제투자협정상 의무에 위반된
다고 주장하였다. 각 중재판정부는 긴급상황에서 규제조치가 정당화될
수 있는지에 대해 상세하게 검토하였다. 중재판정부는 긴급피난 항변과
본질적 안보이익 예외의 관계에 관해 상이한 해석방법론을 제시하였고,
이를 사안에 적용하여 검토하였다.

아르헨티나는 2017년 현재까지 60건에 이르는 국자투자분쟁에 제소되
었다.[3] 아르헨티나가 피제소된 많은 수의 분쟁은 1990년대 후반부터 경
제위기 상황에 따른 혼란을 타개하려는 일련의 긴급입법조치와 관련되
어 있다. 문제된 양자 간 투자협정에는 일반적 예외조항은 없었으나 본
질적 안보이익에 관한 예외조항이 공통적으로 적용되었다.[4] 각 중재판
정부는 투자협정에 포함된 동일한 예외조항을 서로 다른 방법론에 기초

---

3) UNCTAD, *World Investment Report 2017*, p. 115, Figure III.13: Most frequent
respondent States 참조. *World Investment Report 2017*에는 아르헨티나의 피제소건
수가 59건으로 나오지만 2017년 6월 *MetLife, Inc., MetLife Servicios S.A. and
MetLife Seguros de Retiro S.A. v. Argentine Republic*으로 총 60건의 사건이 아르헨
티나에 대해 제기되었다. 아르헨티나가 제소된 사건명과 사건개요는<http://invest
mentpolicyhub.unctad.org/ISDS/CountryCases/8?partyRole=2> (2017년 11월 6일 검
색) 참조.

4) 아르헨티나 투자분쟁 사건에 대한 개관으로 José E. Alvarez, *The Public Interna-
tional Law Regime Governing International Investment* (Pocketbooks of the Hague
Academy of International Law, 2011), pp. 247~339; William Burke-White &
Andreas Von Staden, "Investment Protection in Extraordinary Times: The Interpre-
tation and Application of Non-Precluded Measures in Bilateral Treaties", *Virginia
Journal of International Law*, Vol. 48, No. 2 (2008) 각각 참조.

하여 해석하였고 그 결과 판정의 향방은 매우 달라졌다.[5] 동일한 조항
에 대한 중재판정부의 해석과 적용이 상이하게 이루어짐에 따라 국제투
자에 관한 국제법적 규율이 이루어지는지에 관한 근본적인 회의(懷疑)
가 제기되었다. 양자 간 투자협정 해석과 적용 과정에서 제기된 다음의
쟁점을 살펴본다.[6]

첫째, 예외적 조치를 정당화하는 국제법적 근거로서 관습국제법상 긴
급피난과 조약상 예외조항의 관계를 살펴본다. 특히 투자유치국의 동일
한 항변에 대해 중재판정부가 서로 다른 해석을 제시함에 따라 발생한
문제를 검토한다. 둘째, 국제투자협정의 예외조항을 해석하기 위하여
GATT/WTO 판례 법리를 활용하는 것이 적절한지의 쟁점을 검토한다.

2. 아르헨티나의 긴급조치와 투자분쟁 개시

(1) 긴급조치

1990년대 후반부터 아르헨티나에서는 국내정치와 사회 전반에 영향을

---

5) Jürgen Kurtz, "Adjudging the Exceptional at International Investment Law:
Security, Public Order and Financial Crisis", *International and Comparative Law
Quarterly*, Vol. 59 (2010); Christina Binder, "Changed Circumstances in Invest-
ment Law: Interfaces between the Law of Treaties and the Law of State
Responsibility with a Special Focus on the Argentine Crisis", Christina Binder et
al. (eds.), *International Investment Law for the 21st Century* (Oxford University
Press, 2009) 등 참조.

6) 아르헨티나 투자중재 사건들은 중재판정의 비일관성을 보여주는 사례이다. 국제법
시각에서는 조약상의 예외규정과 관습국제법상 긴급피난에 대한 중재판정부의 해석
과 적용의 문제점을 지적하기도 한다. Binder, *supra* note 5; Cynthia C. Galvez,
""Necessity", Investment Rights and State Sovereignty for NAFTA Investment
Arbitration", *Cornell International Law Journal*, Vol. 46 (2013), pp. 151~154 각각
참조.

미친 심각한 경제위기가 발생했다. 특히 2001~2002년 경제위기는 아르
헨티나 역사상 가장 심각한 경제위기의 하나이자 전 세계적으로도 근래
들어 가장 심각한 경제위기로 묘사되고 있다.[7] 2001년 한해에만 실질
국내총생산(GDP)이 약 10% 감소하였고, 1998년부터 2001년까지의 실질
GDP 누적감소분은 약 20%에 달하였다.[8] 물가상승률은 2002년 4월 월평
균 약 10%에 이르렀으며, 실업율도 2002년 약 20%로 증가하였다.[9] 경기
침체와 고도의 물가상승이 동시에 발생하면서 아르헨티나 경제는 심각
한 상황에 놓이게 되었다.

2000년대 초반 아르헨티나의 경제침체는 정치적·사회적 혼란으로 이
어져서 2001년 12월에는 대규모 시위와 폭동 및 약탈이 일어났고 당시
De La Rúa 정부의 실각과 정치적 진공 상태를 가져왔다.[10] 아르헨티나
정부는 투자분쟁에서 당시 위기 상황을 다음과 같이 언급하였다.

> 대통령이 반복해서 바뀌고 전국적인 폭동으로 수십 명이 사망하는 등 아르
> 헨티나에 대한 정부의 효과적인 통제는 심각하게 훼손되었다. 이것은 아르
> 헨티나 정부의 존재 자체가 위기에 처해있음을 의미하였다.[11]

경제위기로 인한 정치사회적 혼란을 극복하기 위하여 아르헨티나는
일련의 국내입법을 제정하고 규제조치를 취하였다. 우선, 2001년 12월 1
일 법령 제1570호(*Corralito*)를 마련하여 은행으로부터 예금인출을 일정

---

7) *LG&E Energy Corp. LG&E Capital Corp. LG&E International Inc. v. Argentine
   Republic,* ICSID Case No. ARB/02/1, Decision on Liability (October 3, 2006)
   ("*LG&E,* Decision on Liability"), para. 54; *Continental Casualty Company v.
   Argentine Republic,* ICSID Case No. ARB/03/9, Award (September 5, 2008)
   ("*Continental Casualty,* Award"), para. 108 각각 참조.
8) *Continental Casualty,* Award, para. 108.
9) *Ibid.*
10) *Ibid.*
11) *Ibid.*

금액 이하로 제한하였다. *Corralito*는 공공부채의 전환(conversion)이 완료
될 때까지 금융체제 내의 통화 및 외환보유고가 불안정한 수준으로 떨
어지는 것을 방지하기 위한 긴급조치였다.[12]

2002년 1월 6일에는 "공공위기와 외환체제 개혁법"이라는 긴급조치법
을 제정하였다.[13] 이 긴급조치법은 아르헨티나 페소화와 미국 달러 간
의 일대일 고정환율제를 폐지하고, 공공계약 및 사적협약에서 비롯된 모
든 채무를 이제부터 달러가 아닌 페소화로 지급하기로 하는 내용이었
다.[14] 아르헨티나 정부는 이를 경제안정을 회복하기 위한 필수적인 조
치로 간주하였고 외국인 투자자 뿐 아니라 아르헨티나 경제 전반에 영
향을 미친다는 점을 강조하였다.[15]

이러한 아르헨티나의 긴급조치법은 아르헨티나가 외국인 투자자들과
맺은 공공서비스 계약내용과 그 밖의 확약(assurances)을 변경시키는 성
격을 갖고 있었다. 긴급조치법 이전에 아르헨티나 정부와 기업들은 주기
적으로 가격조정 협상을 하였고, 이러한 가격조정은 미국 달러나 그 밖
의 외국통화를 기준으로 하였다. 그러나 문제의 조치로 인하여 공공서비
스 요금이 아르헨티나 페소화로 계산되었다.[16] 공공서비스 사업에 투자
한 외국인 투자자들은 통화가치가 하락한 페소화로 요금을 지급받게 되
었기 때문에 손해를 입게 되었다.[17]

12) *Ibid.*, paras. 138~140 참조.
13) *Ibid.*, para. 141.
14) Alvarez, *supra* note 4, p. 248 참조.
15) *Ibid.*, pp. 248~249 참조.
16) *Ibid.*, pp. 248~250 참조.
17) Christina Binder, "Necessity Exceptions, the Argentine Crisis and Legitimacy Concerns", Treves et al. (eds.), *Foreign Investment, International Law and Common Concerns*, p. 14 참조.

(2) 당사자들의 주장요지

아르헨티나의 가스사업, 수도사업 등 공공사업 민영화 과정에서 투자
한 외국기업들이 아르헨티나의 조치가 국제투자협정상 의무위반에 해당
한다며 투자분쟁을 제기하였다.[18] 구체적으로, 아르헨티나의 조치가 양
자 간 투자협정 상 공정하고 공평한 대우, 포괄적 보호조항, 비차별 대
우, 수용 규정 등을 위반하였다고 주장하였다. 투자자들은 아르헨티나와
투자자 국적국 간 체결된 양자 간 투자협정에 근거하여 중재절차를 개
시하였다.[19] 이에 대하여 아르헨티나 정부는 아르헨티나 국내법, 관습국
제법상 긴급피난 항변과 투자협정의 본질적 안보이익에 관한 예외조항
에 따라 자신의 조치가 정당화된다고 항변하였다.[20] 구체적으로 국제투
자협정에 포함된 예외조항의 요건을 충족하므로 투자협정의 실체적 의
무 위반 자체에 해당하지 않는다고 하였으며, 설령 실체적 의무위반에
해당하더라도 관습국제법의 긴급피난 항변에 따라 아르헨티나의 조치가
허용된다고 주장하였다.

3. 본질적 안보이익조항의 해석방법론

아르헨티나가 자국 조치의 정당성을 항변하기 위해 제시한 협정상 근
거는 동일하였지만, 같은 예외조항에 대해 각 중재판정부의 해석방법은

---

18) 서철원, "투자보장협정상 투자자보호와 경제위기에 대응하는 조치와의 관계에 관한
연구", 『서울국제법연구』 제18권 1호 (2011), pp. 120~121 참조.
19) 아르헨티나는 IMF의 권고에 따라 시장개혁과 민영화를 추진하였고, 외국인 투자를
유치하는 과정에서 1990년대 초반 다수의 양자 간 투자협정을 체결하였다. Alvarez,
supra note 4, p. 250 참조.
20) *CMS Gas Transmission Company v. The Argentine Republic*, ICSID Case No.
ARB/01/8, Award (May 12, 2005) ("*CMS*, Award"), para. 118 등 참조.

각각 다르게 제시되었다. 이하에서는 각 중재판정부의 해석방법론을 살펴보려고 한다. 국제법상 조약의 해석규칙, ILC 국가책임협약 초안의 긴급피난 항변의 해석론에 비추어 각 해석방법론이 어떠한 의미와 한계를 갖는지를 분석한다.

(1) 관습국제법상 항변과 예외조항의 융합

CMS 사건, *Sempra* 사건, *Enron* 사건에서 투자자들은 경제위기 시 아르헨티나가 취한 일련의 조치가 양자 간 투자협정상 의무를 위반했다고 주장하였다.21) 이 사건 중재판정부에서는 공통적으로 관습국제법상 긴급피난 항변의 구체적인 요건을 분석한 후 이를 아르헨티나가 별도의 항변으로 제시한 예외조항의 해석에도 적용하고 있다.

아르헨티나는 먼저 자국의 조치가 US-Argentina BIT의 실체적 의무를 위반하지 않았다고 주장하였고, 다음으로 양자 간 투자협정을 위반하였더라도 문제된 조치 당시 아르헨티나는 "긴급상황"(state of necessity or state of emergency)에 있었으므로 책임이 면제된다고 주장하였다.22) 긴급상황에 해당하므로 책임이 면제된다는 아르헨티나의 주장은 세 가지로 요약할 수 있다. 첫째, 긴급피난 항변은 국제의무에 위배되는 행위의 위법성을 조각하는 관습국제법으로 인정되고 있다.23) 둘째, 아르헨티나의 조치는 2001년 ILC의 국가책임협약 초안 제25조의 긴급피난 요건을 충족한다.24) 즉, 이 조치는 아르헨티나의 본질적 경제적 이익을 보호할

---

21) 각 사건의 배경에 관해서는 *CMS,* Award, paras. 53~58; *Sempra Energy International v. Argentine Republic,* ICSID Case No. ARB/02/16, Award (September 28, 2007) ("*Sempra,* Award"), paras. 88~95; *Enron Corporation Ponderosa Assets, L.P v. Argentine Republic,* ICSID Case No. ARB/01/3, Award (May 22, 2007) ("*Enron,* Award"), paras. 41~45 참조.

22) *CMS,* Award, para. 304; *Sempra,* Award, para. 325; *Enron,* Award, para. 288 각각 참조.

23) *CMS,* Award, para. 309.

수 있는 유일한 조치였으며, 이로 인하여 위반된 의무의 수혜자인 다른 국가나 국제공동체의 본질적 이익은 침해되지 아니한다.25)

아르헨티나의 긴급피난 항변에 대한 중재판정부의 판정을 쟁점별로 살펴본다. 2005년 CMS 중재판정부는 2001년 ILC 국가책임협약 초안 제25조의 긴급피난 항변이 관습국제법이라는 전제에서 분석을 시작하였다. 긴급피난 항변은 국가책임협약 초안 제25조의 요건을 충족시켜야만 의무위반을 정당화하는 항변으로 이용될 수 있다.26)

첫째, 국가의 본질적 이익에 대한 중대한 위협이 있었는지에 관해 중재판정부는 경제위기의 심각성을 인정하면서 아르헨티나가 긴급피난 항변을 남용한 것은 아니라고 하였다.27) 즉, 긴급조치를 시행할 당시의 여건을 고려할 때 아르헨티나는 전면적인 경제마비로 이어지는 것을 막기 위하여 이러한 조치를 취할 수밖에 없었다고 판단하였다.28)

둘째, 관습국제법상 긴급피난은 국가가 그러한 상황에서 취할 수 있는 유일한 방법(only way)이어야 한다.29) 아르헨티나의 조치가 유일한 방법인지와 관련하여 당사자들과 경제학자들의 견해에 다툼이 있었다. 그러나 국가책임협약 초안 주석서에 의하면, 더 값비싸고 불편한 방법이더라도 이용 가능한 대안이 있다면 유일한 방법이 아니며 긴급피난 항변을 원용할 수 없다.30) 중재판정부는 아르헨티나가 취한 조치가 유일한 방법은 아니었다고 판정하였다.31)

셋째, 그러한 조치가 의무를 부담하는 다른 국가나 국제공동체 전체

---

24) *Ibid.*, para. 311.
25) *Ibid.*, para. 312.
26) *Ibid.*, para. 317.
27) *Ibid.*, paras. 320~321.
28) *Ibid.*, para. 322.
29) *Ibid.*, paras. 323
30) ILC, *Draft Articles on Responsibility of States for Internationally Wrongful Acts with Commentaries* (2001), Article 25, para. 15 참조.
31) *CMS*, Award, para. 324.

의 본질적 이익(essential interest)을 심각하게 손상하여서는 안 된다는 추가 요건을 충족시켜야 한다.[32] 다른 국가에 대한 구체적 의무는 조약 규정을 통해 구체화되므로 이 문제는 적용 가능한 조약규정의 맥락에서 검토된다. 다만, 어떠한 방식으로도 국제공동체 전체의 본질적 이익이 영향을 받거나 국제법의 강행규범이 제한될 것으로는 여겨지지 않았다.[33]

넷째, 국가책임협약 초안 제25조 제2항에 의하면, 긴급피난 항변에는 두 가지 제한사항이 있다. 하나는, 해당 국제의무가 긴급피난 원용을 배제하지 않아야 하고, 다른 하나는 긴급피난 항변의 원용국이 긴급상황 발생에 기여하지 않았어야 한다는 것이다. 첫 번째 제한사항은 조약의 맥락에서 검토되었다. 한편, 중재판정부는 두 번째 제한사항과 관련하여 아르헨티나가 위기 발생에 상당히 기여하였는지의 문제라고 판단하였다.[34] 중재판정부는 아르헨티나의 경제위기는 특정 행정부가 야기한 것이 아니며, 위기의 근원은 1980년대 초반의 경제위기에 있고 1990년대부터 2000년대의 일련의 정부정책이 위기를 심화시켰다는 점을 고려하여 아르헨티나가 경제위기에 상당히 기여하였다고 판정하였다.[35]

마지막으로, 긴급피난 항변을 원용하려면 위에 열거한 모든 요건들이 누적적으로 충족되어야 한다.[36] CMS 사건 중재판정부는 긴급피난의 일부 요건은 충족되었으나 다른 요건은 충족되지 않았다고 판정하였다. 즉, 국가의 본질적 이익에 대한 위협은 존재하였으나 그러한 조치가 유

---

32) Ibid., para. 325. CMS 사건 중재판정부는 아르헨티나가 의무를 부담하는 다른 국가나 국제공동체의 본질적 이익을 침해하는지에 관해서는 문제된 조약 규정과 관련하여 분석하기로 하였다.

33) Ibid.

34) Ibid., para. 329.

35) Ibid.

36) Ibid., para. 330; ICJ, Gabčikovo-Nagymaros Project (Hungary v. Slovakia), Judgment (September 25, 1997), I.C.J. Reports 1997 ("ICJ, Gabčikovo-Nagymaros"), para. 51 각각 참조.

일한 방법이 아니며, 조치국이 위기발생에 상당히 기여하였다는 점에서
그러하였다. 그러므로 중재판정부는 관습국제법상 항변으로 국제투자협
정상 의무위반에 따른 위법성을 배제할 수 없다고 판정하였다.[37]

한편, 아르헨티나는 양자 간 투자협정의 본질적 안보이익에 관한 예
외조항을 긴급조치를 정당화하는 근거로서 함께 제시하였다. CMS 중재
판정부는 예외조항을 해석하면서 관습국제법상 긴급피난의 요건을 그대
로 도입하는 해석방법을 채택하였다. 본질적 안보이익에 관한 예외조항
의 의미를 어떻게 해석하여야 하는지에 대해서는 청구인과 피청구인 간
에 의견다툼이 있었으며, 이 사건을 분석한 학자들도 이 규정의 의미에
대하여 서로 다른 입장이었다.[38]

문제된 본질적 안보이익에 관한 예외조항은 US-Argentina BIT 제11조
로서 다음과 같이 규정되어 있다.

> 이 조약은 각 당사국에 의하여 공공질서의 유지, 국제평화나 안전의 유지나
> 회복에 관한 의무의 이행, 또는 본질적 안보 이익의 보호를 위하여 필요한
> 조치의 적용을 배제하지 아니한다. (밑줄은 필자가 추가)[39]

위 조항에 의하면 US-Argentina BIT의 체약당사국들은 공공질서의 유
지, 국제평화나 안전의 유지, 본질적 안보이익의 보호라는 세 가지 사유에

---

37) *CMS*, Award, para. 331 참조.
38) *CMS* 사건에서는 당사자들의 요청에 따라 Anne-Marie Slaughter 교수와 José E.
    Alvarez 교수가 법률전문가로서 논의에 참여하였다. 이들은 US-Argentina BIT의 예
    외조항의 의미를 서로 다르게 해석하고 있다. 즉 이 규정이 자기판단적 성격인지, 경
    제위기가 본질적 안보이익 개념에 포섭되는지에 관하여 상반된 입장을 제시하였다.
    CMS, Award, paras. 339~340, 349~352 참조.
39) 원문은 다음과 같다:
    "This Treaty shall not preclude the application by either Party of measures
    necessary for the <u>maintenance of public order,</u> the fulfillment of its obligations
    with respect to the <u>maintenance or restoration of international peace or security,</u>
    or the <u>protection of its own essential security interests.</u>" (밑줄은 필자가 추가).

해당하는 경우 이러한 목적을 위해 필요한 조치를 계속 적용할 수 있다.
예외조항의 적용에 관한 청구인들의 주장은 다음과 같다. 첫째, ILC
국가책임협약 초안 제25조 제2항을 근거로 제시하면서, "문제된 국제의
무가 긴급상황의 원용 가능성을 배제하는 경우에는 이 규정이 적용되지
않는다"라는 점을 들어 사안이 그러한 경우라고 주장하였다.40) 즉, 국제
투자협정의 근본 목적이 경제적 어려움에 처한 투자자에 대해 보호를
제공하는 것이므로 조약 상 의무를 이행하지 않을 목적으로 경제적 어
려움을 원용하는 것은 허용되지 않는다는 것이다.41) 둘째, 위 예외조항
이 자기판단적 성격의 조항이 아니기 때문에 본질적 이익이 문제되었는
지는 중재판정부가 판단하여야 한다고 하였다.42) 셋째, 경제위기는 조약
상 "본질적 안보 이익"의 개념에 속하지 않는다고 주장하였다. 즉, 본질
적 안보 이익에 해당하는 것은 전쟁, 자연재해, 그 밖의 국가의 존립을
위협하는 상황으로 한정된다고 주장하였다.43) 넷째, 예외조항은 조약에
따른 혜택의 부인(denial of benefits)을 허용하지 않기 때문에 이 조항으
로 책임이 면제되지 않는다고 주장하였다.44)

　이러한 청구인들의 주장에 대해 아르헨티나는 우선, 조약의 대상과
목적이 긴급상황의 원용을 배제하지 않는다고 반박하였다.45) 둘째, 예외
조항을 마련한 당사자들의 의도는 이를 넓게 해석하는 것이었으며, 미국
은 양자 간 투자협정을 처음 체결할 때부터 이른바 "비배제조치"(Non-
Precluded Measures)라는 예외조항을 도입함으로써 자국의 주권적 이익
(sovereign interests)을 보호하고자 하였다고 주장했다.46) "비배제조치" 조

---

40) *CMS*, Award, para. 337.
41) *Ibid.*
42) *Ibid.*, para. 339.
43) *Ibid.*, para. 340.
44) *Ibid.*, para. 341.
45) *Ibid.*, para. 345.
46) *Ibid.*, paras. 349~350.

항으로 주권적 이익을 보호하려는 경향은 *Nicaragua* 사건 이후 강화되어 아르헨티나와 양자 간 투자협정 체결 당시에도 이어졌다. 따라서 상호주의에 근거하여 아르헨티나도 미국에 대해 긴급상황을 주장할 때 유사한 예외조항 해석론을 활용할 수 있다고 하였다.47) 즉, 미국과 마찬가지로 아르헨티나도 긴급한 상황에서 주권적 이익을 보호하기 위하여 본질적 안보에 관한 예외조항을 원용할 수 있다고 주장하였다. 또한, 아르헨티나의 경제위기와 같은 심각한 상황은 예외조항의 안보상 이익에 포함된다고 주장하였다.48)

중재판정부는 우선 US-Argentina BIT의 대상과 목적이 긴급피난 항변을 배제하는지를 분석하였다. 중재판정부는 양자 간 투자협정이 경제적 어려움으로 인하여 정부의 불리한 조치가 취해질 수 있는 시기에 투자자를 보호하기 위한 목적으로 체결되었다는 점에 동의하면서도 심각한 경제적 어려움이 있어서 사회나 경제의 전반적 붕괴로 이어질 가능성이 있다면 긴급피난 항변을 원용할 수 있다고 하였다.49) 그렇지만, 아르헨티나의 경우 경제위기로 사회나 경제의 전반적 붕괴 상황에 처해 있었던 것은 아니기 때문에, 조약상 의무 위반에 따른 위법성이 긴급피난을 이유로 제거될 수는 없다고 판단하였다.50)

다음으로, ILC 국가책임협약 초안 제25조의 맥락에서 논의되었듯이 문제된 조치가 그러한 의무를 통해 보호받는 국가나 국가들의 본질적 이익을 심각하게 손상시키는지를 검토하였다.51) 국제투자협정의 기본 목적은 투자자 이익보호이며, 이는 체약당사국에게도 중요한 관심사이다. 그러나 중재판정부는 체약당사국의 관점에서 볼 때 이 사건 조치로 인하여 그러한 의무가 존재하는 국가나 국제공동체 전체의 본질적 이익

---

47) *Ibid.*, paras. 350~351.
48) *Ibid.*, para. 352.
49) *Ibid.*, para. 354.
50) *Ibid.*, para. 356.
51) *Ibid.*, para. 357.

이 심각하게 손상된 것으로 간주되지 않는다고 하였다.[52]

셋째로, 중재판정부는 경제적 긴급성(economic necessity)에 해당하는 상황이 본질적 안보이익의 개념에 포함될 수 있는지를 분석하였다. 이에 대해 비록 조약의 문언에서는 경제위기를 직접 언급하고 있지 않지만, 관습국제법의 맥락 및 조약의 대상과 목적에 근거할 때 주요 경제위기가 예외조항에서 말하는 본질적 안보이익에서 배제된다고 보기도 어렵다고 판단하였다.[53] 구체적으로 중재판정부는 본질적 안보이익의 개념을 국가들의 직접적인 정치안보 관심사로 한정하고 경제위기는 배제하는 해석방법이 US-Argentina BIT 제11조에 대한 균형 있는 해석으로 볼 수 없고 조약의 해석 규칙에도 합치하지 않는다고 하였다.[54]

마지막으로 중재판정부는 US-Argentina BIT 제11조의 본질적 안보이익 조항이 "자기판단적"(self-judging) 성격의 조항인지의 문제, 즉 이러한 예외조항을 주장하는 국가가 예외적 조치의 적법성 여부를 일방적으로 판단할 권한을 보유하는지를 검토하였다.[55] 이와 관련하여, 중재판정부는 GATT 제21조와 미국-러시아 BIT를 사례로 들면서 국가가 예외적 조치를 취하면서 조항에 대한 자기판단 권한을 보유하려는 의도가 있다면 명시적 문구로 표시한다고 하였다. 이러한 입장은 ICJ의 *Nicaragua* 사건, *Oil-Platforms* 사건에서도 재차 확인되었다.[56] 결론적으로 US-Argentina BIT 제11조에는 자기판단에 대한 명시적 문구가 없으므로 자기판단적 조항이 아니라고 하였다.[57] 구체적으로 긴급상황이 발생하였을 때 국가들은 대체로 재판부의 견해를 요청하지 않고 적절하다고 간주하는 조치를 취하게 된다. 그러나 그러한 조치의 적법성 여부가 국제재판에서 쟁

---

52) *Ibid.*, para. 358.
53) *Ibid.*, para. 359.
54) *Ibid.*, para. 360.
55) *Ibid.*, paras. 366~370.
56) *Ibid.*, paras. 370~371.
57) *Ibid.*, paras. 370~373.

점이 되면, 긴급피난 항변이 인정되는지 결정하는 것은 해당 국가가 아니라 국제법원이다.[58]

CMS 사건, Enron 사건, Sempra 사건의 각 중재판정부에서는 양자 간 투자협정의 본질적 안보이익 조항을 ILC 국가책임협약 초안 제25조 긴급피난의 구체적 요건을 반영하여 해석하였다. 국제법원에서는 조약 규정을 해석할 경우 비엔나 조약법 협약 제31조에 규정된 해석원칙에 기초하여 해석한다. 이와 달리 이 사건 중재판정부에서는 관습국제법상 긴급피난 항변의 요건과 제한사유를 조약상 예외조항의 해석에 그대로 도입하는 방식을 채택하였다.

예를 들어 CMS 사건에서 중재판정부는 위반된 조치가 조약 상 예외조항에 의하여 정당화될 수 있는지를 별도로 검토하는 대신에, 이러한 분석은 관습국제법상 긴급피난 항변의 검토에서 이미 다루어졌다고 전제한 것으로 판단된다. 즉, CMS 사건 중재판정부는 판정문 제374문단에서, 중재판정부는 US-Argentina BIT 제11조 하에서 실체적 검토를 할 권한이 있으며, "긴급상황이 관습국제법과 조약에 따른 조건을 충족하여 위법성을 배제할 수 있는지를 검토하여야 한다"라고 하였지만 제11조에 따른 구체적 추론을 제시하지 않았기 때문이다.[59] Sempra 사건과 Enron 사건의 중재판정부는 "긴급피난 상황의 요건과 관련해서는 조약과 관습국제법은 구분할 수 없게 되었다(inseparable)"라고 하면서, "그러한 요건은 관습국제법에 정의되어 있다"라는 점을 근거로 들어 예외조항의 해석에 관습국제법의 요건을 도입하였다. 이러한 논리에 따라 Sempra 사건과 Enron 사건 중재판정부도 조약상 예외조항에 근거하여 아르헨티나의 조치가 정당화되는지 여부에 대하여 별도의 구체적인 해석을 전개하지 않았다.[60]

---

58) Ibid., para. 373.
59) CMS, Award, para. 374; CMS, Annulment, infra note 98, para. 122 참조.
60) Enron, Award, para. 333~334; Sempra, Award, para. 376 ("the Treaty provision

중재판정부의 이러한 조약상 예외조항 해석과 적용방식은 세 가지 문제가 있다. 첫째, 관습국제법과 조약의 적용순서 문제이다. 조약 규정이 관습국제법과의 관계에서 특별법의 지위에 있다면, 당사국 간의 관계에서는 특별법인 조약규정의 의미를 먼저 해석하고 이를 적용하여야 한다.[61] 그러나 CMS 사건에서는 관습국제법상 긴급피난 항변과 조약상 예외조항의 관계를 검토하지 않았고, 관습국제법상 긴급피난 항변에 대하여만 상세히 검토한 후 별다른 논의 없이 긴급피난 항변에 관한 해석을 그대로 조약상 예외조항의 해석과정에 도입하였다. 또한 2007년 Enron 사건 중재판정부는, Dean Slaughter와 William Burke-White 교수가 제시하였던 "양자 간 투자협정은 관습국제법과는 별개의 특별법(lex specialis)"이라는 전문가 의견을 인정하였으나 조약상 예외조항에서 긴급상황의 의미와 요건이 확인되지 않는다는 이유에서 관습국제법상 의미를 그대로 활용하고 있다.[62]

둘째, 중재판정부의 본질적 안보이익 조항 해석방법은 국제법상 조약의 해석원칙에 비추어 보더라도 문제가 있다. 비엔나 조약법 협약 제31조에 의하면, 조약은 문언의 통상적 의미에 따라 그 문맥과 목적을 고려하여 해석되어야 한다. 그러나 아르헨티나 투자분쟁 사건에서 중재판정부는 심각한 경제위기 시에 국가가 긴급한 상황을 이유로 자신의 조치를 정당화할 수 있는지에 대하여 관습국제법상 항변을 원용하거나 조약상 예외조항을 원용할 수 있는지를 전체적으로(categorically) 분석하였을 뿐이다. 이러한 해석방법은 조약상 예외조항과 관습국제법상 항변은 그 법적 의미와 기능에서 차이가 있음을 간과한 것이다.[63] 구체적으로 조

---

is inseparable from the customary law standard insofar as the definition of necessity and the conditions for its operation are concerned, given that it is under customary law that such elements have been defined.") 각각 참조.

61) Malcolm N. Shaw, *International Law*, 7th edition (Cambridge University Press, 2014), p. 88 참조.

62) *Enron*, Award, para. 334 참조.

약상 예외조항은 조약의 구체적 의무에 대하여 예외조항에 해당하면 그 적용을 배제하는 반면, 관습국제법상 항변은 조약상 의무위반이나 관습 국제법상 의무위반에 대하여 그로 인한 책임을 면제하는 기능을 한다.

마지막으로, 관습국제법상 긴급피난 항변을 외국인 투자자 같은 사적 (私的) 당사자에 대한 항변으로 활용할 수 있는지와 같은 근본적 문제가 있다.64) 즉, 관습국제법의 긴급피난 항변은 국가 간 관계에서 위법행위 로 인한 국가책임이 발생하였을 때 위반국이 제기할 수 있는 항변 사유 이기 때문이다. 반면, 국제투자분쟁의 주제는 투자유치국이 투자자에 대 해 행한 불리한 조치와 관련되어있다.65) 이런 점에서 국가가 투자자 개 인을 상대로 취한 특정 조치를 정당화하려는 취지로 긴급피난 항변을 개인에 대해 원용할 수 있는지는 별도의 검토를 필요로 한다. 긴급피난 항변에 관한 관습국제법을 살펴보더라도 국가가 개인 투자자에 대해 이 러한 항변을 원용할 수 있다는 근거는 어디에서도 확인할 수 없다. 무엇 보다 ILC 국가책임협약 초안 제25조 제1항 (b)호는 해당 행위가 "다른 국가나 국제공동체의 본질적 이익을 훼손하지 않을 것(does not seriously

---

63) 학자들은 이러한 접근방식을 아르헨티나와 조약상 예외조항과 관습국제법상 항변사 유의 융합(confluence or conflation)이라고 일컫기도 한다. Binder, *supra* note 5, pp. 613~615; Jürgen Kurtz, "Delineating Primary and Secondary Rules on Necessity at International Law", Tomer Broude & Yuval Shany (eds.), *Multi-Sourced Equivalent Norms in International Law* (Hart Publishing, 2011), pp. 248~251 각각 참조.

64) 아르헨티나의 긴급조치가 United Kingdom-Argentina BIT상 의무에 위배되는지가 문제되었던 *BG Group* 사건에서 중재판정부는 관습국제법상 긴급피난 항변은 국가 간 관계에서 기원하였기 때문에 BIT의 맥락에서는 적용될 수 없다고 하였다. 다만, *BG Group* 사건에서는 관습국제법상 항변이 적용되더라도 아르헨티나가 이러한 항 변의 엄격한 요건을 충족시키지 못하였기 때문에 이 문제에 대하여 별도로 결정하지 는 않았다. Alvarez, *supra* note 4, pp. 272~273; *BG Group Plc. v. Argentine Republic,* UNCITRAL, Award (December 24, 2007), paras. 407~412 참조.

65) Andreas Bjorklund, "Emergency Exceptions: State of Necessity and Force Majeure", Peter Muchlinski et al. (eds.), *The Oxford Handbook of International Investment Law* (Oxford University Press, 2008), p. 463 참조.

impair an essential interest of the State or States toward which the obliga-
tion exists, or of the international community as a whole)"이라고만 규정하
고 있을 뿐, 개인투자자의 이익에 관한 언급은 없다. 즉 긴급피난 항변
은 조치국의 본질적 이익과 다른 국가의 본질적 이익만을 비교하고 있
고, 조치국과 개인의 이익을 비교하지 않고 있다. 그러므로 관습국제법
상 항변을 개인투자자와 투자유치국의 관계에서 원용할 수 있는지에 대
한 검토가 선행되어야 한다. 이러한 선행 검토 없이 긴급피난 항변 해당
여부를 검토한 중재판정부의 접근방법은 문제가 있다.

(2) 예외조항의 우선적용

2006년 *LG&E* 사건에서 중재판정부는 특별법 우선원칙에 따라 국제
투자협정상 예외조항을 긴급피난 항변보다 우선적으로 적용하였다. 중
재판정부는 긴급피난 항변에 대해서도 검토하였지만 긴급피난 항변을
조약상 예외조항의 의미를 보충하는 규칙(background rule)으로 이해하였
다. 특별법 우선원칙(*lex specialis derogat lege generali*)은 일반적으로 인
정되는 국제법의 해석 원리이자 국제법상 규범충돌을 해결하기 위한 기
법이다.[66] 특별법 우선원칙은 2001년 ILC 국가책임협약 초안 제55조에
반영되었는데, 제55조에 의하면 "이 규정들은 국제위법행위의 존재 혹은
국가의 국제책임의 내용이나 이행을 위한 조건이 국제법의 특별한 규칙
에 의하여 규율되는 한 적용되지 아니한다."

LG&E 사건의 중재판정부는 조약상 예외조항과 관습국제법상 긴급피
난이 특별법과 일반법의 관계에 있다고 이해하고, 먼저 문제된 투자협정
에 포함된 본질적 안보이익 조항을 해석하고 적용하였다. 다음과 같은

---

66) Martti Koskenniemi, *Fragmentation of International Law: Difficulties Arising From
the Diversification and Expansion of International Law*, Report of the Study Group
of the International Law Commission (April 13, 2006), A/CN.4/L.682, p. 34 참조.

중재판정부의 판단을 통해 확인할 수 있다.

LG&E 사건 중재판정부는 US-Argentina BIT 제11조를 해석하면서 2단계 분석을 활용하였다. 즉, 아르헨티나가 문제된 US-Argentina BIT 제11조를 주장할 수 있는 상황적 조건이 충족되었는지를 먼저 결정한 후 두 번째로 아르헨티나의 조치가 공공질서를 유지하거나 본질적 안보상 이익을 보호하기 위하여 필요한 조치이었는지를 분석하였다.67) 또한, 이러한 해석과정에서 조약을 먼저 적용하고, 필요한 범위에서 관습국제법 (general international law)을 적용하며, 셋째로 아르헨티나의 국내법을 적용한다고 언급하였다. 특히 중재판정부는 이 사건에서 언급한 주장과 항변이 조약의 특정 조항에 기초한 것임을 강조하면서, 해당 조항을 해석하거나 적용할 때 요구되는 한도에서 관습국제법이 적용될 것이라고 언급하였다.68)

조약상 예외조항을 해석하기에 앞서 중재판정부는 자기판단 조항인지 여부를 우선 검토하였다. 자기판단 조항이라면, 공공질서의 유지 혹은 본질적 안보이익 보호를 위해 어떠한 조치가 필요한지를 판단하는 권한이 해당 국가에 있다.69) 아르헨티나는 자기판단 조항에 대한 미국의 입장이 모호하다는 점을 인정하면서도, 1992년 이후 미국의 입장은 자기판단 조항을 긍정하였다고 보았다.70) 반면, 투자자들은 조약상 예외조항의 문언, 문맥에 따른 해석과 조약 체결 당시 당사자들의 의사에 비추어 자기판단 조항으로 보기 어렵다고 주장하였다.71) *LG&E* 사건 중재판정부는 조약 체결 당시 당사자들의 의사에 근거하여 자기판단 조항이 아니라고 결론 내렸다.72)

---

67) *LG&E*, Decision on Liability, para. 205.
68) *Ibid.*, para. 206.
69) *Ibid.*, para. 208.
70) *Ibid.*, para. 209.
71) *Ibid.*, para. 211.
72) *Ibid.*, paras. 212~213.

조약상 예외조항의 해석에 관한 당사자들의 주장은 다음과 같다. 우선, 아르헨티나는 경제위기 시 취한 일련의 조치는 공공질서를 유지하고 본질적 안보이익을 보호하기 위하여 필요한 조치이었기 때문에 US-Argentina BIT 제11조 해석에 비추어 정당화된다고 항변하였다.[73] 아르헨티나는 투자자들이 "본질적 안보이익"을 국가안보에 관한 이익에만 국한되는 것으로 좁게 해석한 것을 비판하면서, 경제적 이익도 이러한 본질적 안보이익의 범주에 포함될 수 있다고 주장하였다.[74] 반면, 청구인들은 공공질서 유지를 위한 조치란, 특히 공중보건과 안전에 관하여 국가의 규제권한에 따라 취해진 조치를 의미한다고 정의하고, 사안의 조치들은 공공질서 유지조치가 아니라고 하였다.[75] 또한, "본질적 안보이익"에는 경제적 이익이 포함되지 않고 안보나 군사상 관심사만 포함한다고 하면서, 조약의 대상과 목적에 비추어 경제위기는 본질적 안보이익에 해당하는 것으로 해석되어서는 안 된다고 하였다.[76] 셋째로, 청구인들은 예외조항에도 불구하고 조약상 의무위반으로 인한 배상의무는 면제되지 않는다고 주장하였다.[77]

이에 대해 *LG&E* 사건 중재판정부는 아르헨티나가 2001년 12월 1일부터 2003년 4월 26일까지의 기간에 행한 조약상 의무위반에 대하여만 한정적으로 책임이 면제된다고 판단하였다.[78] 그 이유로서 우선, 아르헨티나가 높은 정도의 공공 무질서(public disorder) 상태에 있었고 경제, 정치, 사회의 각 부문에서 처한 심각한 위기로 인하여 아르헨티나 정부와 국가 전체의 전면적 붕괴가 우려되는 상황이었음을 지적하였다.[79] 이러한

---

73) *Ibid.*, paras. 215~218 참조.
74) *Ibid.*, paras. 218~219.
75) *Ibid.*, para. 221 참조.
76) *Ibid.*, para. 222 참조.
77) *Ibid.*, paras. 223 & 225 참조.
78) *Ibid.*, para. 229.
79) *Ibid.*, para. 231.

일련의 경제, 정치, 사회상황의 악화가 합쳐져서 US-Argentina BIT 제11조에 따른 보호가 필요하게 되었다고 보았다.[80] 둘째, US-Argentina BIT 제11조의 예외조항이 군사작전이나 전쟁에 이르는 상황에만 적용되는 것이 아니며, 국가의 경제적 존립 자체가 문제되는 상황에서는 예외조항이 적용될 수 있다고 인정하였다.[81]

다음으로, 중재판정부는 아르헨티나의 위기 시 조치가 이용가능한 유일한 방법이 아니라는 청구인들의 주장을 배척하였다. 구체적으로, 중재판정부는 US-Argentina BIT 제11조는 국가가 행동할 수밖에 없는(no choice but to act) 상황에서 적용될 수 있다고 하면서, 국가는 공공질서를 유지하거나 본질적 안보이익을 보호하기 위하여 자신의 처분 하에 있는 다양한 대응방법을 고려할 수 있다고 인정하였다.[82] 이러한 해석은 *CMS* 사건과 *Sempra* 사건에서 아르헨티나의 조치가 유일한 수단일 것을 요구한 것과 구별된다. *LG&E* 사건에서는 국가가 자신의 재량범위 내에 있는 여러 대응방법 중에서 합리적인 조치를 선택하였다면 적법한 조치가 될 수 있다고 보았다.

셋째로, 중재판정부는 아르헨티나의 긴급조치법이 아르헨티나 정부 입장에서 필요하고 정당한 조치(a necessary and legitimate measure)였다고 판정하였다. 즉, 2001년 12월 아르헨티나 정부가 대응방안을 마련함에 있어 핵심적인 것은 시간이었고, 긴급조치법은 당시 경제위기에 대한 신속하고 일방적인 조치로서 필요하였다는 것이다.[83]

LG&E 사건에서 주목할 부분은 중재판정부가 조약상 예외조항에 따라 아르헨티나의 조치가 정당화된다고 판단한 후, 관습국제법상 긴급피난 항변 요건도 충족되었다고 제시한 점이다. 즉, US-Argentina BIT 제11

---

80) *Ibid.*, para. 237. 아르헨티나의 위기상황에 대한 구체적인 설명은 *Ibid.*, paras. 232~236 참조.
81) *Ibid.*, para. 238.
82) *Ibid.*, para. 239.
83) *Ibid.*, para. 240.

조에 따른 조치라면 아르헨티나의 책임이 면제되지만, 국제법상 긴급피난 항변을 검토하더라도 이러한 결론을 지지할 수 있다고 보았다.[84] 이에 따라 *LG&E* 사건 중재판정부는 판정문 제246문단부터 제256문단에 걸쳐서 관습국제법상 긴급피난 항변의 요건에 대하여 상세하게 분석한 후, 제256문단과 제257문단에서 이러한 긴급피난 항변의 요건 역시 충족되었음을 간략히 설시하였다. 따라서 이 사건에서 긴급피난 항변은 조약상 예외조항과 별도로 존재하는 항변사유가 아니라 예외조항을 원용하기 위한 각 요건의 구체적 의미에 관하여 중재판정부의 해석을 뒷받침하는 근거로 활용되었다.[85] 긴급상황이 존재하는 기간 동안 아르헨티나의 배상책임이 존재하는지에 관해서도 중재판정부는 US-Argentina BIT 제11조에 비추어 이 기간에는 행위의 위법성이 배제되므로 배상책임을 부담하지 않는다고 판시하였다.[86]

LG&E 사건 중재판정부의 접근법은 우선 양자 간 투자협정의 예외조항을 해석한 후 그러한 해석이 적합한지를 관습국제법상 긴급피난 요건에 비추어 검토하는 방법이라고 평가되고 있다.[87] 일차적으로 당사자들 간에 직접 관련된 조약 규정을 우선 검토하고, 보충적으로 관습국제법상 긴급피난의 요건들을 살펴보고 있다. 곧 이 사건 중재판정부는 특별법우선 원칙에 근거하여 분석을 진행하였다.

LG&E 사건이 갖는 의의는 다음과 같다. 이 사건 중재판정부는 관습국제법상 긴급피난 항변의 요건을 고려하기에 앞서서 예외조항에 포함된 구체적 예외사유로서 "공공질서의 유지", "본질적 안보이익의 보호"가 각각 어떤 의미인지를 이 사건 사실관계에 비추어 분석하였다. 즉,

---

84) *Ibid.*, para. 245.
85) Bernhard Maier, "How Has International Law Dealt with the Tension between Sovereignty over Natural Resources and Investor Interests in the Energy Sector? Is There a Balance?", *International Energy Law Review*, Vol. 4 (2010), p. 13 참조.
86) *LG&E*, Decision on Liability, para. 261 참조.
87) Binder, *supra* note 5, pp. 613~615 참조.

LG&E 사건에서는 아르헨티나 경제위기에 뒤이은 혼란상황이 아르헨티나의 전면적 붕괴로 이어질 수 있다는 점을 고려하여 경제위기가 본질적 안보이익에 해당한다고 해석하였다. ICJ는 이미 다수의 판결을 통하여, 긴급피난 상황을 원용하기 위한 상황적 요건으로서 "본질적 이익"에 해당하는지의 문제는 각 사안의 사실관계에 기초하여 판단하여야 한다고 하였다.[88] 특히 군사공격과 같이 국가의 생존 자체에 대한 위협뿐 아니라 경제적, 생태학적, 그 밖의 국가의 핵심이익에 대한 위협도 본질적 이익에 포함될 수 있다고 판단한 바 있다.[89] 따라서 "본질적 이익"에 관한 LG&E 사건 해석은 위와 같은 국제 판례의 연장선에 있다.

한편, LG&E 사건의 해석에는 한계도 있다. 무엇보다도 조약상 예외조항과 관습국제법상 긴급피난 항변은 단순히 특별법과 일반법의 관계에 있는 것이 아니라 서로 다른 기능과 효과를 갖는 국제법의 개별 규칙이라는 점이다. 조약상 예외조항은 1차 규칙이지만, 관습국제법상 긴급피난 항변은 2차 규칙의 기능을 한다는 견해에 근거하면[90] LG&E 사건에서 조약상 예외조항과 관습국제법상 항변의 내용상 차이와 기능상 차이를 고려하지 않은 것은 문제가 될 수 있다. 1차 규칙인 조약상 예외조항에 해당하면 국제투자협정상의 의무위반 자체가 없는 것으로 인정되므로, 국제의무의 위반이 성립할 때 적용되는" 2차 규칙인 긴급피난 항변을 별도로 검토할 필요가 없게 된다.[91]

---

88) Abba Kolo & Thomas Wälde, "Capital Transfer Restrictions under Modern Invest-ment Treaties", August Reinisch (ed.), *Standards of Investment Protection* (Oxford University Press, 2008), p. 218 참조.

89) *Ibid*; ICJ, *Gabčikovo-Nagymaros*, Judgment, para. 53 각각 참조.

90) 국가책임협약 초안규정 제2회독에서 ILC는 국가책임에 관한 규칙을 2차 규칙으로, 국제법의 실체적 규칙을 1차 규칙으로 구분하였다. 이에 관해서는 Eric David, "Primary and Secondary Rules", James Crawford et al. (eds.), *The Law of International Responsibility* (Oxford University Press, 2009), p. 27 참조.

91) 1차 규칙과 2차 규칙의 구별 문제는 *CMS* 사건 취소위원회(Annulment Committee)와 *Sempra* 사건 취소위원회에서 다루어졌다.

이 견해에 따르면 *LG&E* 사건 중재판정부가 긴급피난 요건에 대하여 상세한 분석을 제시한 것은[92] 이론적 검토로는 의미가 있지만 예외조항과 긴급피난 항변의 관계를 오해한 것으로 볼 수 있다. 조약상 예외조항을 해석하고 사안에 적용하여 아르헨티나의 조치가 투자협정의 위반이 아니라고 인정된 이후에는 긴급피난 항변에 따른 분석이 중재판정부의 결론에 영향을 미치지 못할 것이기 때문이다.

(3) 1차 규칙과 2차 규칙의 구별

2007년 *CMS* 취소위원회(Annulment Committee) 사건에서는 조약상 예외조항과 관습국제법의 긴급피난 항변이 각각 국제법의 1차 규칙과 2차 규칙으로서 그 기능과 내용에서 차이가 있는 별개의 규정이라는 점을 주목하였다. *CMS* 취소위원회는 예외조항과 긴급피난 항변의 차이를 고려하지 않고 양자를 동일하게 취급한 원 판결에는 법적 오류가 있다고 하였다.

CMS 취소위원회 사건의 해석론을 구체적으로 검토하기에 앞서, 국제법상 1차 규칙과 2차 규칙이 무엇을 의미하는지를 살펴본다. 1차 규칙은 조약 등을 통해 규정되는 구체적이고 실체적 의무에 관한 규칙이다. 한편, 2차 규칙은 국제의무 위반이 있을 때 적용되는 일반적인 책임 규칙을 의미한다. 우선, ILC 초안 작업 이전에 다양한 법전화 시도가 있었는데, 당시에는 실체 규칙 – 예컨대, 외국인의 신체와 그 재산에 야기된 손해[93]나 외교적 보호에 관한 규칙 – 과 그에 따른 국제책임규칙을 동시에

---

92) *LG&E*, Decision on Liability, paras. 246~257 참조.
93) 1930년 헤이그 법전화 회의에서 '외국인의 신체나 재산에 대한 손해'라는 주제가 다루어졌다. Green H. Hackworth, "Responsibility of States for Damages Caused in Their Territory to the Person or Property of Foreigners: The Hague Conference for the Codification of International Law", *American Journal of International Law*, Issue 3 (1930) 참조.

법전화하고자 하였다.[94]

이와 달리 ILC의 국가책임 초안에 관한 법전화 작업은 2차 규칙에 초점을 맞추어 이루어졌다. 국가책임협약 초안상 1차 규칙과 2차 규칙의 구별은 특별보고관 Roberto Ago에 의해 제시되었다. 1963년 Roberto Ago는 ILC의 소위원회(sub-committee)에서 ILC는 국가책임의 전 분야, 그 중에서도 책임만을 법전화하는 보다 엄격한 접근방식을 취하여야 한다고 하였는데, 이는 ILC가 위반 시 국가책임을 발생시키는 규칙, 즉 1차 규칙을 간과해야 한다는 의미가 아니라 위반의 결과를 묘사하기 위하여 사례로서만 참작할 수 있다는 의미였다.[95] 1차 규칙과 2차 규칙의 구별은 Roberto Ago의 1970년 제2차 보고서에서 다시 확인된다. 즉, 1970년 ILC는 국가책임 문제를 검토하면서, 국가의 국제책임에 관한 "일반적" 규칙을 제시하였다.[96] Roberto Ago는 국제법이 국가에 부과하는 규칙과 의무의 구체적 내용을 규정하는 문제와 그러한 의무가 위반되었는지 혹은 그러한 위반의 결과가 무엇인지의 문제는 별개라고 하면서, 위반의 결과를 다루는 것이 국가책임의 영역이라고 하였다.[97]

CMS 사건 취소위원회에서는 1차 규칙과 2차 규칙의 구별에 기초한 해석론이 제시되었다. 판정 취소를 요청한 아르헨티나의 항변 내용은 다음과 같다. ICSID 협약 제52조에 의하면, 각 당사자는 협약 제52조에 규정된 다섯 가지 사유 중 하나 이상에 해당할 경우에 판정의 취소를 요청

---

94) David, *supra* note 90, p. 27 참조.

95) *Report by Mr. Roberto Ago*, Chairman of the Sub-Committee on State Responsibility, A/CN.4/152, Annex, *Yearbook of the International Law Commission 1963*, Vol. II, pp. 227~228; Working Paper prepared by Mr. Roberto Ago, A/CN.4/SC.1/WP.6, *Yearbook of the International Law Commission 1963*, Vol. II, pp. 252~253 참조.

96) James Crawford, *State Responsibility: The General Part* (Cambridge University Press, 2013), p. 64 참조.

97) *Ibid; Second Report on State Responsibility* by Roberto Ago, A/CN.4/233, *Yearbook of the International Law Commission, 1970*, Vol. II, p. 178 각각 참조.

할 수 있다. *CMS* 사건에 대해서 아르헨티나는 관할권, US-Argentina BIT 제2조 및 제11조, 관습국제법상 긴급피난 항변, 배상액 산정 등 판정 오류를 근거로 판정의 취소를 요청하였는데, 그 중에서도 US-Argentina BIT 제11조의 예외조항과 관습국제법상 긴급피난 항변과 관련해서는 중재판정부의 명백한 권한유월(manifest excess of power), 판정의 이유 미제시(failure to state reasons)를 이유로 판정의 취소를 요청하였다.[98]

이에 따라 *CMS* 사건 취소위원회는 예외조항과 관습국제법상 긴급피난 항변에 관한 기존 중재판정부의 해석 및 적용을 다음과 같이 비판적으로 분석하였다. 우선, 취소위원회는 *CMS* 사건의 중재판정부에서 US-Argentina BIT 제11조와 관련하여 ICSID 협약 제52조(e)항에 따른 판정이유 미제시의 오류가 있었는지를 검토하였다. *CMS* 중재판정부는 긴급피난 항변과 US-Argentina BIT 제11조에 따라 긴급상황의 요건이 충족되는지를 실체적으로 검토할 권한이 있다고 결론 내렸음에도 제11조와 관련하여 더 이상의 법적 추론을 제시하지 않았다.[99] 요컨대, 중재판정부는 예외조항이 관습국제법상 긴급피난 항변에 비추어 검토되어야 하고, 관습국제법상 항변이 충족되지 않았다면 예외조항에 따른 항변도 배척된다는 입장이었다.[100]

이와 관련하여 취소위원회는 중재판정부가 US-Argentina BIT 제11조의 예외조항을 구체적으로 검토하지 않고, 관습국제법상 긴급피난 요건을 충족하였는지 여부에 비추어 조약상 예외조항을 해석한 부분에 문제가 있다고 하였다.[101] 취소위원회는 다음과 같이 언급하였다:

---

98) *CMS Gas Transmission Company v. Argentine Republic,* ICSID Case No. ARB/
01/8, Decision of the Ad Hoc Committee on the Application for Annulment of
the Argentine Republic (September 25, 2007)("*CMS,* Annulment"), paras. 41~42
참조.

99) *Ibid.,* para. 122.

100) *Ibid.,* para. 124.

101) *Ibid.,* paras. 123~124 참조.

아르헨티나가 일반국제법상의 긴급피난을 원용할 수 없었던 것과 똑같은 이유로, 아르헨티나가 취한 조치는 US-Argentina BIT 제11조의 목적상 필요한 조치로 간주될 수 없다는 것을 좀 더 명시적으로 표현하였어야 했다.[102]

즉 취소위원회에 의하면, 중재판정부는 긴급피난 항변과 별도로 조약상 예외조항에 대한 해석과 그에 따른 판단을 제시해야 했으나 그렇게 하지 않은 데 법률상 오류가 있다. 다만 중재판정부의 이 부분 판정에 대해서는 당사자들이 주의를 기울인다면 판정의 의미를 이해할 수 있었을 것이므로 아르헨티나의 취소 주장을 받아들이지는 않았다.[103]

다음으로, *CMS* 중재판정부가 US-Argentina BIT 제11조의 예외조항에 대해 판단하기에 앞서 관습국제법상 긴급피난 항변을 판단함으로써 명백한 권한유월(manifest excess of power)이 있었는지를 검토하였다.[104] 특히 조약상 예외조항과 관습국제법상 긴급피난 항변을 판단함에 있어서 예외조항과 긴급피난 항변 각각의 기능 및 실체적 내용에 있어서의 차이를 고려하지 않은 부분이 문제로 지적되었다.

이와 관련하여 *CMS* 취소위원회는 US-Argentina BIT 제11조와 ILC 국가책임협약 초안 제25조는 문언상 유사성은 있으나, 기능상 차이가 있음을 주목하였다. 첫째, 제11조는 조약이 적용될 수 있는 조건을 구체화하는 반면, 제25조는 엄격한 요건이 충족되지 않는다면 본안에서 긴급피난 항변의 적용을 배제하는 소극적 방식으로 규정하고 있다. 둘째, 제11조는 해당 조항이 적용되면 조약의 실체적 의무가 적용되지 않는 문턱 요건(threshold requirement)인 반면, 제25조는 실체적 의무의 위반이 있을 경우에만 관련되는 항변(excuse)의 기능을 하였다.[105]

또한, 예외조항과 긴급피난 항변은 실체적 요건에도 차이가 있다. 즉

---

102) *Ibid.*, para. 125.
103) *Ibid.*, para. 127.
104) *Ibid.*, para. 128 참조.
105) *Ibid.*, para. 129 참조.

제11조는 공공질서의 유지나 본질적 안보이익을 보호하기 위하여 필요
한 조치에 적용되지만 관습국제법상 긴급피난 항변은 "그에 대하여 의
무가 존재하는 국가나 국제공동체의 본질적 이익을 심각하게 손상시키
지 않을 것"을 포함한 네 가지 요건을 필요로 한다.106) 요컨대, 조약상
예외조항을 원용하기 위한 요건과 관습국제법상 긴급피난 항변은 동일
하지 않으며, CMS 중재판정부는 이에 관하여 명백한 법률상 오류를 범
하였다.107)

조약상 예외조항과 관습국제법상 긴급피난 항변은 기능 면과 내용 면
에서 상이하므로, CMS 중재판정부가 예외조항과 긴급피난 항변의 관계,
이 사건에서 조약과 관습국제법이 모두 적용가능한지를 분석하지 않은
부분에 법률상 오류가 있다고 취소위원회는 지적하였다.108) 1차 규칙과
2차 규칙을 구별한 CMS 사건 취소위원회의 해석방법을 2단계 접근법이
라고 한다.109) 관련된 취소위원회의 판정내용은 다음과 같다:

> [만]약 긴급상황(state of necessity)이 양자 간 투자협정에 대한 일응의 위반
> 도 없는 것을 의미한다면 이는 ILC의 표현을 빌리자면 국제법의 1차 규칙
> 의 문제이다. 그러나 이것은 (US-Argentina BIT의) 제11조의 상황이기도
> 하다. 유사한 사건에서 ICJ의 표현을 빌리자면, 만약 중재판정부가 제11조
> 에 기초한 주장에 만족하였다면, BIT의 위반이 없다고 판정하였어야 한다.
> 이렇게 볼 때 제11조와 제25조는 동일한 문제 영역을 다루게 되고, 중재판
> 정부는 사안에 관한 특별법(lex specialis)으로서 제25조가 아니라 제11조를
> 적용하였어야 한다.110)
> 반대로, 관습국제법에서의 긴급피난 상황이 책임의 문제와 연결된다면 국제
> 법의 2차 규칙의 문제일 것이다-이것은 ILC가 취한 입장이었다. 이 상황에

---

106) *Ibid.*, para. 130.
107) *Ibid.*
108) *Ibid.*, paras. 131~132.
109) Binder, *supra* note 5, pp. 613~615 참조.
110) *CMS*, Annulment, para. 133.

서는 중재판정부는 우선, BIT의 위반이 있었는지를 검토하고 그러한 위반이 제11조에 의하여 배제되는지를 검토할 의무가 있었다. 조약과 합치하지 않는 행위가 있다고 판단한 경우에만, 중재판정부는 아르헨티나의 책임의 전부 혹은 일부가 관습국제법 하에서 배제될 것인지를 검토할 수 있다.[111] (밑줄은 필자가 추가)

요컨대, 취소위원회의 위와 같은 입장에 근거하면, 중재판정부는 1차 규칙과 2차 규칙의 구분에 기초하여 우선 BIT 위반이 있는지에 관하여 조약상 예외조항에 따라 판단을 하였어야 한다. 이러한 분석에 따라 BIT 위반이 인정되면 관습국제법상 긴급피난 항변에 따라 책임이 배제되는지를 판정할 수 있다.

BIT의 예외조항과 관습국제법상 긴급피난 항변의 기능과 내용상 차이는 *Sempra* 취소위원회 사건에서도 잘 나타나고 있다. 즉, 예외조항은 조약상 특별규칙으로서 양자간 투자협정의 맥락에서만 작동하는 반면, 긴급피난 항변은 그러한 원용가능성을 배제하는 의무를 제외하고는 어떠한 국제의무에 대해서도 원용될 수 있다.[112] 구체적으로, BIT의 예외조항은 조약상 실체적 의무의 적용을 배제하는 1차 규칙의 역할을 하는 반면, 관습국제법상 긴급피난 항변은 일단 실체적 의무 위반이 확인되었을 때 이에 대한 책임을 배제하는 2차 규칙의 역할을 한다.[113] 이런 점에서 조약상 예외조항에 해당하는 경우에는 처음부터 관습국제법상 긴급피난 항변은 적용되지 않는다. 조약상 예외조항에 해당하지 않아서 조약 위반이 인정되었을 때 비로소 관습국제법상 긴급피난 항변으로 정당화될 수 있는지가 문제된다. 마지막으로, 조약상 예외조항에 따른 적용

---

111) *Ibid.,* para. 134.
112) *Sempra Energy International v. Argentine Republic*, ICSID Case No. ARB/02/16, Decision on the Argentine Republic's Application for Annulment of the Award ("*Sempra,* Annulment"), para. 113 참조.
113) *Ibid.,* para. 115 참조.

배제와 긴급피난 항변은 그 법적 효과에서도 상이하다. 긴급피난 항변의 경우 ILC 국가책임협약 초안 제27조에서 알 수 있듯이 문제된 행위로 인한 물적 손실에 대한 보상을 지급하여야 한다. 반면, 조약상 예외조항은 실체적 의무의 적용을 배제하므로 보상 문제가 제기되지 않는다.114)

4. WTO 판례의 참조가능성

2008년 *Continental Casualty* 사건 중재판정부의 예외조항 해석방법론은 다른 중재판정부의 예외조항 해석방법과 비교하여 다음과 같은 특징이 있다. 첫째, *Continental Casualty* 사건 중재판정부는 조약상 예외조항과 관습국제법상 긴급피난 항변의 차이를 명시적으로 검토한 후 US-Argentina BIT 제11조의 예외조항을 우선 적용하였다.115)

US-Argentina BIT 제11조에 의하면, 타방 당사국의 투자나 투자자의 대우에 관해 부담하는 조약상 의무는 세 가지 유형의 국가이익, 즉 공공질서 유지, 국제평화와 안전유지, 본질적 안보이익 보호를 추구하기 위해 필요한 조치의 적용을 배제하여서는 안 된다. 중재판정부는 이 조항의 의미를 해당 조항의 요건을 충족하였을 때 당사자가 부담하는 실체적 의무를 제한하거나 배제하는 일종의 세이프가드 조항으로 이해하였다.116) 한편, 긴급피난 항변은 엄격한 조건 하에서 국제의무에 합치하지 않는 행위의 위법성을 배제하는 근거로 간주되었다.117) 따라서 조약상 예외조항은 일반적인 투자보호 의무를 제한하는 구체적 조항으로서 반드시 긴급피난 항변과 동일한 요건을 충족시킬 필요는 없다.118) 다만,

---

114) *Ibid.,* para. 118.
115) *Continental Casualty,* Award, paras. 162~168 참조.
116) *Ibid.,* paras. 163~164
117) *Ibid.,* para. 166.
118) *Ibid.,* para. 167.

중재판정부는 US-Argentina BIT 제11조를 해석하면서 긴급피난 항변과 기본 취지 및 실제 결과에서 갖는 유사성을 고려하여 긴급피난 항변 해석을 제11조 예외조항 해석에 참작할 수 있다고 하였다.119) 즉 긴급피난 항변과 조약상 예외조항은 국제의무의 적용에서 유연성을 부여하려는 의도를 갖고 있으며, 이에 따라 중요한 국가이익을 보호하기 위해서는 의무를 배제 혹은 정지하거나 그 위반에 따른 책임을 면제하는 것을 정당화하기 때문이다.120)

둘째, BIT 예외조항에 있는 구체적 예외사유인 "공공질서"와 "본질적 안보이익"의 의미를 해당 조항의 문언과 목적, 당사자들의 의도에 비추어 해석하고 이를 사안에 적용하였다.121) 청구인들은 본질적 안보이익이란, 국가를 외부위협으로부터 안전하게 유지하는 데 필수불가결한 이익을 의미한다고 해석하였고, 공공질서란 '공공정책'이라는 보통법(common law) 개념과 동의어로서, 구체적으로 한 국가의 사회를 규정하는 공공정책, 법과 도덕을 유지하기 위해 필요한 조치를 의미한다고 해석하였다.122) 반면, 아르헨티나는 공공질서 유지를 위해 필요한 조치란 국내소요, 혼란, 약탈, 범죄, 지속되는 사회적 긴장, 기본적 질서의 분열가능성, 정부의 영토에 대한 실효적 통제의 상실과 같은 사건에 직면하여 국내 안전을 보호하려는 목적의 조치를 포함한다고 해석하였다.123)

이에 대해 중재판정부는 청구인이 제시한 공공질서와 본질적 안보이익 개념이 지나치게 협소하다고 하면서, 국내평화와 사회의 일상적 삶을 보존하고 회복하기 위하여 그리고 국내평화(civil peace)를 침해하고 잠재적으로 법질서를 위협하는 불법행위와 혼란을 방지하고 억제하기 위하여 중앙정부가 취하는 조치는 중대한 경제적·사회적 곤경 때문이라고

---

119) *Ibid.*, para. 168.
120) *Ibid.*
121) *Ibid.*, paras. 173~181 참조.
122) *Ibid.*, paras. 170~171.
123) *Ibid.*, para. 172.

하더라도, US-Argentina BIT 제11조의 적용범위에 속한다고 보았다.[124] 중재판정부는 본질적 안보이익에 관해서도, 정치적 혹은 군사적 안전 뿐 아니라 경제적 안전을 포함하여 다양한 종류의 이익을 보호하기 위한 것으로 해석할 수 있다고 보았다.[125]

셋째, 문제된 조치가 아르헨티나의 공공질서를 유지하고 본질적 안보 이익을 보호하기 위하여 필요한(necessary) 조치인지를 판단함에 있어서, 중재판정부는 GATT 제20조의 "필요성"의 해석에 관한 WTO 패널과 항 소기구 판례를 참조하였다.[126] 아르헨티나는 자신의 조치가 중대하고 임박한 위험으로부터 본질적 이익을 보호하기 위한 유일한 수단이었다 고 주장하였다. 한편 청구인들은 '필요한'의 통상적 의미는 '필수불가결 한(indispensable)'을 의미한다고 하면서, BIT의 목적이 안정된 투자조건 을 제공하고 투자를 유치하고 보호하는 것임을 참작할 때 아르헨티나는 조치의 필요성을 입증하기 위하여 높은 기준을 충족시켜야 한다고 하였 다. 특히 청구인들은 ILC 국가책임협약 초안 제25조 제1항 (a)호에 근거 하여 대안적 조치가 있는지를 검토하고, 문제된 조치 이외에 이용가능한 대안적 조치가 있었기 때문에 문제된 조치의 필요성은 인정되지 않는다 고 보았다.[127]

이하에서는 *Continental Casualty* 사건 중재판정부가 WTO 패널과 항소 기구의 일반적 예외조항의 요건에 관한 해석을 국제투자협정의 예외조 항 해석에 도입한 부분을 검토한다.

---

124) *Ibid.*, paras. 173~174 참조.
125) *Ibid.*, paras. 175~178 참조.
126) *Ibid.*, paras. 193~195 참조.
127) *Ibid.*, paras. 189~190.

(1) 일반적 예외조항의 필요성 요건

WTO 패널과 항소기구는 GATT 제20조와 GATS 제14조의 일반적 예외조항의 필요성 요건과 관련하여 다수의 판정례를 통해 구체적인 해석기준을 제시해왔다. 일반적 예외조항에 규정된 정책목적을 보호하기 위하여 "필요한" 조치에 관하여 WTO 패널과 항소기구는 다음의 세 가지기준을 제시한 바 있다.

첫째, 필요성은 '필수불가결한'(indispensable)에서부터 '기여를 하는'(making a contribution to)의 양 극단의 개념 사이의 어느 지점에 위치하는 개념이다.[128] 둘째, 어떤 조치가 필요한지 여부는 관련된 이익이나가치의 상대적 중요성, 조치가 목적의 실현에 기여하는 정도, 조치로 인한 무역제한적 효과에 관한 평가를 포함하여 요소들 간의 비교형량(weighing and balancing) 과정을 거쳐 결정되어야 한다.[129] 셋째, 조약에합치하거나 가급적이면 덜 불합치하는 이용가능한 조치가 있을 경우에는 필요한 조치로 간주되지 않는다.[130]

2008년 *Continental Casualty* 사건에서는 판정문 제193문단 내지 제195문단에서 WTO 협정의 일반적 예외조항의 필요성에 관한 법리를 제시하였다. 이러한 기준에 근거하여 문제된 국제투자협정의 예외조항의 요건을 해석하였다.

---

128) Appellate Body Report, *Korea-Measures Affecting Imports of Fresh, Chilled and Frozen Beef*, WT/DS161/AB/R, WT/DS169/AB/R (January 10, 2001)("Appellate Body Report, *Korea-Beef*"), para. 161("···At a one end of this continuum lies necessary understood as indispensable; at the other, is 'necessary' takes to mean as 'making a contribution to.···") 참조.

129) Appellate Body Report, *Korea-Beef*, para. 164; Panel Report, *Brazil-Measures Affecting Imports of Retreaded Tyres*, WT/DS332/R (June 12, 2007), para. 7.104 등 참조.

130) Appellate Body Report, *US-Gambling*, para. 308 참조.

(2) WTO 판례의 참조를 통한 해석

Continental Casualty 사건 중재판정부는 US-Argentina BIT의 예외조항
에 있는 "필요성" 요건을 해석하면서 GATT/WTO 판례를 통해 발전한
해석기준을 참조하였다. 중재판정부의 이러한 접근방법은 분쟁의 적용
법규인 국제투자협정에는 일반적 예외조항이 없지만 공통된 문구인
'necessary'를 해석하기 위하여 WTO의 판례를 적극 참조한 것이다. 이는
"상호참조"(cross-fertilization)의 한 유형이다.[131]

우선, WTO 판례를 참조할 수 있는 근거를 예외조항의 법적 기원에서
찾고 있다. 예외조항의 "necessary"라는 문구가 미국의 우호통상항해조약
에 근거하며, 우호통상항해조약은 GATT 1947 협정 제20조의 형식을 반
영하는 점에서 GATT 및 WTO 판례를 해석에 참조할 수 있다고 설명하
였다.[132] 양자 간 투자협정과 GATT 1947은 문언 상 유사한 기원에서 출
발하였다는 점을 지적하면서, 관습국제법상 긴급피난 항변이 아니라
GATT나 GATS의 일반적 예외조항에 있는 "필요성"(necessity)에 대한
GATT/WTO 판례 법리에 비추어 필요한 조치인지를 판정할 것이라고 언
급하였다.[133]

이에 따라 아르헨티나의 조치가 US-Argentina BIT 제11조의 본질적

---

131) 국제 판례에서는 설립문서에 절차나 구제수단에 관한 근거법규가 없는 경우 법원은
   유사한 관련 법규에 근거하여 이러한 법적 흠결을 해소하는 해석방법을 채택하기도
   한다. 이러한 해석방법을 상호참조(cross-fertilization)라고 부르고 있다. Chester
   Brown, *A Common Law of International Adjudication* (Oxford University Press,
   2007), p. 41 참조.
132) *Continental Casualty*, Award, para. 192 참조. 일반적 예외조항과 같은 조항이 이
   미 우호통상항해조약에 반영되어 있었다는 논의는 Christian Tietje, "Perspectives
   on the Interaction between International Trade and Investment Regulation",
   Echandi & Sauvé (eds.), *Prospects in International Investment Law and Policy*,
   p. 167 참조.
133) *Continental Casualty*, Award, para. 192 참조.

안보이익 보호에 실질적으로 기여하였는지를 WTO 판정례의 해석기준을 참조하여 검토하였고 이에 대해 긍정하는 판단을 내렸다.[134] 즉, 아르헨티나가 취한 조치들은 부분적으로 '불가피하거나(inevitable, or unavoidable)', 부분적으로 '필수불가결하며(indispensable)', 어떤 경우에도 위기에 적극 대응하고 금융체제의 완전한 붕괴와 경제의 파괴 또는 아르헨티나 사회구조에 대한 위협을 방지하며, 통상적으로 위기극복을 지원하기 위하여 '중요하거나 결정적(material or decisive)'이었다. *Continental Casualty* 사건 중재판정부는 이런 점에서 "목적과 수단 사이에 진정한 관계가 있다"고 판단하였다.[135]

다음으로 중재판정부는 아르헨티나의 국제의무와 보다 합치하는 합리적으로 이용 가능한 대안이 있었는지를 분석하였다. 특히 중재판정부는 다음의 두 가지 쟁점을 분석하였다. 첫째는 문제된 조치가 취해졌을 때 BIT에 위배되지 않으면서 이용 가능한 대안이 있었는지, 그리고 그러한 대안이 동등한 결과를 가져왔을 것인지, 둘째는 아르헨티나가 이전에 다른 정책을 채택할 수 있었는지, 그렇다면 문제된 조치의 채택을 가져온 상황을 방지할 수 있었는지 여부였다.[136]

중재판정부는 2001~2002년 아르헨티나의 경제정책에 대하여 평가하거나 아르헨티나의 주권적 선택을 비난할 권한은 없다는 점에 유의하면서, 아르헨티나의 일련의 조치들은 BIT의 의미상 필요한 조치로서 정당화된다고 하였다.[137] 예컨대, 2001년 12월 1일의 예금인출제한 조치(*Corralito*)에 관해서는 예금보유고의 더 이상의 급락을 방지하기 위한 정당한 목적의 효과적인 조치이므로, BIT 제11조의 목적상 필요한 조치라고 하였다.[138] 아르헨티나 페소화의 평가절하에 관해서는 청구인이

---

134) *Ibid.*, paras. 196~197 참조.
135) *Ibid.*, para. 197.
136) *Ibid.*, para. 198.
137) *Ibid.*, para. 199 참조.
138) *Ibid.*, paras. 201~205 참조.

제시한 자율적인 부채-자산 교환이나 완전한 달러화 채택(full dollariz-
ation)은 성공 가능성이 있는 합리적 대안이 아니라고 보았다.[139] 또한,
다른 경제정책이나 환율정책을 수년 전에 채택하였다면 2001~2002년 위
기를 회피할 수도 있었지만 선제적 정책과 문제된 조치 간의 인과관계
가 미약하여 이러한 선제적 정책을 합리적 대안으로 간주하기는 어렵다
고 하였다. 따라서 중재판정부는 경제적으로나 법적으로 덜 파괴적인
(less disruptive) 대안적 조치가 있었다고 판단하지 않았다.[140]

마지막으로 중재판정부는 아르헨티나가 스스로 긴급한 상황(state of
necessity)에 기여하였기 때문에 긴급피난 항변을 원용할 수 없는지의 문
제를 살펴보았다.[141] ILC 국가책임협약 초안 제25조 제2항(b)은 긴급피
난을 원용하는 국가가 긴급상황에 기여한 경우에는 이러한 항변을 배제
하고 있으나, 이 사건 중재판정부는 예외조항 적용에서 관습국제법상 긴
급피난 항변이 판단기준(yardstick)이 될 수 없다는 입장을 취하였다.[142]
또한, 어떠한 경제정책이나 환율정책이든지 그러한 정책의 적절성 여부
를 평가하는 것은 쉽지 않으며, 동일한 정책의 유효성에 대해서도 상반
된 평가가 이루어지기도 한다는 점을 주목하였다.[143] 그러므로 중재판
정부는 아르헨티나의 정책 성패와 상관없이 US-Argentina BIT 제11조의
예외조항을 원용할 수 있다고 결론 내렸다.[144]

이처럼 *Continental Casualty* 사건 중재판정부는 투자유치국의 조치가
정책목표를 보호하기 위해 필요한 조치인지를 판단하면서 문언상 유사
성에 근거하여 WTO 패널과 항소기구의 필요성 분석을 활용하였다.
WTO 협정의 일반적 예외조항 해석례가 BIT상 예외조항 요건에 관한 해

---

139) *Ibid.*, paras. 206-210 참조.
140) *Ibid.*, para. 231.
141) *Ibid.*, para. 234 참조.
142) *Ibid.*
143) *Ibid.*, para. 236 참조.
144) *Ibid.*

석기준을 제시해줄 수 있다고 보았다. 이에 따라 *Continental Casualty* 사건에서는 투자유치국의 규제권한 행사를 긴급피난 항변에 비추어 해석한 방법과 비교할 때, 조치의 필요성을 보다 완화된 요건에서 인정할 수 있었다.

5. 중재판정부 해석의 비일관성 문제

이 절에서 검토한 아르헨티나 투자분쟁 사건에서는 유사한 사실관계에서 같은 BIT의 예외조항 해석이 쟁점이 되었다. 각 사건 중재판정부는 상이한 해석방법에 기초하여 서로 다른 결론에 도달하였다. 각 중재판정부는 공통적으로 경제위기 상황을 "본질적 안보이익"에 해당하는 상황적 요건으로 볼 수 있는지, 예외조항이 "자기판단적" 규정인지에 대해 판단하였는데, 첫 번째 쟁점에 대해서는 모든 중재판정부가 긍정하였고 두 번째 쟁점은 모든 중재판정부가 부정적인 견해를 표명하였다.

가장 핵심적인 쟁점이 된 것은 국제투자협정의 예외조항과 관습국제법상 긴급피난 항변의 관계를 어떻게 볼 것인지의 문제였다. 관습국제법상 항변이 국제투자협정의 예외조항 요건을 보충하는 역할을 하는지 아니면 독자적인 별개의 항변인지, 긴급피난 항변과 예외조항의 법적 성격이 상이한지, 어느 항변을 우선적으로 적용해야 하는지 등에 대하여 각 중재판정부는 서로 다른 입장을 갖고 있었다.

국제재판에서 일반적으로 선례구속원칙이 적용되지는 않는다.[145] 그

---

145) 예를 들어 ICJ 규정 제59조 참조. WTO 항소기구도 "이전의 패널보고서나 항소기구 보고서에서 채택된 논리는 향후의 패널에 구속력을 갖지 않는다"라고 언급한 바 있다. Todd Weiler, "The Significance of NAFTA Chapter 11 for the Development of International Economic Law", Todd Weiler (ed.), *NAFTA Investment Law and Arbitration: Past Issues, Current Practice, Future Prospects* (Transnational Publishers, 2004), pp. 9~10 참조. 이와 달리 국제법원 판결을 통해 기존 법을 확인

렇지만 국제사법재판소나 WTO 패널 및 항소기구에서는 이전의 판례를 빈번하게 인용하고 해석의 준거로 이용하고 있다.[146] 이를 통해 국제법 원의 판례는 다른 사안에 대해서도 사실상의 규범력을 가지며 더 나아가 국제법의 실질적 연원으로 여겨지고 있다. 그러나 이 절에서 살펴본 아르헨티나 투자분쟁 사건에서는 투자유치국의 유사한 조치와 관련하여 동일한 국제투자협정의 예외조항 해석이 문제되었지만 일관된 법리가 사실상 도출되지 않았다. 이는 외국투자자와 투자유치국 모두에게 예측가능성과 법적 안정성의 측면에서 문제를 제기한다.[147]

우선, 관습국제법상 항변과 조약상 예외조항의 관계를 검토하지 않고 관습국제법상 긴급피난의 요건을 조약상 예외조항 분석에 그대로 도입한 *CMS* 사건 등에서의 판정은 문제가 있다. 이후의 중재판정에서는 예외조항에는 없으나 긴급피난 항변에는 있는 추가적인 요건을 도입하기도 하였다. 즉, 2011년 *El Paso* 사건 중재판정부는 긴급피난 항변을 원용하기 위해서는 그 국가가 위기에 기여하지 않았을 것(no contribution)이라는 요건이 필요하다는 점을 고려하여, 조약상 예외조항에 명시되지 않은 추가적인 요건을 예외조항 해석에 적극 도입한 바 있다.[148]

하는 것을 넘어 법을 창설하는 기능을 한다는 논의로 Ingo Venzke, *How Interpretation Makes International Law*, pp. 144~147 참조.

146) Gilbert Guillaume, "The Use of Precedent by International Judges and Arbitrators", *Journal of International Dispute Settlement,* Vol. 2, No. 1 (2011), p. 12 참조.

147) Stephan W. Schill, "Enhancing International Investment Law's Legitimacy: Conceptual and Methodological Analysis of a New Public Law Approach", *Virginia Journal of International Law,* Vol. 52 (2011), p. 66 참조.

148) *El Paso Energy International Company v. The Argentine Republic,* ICSID Case No. ARB/03/15, Award (October 31, 2011)("*El Paso,* Award"), paras. 617~620 참조. 반면, 2001년 ILC 국가책임협약 초안 제25조에는 긴급피난 항변을 원용하는 국가는 위기상황 발생에 기여하지 않았어야 한다는 요건이 있다. 국가들이 스스로 긴급피난 상황을 유발하여 국제의무 준수를 회피하는 것을 방지하기 위한 요건이다. Catherine H. Gibson, "Beyond Self-Judgment: Exceptions Clauses in US BITs", *Fordham International Law Journal,* Vol. 38 (2015), p. 9 참조.

그러나 관습국제법상 항변과 조약상 예외조항은 별개의 법적 지위를 갖는다는 점을 유념하여야 한다. 다시 말해, 예외조항은 비엔나 조약법 협약의 해석원칙에 따라 그 용어의 통상적 의미를 문맥, 대상과 목적을 고려하여 해석하여야 한다. 그러므로 CMS 사건 등에서 중재판정부가 2001년 ILC 국가책임협약 초안 제25조의 긴급피난 항변의 요건을 조약상 예외조항에 도입하여 해석한 것은 조약의 해석원칙에 근거한 해석이라고 보기 어렵다.[149]

다음으로, LG&E 사건의 특별법우선 원칙의 관점에서 이루어진 해석 방법론도 문제가 있다. LG&E 사건은 특별법인 조약상 예외조항의 의미를 먼저 살펴보고, 관습국제법상 긴급피난 항변을 조약상 예외조항을 보충하는 규범으로서 검토하였다. 그러나 일단 조약의 예외조항 요건에 따라 국제투자협정상 의무 위반 조치가 한시적으로 허용된다고 보았다면 긴급피난 항변에 해당하는지를 별도로 검토할 필요가 없다. 예외조항에 해당하면 처음부터 국제투자협정상 의무위반에 해당하지 않기 때문이다. 이런 점에서 CMS 사건 취소위원회는 예외조항과 관습국제법상 항변의 기능과 내용상 차이에 주목하였다. 1차 규칙인 예외조항을 먼저 적용하고 국제투자협정상 의무위반에 해당할 때 2차 규칙인 긴급피난 항변에 해당하는지를 판단하였다.

마지막으로 Continental Casualty 사건은 조약상 예외조항과 관습국제법상 긴급피난 항변이 별개의 지위를 갖는다는 것을 명시하고 조약상 예외조항의 의미를 구체적으로 해석하였다는 의의가 있다. 그러나 예외 조항에서 "필요한"의 의미를 GATT/WTO 패널 및 항소기구의 판례 법리에 비추어 해석하였는바, 국제투자협정의 예외조항과 국제통상협정의 일반적 예외조항 사이에 판례의 상호참조가 가능한 것인지의 문제를 제기하고 있다. 이 문제와 관련하여 Continental Casualty 취소위원회에서는

---

149) Binder, *supra* note 5, p. 619.

중재판정부의 GATT/WTO 협정 해석에 오류가 있었는지를 판단하였다.[150] 즉 *Continental Casualty* 중재판정부는 US-Argentina BIT 제11조를 1947년 GATT 제20조의 맥락에서 해석하여야 한다고 보았지만, 청구인이 판정취소를 구하면서 지적했듯이 안보이익을 다루는 조항은 GATT 제20조가 아니라 제21조이기 때문이다.[151] 다만 취소위원회는 중재판정부가 GATT/WTO 협정을 잘못 이해하여 US-Argentina BIT 제11조를 잘못 해석하였더라도 이는 법적 오류(error of law)에 해당하며 판정취소 사유는 아니라고 판단하였다.[152]

이처럼 각 중재판정부에서는 예외조항에 대해 서로 다른 해석방법론을 제시하였고 이에 따라 유사한 쟁점에 관해서도 투자유치국의 조치의 허용 여부에 대해 상이한 판정을 내리기도 하였다. 이러한 해석상 비일관성 문제가 제기되는 점을 고려할 때 국제투자협정의 현 예외조항이나 관습국제법상 긴급피난 항변으로는 투자유치국과 외국인 투자자 모두에 대해 예측가능하고 안정된 규범을 제시하지 못한다고 볼 수 있다.[153] 요컨대, 국제투자협정상 예외조항과 관습국제법상 긴급피난 항변은 투자유치국이 자신의 규제조치를 정당화하기 위한 효과적 방어수단으로 기

---

150) *Continental Casualty Company v. Argentine Republic*, ICSID Case No. ARB/03/9, Decision on the Application for Partial Annulment of Continental Casualty Company and the Application for Partial Annulment of the Argentine Republic (September 16, 2011), para. 133 참조.

151) *Ibid.*, para. 108(h).

152) *Ibid.*, paras. 88 & 133 참조.

153) 외국인 투자자를 위하여 안정되고 예측 가능한 투자규율체제를 마련하는 것은 국제투자협정의 목적이며, 공정하고 공평한 대우의 본질적 요건이다. 다만 *LG&E* 사건에서 제시하였듯이 안정된 투자환경을 마련할 의무는 국가의 존립 자체를 근본적으로 위협하지 않을 경우에 존재한다. *LG&E*, Decision on Liability, para. 124 참조. 이러한 입장에 의하면, 긴급한 상황인지의 판단은 국제투자협정의 실체적 의무 해석에도 간접적으로 반영되어 있다고 볼 수 있다. Michael Waibel, "Two Worlds of Necessity in ICSID Arbitration: CMS and LG&E", *Leiden Journal of International Law*, Vol. 20, Issue 3 (2007), p. 640 참조.

능하지 못하고 있다.

무엇보다 ILC 국가책임협약 초안 제25조의 긴급피난 항변은 엄격한 요건을 충족해야만 원용될 수 있다. 본질적 이익을 보호하기 위하여 유일한 수단이어야 하며, 다른 국가나 국제공동체의 본질적 이익을 훼손하지 않아야 할 것을 요구하기 때문이다. 긴급피난 항변이 관련된 국제 판례를 살펴보더라도 긴급피난 항변에 따라 위법행위로 인한 국가책임이 면제된 사례는 거의 확인되지 않는다. 즉, 긴급피난 항변은 심각한 경제위기를 극복하기 위한 국가의 조치를 정당화하는 데에도 지나치게 엄격한 요건을 제시하는 항변으로 여겨진다. 그렇다면 일상적으로 여러 가지 공공정책 목표를 추구해야 하는 상황에서, 특히 국제투자협정에는 규제권한에 대한 명시적 고려가 배제되어 있는 상황에서 기존 예외조항의 해석을 통해 국가의 규제권한을 보장받는 것은 어려울 것이다. 더 나아가 긴급피난 항변은 투자자의 이익과 투자유치국의 이익을 적절히 조화시키는 방법으로도 불충분하다고 평가되고 있다.[154]

위와 같은 점을 고려할 때, 국제투자협정에 국가의 규제권한에 관한 구체적 조항이 포함되지 않는다면 본질적 이익보호까지는 아니지만 중요한 의미를 갖는 규제권한 행사가 인정되기 어려울 것으로 생각된다. 무엇보다 중재판정부의 국제투자협정 해석을 통해서 국제투자협정의 다양한 예외조항에 대한 예측 가능한 법리가 보장되지 않는다. 다음 절에서 국제투자협정의 예외조항을 통하여 규제권한을 확보하려는 시도에는 어떠한 한계가 있는지를 구체적으로 예외조항의 내용과 해석방법에 비추어 살펴보고자 한다.

---

154) Waibel, *supra* note 153, p. 638 참조.

제2절 국제투자협정상 예외조항의 한계

국제투자협정의 예외조항에서는 대체로 본질적 안보이익 보호, 국제 평화와 안전의 유지, 공공질서의 유지 등을 예외사유로 제시한다. WTO 협정이나 자유무역협정의 일반적 예외조항과 비교할 때 국제투자협정의 예외조항에서는 허용되는 규제목표의 범위가 제한적이었다. 국제투자협 정상 예외조항의 제한성은 이러한 예외조항의 해석에서도 확인되고 있 다. 특히 관습국제법상 긴급피난 항변에 비추어 국제투자협정의 예외조 항을 해석하는 것은 투자보호와 규제권한의 균형을 고려하고자 한 예외 조항의 본래 취지를 충분히 구현하지 못하고 있다.

1. 허용되는 정책목표에 관한 한계

국제투자협정의 예외조항은 투자보호 의무와의 관계에서 허용되는 정 책목표, 조치와 목표의 관련성, 예외조항을 통해 배제되는 실체적 의무 조항, 자기판단(self-judgment) 여부 등을 명시하는 방식으로 규정되고 있 다.155) 허용되는 정책목표란, 예외조항이 구체화하는 예외사유로서 국가 들이 특정한 규제조치나 규제입법을 도입할 때 고려하는 목표를 의미한 다. 예외사유는 통상적으로 광범위한 해석의 여지가 있는 용어인 공중도 덕, 공공질서, 안보와 같은 용어로 제시되어 있다. 이하에서는 대표적인 예외사유인 본질적 안보이익의 의미, 공공질서의 의미를 살펴보고, 이에

---

155) Burke-White & Von Staden, *supra* note 4, pp. 329~336 참조.

비추어 예외조항에서 허용되는 정책목표의 범위와 해석상 문제점을 검토한다.

(1) 본질적 안보이익의 의미

본질적 안보이익이라는 정책목표는 "안보"(security), "본질적 안보이익"(essential security interest), "본질적 이익"(essential interest), "국가안보이익"(national security interest) 등 서로 다른 명칭으로 표현되어왔다.[156) 특히 본질적 이익은 2001년 ILC 국가책임협약 초안 제25조 긴급피난 항변의 보호법익과 동일한 것으로 여겨졌다. Roberto Ago에 의하면, 어떤 이익이 본질적인지는 국가가 구체적 상황에서 고려하는 조건의 전체(totality of the conditions)에 근거하며, 추상적으로 미리 결정될 수 있는 것이 아니라 그러한 이익이 관련된 특정 사례와의 관계에서 평가되어야 한다.[157) ILC 국가책임협약 초안 주석서에서는 본질적 이익의 사례로서 환경적 관심, 국가의 보전, 민간인 안전 확보 등을 제시하였다.[158)

그러나 구체적인 사실관계에 비추어 본질적 이익의 개념을 검토하는 것은 이 예외사유가 어떠한 범위의 규제조치에 적용될 것인지를 명확히 하지 못하는 문제가 있다. 예를 들어, 본질적 이익의 유관 개념으로서 "국가안보"만 보더라도 보호 대상뿐 아니라 그러한 위협의 근원에 관하여도 구체적인 범위를 제시해주지 못한다.[159) 국가안보에 관한 예외가

---

156) Aikaterini Titi, *The Right to Regulate in International Investment Law* (Nomos, 2014), pp. 78~79 참조.

157) *Addendum to the eighth report on State responsibility by Mr. Roberto Ago*, A/CN.4/318/ADD.5-7, *Yearbook of the International Law Commission 1980*, Vol. II, Part 1, p. 19.

158) International Law Commission, *Draft articles on Responsibility of States for Internationally Wrongful Acts, with commentaries 2001* (United Nations, 2008), Article 25, p. 83 참조.

159) UNCTAD, "The Protection of National Security in IIAs", *UNCTAD Series on*

포괄적이고 모호한 방식으로 규정되었기 때문에 일부 국제법원의 법리
를 통해 그러한 예외사유의 의미를 명확히 하고, 예외조항을 예측가능하
고 일관되게 적용할 수 있는지에 관한 의문이 제기되어왔다.[160)]

한편 본질적 안보에 관한 예외와 공공질서의 유지에 관한 예외를 구
분하지 않는 것도 국제투자협정의 예외조항에서 허용하는 규제목표의
범위에 관한 불확실성이 나타나는 원인이다. 많은 국제투자협정의 예외
조항에서 "본질적 안보이익"에 관한 예외사유와 "공공질서 유지"를 위
한 예외사유를 별도의 조항으로 구분하지 않고 규정하고 있다.[161)] 더 나
아가 일부 국제투자협정에서는 일반적 예외조항과 안보상 예외조항을
함께 규정하기도 한다.[162)] 2006년 일본과 필리핀의 경제동반자협정
(Economic Partnership Agreement between Japan and the Philippines) 투자
챕터 제99조 제1항은 일반적 예외와 안보상 예외를 함께 규정하였고, 안
보상 예외에 대하여도 다른 당사국에 대하여 자의적이거나 혹은 부당한
차별의 수단을 구성하는 방법으로 적용되어서는 안 된다는 두문의 요건
을 적용하고 있다.[163)]

본질적 안보이익을 별개의 사유와 요건으로 규정하지 않음에 따라 실

International Investment Policies for Development (New York and Geneva, 2009),
pp. 7~8 참조.

160) *Ibid.*, pp. 44~45 참조.

161) 예컨대, 1991년 US-Argentina BIT 제11조는 본질적 안보이익 보호와 공공질서 유
지를 함께 규정하고 있다. 이러한 관련 실행은 제5장 제1절의 2. 예외조항에 관한
최근 국가실행 분석을 참조.

162) 2009 Swiss-Japan FTA Article 95.1; Andreas R. Ziegler, "Is It Necessary to
Avoid Substantive and Procedural Overlaps with Other Agreements in IIAs?", De
Mestral & Lévesque (eds.), *Improving International Investment Agreements*, p.
168 참조.

163) Agreement Between Japan and the Republic of the Philippines for an Economic
Partnership (September 2006), Article 99. General and Security Exceptions.
UNCTAD, *supra* note 159, "The Protection of National Security in IIAs", p. 82
참조.

제 분쟁에서 국제투자협정의 예외조항을 원용하는 투자유치국 측에서 공공질서를 이유로 한 항변과 안보상 이유의 항변을 명확히 구분하지 않는 경향도 확인할 수 있다. 예를 들어, 아르헨티나 투자분쟁 사건에서 투자유치국은 경제위기 시 취한 조치가 공공질서를 유지하고, 본질적 이익을 보호하기 위한 조치라고 제시한 바 있다.164) 그러나 LG&E 사건에서 확인되었듯이 투자자들은 본질적 안보이익 보호에 해당하는 조치와 공공질서 유지를 위한 조치의 범주를 명확히 하고자 한다. 특히 투자자들은 "본질적 안보이익"을 국가안보에 관한 이익에 한정하여 좁게 해석하는 한편, 공공질서 유지를 위한 조치를 특히 공중보건과 안전에 관하여 국가의 규제권한에 따라 취해진 조치를 의미한다고 정의하고 사안의 조치들은 공공질서 유지를 위한 조치가 아니라고 하였다.165) 따라서, 예외조항에서 규정한 각 정책목표가 어떠한 의미인지를 명확히 하고 구체적인 조치가 어떤 정책목표와 관련되는지, 즉 국가안보에 관한 것인지 아니면 구체적인 공공정책과 관련된 것인지 구분하는 것이 투자자와 투자유치국 간 예외조항의 해석과 적용에 관한 분쟁을 줄이는 방법이라 볼 수 있다. 다시 말해, 예외사유로 원용되는 본질적 안보이익과 공공질서 각각의 개념을 명확히 할 필요가 있다.

한편, 본질적 안보이익 조항을 별도로 규정하더라도 현재와 같은 규정으로는 본질적 안보이익 해당 조치가 무엇인지 파악하기가 쉽지 않다는 문제가 있다. 이는 GATT 1994 제21조의 안보상 예외에서는 본질적 안보이익 해당 사유를 한정적으로 열거하고 있는 것과 구별되는 점이다.166)

---

164) 아르헨티나는 US-Argentina BIT 제11조의 예외조항을 공공질서를 유지하고, 본질적 안보이익을 보호하며, 국제경제체제와의 관계를 재확립하기 위하여 정부가 입안한 긴급상황에 관한 특별규칙이라고 보았고, 공공질서 유지를 위한 조치와 본질적 안보이익을 보호하기 위한 조치로 구분하지 않고 있다. 이에 관해서 CMS, Award, para. 344 참조.

165) LG&E, Decision on Liability, paras. 218~219 & 221~222 참조.

예컨대 미국의 2012년 모델투자협정 제18조는 본질적 안보 조항을 별
도로 두고 있으나, 본질적 안보를 원용할 수 있는 사유를 구체적으로 명
시하지 않았다.[167] 이는 국제평화와 안전의 유지를 위한 조치에 대해서
는 비교적 구체적인 주해가 있는 것과 구별된다. 미국의 2012년 모델투
자협정 제18조 주해에 의하면, 제18조 제2항의 "국제평화와 안전의 유지
나 회복에 관한 의무 이행"을 위하여 필요한 조치는 UN헌장 제7장에 따
른 안전보장이사회의 강제조치와 긴밀히 관련되어 있다.[168] 한편 "국가
의 본질적 이익 보호"를 위하여 필요한 조치에 대해서는 명확한 정의가
없고, 대체로 "전쟁이나 국가위기 시 안보와 관련하여 취해진 조치," "관
련국의 본질적 안보이익과 명확하고 직접적인 관계가 있는" 조치를 포
함하는 것으로 해석한다.[169] 본질적 안보이익에 해당하는 조치를 구체
적으로 제시하지 않고, "안보와 관련하여 취해진 조치", "본질적 안보이
익과 명확하고 직접적인 관계가 있는 조치"라고 해석하는 것은 이러한

---

166) Andrew Newcombe & Lluís Paradell, *Law and Practice of Investment Treaties: Standards of Treatment* (Wolters Kluwer, 2009), p. 497 참조. 즉, GATT 제21조 (b)항에서는 본질적 안보이익의 보호를 위해 필요하다고 간주되는 조치로서, (i) 핵 분열성 물질 또는 그 원료가 되는 물질에 관련된 조치, (ii) 무기, 탄약 및 전쟁도구 의 거래에 관한 조치와 군사시설에 공급하기 위한 그 밖의 재화 및 물질의 거래에 관련된 조치, (iii) 전시 또는 국제관계에 있어서의 비상시 조치를 열거하고 있다.

167) 2012 US Model BIT 제18조는 다음과 같이 규정하고 있다:

Article 18: Essential Security

Nothing in this Treaty shall be construed:

1. to require a Party to furnish or allow access to any information the disclosure of which it determines to be contrary to its essential security interests; or

2. to preclude a Party from applying measures that it considers necessary for the fulfillment of its obligations with respect to the maintenance or restoration of international peace or security, or the protection of its own essential security interests.

168) Lee M. Caplan & Jeremy K. Sharpe, "United States", Brown (ed.), *Commentaries on Selected Model Investment Treaties*, p. 813 참조.

169) *Ibid.* 미국-모로코 FTA 제21.2조는 본질적 안보 조치를 GATT 제21조 (b)의 안보상 예외조치에 상응하여 규정하고 있다. *Ibid.*, 각주 247 참조.

사유에 기초하여 허용되는 투자유치국의 규제권한의 범위가 확실히 규정되지 않는 문제가 있다.

더 나아가 본질적 안보이익에 대한 정의가 대체로 부재하였기 때문에, 본질적 안보이익에 해당하는 범주가 점차 확장되는 양상이 나타나고 있다. 즉, 본질적 안보이익을 사전적 의미의 국가안보 개념인 군사위협으로부터의 보호에 한정하지 않고, 건강이나 환경에 대한 위협, 일국의 정치·경제·금융체제에 대한 위협으로부터의 보호까지도 포함하는 넓은 개념으로 해석하는 것이다.170) 예를 들어 아르헨티나 투자분쟁 판례에서는 "본질적 안보이익"을 전통적인 안보위협 뿐만 아니라 사안에 따라 경제위기, 환경에 대한 위협 등을 포함하는 포괄적 이익과 관련된 것으로 해석했다.171) 특히 CMS 사건 중재판정부는 양자조약의 범위는 양 당사자의 관심사에 따라 해석되어야 한다고 하면서, 본질적 안보이익을 국제적 성격의 직접적인 정치관심사와 국가안보 관심사(immediate political and national security concerns)에 한정하고 경제위기를 이로부터 배제하는 것은 BIT의 예외조항에 대한 균형된 이해라고 볼 수 없다고 하였다.172)

이미 ICJ의 *Gabčikovo-Nagymaros* 사건과 *Oil-Platforms* 사건에서도 각각 생태학적 손해, 해상안전과 해상무역의 자유 등을 본질적 안보이익에 포함되는 것으로 해석한 바 있다.173) 따라서 투자분쟁에서 본질적 안보

---

170) 이에 관해서는 UNCTAD, *supra* note 159, "The Protection of National Security in IIAs", p. 7; Barbara von Tigerstrom, *Human Security and International Law: Prospects and Problems* (Hart Publishing, 2007), pp. 8~11 각각 참조.
171) *CMS*, Award, para. 360; *Sempra*, Award, para. 378 각각 참조.
172) *CMS*, Award, para. 360.
173) 예컨대, *Gabčikovo-Nagymaros* 사건에서는 댐 건설에 따른 자연환경의 파괴도 국가의 본질적 이익에 해당한다고 이해하였다. *Gabčikovo-Nagymaros*, Judgment, para. 53 참조. 또한, *Oil Platforms* 사건은 페르시아 만에서 선박과 선원들의 안전, 방해받지 않는 해상교역을 미국의 안보이익으로 간주하였다. *Oil Platforms (Islamic Republic of Iran v. United States of America), Judgment, I.C.J. Reports 2003,*

이익에 관한 이러한 해석은 기존 국제판례 법리와도 연결되고 있다.

그러나 국제투자협정의 예외조항에서 본질적 안보이익을 넓은 범주의 국가이익과 관련하여 해석하는 것은 다음의 문제가 있다. 우선, 국가의 핵심적인 이익과 관련된 사유로서 투자유치국의 권한 행사가 폭넓게 인정되어야 할 사유와 통상적인 공공정책 목표와 관련되어 투자유치국의 권한을 제한적으로 인정해야 할 사유를 구분하기 어렵다는 점이다.174) 즉, 국가안보와 같은 예외사유는 투자유치국의 보호법익이 크므로 투자유치국의 재량적 판단을 존중할 필요가 있다. 한편, 국내법의 준수, 환경보호, 천연자원의 보전과 같은 일반적인 공공정책 목적은 WTO협정의 일반적 예외조항에서 보듯이 필요성 요건과 남용방지 요건 같은 추가적인 제한요건 하에서 투자유치국의 규제권한을 인정하는 것이 가능하다. 또한, 예외조항은 투자보호와의 관계에서 예외적으로 인정되는 규제권한의 범위를 제시하는 조항이다. 협정문에 구체적 근거 없이 예외사유를 넓게 해석하는 것은 예외조항을 통해 투자보호와 규제권한 보호를 균형 있게 고려하려는 국가 간 합의의 실효(實效)성을 제한할 수 있다.

(2) 공공질서의 의미

국제투자협정에는 공공질서 유지를 위해 필요한 조치를 투자협정 위반으로 간주하지 않는다는 예외조항도 있다. 공공질서 예외는 본질적 안보이익에 관한 예외와 함께 규정하는 경우도 있으나, 2008년 독일모델투자협정 제3조 제2항처럼 일부 국제투자협정에서는 공공안전과 질서를 위한 조치를 비차별대우 의무에 한정된 구체적 예외로 규정하기도 한다.

---

para. 73 참조.
174) 이와 달리 WTO 협정의 안보상 예외에는 회원국의 재량적 판단을 존중하는 자기판단 문구가 포함되어 있는 반면, 일반적 예외조항은 예외사유, 필요성, 두문의 요건으로 이루어진 제한된 예외조항으로 규정되어있다. GATT 제20조, 제21조 참조.

국제투자협정에서 공공질서의 의미는 명확히 확립되어 있지 않다. 이와 달리 WTO 협정에서는 공공질서에 대한 개념정의가 GATS 제14조 주해에서 확인된다. 즉, 공공질서란, "공공정책과 법에 반영된 사회의 근본이익을 보호하는 것을 의미한다." 마찬가지로 WTO *US-Gambling* 사건에서 공공질서는 법, 안전, 도덕의 기준을 포함하여 한 사회의 근본이익을 보전하려는 목적의 개념으로 이해되었다.175) 사회의 근본이익은 개별 국가에 따라 다르게 정해질 수 밖에 없으므로, 공공질서는 때로는 국내법 질서의 보호, 공공안전의 유지, 공중도덕의 보호와 관련된 것으로 간주될 수 있다.

국제사법(國際私法)에서도 사회의 근본가치를 보호하기 위하여 외국판결의 승인이나 집행을 거절할 수 있는 근거로서 공공질서 예외를 원용해왔다.176) 예컨대, 1958년 ICJ의 *Application of the Convention of 1902 governing the Guardianship of Infants* 사건에서 Lauterpacht 판사는 공공정책을 외국법의 적용을 거절할 수 있는 안전장치(safety valve)로 이해하고, 이는 국가를 구성하는 법적, 도덕적, 정치적 개념과 본질적으로 관련되어 있다고 보았다.177)

국가실행에 따라 공공질서가 다양한 의미로 사용되며, 특히 대륙법계와 보통법계 간에 공공질서를 서로 다르게 정의한다. 예컨대 프랑스에서의 *ordre public*은 '정치영역과 법 영역에서 공동체 삶에 관한 광의의 개념'으로 정의되어 일반적으로 시민권을 제한하기 위해 사용되며, 독일 행정법에서는 "공공질서와 안전(öffentliche Sicherheit und Ordnung)"이라

---

175) Panel Report, *US-Gambling*, para. 6.467 참조.
176) Wasiq Abass Dar, "Understanding Public Policy as an Exception to the Enforcement of Foreign Arbitral Awards: A South-Asian Perspective", *European Journal of Comparative Law and Governance*, Vol. 2 (2015), pp. 319~321 참조.
177) *Ibid.*, p. 320; ICJ, Separate Opinion of Judge Sir Hersch Lauterpacht, *Application of the Convention of 1902 governing the Guardianship of Infants (Netherlands v. Sweden)*, Judgment (November 28, 1958), *I.C.J. Reports 1958*, pp. 94~95 참조.

는 표현으로 공동체의 질서 있는 삶을 위해 꼭 필요한 것으로 간주되는 개인의 행위에 대한 불문규칙으로 이해되었다.[178] 영미법의 *Black's Law Dictionary*에서는 '공공정책'(public policy)이라는 연관 개념을 국가 전체에 영향을 미치며 특히 일반이익을 증진하는 문제에 관한 집단적 규칙, 원칙, 방법론을 의미한다고 정의하고 있다. 구체적으로, 의회나 법원에 의하여 국가와 사회 전체의 근본 관심사로 간주되는 원칙이나 기준을 의미한다고 하였다.[179] 이처럼 공공질서에 관한 구체적 정의는 국가별로 상이하지만, 대체로 공동체의 질서유지 혹은 국가 전체의 관심사와 관련된 것으로 이해되어왔다.

따라서, 국제투자협정의 공공질서 예외에 관해서도 국제협정이나 국제사법에서 논의되는 공공질서 개념과 각 국 실행에서 그 개념을 유추해볼 수 있다. 즉, 공공질서란 사회의 근본적 정책목표와 관련된 이익들을 포괄하는 개념으로 이해할 수 있다. 예컨대 2009년 ASEAN-중국 투자협정 제16조 제1항은 공공질서 예외와 관련하여 GATS 제14조 주해와 같은 공공질서 정의를 두고 있다.[180] 한 사회의 근본적 정책목표라는 개념은 각 국이 어떤 목표에 가치를 두는지의 문제인바, 공공질서 예외에 기초하여 어떠한 규제조치가 허용될 것인지 그 해석이 문제될 수 있다.

(3) 본질적 안보와 공공질서의 구분

국제투자협정상 예외조항에서 규정한 정책목표인 본질적 안보와 공공질서는 중요한 국가이익 보호가 관련된다는 점에서 공통점이 있다. 그러

---

178) Titi, *supra* note 156, p. 96 참조.
179) Bryan A. Garner, (ed.), *Black's Law Dictionary* (10th ed. 2014), "public policy" 참조.
180) Agreement on Investment of the Framework Agreement on Comprehensive Economic Cooperation between the People's Republic of China and the Association of Southeast Asian Nations, Article 16.1(a)의 footnote 10 참조.

나 근본적으로 개념적 외연이 상이한 예외사유다.[181] 본질적 안보이익
은 주로 국가의 존립(survival) 자체에 영향을 미치는 중대한 상황과 관련
된 반면, 공공질서는 국내적으로 중요한 가치의 보호와 관련되기 때문이
다. 그러므로 두 예외사유를 구분하지 않고 공통된 항변으로 취급하는
것은 국가안보에 관련된 규제조치와 그 밖의 중요한 공공정책 목표에서
비롯된 규제조치의 허용 여부의 해석에서 문제가 될 수 있다.

국제투자협정에서도 본질적 안보와 공공질서를 서로 다른 공공정책
목표가 관련된 예외사유이자, 각각 별개의 요건으로 구성된 예외조항으
로 구체화하여 규정할 필요가 있다. 이를 위해 일반적 예외조항과 안보
상 예외조항을 서로 다른 사유와 요건에 따른 별도의 예외조항으로 규
정한 WTO 협정의 예외조항 규정방식을 참조할 수 있다. 즉, WTO 협정
에서 일반적 예외조항은 국가가 추구하는 여러 정당한 규제목표를 위해
필요한 조치를 허용하기 위한 예외조항이다. 반면, 안보상 예외조항은
본질적 안보이익에 관한 조치와 관련하여 별도의 조항에서 규정한다.[182]
더 나아가, 예외조항을 통해 허용되는 규제조치의 범위를 구체화하기 위
해서는 국제투자협정의 예외조항에서도 WTO 협정과 같이 허용되는 정
책 목표를 좀 더 세분화하여 규정할 필요가 있다.

2. 예외조항의 내용상 한계

예외조항은 투자보호 의무에도 불구하고 명시된 분야에서 국가의 규
제권한을 확보하는 특별규칙의 기능을 한다. 예컨대 일반적 예외조항을
도입하면 투자유치국은 투자보호 의무에 우선하여 일반적 예외조항에서
명시한 정책목표를 유지하기 위한 조치를 이 조항의 요건에 따라 채택

---

181) Titi, *supra* note 156, pp. 94~95 참조.
182) GATT 제20조 및 제21조, GATS 제14조와 제14조 *bis* 참조.

하고 집행할 수 있다.[183) 국제투자협정에 예외조항을 도입함으로써 투자유치국과 외국인 투자자 간에 투자에 관한 위험을 배분할 수 있는 법체계를 마련할 수 있을 것이다.[184)

본래 국제투자협정은 국가의 규제조치에 따른 비용을 투자자로부터 투자유치국으로 전환시키려는 의도에서 시작되었다. 즉, 국제투자협정 체결 이전에 국가는 관습국제법에 근거하여 규제권한을 행사할 수 있는 폭넓은 재량권을 인정받았으나 국제투자협정 체결 이후 투자자에 대한 구체적 약속을 조약상 의무로서 부담하게 되었기 때문이다. 이와 반대로, 국제투자협정에서 예외조항을 도입함으로써 투자유치국 입장에서는 국가의 정당한 목적의 조치로 인한 위험과 비용의 일부를 투자자에게 다시 이전시키는 한편, 예외적 위기상황에 대응할 상당한 행동의 자유를 부여받게 되었다.[185)

예외조항에서는 투자유치국의 공공이익을 고려하기 때문에, 예측가능하고 안정된 투자규범체제를 성립시키려는 국제투자협정의 기본 목적과 배치되는 것처럼 보이기도 한다.[186) 그러나 예외조항의 도입 이유는 국제투자협정 해석 시 환경, 노동, 건강 등 여러 정책목표에 관하여 투자보호와 국가의 규제적 이익과의 균형을 고려할 현실적이고 규범적인 필요성이 있기 때문이다.[187) 요컨대 국제투자협정의 예외조항은 투자유치국 정부의 규제조치를 국제투자협정의 실체적 의무로부터 단순히 배제

---

183) WTO 협정의 일반적 예외조항은 다른 조항에 우선하여 적용된다(overrides the other provisions of the WTO Agreements). 이에 관해서는 Razeen Sappideen & Ling Ling He, "Dispute Resolution in Investment Treaties: Balancing the Rights of Investors and Host States", *Journal of World Trade,* Vol. 49, No. 1 (2015), p. 87 참조.

184) Burke-White & Von Staden, *supra* note 4, pp. 401~402 참조.

185) *Ibid.,* p. 402 참조.

186) M. Sornarajah, *The International Law on Foreign Investment,* 3rd edition (Cambridge University Press, 2010), pp. 453~454 참조.

187) *Ibid.,* p. 454 참조.

하기 위한 것이 아니다.

따라서 국제투자협정의 투자보호와 규제권한 확보 사이에 균형을 이루기 위하여 예외조항의 구체적인 예외사유와 요건을 어떻게 규정할 것인지가 중요하다. 그러나 실제 국제투자협정에 반영된 예외조항들은 주로 본질적 안보와 공공질서라는 예외사유에 한정하여 국제투자협정상 의무가 배제된다고 규정하고 있다. 제한된 범위의 예외조항 이외에는 각 국가가 개별 주제영역별로 채택한 구체적 조치에 대해서 국제투자협정의 적용을 배제하는 유보조항으로 투자유치국의 규제권한 행사를 허용하고 있다.[188] 예외조항에서 투자유치국의 공공정책과 관련된 다양한 주제영역들을 포섭하지 못한 결과 투자보호 목적과 규제권한 보호 목적을 동시에 고려해야 한다는 규범적 필요성을 실질적으로 충족하지 못하는 문제가 확인되고 있다.

3. 예외조항의 해석상 한계

국제투자협정상 예외조항에서는 본질적 안보 혹은 공공질서 보호를 위해 필요한 조치인지를 관습국제법상 긴급피난 항변 요건에 비추어 해석하였다. 이러한 해석방법을 채택함에 따라 투자유치국의 규제권한 허용범위가 제한되었다. 관습국제법상 긴급피난 항변에 근거한 예외조항 해석이 갖는 한계를 살펴보기로 한다.

---

188) 국제투자협정의 유보조항은 협정별로 다소 차이는 있지만, 대체로 투자유치국의 규제조치에 대해 관련된 영역과 분야, 유보조항에 따라 배제되는 실체적 혹은 절차적 의무, 국내법상 근거 등을 구체적으로 제시함으로써 투자유치국의 규제권한 행사를 예외적으로 허용하는 조항이다. UNCTAD, "Preserving Flexibility in IIAs: The Use of Reservations", UNCTAD/ITE/IIT/2005/8, *UNCTAD Series on International Investment Policies for Development* (May 2006), pp. 23~25 참조.

(1) 관습국제법상 긴급피난 항변에 근거한 해석

국제투자협정의 예외조항은 관습국제법상 긴급피난 항변과 유사한 표현으로 규정되기도 한다. 예컨대, 본질적 이익을 보호하기 위해 필요한 조치를 배제하지 않는다고 규정하고 있다.[189] 이러한 문언상 유사성에 근거하여 *Sempra* 사건과 *Enron* 사건 중재판정부는 긴급피난 항변과 조약상 예외조항이 구분되지 않는다고 언급하면서, 예외조항 해석에 긴급피난 항변 요건을 도입하였다.[190] 그렇지만 이러한 해석방법은 예외조항을 관습국제법상 긴급피난 항변에 근거하여 해석하는 것이 적절한지의 문제를 제기한다.

첫째, 통상 관습국제법과 조약의 관계를 고려할 때 국제투자협정상 예외조항은 긴급피난 항변과 구분되는 별개의 조항으로 보는 것이 적절할 것이라는 점이다. 관습국제법과 조약은 국제법의 대표적 연원(淵源)으로 법적 효력에서는 동등한 지위에 있다. 실제 적용에서는 조약이 관습국제법에 대하여 특별법의 지위에 있으므로 우선한다고 여겨진다.[191] 그러나 *Nicaragua* 사건에서 ICJ는 관습국제법상 자위권과 UN헌장 제51조의 자위권을 검토하면서 설령 두 규정이 정확히 동일한 내용에 관한 것이라고 하더라도, 관습국제법과 조약은 별개로 적용된다는 점을 분명

---

189) 1991년 US-Argentina BIT 제11조 참조.
190) 예컨대 *Sempra* 사건에서는 긴급상황(necessity)의 정의와 그 요건이 관습국제법에 정의되어 있음을 고려하여 조약규정이 관습국제법의 기준과 구분될 수 없다고 하였다. *Enron* 사건에서는 국가책임협약 초안을 보충적 수단으로 활용할 수 있다면 그렇게 하였을 것이나 조약 자체에서 긴급상황 관련 요소를 다루지 않기 때문에 긴급상황의 작동조건에 관해서는 조약과 관습국제법을 분리할 수 없게 되었다고 언급하였다. *Sempra,* Award, para. 376; *Enron,* Award, 334 각각 참조.
191) Shaw, *supra* note 61, p. 88 참조. 물론, 기존에 존재하는 조약을 대체하는 새로운 관습국제법이 출현할 때에는 이러한 관습국제법이 우선하는 경우도 발생할 수 있다. 또한 당사자의 의사에 따라 일반법인 관습국제법과 당사자 간 조약(treaty *inter se*)이 병존하는 경우도 존재한다. Mark Villiger, *Customary International Law and Treaties* (Martinus Nijhoff Publishers, 1985), pp. 217~218 참조.

히 하였다.[192] 이처럼 동일 주제를 다루는 관습국제법과 조약도 별개의 규범으로 보는 판례의 입장을 고려할 때 국제투자협정의 예외조항을 관습국제법상 긴급피난 항변과 구분하여 해석하고 적용하는 것이 타당한 접근방식이라 생각된다. 관습국제법상 긴급피난 항변과 국제투자협정의 예외조항은 일부 문언상 유사성은 있지만 정확히 동일한 내용에 관한 규범이라고 보기도 어렵다.

둘째, 국제투자협정은 국제법상 조약이므로, 조약 해석에 관한 일반원칙을 규정하는 비엔나 조약법 협약 제31조에 따라 해석한다는 점이다. 비엔나 협약 제31조 제1항에 의하면, "조약은 조약문의 문맥 및 조약의 대상과 목적으로 보아 그 조약의 문언에 부여되는 통상적 의미에 따라 신의성실하게 해석되어야 한다." 조약의 해석원칙을 제시한 비엔나 협약 규정은 관습국제법으로 인정되고 있다.[193] 따라서 국제투자협정의 다른 실체적 의무조항과 마찬가지로 국제투자협정의 예외조항도 비엔나 조약법 협약에 규정된 해석원칙에 비추어 해석되어야 한다.[194] 예외조항에 포함된 구체적 용어의 의미를 해석하기에 앞서 관습국제법상 긴급피난의 요건을 예외조항 해석에 도입하는 것은 비엔나 협약의 규칙에 부합하지 않을 것으로 보인다.

셋째, 관습국제법은 조약의 불분명한 의미를 보충하는 규범으로 활용

---

192) *Military and Paramilitary Activities in and against Nicaragua (Nicaragua v. United States of America), Merits, Judgment, I.C.J. Reports 1986,* para. 175 ("⋯ even if a treaty norm and a customary norm relevant to the present dispute were to have exactly the same content, this would not be a reason for the Court to take the view that the operation of the treaty process must necessarily deprive the customary norm of its separate applicability.") 참조.

193) Richard Gardiner, "The Vienna Convention on Treaty Interpretation", Hollis (ed.), *The Oxford Guide to Treaties*, p. 476 참조.

194) Elizabeth Boomer, "Rethinking Rights and Responsibilities in Investor-State Dispute Settlement: Some Model International Investment Agreement Provisions", Jean E. Kalicki (ed.), *Reshaping the Investor-State Dispute Settlement* (Brill, 2014), p. 193 참조.

될 수 있다. 비엔나 조약법 협약 제31조 제3항 (c)호에 의하면, 당사국 간 적용 가능한 국제법의 관계규칙을 조약 해석에 참작하여야 한다. 관습국제법은 "당사국 간에 적용 가능한 관계규칙"으로 간주될 수 있기 때문에, 조약 문언에 제시된 불분명한 의미를 해석하기 위한 목적으로 활용될 수 있다.

같은 취지로 1987년 *Amoco v. Iran* 사건은 다음과 같이 언급했다.

> 양자관계의 특별법으로서 조약은 일반법, 즉 관습국제법을 대신한다. 그러나 이는 후자가 이 사건에서 아무런 관련이 없다는 의미는 아니다. 그와 반대로 관습국제법 규칙은 조약에 존재할 수 있는 흠결을 보충하고, 조약 문언의 불분명한 의미를 확인하며, 혹은 보다 일반적으로 조약 규정의 해석과 이행을 돕기 위한 목적으로 유용할 수 있다.[195]

이러한 판례의 취지에 비추어 볼 때 일단 조약상 예외조항을 국제법상 해석원칙에 따라 해석한 이후 확인되는 불분명한 의미를 국제법상 관계규칙인 관습국제법상 긴급피난 항변에 비추어 검토할 수 있다.

넷째, 조약 규정을 해석할 때 관습국제법의 관련 규칙이 조약의 구체적인 문언이나 조약의 문맥을 통해 드러나는 체약당사국의 의사를 대신하는 기능을 할 수는 없다. 다시 말해, 관습국제법에 근거한 해석이 조약의 해석원칙에 따른 해석을 대체할 수는 없다.[196] 이는 비엔나 조약법

---

195) *Amoco International Finance Corp. v. Islamic Republic of Iran*, Case No. 56, Chamber 3, Award No. 310-65-3 of 14 July 1987, para. 112; *El Paso*, Award, para. 616 ("As a *lex specialis* in the relations between the two countries, the Treaty supersedes the *lex generalis*, namely customary international law. This does not mean, however, that the latter is irrelevant in the instant Case. On the contrary, the rules of customary international law may be useful in order to fill in possible lacunae of the Treaty, to ascertain the meaning of undefined terms in its text or, more generally, to aid interpretation and implementation of its provisions.")에서 재인용.

196) 아르헨티나 투자분쟁에서 중재판정부의 예외조항 해석의 문제점을 지적한 논문으

협약 제31조 제3항 (c)호를 어떻게 이해할 것인지의 문제와 관련된다. 즉, 제31조 제3항 (c)호는 조약해석의 직접적 맥락에 위치하며 국제법의 관계규칙을 조약해석 기제로 활용하는 것은 비엔나 협약의 범위 내에 있으나 이러한 국제법의 관계규칙을 해당 조약이 검토되는 사실관계에 "직접 적용하는" 것은 허용하지 않기 때문이다.[197)]

ICJ의 *Oil Platforms* 사건에서 비엔나 조약법 협약 제31조 제3항 (c)호의 국제법의 관계규칙을 구체적인 사실관계에 적용할 수 있는지를 검토하였다. 이 사건은 미국의 석유시설 파괴행위가 1955년 미국-이란 간 우호통상항해 조약 제10조 통상의 자유를 위반하는지를 판단하면서, 미국의 조치가 같은 조약의 제20조 제1항(d)의 필요한 조치인지 여부는 본안에서 관련 상황이 발생하였을 때 가능한 항변으로만 고려한다고 하였다.[198)] 그러나 *Oil Platforms* 사건 본안에서 다수의견은 비엔나 협약 제31조 제3항 (c)호를 언급하면서, 일반국제법상 자위권을 출발점으로 검토하였다.[199)] 이에 대해 ICJ의 Higgins 판사는 다수의견의 해석방식은 제20조 제1항(d)의 구체적 용어인 "본질적 안보이익"(essential security interests)과 "필요한"(necessary)을 해석한 것이 아니라 해당 조항의 용어를 무력사용에 관한 국제법 용어로 대체한 것이라고 비판하였다.[200)] 이러한 비판은 국제투자협정의 예외조항을 해석하면서 관습국제법상 긴급피난 항변의 요건을 도입하는 해석방법에 대해서도 마찬가지로 적용될 수 있다. 즉, 예외조항의 구체적인 문언과 문맥을 해석하지 않고 관습국제

로 Diane Desierto, "Necessity and 'Supplementary Means of Interpretation' for Non-Precluded Measures in Bilateral Investment Treaties", *University of Pennsylvania Journal of International Law,* Vol. 31 (Spring 2010) 참조.

197) Richard Gardiner, *Treaty Interpretation, 2nd edition* (Oxford University Press, 2015), p. 320 참조.

198) ICJ, *Oil Platforms (Islamic Republic of Iran v. United States of America),* Preliminary Objection, Judgment of 12 December 1996, para. 20 참조.

199) ICJ, *Oil Platforms,* Judgment of 6 November 2003, paras. 40~41 참조.

200) Separate Opinion of Judge Higgins, *Oil Platforms*, paras. 48~49.

법상 긴급피난 항변 요건이 이를 대체하는 것으로 해석하는 것은 문제
가 있다.

위와 같은 논의에 비추어 볼 때, 관습국제법상 긴급피난 항변의 요건
에 근거하여 조약상 예외조항을 해석한 방법론은 다음과 같은 한계가
있다. 우선, 오늘날 국제투자의 보호 문제는 관습국제법이 아니라 주로
개별 국제투자협정에 의하여 규율된다는 점이다.[201] 국제투자협정은 외
국인 투자자 보호에 관한 보편 규범에 합의하지 못한 것을 보완하려는
목적에서 고안된 일련의 양자규칙으로서 특별법의 지위를 갖는다.[202]
따라서 관습국제법과 조약상 예외조항이 모두 적용가능하다고 하더라
도, 우선 각 조약에 도입된 예외조항의 의미를 해석한 후 관습국제법상
긴급피난 항변의 요건을 검토하는 것이 국제투자협정을 통해 투자보호
문제를 규율하고자 한 국가들의 의도를 반영하는 것이라 할 수 있다.

또한, 국제투자협정상의 예외조항은 관습국제법상 긴급피난 항변을
재확인하는 조항이 아니라 체약당사국들이 특히 투자보호와 국가의 규
제조치의 관계를 고려하여 합의한 별도의 규범이라는 점이다. 구체적으
로 예외조항은 관습국제법상 긴급피난 항변과 일부 문언에서 유사하기
는 하지만 구체적으로 적용되는 사유에서는 차이가 있다. 국제투자협정
의 예외조항은 체약당사국 간 의사 합치로 투자협정에 포함된 특별규칙
이라는 점에서 관습국제법상 긴급피난 항변과는 별도로 해석하고 적용
하는 것이 예외조항의 도입 목적에도 부합한다. 이하에서는 국제투자협
정의 예외조항과 관습국제법의 긴급피난 항변을 왜 구분하여야 하는지,
두 규정을 명확히 구분하지 않고 혼용하는 해석방법에 어떠한 문제점이

---

201) Antoine Martin, "Investment Disputes after Argentina's Economic Crisis: Interpre-
ting BIT Non-precluded Measures and the Doctrine of Necessity under Customary
International Law", *Journal of International Arbitration*, Vol. 29, No. 1 (2012),
p. 54 참조.

202) *Ibid.*

있는지에 대하여 구체적으로 살펴보기로 한다.

(2) 긴급피난 항변의 의의

역사적으로 긴급피난 항변은 국가의 자기보존(self-preservation)이라는 근본적 권리에서 비롯되었다.203) 국제법에서는 주로 전쟁이나 심각한 자연재해와 같이 국가의 존립이 문제되는 상황에서 취하는 일련의 조치들을 국가의 당연한 권리행사로 인정하여야 한다는 관념이 일반적으로 받아들여졌다.204) 그러나 ILC가 국가책임협약 초안 규정을 마련하는 과정에서 "국가의 생존이라는 근본적 권리"(fundamental rights of State survival)라는 관념은 수용되지 않았고, ILC는 긴급피난을 사실 문제로 취급하였다.205)

ILC는 국제의무 위반이 일단 발생하였을 경우에 그러한 행위의 위법성을 조각할 수 있는 사유의 하나로 긴급피난 항변을 2001년 국가책임협약 초안 제25조에 규정하였다.206) 국가책임협약 초안 제25조 제1항 (a)호에 의하면 긴급피난 항변은 예외적인 상황에서만 허용되는 사유라는 점에서 다음과 같은 요건을 필요로 한다. 즉 문제된 국제의무 위반 행위가 "중대하고 임박한 위험"(grave and imminent peril)에 대해 "본질적 이익"(essential interest)을 보호하기 위한 "유일한 수단"(only means)이어야 한다. 또한, 국가책임협약 초안 제25조 제1항 (b)호에 의하면 그에 대해 의무가 존재하는 다른 국가나 국제공동체의 본질적 이익을 훼손하지 않

---

203) Crawford, *supra* note 96, p. 305 참조.
204) 19세기에 긴급피난 이론은 국가의 자기보존을 위한 본질적 권리가 다른 국가들의 주관적 권리보다 우위에 있다는 것을 전제로 인정되었다. *Ibid.*
205) *Ibid.*, 각주 187; *Addendum to the Eighth report on State responsibility by Mr. Roberto Ago*, A/CN.4/318/Add.5-7, paras. 7~8 참조.
206) ILC, *Draft Articles on Responsibility of States for Internationally Wrongful Acts with Commentaries, 2001*, Article 25 참조.

아야 한다. 이와 더불어 제25조 제2항에 의하면 문제된 의무가 긴급피난 항변의 원용을 배제하는 경우, 혹은 국가 자신이 긴급피난 상황을 발생시킨 경우에는 이를 원용할 수 없다고 하였다.

긴급피난 항변의 각 요건은 구체적 사안에서 그 해당 여부가 검토되어 왔다. 예를 들어, 1912년 *Russian Indemnity* 사건에서 상설중재재판소 (Permanent Court of Arbitration)는 오토만 제국이 국내외 사건으로 점차 심화되어 온 심각한 재정적 곤란 상황에서 이자지급지체의 상황에 놓이게 되었다고 인정하였다.207) 그러나 *Russia Indemnity* 사건에서는 이자지불의 지연은 정당화될 수 없다고 판시하였다. 이에 대해 Roberto Ago는 당시 국제법에서 긴급피난 항변이 인정되기는 하였지만, 이러한 항변은 매우 엄격한 제한사항, 즉 국제의무를 준수하는 것이 자기파괴적인 것으로 간주되는 상황에서만 인정되었다고 언급하였다.208) 즉, 1912년 당시에는 국가의 재정적 곤란이 이자지급 의무 위반을 배제할 수 있다는 긴급피난 항변이 받아들여지지 않았다. Sloane에 의하면, 2001년 ILC 국가책임협약 초안 제25조와 같이 본질적 이익 보호를 위한 긴급피난 항변이 당시에 인정되었다면, 재정적 곤란은 오토만 제국의 이자지불 지연에 대한 항변으로 인정될 수 있었다.209)

이후의 판례에서는 어떠한 이익이 본질적 이익에 해당하는지는 상황에 따라 다르게 판단될 수 있다고 확인하였다. 환경보호 같은 이익도 긴급피난 항변에서 말하는 본질적 이익의 범주에 속할 수 있다.210) 예를 들어, 1967년 *Torrey Canyon*호 사건에서, 영국은 30,000톤 이상의 원유유

---

207) Robert D. Sloane, "On the Use and Abuse of Necessity in the Law of State Responsibility", *American Journal of International Law*, Vol. 106 (2012), p. 461 참조.

208) *Addendum to the eighth report on State responsibility by Mr. Roberto Ago*, A/CN.4/318/ADD.5-7, para. 22 참조.

209) Sloane, *supra* note 207, p. 461 참조.

210) Crawford, *supra* note 96, pp. 308~309 참조.

출로 인해 심각한 해양오염이 발생하고 이를 방지하기 위해 고안한 수
단들이 효과가 없자 해당 선박을 격침하는 조치를 취하였다.211) 이에 대
해서 ILC는 영국의 선박격침조치는 '긴급상황'을 위한 조건을 충족시켰
으므로 국제법상 적법한 것으로 간주될 수 있었다고 평가하였다.212) 또
한 *CMS* 사건에서도 본질적 이익이 문제되었는지를 판단하기 위해서는
위기의 심각성을 고려하여야 하며 이 문제는 흑백으로 구분되는 것이
아니라 다양한 회색지대에 놓여있다고(situations of this kind are not give
in black and white but in many shades of grey) 하였다.213)

Gabčíkovo - Nagymaros 사건에서 ICJ는 긴급피난 항변을 관습국제법의
하나로 인정하였고 긴급피난 항변이 예외적으로 인정된다는 점을 언급
하였다.214) 이 사건에서는 국가책임협약 초안 작업 제1회독에서 채택한
ILC 국가책임협약 초안 제33조(이 조항은 2001년 국가책임협약 초안 제
25조의 전신(前身))에 따라 헝가리의 댐건설 중단이 정당화되는지 여부
를 검토하였다. 즉, 국제의무에 위반하는 행위를 한 국가의 본질적 이익
이 관련되어야 하고, 그러한 이익이 중대하고 임박한 위험에 처해있으
며, 문제된 행위가 본질적 이익을 보호하기 위한 유일한 수단이고, 조치
국은 긴급피난 상황의 발생에 기여하지 않았어야 한다.215)

ICJ는 *Gabčíkovo - Nagymaros* 프로젝트로 인한 자연환경에 대한 우려
가 국가의 본질적 이익과 관련된다는 점을 인정하였다.216) ILC는 주석
서에서 본질적 이익을 국가의 존재(existence)의 문제로만 한정해서는 안
되며 구체적인 상황에 비추어 판단해야 한다고 보았다.217) 특히 주석서

---

211) *Addendum to the eighth report on State responsibility by Mr. Roberto Ago*, A/CN.
    4/318/ADD.5-7, para. 35 참조.
212) *Ibid.*
213) *CMS,* Award, paras. 319~320 참조.
214) *Gabčíkovo-Nagymaros*, Judgment, para. 51 참조.
215) *Ibid.*, paras. 51~52.
216) *Ibid.*, para. 53.
217) *Ibid.*; ILC, *Yearbook of the International Law Commission 1980*, Vol. II, part 2,

에서는 긴급피난 상황에 해당하는 것으로 '국가의 전부 혹은 일부 영토의 생태적 보전에 대한 중대한 위협'(the grave danger to…ecological preservation of all or some of its territory)을 포함시키고 있다.[218]

또한, 이 사건에서 ICJ는 임박한 위험과 관련하여 위험에 대한 단순한 우려만으로는 충분하지 않고, 위험의 즉각성과 근접성이 필요하다고 하였다. 다만, 장기간에 걸쳐 발생하는 위험이라도 특정 시점에 그러한 위험이 현실화될 것이 확실하고 불가피하다면 임박한 것으로 간주될 수 있다고 하였다.[219] 그러나 *Gabčíkovo - Nagymaros* 댐 건설을 중단할 당시 상황이 중대하고 임박한 위험에 있다고 보기 어렵다고 하였다.[220] 더 나아가 헝가리는 댐건설을 포기하는 이외에도 이와 같은 위험에 대응할 수단을 갖고 있었으므로 위 조치가 유일한 수단이라고 여겨지지 않았다. 따라서 ICJ는 이러한 제반사정을 고려하여 헝가리가 긴급피난 상황을 원용할 수 없다고 판단하였다.[221]

긴급피난 항변은 관습국제법으로 인정되고 있으므로 국가들은 조약에 명시적인 예외조항이 없는 경우에도 긴급피난 항변에 따라 국제의무 위반을 정당화할 수 있다. 관습국제법상 요건에 따라 국가의 본질적 이익을 보호하기 위한 조치를 취한 경우 조약상 의무위반에 대한 배상책임을 부담하지 않게 된다.[222] 다만, 긴급피난 항변은 의무위반에 따른 책임을 면제하는 데 그치며, 조약상 의무 자체를 배제하는 기능은 하지 않는다. ILC 국가책임협약 초안 제27조(a)는 위법성을 배제하는 상황이 더 이상 존재하지 않는다면 그러한 한도에서 문제된 의무를 준수하여야 한

p. 49, para. 32 참조.

218) ILC, *Yearbook of the International Law Commission 1980,* Vol. II, part 2, p. 35, para. 3.

219) *Gabčíkovo-Nagymaros*, Judgment, para. 54.

220) *Ibid.*, paras. 55~57.

221) *Ibid.,* para. 57.

222) UNCTAD, *supra* note 159, "The Protection of National Security in IIAs", p. 36 참조.

다고 규정하고 있다.

(3) 긴급피난 항변과 예외조항의 차이

아르헨티나 투자분쟁 사건에서 일부 중재판정부는 예외적인 위기 상
황에서 국가의 규제조치가 허용되는지를 검토하면서, BIT의 예외조항과
관습국제법상 긴급피난 항변을 엄격히 구분하지 않았다. ILC 국가책임
협약 초안 제25조 긴급피난의 요건에 기초하여 국제투자협정상 예외조
항의 의미를 해석하였다.[223] 이러한 해석방법은 관습국제법상 긴급피난
항변의 요건과 국제투자협정상 예외조항의 각 실체적 내용과 작동방식
을 검토하지 않고, 단순히 조약상 예외조항과 국가책임협약 초안 제25조
가 같은 지위에 있다(on the same footing)고 가정한 점에서 이후 취소위
원회에서 비판받았다.[224] 관습국제법상 긴급피난 항변과 조약상 예외조
항은 다음과 같은 차이가 있다.

첫째, 관습국제법상 긴급피난 항변은 국제투자협정상 의무위반이 확
인되었을 경우에 이에 따른 국가책임 발생을 배제하는 2차 규칙이라는
점이다.[225] 반면, 국제투자협정상 예외조항은 조약상의 구체적 의무와의
관계에서 허용되는 조치를 규정한 1차 규칙이자 관습국제법에 대한 특
별규칙으로서 우선적으로 해석하고 적용된다. 예외조항의 요건을 충족
하면 국제투자협정상 의무위반이 성립하지 않으므로 별도로 긴급피난
해당 여부를 판단할 필요가 없다.

둘째는 기능면에서의 차이이다. 국제투자협정의 예외조항은 국제투자
협정에 따른 투자보호 의무에도 불구하고 일정한 요건 하에서 규제권한

---

223) *Ibid.*, p. 47 참조.
224) *Ibid.*; *CMS, Annulment*, paras. 129~131 각각 참조.
225) 2001년 ILC 국가책임협약초안 제25조는 실체적 의무위반이 있다고 판단되었을 때
　　에만 관련되는 항변의 성격을 갖는다. *CMS, Annulment*, para. 129.

행사를 허용하기 위한 목적에서 도입된다. 반면, 긴급피난 항변은 전통적으로 국가 간 관계에서 적용된 항변사유이다. 즉, 국제투자협정의 예외조항은 투자자-국가 간 분쟁해결절차에서 투자자의 투자의무 위반 주장에 대하여 의무위반 자체가 성립하지 않는다는 점을 주장하기 위하여 투자유치국이 원용할 수 있는 근거조항이다. 반면, 긴급피난 항변은 국가 간 관계에서 책임을 면제하기 위한 항변사유이다.

셋째는 구체적 요건에서의 차이이다. 긴급피난 항변은 국제투자협정상 예외조항에는 규정되어 있지 않은, 엄격하고 제한된 요건을 충족시켜야 원용할 수 있다. 예컨대 긴급피난 항변은 그에 대하여 의무가 존재하는 국가나 국가들, 혹은 국제공동체 전체의 본질적 이익을 심각하게 손상하지 않을 것을 요건으로 하고 있다.[226) 이는 긴급피난 항변이 국가 간 관계에서 적용되는 항변이라는 점을 잘 보여주는 실질적 요건이다.

특히 긴급피난 항변은 중대하고 임박한 위협이 발생하였을 때 본질적 이익 보호를 위한 유일한 수단일 것을 요구하는 제한되고 엄격한 의미로 이해된다. 긴급피난 항변은 어떠한 국제의무도 회피할 수 있도록 하기 때문에 매우 엄격한 조건을 충족하여야 하는 가장 예외적인 구제수단으로 여겨진다.[227) 반면 국제투자협정의 예외조항은 긴급피난 항변과 달리 이를 원용하기 위한 상황적 요건으로서 위험의 중대성과 임박성, 다른 이용가능한 수단의 배제와 같은 제한 요건을 두고 있지 않다.

이러한 차이점을 고려할 때, 긴급피난 항변에 근거하여 예외조항을

---

226) 2001년 ILC 국가책임협약초안 제25조 제1항 (b)호를 참조.

Article 25. Necessity

1. Necessity may not be invoked by a State as a ground for precluding the wrongfulness of an act not in conformity with an international obligation of that State unless the act: (중략)

   (b) does not seriously impair an essential interest of the State or States towards which the obligation exists, or of the international community as a whole.

227) *Enron,* Award, para. 304; *Sempra,* Award, para. 345 참조.

해석하는 것은 예외조항을 통해 투자보호 의무를 제한하고자 한 본래 목적을 반영하지 못하는 문제가 있다. 또한, 긴급피난 항변과 투자협정 상 예외조항이 기능과 실질적 요건에서 갖는 차이를 간과한 것으로서 문제가 된다. 미국 등 일부 국가들이 양자 간 투자협정과 자유무역협정의 투자챕터에서 상세한 예외조항을 두는 경향이 나타나는 것은 긴급피난 항변이 갖는 한계-즉 투자자에 대한 의무를 회피하는 수단으로 긴급피난 항변을 원용할 수 있는지의 문제-에 근거하고 있다.[228]

(4) 예외조항과 긴급피난 항변의 적용순서

2011년 *El Paso* 사건에서 중재판정부는 투자협정의 예외조항과 관습 국제법상 긴급피난 항변의 개념적 차이에 주목하여 다음의 순서로 이를 적용하여야 한다고 언급하였다.

> (US-Argentina BIT) 제11조 하에서 "공공질서의 유지" 혹은 "본질적 안보 이익의 보호"를 위하여 필요한 조치에 해당하면 관련 양자 간 투자협정의 위반이 성립하지 않는다. 그러므로 중재판정부는 채택된 다른 조치를 평가하기 전에 제11조 하에서의 긴급상황(situation of necessity)이 존재하는지를 분석하는 것이 적절할 것이다. 일반국제법상 긴급피난에 관한 규칙이 적용된다면, 이것은 국제의무와 합치하지 않는 행위의 위법성을 조각하는 사유이기 때문에 문제된 조치가 먼저 분석될 것을 요구한다.[229]

CMS 취소위원회에서도 국제투자협정의 예외조항은 특정 조치에 대해서는 국제투자협정에 포함된 다른 실체적 의무가 적용되지 않도록 하는 적용배제(carving-out)의 기능을 하는 반면, 일반국제법의 긴급피난 항변은 일단 실체적 의무 위반이 인정된 이후 이러한 의무 위반에 대한 정당

---

228) Gibson, *supra* note 148, p. 17 참조.
229) *El Paso,* Award, para. 553.

화 사유가 존재하는지를 2차적으로 판단하는 기능을 한다고 하였다.[230] 따라서 국제투자협정의 예외조항을 우선 적용하여 실체적 의무위반이 존재하는지를 확정한 후, 실체적 의무위반이 인정되었을 때 긴급피난 항변에 해당하는지를 판단하는 순서로 분석이 이루어져야 한다.

그러나 일부 중재판정부의 해석방법은 예외조항과 긴급피난 항변의 내용 및 기능상 차이를 고려하지 않고 있다. 우선, CMS 사건에서는 긴급피난 항변을 우선 검토한 후, 이러한 해석을 다시 국제투자협정상 예외조항 해석에 도입하고 있다. 또한, Sempra 사건과 Enron 사건 중재판정부는 국제투자협정의 예외조항을 해석함에 있어서 관습국제법의 긴급피난 항변 요건을 도입하고 있다.

한편, El Paso 사건에서도 "해당 국가가 공공질서나 본질적 안보이익을 위협하는데 자신의 행위로 기여하였는지"를 분석한 후 예외조항상의 "필요한" 조치인지를 판단하는 방법을 사용하였다.[231] 즉, 정부가 자신의 행위로서 공공질서 유지나 본질적 안보이익 보호를 어렵게 하였다면 문제된 조치는 예외조항의 필요한 조치라고 볼 수 없으므로 예외조항에 따른 항변이 적용되지 않는다. 정부가 자신의 행위로 공공질서나 본질적 안보를 위협하지 않은 경우라면 예외조항에서의 긴급상황이 존재하는지를 검토하고, 그렇다면 그러한 상황에 대응하기 위해 필요한 조치로 간주되는 모든 행위는 BIT의 적용범위에서 배제된다는 것이다.[232] 이는 예외조항에는 없고 긴급피난 항변에 있는 "기여" 요건에 따라 예외조항 해당 여부를 판단한 것으로 적용 순서에 있어 문제가 있다. 국제투자협정의 예외조항의 구체적 문언과 요건에 근거하여 국제투자협정상 구체적인 의무에 위배되는 조치가 있는지를 우선 결정한 후, 그러한 위반이 확인된 경우에 긴급피난 항변을 적용하여 의무위반이 정당화될 수 있는

---

230) CMS, Annulment, para. 129 참조.
231) El Paso, Award, para. 555 참조.
232) Ibid.

상황인지를 판단하는 것이 타당할 것으로 생각된다.

4. 소결

이 절에서는 국제투자협정의 예외조항의 한계를 예외조항의 내용 측면과 해석 측면에서 살펴보았다. 우선, 국제투자협정에 포함된 예외조항의 범위에 한계가 있다. 현재 국제투자협정의 예외조항에서는 주로 본질적 안보이익과 공공질서의 보호를 허용되는 정책목표로서 명시함으로써 국가가 추구하는 다양한 정책목표를 반영하지 못하고 있다. 또한 이러한 예외사유의 의미에 대해 명확한 정의가 제시되지 않았으며, 이로 인해 어떤 규제조치가 허용되는지에 관한 해석상 불확실성 문제가 발생하고 있다.

둘째, 중재판정부에서 국제투자협정상 예외조항을 해석하는 방법에서도 한계가 확인되고 있다. 일부 중재판정부는 예외조항이 관습국제법상 긴급피난 항변과 그 내용과 기능면에서 갖는 차이를 주목하지 않고, 관습국제법상 긴급피난 항변이 발전시켜 온 엄격한 요건에 비추어 예외조항을 해석하였다. 이러한 해석방법은 관습국제법과 조약이 별개의 규범이라는 점을 간과한 것이며, 예외조항의 문언을 통상적 의미에 따라 해석하여야 한다는 조약해석 원칙에도 부합하지 않는다.

관습국제법상 긴급피난 항변을 비엔나 조약법 협약 제31조 제3항(c)의 국제법의 관계규칙으로 보아 예외조항의 해석에 참작하더라도 긴급피난 항변의 각 요건을 구체적인 사실관계에 "적용"하여 이를 해석할 수는 없다. 또한, 긴급피난 항변이 예외조항의 구체적 문언과 문맥을 대체한다고 보기 어렵다. 그러나 실제 사건에서는 긴급피난 항변에 근거하여 예외조항을 엄격한 요건으로 해석하였기 때문에 투자유치국 정부가 통상적으로 행사하는 규제조치를 투자자의 의무위반 주장에 대한 항변으로 제시하는 것이 사실상 어려워졌다.

국제투자협정의 예외조항은 관습국제법상 긴급피난 항변과 구별되는 독자적 의미를 갖는다고 보아야 한다. 긴급피난 항변은 투자유치국의 의무위반 책임을 면제해주는 항변수단인 반면, 국제투자협정의 예외조항은 일정한 유형의 규제조치에 대해 실체적 의무조항의 적용을 배제하는 조항이다. 또한, 예외조항에서 도입하는 예외사유는 체약당사국의 구체적 합의의 결과로 그 내용이 결정된다. 국가의 본질적 이익 보호뿐 아니라 구체적으로 세분화된 국가정책 목표들을 예외사유로 포함하는 것이 가능하다. 따라서 긴급피난 항변과는 별개로 국제투자협정의 예외조항의 구체적 요건과 사유를 규정하고, 이에 따라 예외조항을 해석할 필요가 있다.

규제권한에 대한 다양한 고려를 향후 국제투자협정의 예외조항에 반영할 수 있다. 기존 예외조항에서의 본질적 안보이익이나 공공질서 이외에 투자유치국이 중요하게 고려하는 구체적인 규제목표-환경보호, 천연자원 보전, 공중도덕 보호, 국내법규정 준수, 금융건전성 등-를 적절한 형태로 국제투자협정에 반영함으로써 예외조항을 통한 규제권한 확보의 실효성(實效性)을 높일 수 있다. 이와 관련하여 현재 국제투자협정에서 확인된 일반적 예외조항 실행을 제5장에서 살펴보려고 한다.

제5장

국제투자협정의 일반적 예외조항 실행

이 장에서는 국제투자협정에서의 일반적 예외조항 실행을 분석한다. 우선, 2000년부터 2016년까지 체결·발효된 국제투자협정의 예외조항의 내용을 분석하고, 다음으로 주요 국가들의 일반적 예외조항 실행을 검토했다. 캐나다의 2004년 모델투자협정과 인도의 2015년 모델투자협정에 일반적 예외조항이 있으며 그 밖에도 일부 자유무역협정 투자챕터에서 일반적 예외조항을 도입하고 있다.[1] 미국은 안보, 환경, 노동, 금융건전성 조치 등 규제조치에 관한 구체적 예외조항을 두고 있지만 일반적 예외조항 실행과의 비교 목적으로 이 장에서 함께 분석하였다. 국제투자협정의 체결건수가 3,300건을 상회하며 국제투자협정 조약문을 모두 이용 가능하지도 않으므로 이 책에서 국가실행 전체를 검토할 수는 없다. 대표적으로 NAFTA, 미국, 캐나다, EU, 인도, 일본, 한국의 실행을 검토하고자 한다.

제1절 국제투자협정의 예외조항 유형

국제투자협정의 예외조항은 투자유치국의 정당한 규제조치를 허용하기 위한 대표적인 규제권한 고려방법이다. 국제투자협정에는 다양한 규

---

1) Bradly J. Condon, "Treaty Structure and Public Interest Regulation in International Economic Law", *Journal of International Economic Law,* Vol. 17 (2014), p. 334, 각주 2 참조. 2009년 한국-인도 포괄적경제동반자 협정 제10.18조, 2014년 한국-호주 자유무역협정 제22.1조; 2016년 CETA 제28.3조 등 참조. 각 일반적 예외조항에 관한 분석은 이 책 제5장 제2절 참조.

제권한 고려방법이 있다. 투자보호 의무와 규제권한의 행사가 양립할 수 없는 경우에 우선되어야 할 규제권한 범위를 제시하기 위해 국가들은 다양한 방법을 강구해왔다.

1. 국제투자협정의 규제권한 고려방법

(1) 규제권한 고려의 배경

투자유치국의 규제권한은 외국인 투자자에 대한 투자협정상 의무와 긴장관계에 있다. 국제투자협정 체결 이후 국가들은 투자보호 의무를 부담하며, 조약 체결 이전 향유하던 규제권한 행사의 자율성을 일부 포기할 수밖에 없기 때문이다. 일국의 경제발전 과정에서 투자유치국 규제권한과 투자보호 의무 사이의 긴장관계는 심화된다. 많은 국가들이 경제발전 과정에서 해외직접투자를 유치하여 천연자원 개발 같은 기간산업의 발전을 도모하지만, 자국의 규제권한은 종래 수준으로 유지하기를 원하기 때문이다.

최근 투자유치국 정부들은 해외투자 확대를 추구하지만, 다른 한편으로 해외투자가 경제, 안보, 문화 등 분야에서 중요한 국내정치적 함의를 갖는 규제정책에 미치는 영향을 우려하기 시작하였다.[2) 투자보호 의무로 인해 규제권한 행사가 제한되는 점은 국제투자협정에서 다양한 방식으로 규제권한을 고려하게 된 배경이라 할 수 있다. 이에 따라 투자보호에 초점을 맞추었던 초기 국제투자협정은 공공이익과의 균형을 고려한 조약으로 발전하였다.

초기 국제투자협정이 관습국제법상 외국인재산 보호규범을 명확히 하

---

2) Lone Wandahl Mouyal, *International Investment Law and the Right to Regulate: A Human Rights Perspective* (Routledge, 2016), pp. 6~7 참조.

는 데 중점을 둔 것과 달리 최근 국제투자협정에서는 공공이익을 규율하는 국가의 권리, 즉 규제권한을 다양한 방식으로 협정에 반영하고자 한다. Ulrich Petersmann에 의하면, "해외투자와 관련된 [투자자의] 사적 이익과 공공이익 간에 균형을 다시 맞추고(rebalancing), 공공이익을 보호하고 규율하기 위한 국가의 권리와 의무를 명확히 할 필요성"에 주목하고 있다.[3]

(2) 다양한 규제권한 고려방식

국제투자협정에는 투자유치국의 규제권한을 명시적으로 혹은 묵시적으로 고려하는 조항이 여러 형태로 존재한다. 우선 투자유치국의 규제권한에 대한 고려를 명시적으로 반영한 조항으로 유보조항, 예외조항, 일반적 예외조항 등이 있다.

첫째, 일부 국제투자협정에는 분야별로 조약상 의무를 배제하는 유보조항을 두고 있다.[4] 예를 들어, 1991년 US-Argentina BIT 제2조 제1항은 내국민대우를 규정하면서, 이 협정의 프로토콜에서 명시하는 분야나 사안에 해당하는 예외를 창설하거나 유지할 권리가 있다고 규정하였다. 2014년 한국-호주 자유무역협정의 투자챕터 제11.12조 제2항에서는 내국민대우(제11.3조), 최혜국대우(제11.4조), 이행요건(제11.9조), 경영진(제11.10조) 조항은 부속서Ⅱ에 규정된 분야, 세부분야, 활동에 관해 회원국이 채택하거나 유지하는 조치에는 적용되지 않는다고 규정하고 있다.

체약당사국은 유보조항에 근거하여 구체적으로 명시한 분야에서 채택

---

3) Ulrich Petersmann, *International Economic Law in the 21st Century: Constitutional Pluralism and Multilevel Governance of Interdependent Public Good* (Hart Publishing, 2012), p. 290 참조.
4) Markus W. Gehring & Avidan Kent, "Sustainable Development and IIAs: From Objective to Practice", De Mestral & Lévesque (eds.), *Improving International Investment Agreements*, p. 292 참조.

한 조치에 대해 투자협정상 일부 의무의 적용을 배제할 수 있다. 다만,
유보조항은 투자유치국의 규제조치를 세부분야, 활동, 법적 근거와 함께
구체적으로 제시한 경우에 한하여 일부 투자협정상 의무가 적용되지 않
는 조항이다. 유보조항을 통해 허용되는 규제조치가 협정별로, 체약당사
국별로 다를 수밖에 없다. 따라서 유보조항만으로 국제투자협정에서 언
제 어떠한 규제조치가 허용되는지 일관된 경향성을 찾기는 어렵다.

둘째, 일부 국제투자협정에서는 이른바 비배제조치(non-precluded mea-
sures) 조항을 도입하여 공중보건, 공공안전, 도덕 등 공공이익과 관련된
주제영역을 조약의 적용범위 혹은 구체적인 조약상 의무의 적용에서 배
제하기도 한다.5) 이러한 조항은 조약 전체에 대해 혹은 일부 조약상 의
무에 대해 적용된다. 예를 들어, 2010년 UK-Colombia BIT 제4조 제1항은
내국민대우 혹은 최혜국대우와 관련하여 "국가안보, 공공안전 또는 공중
도덕을 보호하는 데 필요한 조치의 채택이나 집행을 배제하는 것으로
간주되어서는 안 된다"라고 규정하고 있다. 이러한 비배제조치 조항은
투자유치국이 해당 조항에 제시한 공공정책 관련 분야나 주제에 따라
국제투자협정의 적용범위를 축소하거나 또는 구체적 의무의 적용을 배
제함으로써 필요한 조치를 채택할 수 있도록 한다. 따라서 비배제조치
조항의 요건인 정당한 정책목표, 목표와 조치 간 관계를 어떻게 해석·적
용하는지에 따라 투자유치국에게 허용되는 규제권한의 범위가 정해지게
된다.

셋째, 일반적 예외조항은 국제투자협정의 실체적 의무 전반에 대해
적용되며, 주로 공공정책에 관한 다양한 예외사유에 대해 투자유치국의
규제조치를 허용하는 취지의 조항이다. 예컨대, 1997년 Canada-Thailand
BIT는 제17조 제2항과 제3항에서 각각 환경적 관심사를 고려한 구체적
예외조항, 그리고 GATT의 일반적 예외조항과 유사하게 정당한 정책목

---

5) *Ibid.*

표를 반영한 예외조항을 규정하고 있었다. 우선, 위 BIT 제17조 제2항은 투자활동이 환경적 관심사에 민감한 방식으로 취해지도록 확보하는 데 적절하다고 간주하는 이 협정과 합치하는 조치를 채택, 유지, 집행하는 것을 방해하는 것으로 간주되어서는 안 된다고 규정하였다.6) 위 BIT 제17조 제3항에서는 환경조치, 법 규정 준수를 위해 필요한 조치, 인간과 동식물의 생명과 건강 보호를 위해 필요한 조치, 천연자원 보전과 관련된 조치, 국보 보호를 위해 부과되는 조치, 공급이 부족한 제품의 획득과 분배에 본질적인 조치 등을 채택하고 유지하는 것을 방해하지 않는다고 하였다. 1997년 Canada-Thailand BIT 제17조 제3항 각 호의 조치에 대해서는 필요성 혹은 관련성 요건, 예외조치의 남용을 방지하는 두문의 요건이 적용된다.

넷째, 투자유치국의 규제권한 행사를 포괄적으로 인정하는 조항도 있다. 예를 들어, 2016년 Argentina-Qatar BIT 제10조는 이 협정의 어떤 조항도 정당한 정책목표를 달성하기 위하여 필요한 조치를 통해 영역 내에서 규율할 고유한 권한에 영향을 미치지 않는다고 규정하였다.7) 이 조항은 공중보건, 안전, 환경, 공중도덕 등 기존 규제권한 조항에서 나타난 구체적인 공공정책 목표를 예시하였지만, 정당한 정책목표를 한정적으로 열거하지 않고 있어 허용되는 규제권한의 범위를 넓게 해석할 수

---

6) 1997 Agreement between the Government of Canada and the Government of the Kingdom of Thailand for the Promotion and Protection of Investments ("Canada-Thailand BIT"), Article 17. 1997년 Canada-Thailand BIT 제17조 제2항은 투자활동 시 환경적 관심사를 고려하여야 한다는 것으로 미국 모델투자협정의 환경 관련 구체적 예외조항과 같은 취지의 조항이다. 이에 관해서는 이 책 제5장 제2절 참조.

7) 2016 Argentine-Qatar BIT Article 10 참조:
Article 10. Right to regulate
None of the provisions of this Agreement shall affect the inherent right of the Contracting Parties to regulate within their territories through measures necessary to achieve legitimate policy objectives, such as the protection of public health, safety, the environment, public morals, social and consumer protection.

있다. 그러나 투자유치국 규제조치가 국제투자협정상 구체적 의무에 위반된다는 주장이 실제로 제기되었을 때 이와 같은 선언적 규제권한 조항으로 조치의 정당성을 항변할 수 있는지는 의문이다. 요컨대, "고유한 권한에 영향을 미치지 아니한다"라는 규정은 규제권한 행사가 투자보호 의무에 위반한 경우 그 책임을 배제하는 것으로 해석하기는 어렵기 때문이다.

살펴본 바와 같이 국제투자협정에서 투자유치국의 규제권한을 고려하는 방법은 다양한 형태로 존재하고 있다. 특히 지속가능한 발전을 국제투자협정 목적으로 반영하면서 다양한 규제권한 고려방법이 확인되고 있다. [표 5-1]에서 보듯이 국제투자협정에서는 ① 조약 전문에 규제목표를 포함하는 방식, ② 일반적 예외조항, ③ 유보조항, ④ 투자 이외 다른 규제목적과 관련한 구체적 의무를 규정하는 방식 등이 있다.8)

[표 5-1] 국제투자협정의 규제권한 고려방법

방법	① 조약 전문	② 일반적 예외조항	③ 유보조항	④ 구체적 의무
관련 협정	- Canada 2004 Model BIT - US 2012 Model BIT	Canada 2004 Model BIT 제10조	Chile-US FTA 제10.7조 및 Annexes I과 II	- US-Australia FTA 제19.2.2조 - Canada 2004 Model BIT 제11조

Marie-Claire Cordonier Segger & Andrew Newcombe, "An Integrated Agenda for Sustainable Development in International Investment Law", Segger et al. (eds.), *Sustainable Development in World Investment Law*을 필자가 정리

① 조약 전문에 규제목표를 명시하는 방법은 실체적 의무의 해석과 관련되어 있다. ② 일반적 예외조항, ③ 유보조항에 관해서는 앞에서 살

---

8) 지속가능한 발전과 관련된 규제권한 고려방법에 관한 논의로서 Marie-Claire Cordonier Segger & Andrew Newcombe, "An Integrated Agenda for Sustainable Development in International Investment Law", Segger et al. (eds.), *Sustainable Development in World Investment Law*, pp. 125~132 참조

퍼본 바와 같다. 마지막으로 ④ (투자 이외의 다른 규제목적과 관련하여) 구체적 의무를 상세히 규정하는 방식에 대해 살펴보고자 한다. 이러한 규제권한 고려방법은 환경과 투자, 혹은 노동과 투자 등의 관계에서 국내규제를 약화시키는 방법으로 투자를 증진하는 것은 적절하지 않다고 규정하는 것이다. 예컨대, 2004년 US-Australia FTA 환경챕터 제19.2조 제2항에서는 각 회원국 환경법에 부여된 보호를 약화시키거나 감소시킴으로써 무역이나 투자를 증진하는 것은 적절하지 않다고 규정하고 있다. 유사한 조항은 2012년 미국모델투자협정 제12.2조와 제13.2조에서도 확인된다. 이 조항들은 각각 국내환경법이나 노동법에 따라 부여되는 보호를 약화시키는 방법으로 투자를 증진하는 조치를 취하는 것은 바람직하지 않다고 규정하고 있다.

한편, 하나의 국제투자협정에서 투자유치국의 규제권한을 고려하는 다양한 조항이나 문구를 중첩적으로 포함시키기도 한다. 이러한 중첩적 규제권한 고려방식은 캐나다의 2004년 모델투자협정에서 잘 나타난다. 먼저 캐나다 2004년 모델투자협정 전문은 "타방 체약당사국 투자자에 의한 투자를 보호하는 것이(…)경제협력의 발전과 지속가능한 발전의 증진을 도모할 수 있을 것"이라는 문구를 두고 있다.9) 그리고 캐나다 모델투자협정 제11조에서 투자증진을 위하여 건강, 환경, 안전조치를 축소시키지 않을 것을 확인한다고 규정하여 전문의 지속가능한 발전 목표를 구체적으로 실현하고자 하였다.10) 또한 캐나다 모델투자협정 제9조는 비합치조치를 규정한 유보조항과 예외조항을 규정하며, 제10조는 일반적 예외조항으로서 투자보호 의무에도 불구하고 정당한 목적의 규제조

---

9) Céline Lévesque & Andrew Newcombe, "3. Canada", Brown (ed.), *Commentaries on Selected Model Investment Treaties*, p. 62 참조.
10) *Ibid.*, pp. 63 & 91 참조. 캐나다 2004년 모델투자협정 제11조는 다음과 같이 규정하였다: "The Parties recognize that it is inappropriate to encourage investment by relaxing domestic health, safety or environmental measures. (…)".

치가 배제되지 않는다는 취지를 규정하고 있다. 또한 캐나다 모델투자협정은 수용 부속서에서 환경, 보건, 공중도덕을 위하여 취해진 정당한 목적의 규제조치는 수용에 해당하지 않는다는 간접수용 예외도 도입하고 있다. 이러한 조항들은 협정 내에서 규제목표를 직접적 혹은 간접적으로 고려하는 기능을 한다.

국제투자협정의 점진적 발전에 따라 투자보호 의무와의 관계에서 규제권한 행사가 허용되어야 한다는 취지의 조항도 투자협정 전반에 걸쳐 나타나는 것을 볼 수 있다.[11] 이렇게 볼 때, 국제투자협정의 규제권한 고려조항들은 관습국제법, 다른 국제협약의 조항, 중재판정부의 협정 해석과정에서 도입된 것으로 생각된다. 예컨대, 간접수용 예외조항은 국제법의 규제권한이론을 반영하고 있으며, 일반적 예외조항은 주로 GATT 제20조 혹은 GATS 제14조와 관련되어 있다. 그러나 여러 규제권한 고려 조항, 특히 예외조항이 중첩적으로 규정함에 따라 국제투자협정의 본래 목적인 투자보호와 투자증진을 지나치게 제한할 수 있다는 문제점도 확인되고 있다.[12]

다른 한편, 규제목표를 구체적으로 명시하지 않고 다른 방법으로 규제권한을 확보하는 사례도 확인된다. 즉, 일부 국제투자협정에서는 투자보호 의무의 적용범위를 제한하거나 실체적 의무의 내용을 명확히 하는 방법, 혹은 해석선언을 제시하는 방법, 투자자-국가 분쟁해결절차로부터 배제하는 방법 등으로 조항의 내용을 조정함으로써 투자보호 의무와 규

---

11) 예컨대, 캐나다와 미국의 투자협정 실행에서 규제권한 조항이 어떠한 방식으로 점진적으로 발전해왔는지에 관해서는, Céline Lévesque & Andrew Newcombe, "The Evolution of IIA Practice in Canada and the United States", De Mestral & Lévesque (eds.), *Improving International Investment Agreements*, pp. 34~38 참조.

12) TPP 협정 국영기업챕터에서도 다양한 예외조항을 중첩적으로 제시하고 있다. 예외조항을 다양하게 도입하면 해당 챕터의 효력이 문제될 수 있다는 논의로서 이재민, "정당한 정부지원조치의 외연: TPP 국영기업챕터 '예외조항' 실험과 WTO 보조금협정에의 시사점",『국제법학회논총』제61권 제4호(2016), pp. 172~174 참조.

제권한의 균형을 사실상 확보하고자 하고 있다.[13] 그러나 다양한 규제
권한 고려방식에서 알 수 있듯이 주요 국가들은 국제투자협정에서 허용
할 규제권한의 적절한 수준에 대해서 서로 다른 입장을 갖고 있다.

2. 예외조항에 관한 최근 국가실행 분석

국제투자협정의 예외조항에 관한 최근 국가실행을 통해 일반적 예외
조항에 관한 유의미한 경향이 확인되는지를 검토해본다. 이하에서는
2000년 이후 체결된 국제투자협정의 예외조항을 분석하였다. UNCTAD
의 주도로 정리된 국제투자협정의 데이터베이스 *Mapping of IIA Contents*
를 기초로 접근 가능한 국제투자협정에서 어떠한 방식으로 예외조항을
규정하는지를 살펴본다.[14] 많은 국제투자협정에서 본질적 안보이익에
관한 예외를 두고 있으므로 이러한 예외조항을 포함한 국제투자협정을
국가실행을 분석하는 출발점으로 하였다.

UNCTAD의 *Mapping of IIA Contents*에 의하면, 2017년 12월 현재 정리
된 2,573개의 국제투자협정 중에서 388개의 협정에 본질적 안보에 관한
예외가 있으며, 이 중 2000년 이후 체결된 국제투자협정만 보더라도 249
개 협정에서 본질적 안보예외가 있다. 이 책에서는 2000년 이후 체결·발
효한 약 180개의 협정에 도입된 본질적 안보이익 조항의 내용을 분석하
였다. 그 결과 아래와 같이 다양한 유형과 내용의 예외조항이 존재하는

---

13) Aikaterini Titi, *The Right to Regulate in International Investment Law* (Nomos, 2014), p. 35~52 참조.
14) UNCTAD, Mapping of IIA Contents
   <http://investmentpolicyhub.unctad.org/IIA/mappedContent#iiaInnerMenu>
   (2017년 12월 20일 검색) 참조. UNCTAD의 *IIA Mapping Project*는 전 세계 여러 대학과의 협조를 통해 국제투자협정의 내용을 데이터베이스로 정리한 작업이다. 국제투자협정 조문의 경향을 살펴보기 위한 자료로서 의의가 있다.

것을 확인하였다.

(1) 국가실행 분석

첫째, 준거법(Applicable Laws) 조항에서 본질적 안보에 관한 조치를 규정하는 국가실행이 확인되고 있다. 2000년 이후 약 34개의 BIT에서 본질적 안보에 관한 예외를 준거법 조항에서 규정하며, 대부분은 인도가 일방 당사자로 체결한 BIT에서 확인되고 있다. 개별 BIT에 따라 구체적인 문구와 표현은 다소 차이가 있지만, 준거법 조항에서 규정된 본질적 안보이익 조치는 다음과 같다.

> nothing in this Agreement precludes the host Contracting Party from taking action for the protection of its essential security interests or in circumstances of extreme emergency in accordance with its laws normally and reasonably applied on a non discriminatory basis.[15)]

위에서 보듯이, 본질적 안보이익 보호를 위해 혹은 심각한 위기상황에서 비차별적인 방식으로 통상적이고 합리적으로 적용된 자신의 법에 따라 조치를 취하는 것을 배제하지 아니한다고 규정한다. 이와 같이 준거법 조항에서 본질적 안보이익 조치를 규정하면서, 조치를 취할 수 있는 사유를 조금씩 확장하는 변형된 실행도 나타나고 있다. 예를 들어, 2000년 India-Portugal BIT 제12조 제2항은 본질적 안보이익 보호와 심각한 위기상황의 조치뿐 아니라 '공공질서의 보호'를 위한 조치를 배제하지 아니한다고 규정하였고, 2000년 Bangladesh-Uzbekistan BIT 제11조 제2항은 본질적 안보이익 대신에 '핵심적 이익과 안보(vital interests and

---

15) 예를 들어, 2000 India-Philippines BIT 제12조 제2항, 2000 India-Sweden BIT 제12조 제2항 등 참조.

security)'를 목적으로 제시하였다. 2001년 Belarus-Qatar BIT 제11조 제2
항, 2002년 Qatar-Gambia BIT 제11조 제2항, 2009년 Montenegro-Qatar
BIT 제11조 제2항 등에서는 본질적 안보이익이나 공공질서 혹은 공공질
서에 영향을 미치는 도덕을 보호하기 위해 극한의 위기상황에서 취한
조치를 보호목적으로 제시하였다. 이러한 내용과 형식의 본질적 안보이
익 예외는 2006년 이후 인도가 체결한 양자투자협정에서 예외조항 혹은
안보상 예외조항이라는 표제 하에서 유사하게 확인되고 있다.16)

둘째, 금지와 제한(Prohibitions and Restrictions) 조항에서 본질적 안보
이익 예외를 규정하는 국가실행이 확인되고 있다.17) 예를 들어, 2003년
Peru-Singapore BIT 제11조는 다음과 같이 규정하였다.

The provisions of this Agreement shall not in any way limit the right of
either Contracting Party to apply prohibitions or restrictions of any kind
or take any other action which is directed to the protection of its essential
security interests, or to the protection of public health or the prevention
of diseases and pests in animals or plants.18)

이 협정의 조항들은 어느 체약국이 본질적 안보이익 보호, 공중보건
의 보호 혹은 동식물의 질병이나 해충의 방지를 목적으로 하는(is
directed to) 어떠한 금지나 제한 혹은 그 밖의 다른 조치를 적용할 권리
를 제한해서는 안 된다고 규정하고 있다. 유사한 예외조항을 '다른 규칙
의 적용'(Application of Other Rules)이라는 조항에서 규정하기도 한다.
2003년 Barbados-Mauritius BIT 제11조 제2항이 그러한 실행의 사례이다.

---

16) 2006 China-India BIT 제14조(Exceptions), 2007 India-Mexico BIT 제31조(Security
   Exceptions), 2011 India-Lithuania BIT 제13조(Security Exceptions) 참조.
17) 예를 들어, 2000 Mauritius-Singapore BIT 제11조, 2000 Belarus-Singapore BIT 제11
   조, 2003 Peru-Singapore BIT 제11조, 2005 BLEU-Mauritius BIT 제14조 등 참조.
18) 예를 들어, 2003 Peru-Singapore BIT 제11조 참조.

한편, 2001년 Qatar-Turkey BIT 제12조와 같이 배제(Preclusion) 조항에서 본질적 안보이익 조치를 규정한 경우도 있다.[19]

셋째, 일반적 예외(General Exceptions, or General Derogations)조항에서 본질적 안보이익 조치를 규정하는 실행이 확인된다. 우선, 2000년 이후 핀란드가 일방당사자인 BIT의 일반적 예외조항은 제1항에서 본질적 안보이익 보호조치를 규정하고, 제2항에서 공공질서 유지조치와 인간이나 동·식물의 생명이나 건강에 대한 위협상황에서 필요한 조치를 취하는 것을 방해하는 것으로 해석되지 않는다고 규정하고 있다.[20] 또한, 일반적 예외조항은 수용조항과 무력분쟁 시 손실보상 규정에는 적용되지 않는 것으로 규정하였다.

이와 관련하여 본질적 안보이익 보호조치와 공공질서 유지조치만을 예외조치로 제시한 국가실행이 상당수 확인되고 있다.[21] 더 나아가 인간이나 동·식물의 생명이나 건강을 위해 필요한 조치, 그 밖의 예외사유까지 규정한 경우도 확인되고 있다. 공공질서 유지조치와 생명이나 건강을 위해 필요한 조치 등에 대해서는 자의적이거나 부당한 차별, 위장된 투자제한이 아닐 것을 추가적인 요건으로 규정하기도 한다.

위와 유사한 유형으로서, 일반적 예외조항이라는 표제는 없지만 단일한 조항에서 본질적 안보이익 조치, 국제평화와 안전의 유지를 위한 UN헌장 하에서의 의무를 추구함에 따른 조치, 인간과 동·식물의 생명이나 건강보호를 위해 필요한 조치, 공공질서 유지를 위해 필요한 조치를 취

---

19) 2001 Qatar-Turkey BIT Article 12. Preclusion ("This Agreement shall not preclude the application by either Contracting Party of measures necessary for the maintenance of public order and morals, the fulfillment of its obligations with respect to the maintenance or restoration of international peace or security, or the protection of its own essential security interests.") 참조.

20) 2002 Finland-Namibia BIT 제16조 등 참조.

21) 2001 Finland-Tanzania BIT 제15조, 2003 Finland-Kyrgyzstan BIT 제14조, 2004 Egypt-Finland BIT 제14조, 2004 Finland-Mozambique BIT 제14조, 2004 Finland-Ukraine BIT 제14조 등 참조.

할 수 있다고 규정한 2002년 한국과 일본 간 투자보장협정 제16조가 있다. 이 조항의 조치를 취하기 위한 요건으로서, ① 국제의무를 회피하기 위한 수단으로 이러한 조치를 이용해서는 안 된다는 점, ② 조치가 효력을 갖기 전이나 직후에 조치와 관련된 분야, 관련 의무나 조항, 조치의 법적 근거, 조치에 대한 설명, 조치의 목적이나 동기를 타방체약국에 통보하여야 한다는 점을 규정하였다.[22]

이처럼 국제투자협정의 일반적 예외조항에서 본질적 안보이익 조치뿐만 아니라 그 밖의 공공정책 목표를 위해 필요한 조치를 함께 규정하는 경향이 확인되고 있다. 그 밖의 공공정책을 위해 필요한 조치로는, GATT 제20조와 GATS 제14조의 정당한 정책목표와 관련 실행을 참조하여 규정되는 경우도 있고, WTO 협정의 일반적 예외조항과는 전혀 다른 예외사유만을 규정한 경우도 있다. WTO협정의 일반적 예외조항의 예외사유가 고려된 실행으로는 2006년 Canada-Peru BIT 제10조, 2009년 Canada-Romania BIT 제12조, 2009년 Canada-Latvia BIT 제17조, 2009년 Colombia-India BIT 제13조, 2011년 Azerbaijan-Turkey BIT 제5조 등이 있다. 한편, WTO 협정상 일반적 예외조항과는 별개의 예외사유만을 규정한 실행으로는 2007년 Azerbaijan-Hungary BIT 제13조가 있다. 이 조항은 본질적 안보이익 조치, 금융건전성 예외와 국제수지문제 해결을 위한 예외, 혜택의 부인조항을 일반적 예외에서 규정하고 있다. 본질적 안보 예외와 기타 공공정책 목표에 관한 예외를 하나의 조항에서 상세히 규정한 실행은 일본이 체결한 일부 국제투자협정에서 나타난다.[23]

---

22) 2002년 한국과 일본 간 투자보장협정 제16조 참조.

23) 일본이 일방당사자인 BIT에서는 General and Security Exceptions라는 조항에서 본질적 안보 예외와 인간과 동·식물의 생명이나 건강보호, 공공질서 유지를 위해 필요한 조치, 예술적·역사적·고고학적 가치가 있는 국보 보호를 위해 적용된 조치를 예외사유로 규정한 실행이 확인된다. 예컨대 2008 Japan-Lao Republic BIT 제18조, 2011 Colombia-Japan BIT 제13조, 2013 Japan-Mozambique BIT 제18조, 2013 Japan-Myanmar BIT 제19조 참조.

넷째, 본질적 안보이익(Essential Security Interests)에 관한 별도의 조항에서 예외사유를 규정한 실행이 확인된다. 동일한 표제의 조항이지만, 이 조항에서 규정하고 있는 예외사유와 요건이 다양하게 나타나고 있다. 가장 좁은 범위의 예외사유를 규정한 유형으로는 다음과 같이 국제평화나 안전유지에 관한 의무를 달성하기 위한 조치만을 규정한 유형이 있다.

Nothing in this Agreement shall be construed to prevent either Contracting Party from taking measures to fulfill its obligations with respect to the maintenance of international peace or security.[24]

한편, 가장 넓은 범위의 예외사유를 규정한 유형으로는 2009년 Lebanon-Slovakia Republic BIT 제11조 같이 국제평화나 안전 유지, 핵무기나 핵분열성 물질의 비확산에 관한 국가정책이나 국제협약 이행에 관한 본질적 안보이익 조치, 공공질서 유지, 금융건전성 유지도 본질적 안보이익 조치로서 규정한 실행이 있다. 한편, 본질적 안보이익 보호조치를 상세히 열거한 경우에는 동 조치를 구체적으로 범죄에 관한 조치, 무기나 군수물자의 거래, 전시에 취해지는 조치, 핵무기 비확산에 관한 국가정책이나 국제협약의 이행에 관한 조치, 국제평화와 안전유지를 위한 UN헌장 하 의무이행 조치 등으로 제시하기도 한다.[25]

다섯째, 안보상 예외조항에서 본질적 안보이익 조치를 규정하고 이와 별도로 일반적 예외조항에서 공공(公共)목적의 조치를 규정하는 실행도 확인되고 있다. 예를 들어, 2004년 Jordan-Singapore BIT 제19조는 본질적

---

24) 2001 Cyprus-Czech Republic BIT 제11조, 2003 Czech Republic-Guatemala BIT 제11조, 2005 Cyprus-Montenegro BIT 제13조, 2006 Cyprus-San Marino BIT 제12조, 2007 Cyprus-Moldova BIT 제14조, 2007 Cyprus-Syrian Arab Republic BIT 제12조 참조.

25) 2007 Bahrain-Czech Republic BIT 제11조(prevention of its essential security interests), 2008 Cambodia-Czech BIT 제11조, 2008 Czech-Yemen BIT 제11조, 2009 Czech-Georgia BIT 제11조, 2011 Azerbaijan-Czech BIT 제13조 참조.

안보이익에 관한 예외를 상세히 규정하고, 같은 BIT 제18조에서 GATT 제20조를 참조한 일반적 예외조치에 관한 규정을 두고 있다.

여섯째, 실체적 의무조항에서 본질적 안보이익 예외를 함께 제시한 경우가 확인되고 있다. 예를 들어, 2000년 Romania-Mauritius BIT 제2조 제1항 제2문은 투자증진과 투자유치 조항에서 본질적 안보 예외를 규정하고 있다.[26] 또한, 2004년 China-Finland BIT 제3조 제5항이나 2010년 Kazakhstan-Romania BIT 제3조 제4항, 2010년 Macedonia-Morocco BIT 제2조 제6항 같이 투자보호 조항에서 본질적 안보예외와 기타 공공질서 예외를 규정하는 경우도 있다.

마지막으로, 자유무역협정의 투자챕터에서는 관련 예외조항 실행이 두 가지 방식으로 나타난다. 자유무역협정 전체에 적용되는 예외조항을 두고 이를 투자챕터에 대해서 적용하는 경우가 있으며, 투자챕터에 대한 별도의 예외조항을 규정하는 경우가 있다. 자유무역협정 전체의 예외조항이 투자챕터에 적용되는 실행으로 2010년 Macedonia-India FTA, 2011년 Japan-India EPA(Economic Partnership Agreement), 2013년 New Zealand-Taiwan FTA, 2013년 Canada-Honduras FTA, 2015년 Japan-Mongolia EPA, 2015년 한국-뉴질랜드 FTA, 2015년 한국-베트남 FTA 등이 있다. 한편, 투자챕터에 별도로 안보상 예외를 규정한 사례로는 2015년 한중 FTA 제12.14조, 투자챕터에 별도로 일반적 예외조항을 둔 사례로는 2012년 Australia-Malaysia FTA 제12.18조, 2015년 Australia-China FTA 제9.8조 등이 있다.

---

26) 2000 Romania-Mauritius BIT, Article 2 Promotion and Admission 참조.
   (1) (…) However, this Agreement shall not prevent a Contracting Party from applying restrictions of any kind or taking any other action to protect its essential security interests or public health or to prevent diseases or pests in animals or plants.

(2) 전반적 경향

2000년부터 2016년까지의 국제투자협정의 본질적 안보예외 조항을 검토한 결과, 예외조항의 도입형태가 국제투자협정별로 매우 다양하다는 것을 확인할 수 있었다. 우선, 서로 다른 표제(Title)의 조항에서 본질적 안보이익 조치와 공공정책 목표를 위한 그 밖의 예외조치를 규정하였다. 또한, 국제투자협정에서 본질적 안보이익만을 독립적인 예외사유로 규정한 경우가 있지만, 최근의 국제투자협정에서는 본질적 안보와 다른 공공목적의 예외사유를 함께 규정하는 양상이 두드러지게 나타나고 있다. 많은 국가실행에서 안보와 공공질서를 중심으로 예외사유를 규정하고 있지만, 안보와 공공질서뿐 아니라 생명과 건강보호, 공중도덕의 보호, 환경보호, 국제수지 위기시의 예외조치, 금융건전성 예외조치, 문화산업에 관한 예외 등을 추가하여 투자유치국이 행사할 수 있는 예외조치를 확장하는 경향이 일부 국가실행에서 확인되고 있다.

한편, 예외조항의 남용을 방지하기 위한 조건이 여러 방식으로 규정되고 있다. 인도가 일방당사자인 BIT에서 보듯이 "국내법에 따라 통상적이고 합리적으로 비차별적 근거에서 적용되는 조치일 것"을 규정한 경우도 있고, GATT나 GATS의 일반적 예외조항에 제시된 요건에 준하여 특히 공공정책 목표의 조치에 대해 투자에 대한 자의적이거나 부당한 차별 혹은 투자에 대한 위장된 제한이 아닐 것이라는 조건을 규정하기도 했다. 일본이 일방당사자인 국제투자협정에서는 예외조치가 투자협정상 의무를 회피하는 수단으로 이용되어서는 안 된다는 요건과 동 협정에 따른 조치를 타방체약국에 통보해야 한다는 요건을 규정하고 있다.

3. 국제투자협정상 일반적 예외조항의 유형

최근 국제투자협정의 일반적 예외조항은 허용되는 정책목표를 상세하게 규정하는 특징이 있다. 이러한 일반적 예외조항은 포괄적인 수준에서 규제목표를 고려한다는 문구를 포함시키거나 실체적 의무조항의 해석을 통해 규제권한을 허용하는 방법과 비교할 때, 명시적이고 구체적으로 투자유치국의 규제권한을 확보할 수 있다는 데 그 의의가 있다.[27]

또한, 국제투자협정의 일반적 예외조항은 구체적 도입 유형과 내용이 다양하게 나타나고 있다. 다만 기본 형식에서는 대체로 WTO 협정의 일반적 예외조항을 참조하고 있다. 즉, 일부 국제투자협정에서는 GATT 제20조나 GATS 제14조를 적절한 변경을 거쳐(*mutatis mutandis*) 적용한다. 한편, 다른 국제투자협정에서는 GATT 제20조와 GATS 제14조를 모두 도입한다. GATT나 GATS의 일반적 예외조항에 기초하여 그 내용을 약간 수정한 일반적 예외조항을 도입하는 경우도 있다.[28]

국제투자협정에서 확인되는 일반적 예외조항의 형태가 다양할 뿐만 아니라 투자협정에서 일반적 예외조항에 관한 해석론도 아직은 정립되지 않은 것으로 보인다. 이에 따라 국가의 특정한 규제조치가 투자협정상 의무위반에 해당하는지 분쟁이 발생하였을 때 각 중재판정부가 서로 다른 일반적 예외조항을 어떻게 해석할 것인지도 불분명한 상황이다.[29]

---

27) 2016년 *Philip Morris v. Uruguay* 사건은 Swiss-Uruguay BIT에 명시적 예외조항이 없지만 관습국제법상 규제권한이론에 기초하여 간접적으로 규제권한을 허용한 사례다. *Philip Morris Brands Sàrl, Philip Morris Products S.A. and Abal Hermanos S.A. v. Oriental Republic of Uruguay*, ICSID Case No. ARB/10/7, Award (July 8, 2016), paras. 290~299 참조.

28) Andrew Newcombe, "General Exceptions in International Investment Agreements", *Draft Discussion Paper* (Prepared for BIICL Annual WTO Conference, May 13-14, 2008, London), <https://www.biicl.org/files/3866_andrew_newcombe.pdf>, p. 2 참조.

29) *Ibid.*, pp. 2~3; Diane Desierto, *Public Policy in International Economic Law: The ICESCR in Trade, Finance, and Investment* (Oxford University Press, 2015), pp.

[표 5-2] 국제투자협정의 일반적 예외조항 유형

① GATT 제20조 유형	1. 2006년 Canada-Peru BIT 제10.1조 2. 2003년 Singapore-Japan New Age Economic Partnership 제83조 3. 2009년 ASEAN Comprehensive Investment Agreement 제17조
② GATS 제14조 유형	2003년 Panama-Taiwan FTA 제20.02조(2) 2005년 한국-싱가포르 자유무역협정 제21.2조
③ GATT 제20조 및 GATS 제14조 유추적용 유형	2008년 China-New Zealand FTA 제200조

* Andrew Newcombe, "General Exceptions in International Investment Agreements", Segger et al. (eds.), *Sustainable Development in World Investment Law*, pp. 358~360을 참조하여 필자가 분류.

위 [표 5-2]에서 볼 수 있듯이 대표적으로 캐나다와 아시아 국가들이 체결한 국제투자협정에서 일반적 예외조항을 도입하고 있다. 또한, 일부 자유무역협정의 투자챕터에서도 GATS 제14조 유형이나 GATT 제20조와 GATS 제14조 일반적 예외조항의 유추적용 유형으로 일반적 예외조항을 도입하였다. 일반적 예외조항 유형을 구분하면 다음과 같다.

첫째, GATT 제20조 유형은 2006년 Canada-Peru BIT 제10조 제1항에서 나타나듯이 GATT 제20조 일반적 예외조항의 사유와 요건을 거의 그대로 도입한 경우이다. 즉, Canada-Peru BIT 제10조 제1항은 GATT 제20조 중에서 인간과 동·식물의 생명이나 건강 보호, 이 협정 규정과 불합치하지 않는 법 규정의 준수 확보, 고갈 가능한 천연자원 보전이라는 세 가지 예외사유, 필요성 요건, 두문의 요건을 규정하고 있다. 다만 위 BIT 제10조 제2항 내지 제7항에서는 GATT 제20조에서 다루지 않은 기타 예외사유(예컨대, 금융건전성 조치, 안보상 조치, 금융통화정책에 관한 비차별적 조치)와 문화산업에 관한 배제도 함께 규정하고 있으므로 이러한 예외조항이 GATT 제20조와 완전히 일치하지는 않는다.

310~311 각각 참조.

둘째, GATS 제14조 유형은 2005년 한국-싱가포르 FTA 제21.2조 제2
항에서 보듯이 GATS 제14조 일반적 예외조항을 투자챕터에 도입하여
협정의 일부를 구성한다고 규정하는 방식이다. 한국-싱가포르 FTA 제
21.2조는 협정 전체에 적용되는 일반적 예외조항을 규정하고 있으며,
GATS 제14조의 (a)호, (b)호, (c)호에 해당하는 일부 사유가 투자 챕터의
목적상 협정의 일부로 적용된다고 하였다.[30]

셋째, GATT 제20조 및 GATS 제14조의 유추적용 유형은 2008년
China-New Zealand FTA 제200조 제1항에서 보듯이 GATT 제20조와 그
에 대한 주해, GATS 제14조가 "적절한 변경을 거쳐서" 이 협정에 도입
되어 협정의 일부가 된다고 규정하는 방식이다.[31] 같은 협정 제200조 제
2항에서는 GATT 제20조 (b)호와 GATS 제14조 (b)호의 조치가 인간, 동
식물의 생명이나 건강을 보호하기 위해 필요한 환경조치를 포함하며,
GATT 제20조 (g)호의 조치는 고갈 가능한 생물자원 및 비생물자원의 보
전에 관한 조치를 의미한다고 규정하였다. 또한, 같은 협정 제200조 제3
항과 제4항에서 각각 역사적·고고학적 가치를 갖는 자연작품이나 특별
한 장소를 보호하기 위해 필요한 조치, "문화재 불법수출입 및 소유권이
전의 금지 및 방지에 관한 UNESCO 협약"에 따라 타방 당사국의 문화재
불법수입을 제한하기 위해 필요한 조치에 관해서도 규정하고 있다. 이러
한 유형에서는 GATT와 GATS의 일반적 예외조항에 반영된 규제조치의
범위를 좀 더 구체적으로 규정하기도 하고, 혹은 추가적으로 고려할 정

---

30) 2005 Korea-Singapore FTA, Article 21.2 참조.
"Subparagraphs (a), (b) and (c) of Article XIV of GATS are incorporated into and
made part of this Agreement, for the purposes of: (⋯)
(c) Chapter 10 (Investment)."
31) 2008 China-New Zealand FTA Article 200.1은 다음과 같다:
"1. For the purposes of this Agreement, Article XX of GATT 1994 and its
interpretative notes and Article XIV of GATS (including its footnotes) are
incorporated into and made part of this Agreement, *mutatis mutandis.*"

당한 정책목표를 규정하기도 한다.

이처럼 현재 국제투자협정에 반영된 일반적 예외조항은 GATT나 GATS의 일반적 예외조항과 완전히 일치하지는 않지만, 기본적인 예외 사유와 필요성이나 관련성 요건, 두문의 남용방지 조건 등에서 거의 유사하게 규정하고 있다. 특히 GATT 제20조나 GATS 제14조를 협정의 일부로 도입한다는 규정이 그러하다.[32]

그러나 이러한 도입 방식은 국제투자협정과 WTO 협정이 협정의 대상과 목적, 구조적 특성에 있어서 보이는 차이점을 고려하지 않고 일반적 예외조항의 문구를 그대로 반영한다는 문제가 있다.[33] WTO 협정에서 일반적 예외조항은 주로 상품과 서비스 교역에 관한 협정상 일반적 의무에 대한 예외로 기능하고 있다. 반면, 국제투자협정은 투자유치국의 영역 내에서 이루어지는 투자활동을 규율하며 일반적 예외조항은 투자자에 부여하는 대우와 관련하여 특정한 규제조치를 허용하는 맥락에서 작동한다는 차이가 있다.

그러나 다른 한편, 국제투자협정에서는 예외조항의 도입 여부와 예외조항의 구체적 형태에 관하여 다양한 국가실행이 확인되는 점은 또 다

---

32) Jürgen Kurtz는 포괄적 경제협정에서 GATS 제14조를 협정의 일부로 도입하는 방식을 'deep integration model'이라고 부르고 있다. Jürgen Kurtz, *The WTO and International Investment Law: Converging Systems* (Cambridge University Press, 2016), p. 194 참조. 이는 WTO 협정 중에서 GATS가 가장 직접적으로 투자문제를 다루며, GATS에서 규정하는 서비스 공급의 유형 중 상업적 주재에 관한 mode 3은 본질적으로 투자활동으로 볼 수 있기 때문이다. Marie-France Houde, Katia Yannaca-Small, "Relationships between International Investment Agreements", *OECD Working Papers on International Investment* (2004/01, OECD Publishing), p. 6 참조.
33) 국제투자협정에서 일반적 예외조항 도입 양상에 관하여는 Julien Chaisse, "Exploring the Confines of Investment and Domestic Health Protection: Is a General Exceptions Clause a Forced Perspective?", *American Journal of Law and Medicine*, Vol. 39 (2013), pp. 336~343; Andrew Newcombe, "General Exceptions in International Investment Agreements", Segger et al. (eds.), *Sustainable Development in World Investment Law*, 각각 참조.

른 문제를 제기한다. 국제투자협정 체제의 참여자인 투자유치국과 투자
자들은 공통적으로 국제투자협정을 통해 투자보호와 규제권한에 관한
예측 가능한 법적 규율을 하는 데 이해관계가 있기 때문이다. '일반화'
된 형태로 예외조항을 규정하는 WTO 협정에서는 어떠한 경우에 회원국
들이 건강, 환경, 공중도덕 등 명시된 규제목표를 위하여 국내입법조치
나 행정조치를 채택할 수 있는지 비교적 합리적으로 예측할 수 있다.[34]
이와 달리 국제투자협정에서는 다양한 예외조항 실행에서 볼 수 있듯이
'허용되는 규제권한의 범위'에 대한 국가 간 합의는 아직 제시되지 않았
다.[35]

　오늘날 국제투자협정에서 '일정한 범위의 규제권한을 허용해야 할 필
요성'에는 많은 국가들이 동의하는 것으로 보인다. 이에 다음 절에서 주
요 국가들의 일반적 예외조항 실행을 종합적으로 살펴보기로 한다.

---

34) Razeen Sappideen & Ling Ling He, "Dispute Resolution in Investment Treaties:
　　Balancing the Rights of Investors and Host States", *Journal of World Trade*, Vol.
　　49, No. 1 (2015), p. 87 참조.
35) EU사법재판소(Court of Justice of European Union: CJEU)나 유럽인권법원
　　(European Court of Human Rights: ECtHR), WTO 패널과 항소기구는 환경이나 건
　　강에 대한 위험의 허용수준 같은 민감하고 논쟁적인 문제에서는 규제목적의 정당성
　　을 평가할 때 조치국의 재량을 허용하는 방식으로 접근하고 있다. 즉, 정당한 정책목
　　표 해당 여부에 대한 판단이 명백히 합리적 근거가 없을 경우가 아니라면 그러한 판
　　단을 존중하는 방식이다. Caroline Henckels, *Proportionality and Deference in
　　Investor-State Arbitration: Balancing Investment Protection and Regulatory Auto-
　　nomy* (Cambridge University Press, 2015), pp. 49~53 참조.

제2절 국가별 일반적 예외조항 실행

　일반적 예외조항은 일차적으로는 투자보호 의무와 투자유치국의 규제 권한 간 균형을 확보하려는 취지에서 도입되며, 지속가능한 발전과 같은 전 세계적 목적과 투자보호 목적을 조화롭게 추구하기 위해서도 그 도입이 정당화된다.[36] *World Investment Report 2015*에 의하면, 2014년 체결된 (조약문이 확인 가능한) 18개 국제투자협정 중 대부분의 협정에서 지속가능한 발전 목표와 관련하여 국가의 규제권한을 허용하는 취지의 조항을 두고 있었다. 또한, 이러한 18개 협정 중 14개 협정에서 일반적 예외조항을 도입하였다.[37] 그러나 일반적 예외조항을 도입한 경우에도 국제투자협정별로 예외조항에서 명시한 정책목표와 구체적 요건은 상이하게 나타나고 있다. 이 절에서는 캐나다, EU, 인도, 일본, 한국의 국제투자협정상 일반적 예외조항을 분석한다. NAFTA와 미국 모델투자협정에서는 환경, 노동, 금융서비스 등 구체적 정책관심사에 따른 고려사항을 규정하고 있는데, 위의 다른 조약실행에서의 일반적 예외조항과 비교 목적으로 이 절에서 함께 분석하기로 한다.

---

36) UNCTAD, *World Investment Report 2014* (United Nations, 2014), pp. 117~118 참조. 일반적 예외조항은 지속가능한 발전, 투자를 통한 경제발전의 촉진, 혹은 공공이익을 위한 규제권한의 유지 등 여러 목적에서 국제투자협정에 포함된다. *Ibid*, p. 117 의 표 Ⅲ.4 참조.
37) UNCTAD, *World Investment Report 2015*, p. 112 참조.

1. 북미자유무역협정의 관련 실행

NAFTA는 상품, 서비스, 지적재산권, 투자와 경쟁정책 등을 규율하는 포괄적인 자유무역협정이다.[38] 제21장에서 예외에 관한 별도의 장(章)을 두고 있고, 예외 챕터에서 일반적 예외조항(제2101조)과 국가안보 예외조항(제2102조)을 규정하였다. 특히 일반적 예외조항은 투자챕터에 대해서는 적용되지 않지만, 국가안보 예외조항은 투자챕터에도 적용된다.[39] NAFTA의 예외조항 규정방식은 미국이 그 동안 양자 간 투자협정을 체결하면서 본질적 안보이익에 관한 예외만을 규정해온 것과 흐름을 같이 하고 있다.[40] 요컨대 NAFTA 투자챕터는 주로 적용범위에 관한 조항, 유보조항과 예외조항을 통해 투자챕터의 적용을 일부 주제에 대해서는 제한하는 방식으로 중요 분야에서의 규제권한을 간접적으로 보장하고 있다.

우선, NAFTA 투자챕터 제1101조는 제2항 내지 제4항에서 투자유치국의 일부 경제활동, 금융서비스, 일부 사회정책에 대해 투자챕터 적용을 배제하는 조항을 규정하였다. 구체적으로 제1101조 제2항에서는 회원국이 제Ⅲ부속서에 규정한 경제활동을 배타적으로 수행하고, 그러한 활동에서 투자설립허가를 거절할 권리가 있다고 규정하고 있다. 제1101조 제3항에서는 금융서비스에 대해 투자챕터가 적용되지 않는다고 하였고, 제1101조 제4항에서는 이 챕터와 불합치하지 않는 방법으로 법집행, 교

---

38) NAFTA 조문은 다음을 참조. NAFTA Secretariat, Legal Texts, North American Free Trade Agreement, <https://www.nafta-sec-alena.org/Home/Legal-Texts/North-American-Free-Trade-Agreement> (2017년 11월 7일 검색).

39) Andrea K. Bjorklund, "12. NAFTA Chapter 11", Brown (ed.), *Commentaries on Selected Model Investment Treaties*, p. 490 참조.

40) Andrew Newcombe & Lluís Paradell, *Law and Practice of Investment Treaties: Standards of Treatment* (Wolters Kluwer, 2009), pp. 488~489; William Burke-White & Andreas Von Staden, "Investment Protection in Extraordinary Times: The Interpretation and Application of Non-Precluded Measures in Bilateral Treaties", *Virginia Journal of International Law*, Vol. 48, No. 2 (2008), p. 332 각각 참조.

정서비스, 소득보장, 사회보장, 사회복지, 공교육, 공공훈련, 보건, 아동
보호와 같은 서비스를 제공하거나 관련 기능을 수행할 권리를 방해하지
않는다고 규정하였다.

또한, NAFTA 투자챕터 제1108조에서는 투자보호 의무에 관한 유보와
예외(Reservations and Exceptions)를 규정하고 있다. 제1108조의 유보와
예외조항에서는 NAFTA 회원국이 양허표에 명시한 경우에 투자챕터의
일부 조항(내국민대우, 최혜국대우, 이행요건, 경영진 조항)이 적용되지
않는다고 규정하고 있다.

NAFTA 투자챕터에는 특정 투자보호 의무나 특정 주제에 한정하여
적용되는 구체적 예외조항도 있다. 특히 NAFTA 투자챕터 제1106조 제6
항은 동 조항의 일부규정(국내부품이용요건, 국내구매요건)과 관련하여,
국내법 규정의 준수, 인간과 동식물의 생명과 건강보호, 천연자원 보전
을 위해 필요한 조치를 취하는 것을 방해하지 않는다고 규정하고 있다.
이러한 예외사유와 요건은 GATT 제20조와 유사하지만, NAFTA 투자챕
터 제1106조는 국내부품이용 요건과 국내구매 요건에 한정하여 적용된
다는 점에서 제한적이고 구체적인 예외조항으로 볼 수 있다.

NAFTA 투자챕터 제1114조 제1항은 환경 관련 예외조항으로서, 이 챕
터의 어떤 규정도 투자활동이 환경관심사에 민감한 방식으로 수행되도
록 보장하기에 적절하다고 간주되는 조치를 채택·유지·집행하는 것을
방해하는 것으로 간주되어서는 안 된다고 규정한다. NAFTA 제1114조는
2000년 *Metalclad v. Mexico* 사건에서 멕시코의 항변으로 원용되었다. 이
사건은 Metalclad 사(社)가 유해폐기물 매립지에 투자한 후 멕시코 주정
부가 해당지역을 생태지구로 선언한 조치가 문제된 사건이다.[41] NAFTA
중재판정부는 멕시코 정부의 조치가 NAFTA의 FET 위반에 해당하며,
수용에 준하는 조치이므로 멕시코 정부는 Metalclad 사에 대해 손해배상

---

41) *Metalclad Corporation v. United Mexican States,* NAFTA/ICSID Case No. ARB
(AF)/97/1, Award (August 30, 2000), paras. 41~69 참조.

및 보상을 지급하여야 한다고 판정하였다. 한편, 멕시코 정부가 NAFTA 제1114조를 근거로 위 위반에 대해 항변할 수 있는지에 대해서는 부정적인 입장이었다. 멕시코는 이미 Metalclad 사(社)와의 협약 및 연방허가를 통해 Metalclad 사(社)의 투자가 환경관심사에 합치하는 방식으로 이루어졌다는 점을 확인하였기 때문이다.[42] 이러한 NAFTA 판정의 태도로 볼 때, NAFTA 제1114조는 투자가 이루어지기 이전에 이미 유효한 환경 규정만을 정당화할 수 있다.[43]

NAFTA 투자챕터의 구조와 실체적 조항을 보면, NAFTA는 초기 국제투자협정과 같이 투자보호에 중점을 둔 조약이다.[44] 특히 NAFTA 제2101조의 일반적 예외조항은 NAFTA 투자챕터에는 적용되지 않기 때문에 투자챕터의 적용범위를 제한하는 방식으로 간접적으로 투자유치국 규제권한을 보장하는 방식을 취하고 있다. 이와 함께, 구체적 예외조항과 유보조항을 통해 국가들이 중요하다고 간주하는 분야나 주제에 관해 일부 투자보호 의무의 적용을 배제함으로써 투자유치국의 규제권한을 인정하고 있다.

2. 미국 모델투자협정의 관련 실행

미국의 2004년 모델투자협정에서는 NAFTA 투자챕터와 마찬가지로 일반적 예외조항을 규정하지 않았다. 다만, 투자와 환경(제12조), 투자와 노동(제13조), 본질적 안보(제18조), 금융서비스(제20조) 등 개별 조항에서 투자보호와의 관계에서 구체적인 정책적 고려를 해야 한다고 규정하

---

42) *Ibid.,* para. 98 참조.
43) Bradly J. Condon, "Mexican Energy Reform and NAFTA Chapter 11: Articles 20 and 21 of the Hydrocarbons Law and access to investment arbitration", *World Energy Law and Business*, Vol. 9, Issue 3 (2016), p. 217 참조.
44) Kurtz, *supra* note 32, p. 62 참조.

고 있다. 또한, 미국의 모델투자협정은 구체적 고려사항을 규정한 이외
에는 비합치조치(Non-conforming measures)를 양허표에 열거하고 비합치
조치에 대해서는 내국민대우, 최혜국대우, 이행요건, 경영진 관련 의무
가 적용되지 않는다고 규정하고 있다.

  구체적 정책목표에 관해서는 다음과 같이 규정하였다. 예컨대, 미국
2004년 모델투자협정 제12조 제1항에서는 국내환경법에서 부여되는 보
호를 약화시키거나 감축함으로써 투자를 증진하는 것은 적절하지 않다
고 규정하였다. 제12조 제2항에서는 "이 조약의 어떤 규정도 회원국이
자국 영토 내에서의 투자활동이 환경적 관심사에 주의를 기울이는 방식
으로(in a manner sensitive to environmental concerns) 취해지도록 확보하
기에 적절하다고 간주하는 이 협정과 합치하는 조치(otherwise consistent
with this Treaty)를 채택, 유지, 집행하는 것을 방해하는 것으로 간주되어
서는 아니된다"라고 하였다.45) 또한 제13조 제1항은 "국내 노동법에 따
라 부여되는 보호를 약화시키거나 감소시키는 방법으로 투자를 증진하
는 것은 적절하지 않다는 것을 인식한다"라고 하여 간접적으로 국내법
에 따른 보호조치를 보장하고 있다.46) 따라서 미국의 실행에 의하면, 투
자유치국은 환경적 관심사에 따라 자국 내 투자활동을 규율할 수 있으
며 환경법과 노동법에 따라 부여되는 보호를 약화시키지 않는 방법으로
투자증진 방법을 검토하여야 한다. 또한, 제18조에서는 본질적 안보에
관한 조치를 규정하고 있다.

  이처럼 미국의 2004년 모델투자협정은 개별 조항에서 각각 환경, 노
동, 안보 같은 공공정책 관심사를 고려하도록 규정하고 있다. 이는 일반
적 예외조항을 규정한 경우와 전혀 다른 법적 함의를 갖고 있다. 일반적
예외조항은 협정상 의무에도 불구하고 정당한 목적의 규제조치가 허용
된다고 인정하는 기능을 한다. 반면, 2004년 미국모델투자협정과 같이

---

45) 2004 US Model BIT, Articles 12.1& 12.2 참조.
46) 2004 US Model BIT, Article 13.1 참조.

구체적 정책적 관심사에 관한 조항들은 국내규제수준을 낮춤으로써 투자를 증진하는 것은 적절하지 않다는 점을 확인한 규정일 뿐이다. 예컨대 투자와 환경 조항은 '이 조약과 합치하는' 조치를 방해하지 않는다고 규정할 뿐이며, 투자보호 목적에 우선하여 환경보호 목적을 고려하는 규정은 아니라고 할 수 있다. 투자와 환경조항에서 환경보호 수준은 국내법에 의해 정해지기 때문에 국가의 규제조치가 투자자의 조약상 권리와 충돌할 경우 투자자의 권리가 우선한다.[47]

2012년 모델투자협정에서도 일반적 예외조항은 두지 않고, 2004년 모델투자협정과 유사한 방식으로 구체적 정책목표별로 예외를 규정하였다. 즉, 제12조와 제13조에서 각각 환경, 노동이라는 구체적 정책관심사에 따른 권고조항들을 규정하고 있다. 2004년 모델투자협정과 비교하면 2012년 모델투자협정은 제12조의 투자와 환경, 제13조의 투자와 노동 조항을 좀 더 상세하게 규정하고 있다.

예컨대, 2004년 모델투자협정 제12조에서는 환경적 관심사를 고려한 규제조치의 채택을 권고하는 데서 그쳤지만, 2012년 모델투자협정 제12조 제1항은 각 국의 환경법과 정책, 다자간 환경협약의 중요성을 명시하였다. 또한 2012년 모델투자협정 제12조 제2항은 국내환경법에 부여된 보호를 약화시키거나 감축시킴으로써 투자를 증진시키는 것은 적절하지 않다고 하면서 구체적으로 각 당사국의 행위기준을 제시하였다.[48] 제12조 제3항에서는 각 당사국이 규제, 준수, 조사, 높은 우선순위를 갖는 환경문제의 집행을 위해 자원을 배분하는 문제에서 재량권을 행사할 권리가 있다고 규정하고 있다.[49] 2012년 모델투자협정 제12조 제5항에서는

---

47) Andreas Kulick, *Global Public Interest in International Investment Law* (Cambridge University Press, 2012), p. 70 참조.

48) 2012 US Model BIT Article 12.2 참조.

49) 2012 US Model BIT Article 12.3:

3. (⋯)each Party retains the right to exercise discretion with respect to regulatory, compliance, investigatory, and prosecutorial matters, and to make decisions

2004년 모델투자협정과 마찬가지로 환경적 관심사를 고려한 규제조치의 채택을 배제하지 않는다고 규정하였다. 또한 2012년 모델투자협정 제20조는 금융서비스와 관련된 예외를 명시하면서, 각주에서 "금융건전성 조치"(measures relating to financial services for prudential reasons)의 의미를 구체적으로 제시하고 있다.50)

이처럼 미국은 국제투자협정에서 일반적 예외조항을 통해 규제권한을 확보하는 것이 아니라, 환경, 노동, 금융서비스 등 구체적 규제영역에서 공공목적의 규제권한의 행사를 고려하여 투자활동을 실시한다고 규정하고 있다. 특히 2012년 모델투자협정은 환경법, 노동법, 금융건전성 조치와 관련하여 구체적 정의와 요건을 부가하였다. 이를 통해 투자증진을 위한 목적으로 환경법이나 노동법에 따른 보호를 약화시켜서는 안 된다는 점을 명확히 하고 있다. 금융건전성 조치와 관련해서는 조치의 채택이나 유지를 방해받지 않는다(shall not be prevented from adopting or maintaining)고 규정하여 예외조항의 형식을 취하고 있다.

3. 캐나다 투자협정의 일반적 예외조항

NAFTA 체결 당시 미국과 캐나다는 NAFTA 투자챕터가 선진국의 투자자를 보호하는 방향으로 작동할 것으로 기대하였다. 그러나 실제로는 상당한 수의 투자분쟁이 미국과 캐나다 정부를 상대로 개시되면서 NAFTA 투자챕터에 대한 재검토가 이루어지게 되었다.51) 캐나다는 모델

---

regarding the allocation of resources to enforcement with respect to other environmental matters determined to have higher priorities.

50) 2012 US Model BIT, 각주 18에 의하면, 금융건전성 조치란, 지불 및 청산체제의 안전성과 통일뿐만 아니라 개별 금융기관의 안전, 건전성, 통일성의 유지 및 재무책임을 포괄하는 개념이다.

51) Kurtz, *supra* note 32, pp. 63~64 참조.

투자협정에서 일반적 예외조항을 상세히 규정하고 이를 실제 국제투자
협정에 반영함으로써 투자보호 목적과 규제권한 간의 균형을 확보하려
고 하고 있다.

2004년 캐나다 모델투자협정 제10조에서는 7개항에 걸쳐서 일반적 예
외조항을 규정하고 있다.[52](부록 1 참조). 캐나다 모델투자협정의 일반
적 예외조항은 우선 GATT 제20조와 유사한 예외사유와 요건을 규정하
고 있으며(제10.1조), 이 밖에도 금융건전성 조치(제10.2조), 금융통화정
책이나 환율정책 관련 조치(제10.3조), 본질적 안보이익 보호조치(제10.4
조), 비밀정보의 보호(제10.5조), 문화산업 투자에 대한 예외(제10.6조),
WTO 설립협정 제9.3조의 의무면제 결정에 따라 취해진 조치(제10.7조)
를 규정하고 있다. 캐나다 모델투자협정의 일반적 예외조항은 GATT 제
20조 유형의 조항에 금융건전성 조치 등 다른 예외사유와 요건을 덧붙
인 형태를 취하고 있다.

우선, 제10.1조에서는 GATT 제20조의 예외사유와 필요성, 두문의 요
건을 갖춘 일반적 예외조항의 내용을 규정하고 있다. GATT 제20조의
(b)호, (d)호, (g)호와 유사하게 이 협정의 어떠한 규정도 인간이나 동식
물의 생명이나 건강을 보호하기 위하여 필요한 조치, 이 협정과 불합치
하지 않는 법규의 이행을 확보하기 위하여 필요한 조치, 고갈될 수 있는
천연자원 보전을 위하여 필요한 조치를 취하는 것을 방해하지 않는다고
규정하고 있다. 다만 천연자원 보전와 관련하여 GATT 제20조에서는

---

52) 캐나다의 모델투자협정과 그 주해는 Céline Lévesque & Andrew Newcombe, "3.
Canada", Brown (ed.), *Commentaries on Selected Model Treaties*, pp. 87~90 참조.
이 책에서는 2004년 모델투자협정에 기초하여 분석하기로 한다. 2004년 캐나다 모델
투자협정은 가장 최근의 공식적인 업데이트이지만 이후에도 협정문의 수정작업은 계
속 이루어지고 있다. Catharine Titi, "The Evolving BIT: A Commentary on
Canada's Model Agreement", *Investment Treaty News* (June 26, 2013), *IISD*, <http:
//www.iisd.org/itn/2013/06/26/the-evolving-bit-a-commentary-on-canadas-model-
agreement/> (2017년 11월 7일 검색) 참조.

"관련된" 조치일 것을 요구하는 반면, 캐나다 모델투자협정에서는 "필요한" 조치일 것을 규정하고 있다. 또한, 위 세 가지 예외사유와 관련하여서는 투자 간, 혹은 투자자 간에 자의적이거나 부당한 차별을 구성하는 방법으로 적용되어서는 안 된다는 두문의 요건을 부가하고 있다. 다른 국제투자협정에서 자주 확인되는 공중도덕이나 공공질서 보호에 관한 예외사유는 캐나다 모델투자협정의 일반적 예외조항에는 없다.

제10.2조에서는 금융건전성을 위한 합리적 조치를 채택하거나 유지하는 것을 방해하지 않는다고 규정하고 있다. 제10.3조는 통화나 신용관련 정책 또는 환율정책과 관련하여 일반적으로 적용되는 비차별조치에 관하여 이 협정의 규정이 적용되지 않는다고 규정한다. 제10.4조는 GATT 제21조와 유사하게 안보상 예외에 대하여 규정하고 있다.[53] 그 밖에 제10.5조부터 제10.7조에서는 투자협정의 적용이 배제되는 예외사유에 대해 규정하고 있다. 캐나다 모델투자협정의 일반적 예외조항에서는 GATT 제20조처럼 구체적인 정책목표를 위한 조치의 채택이나 집행을 배제하지 않는다는 규정방식을 취하는 경우와 특정 분야에서 투자협정의 적용을 배제하는 규정방식을 취하는 경우가 모두 확인되고 있다.

캐나다는 모델투자협정에서 일반적 예외조항을 도입한 대표적인 국가이다.[54] 이러한 모델협정에 기초하여 캐나다가 체결한 다수의 양자 간 투자협정에서는 일반적 예외조항을 규정하고 있다.[55] 반면 캐나다가 참여한 NAFTA의 경우, 자유무역협정의 일부 챕터에 대해 적용되는 일반적 예외조항이 있지만 투자 챕터에 대해서는 일반적 예외조항이 적용되

---

53) Lévesque & Newcombe, *supra* note 52, p. 87 참조.
54) *Ibid.*, p. 88 참조.
55) 캐나다의 양자 간 투자협정의 정식 명칭은 외국인투자촉진 및 보호에 관한 협정 (Foreign Investment Promotion and Protection Agreements: FIPAs)이다. 일반적 예외조항을 도입한 양자투자협정의 예로는 2009 Canada-Czech BIT Article 9; 2012 Canada-China BIT Article 33; 2013 Canada-Benin BIT Article 20; 2014 Canada-Cameroon BIT Article 17 등 참조.

지 않는다. 더구나 NAFTA의 다른 당사국인 미국과 멕시코는 자국이 체
결한 양자 간 투자협정에서 일반적 예외조항을 도입하지 않고 있다. 일
반적 예외조항의 도입과 관련하여 NAFTA의 일부 당사자 간 투자협정
실행이 상이하기 때문에 캐나다가 도입한 일반적 예외조항을 어떻게 해
석하고 적용할 것인지의 문제는 앞으로 흥미로운 해석상 쟁점을 제시할
가능성이 있다.[56)

구체적으로 NAFTA에서는 적용 가능한 예외조항이 없는 경우에 투자
유치국의 일응 차별적인 규제조치와 관련하여 상당한 재량권을 투자유
치국 정부에게 허용하는 해석을 해왔다.[57) 그러나 2004년 캐나다 모델
투자협정에서는 생명이나 건강보호 조치, 국내법규의 이행확보 조치, 천
연자원 보전 조치의 세 분야에 있어서 WTO 협정의 일반적 예외조항과
유사한 필요성 요건과 두문의 조건을 도입하고 있다. 실체적 의무와 관
련하여 투자유치국 정부의 재량권을 허용한 NAFTA의 해석과 비교하여
2004년 캐나다 모델투자협정에 도입된 일반적 예외조항에서는 구체적인
예외조치의 원용을 제한하는 필요성 요건과 두문의 요건으로 인해 오히
려 투자유치국의 재량권 행사가 제한되는 문제가 제기될 수 있다. 즉,
일반적 예외조항의 구체적 요건들이 어떻게 해석되고 적용될 것인지가
향후 분쟁에서 쟁점이 될 수 있다.

또한, 캐나다 모델투자협정은 국제투자협정에서 특별히 도입되는 예
외사유로서 금융건전성, 통화정책 및 환율정책과 관련하여 합리적인 조
치를 채택할 수 있다는 예외를 규정하고 있다. 이러한 예외는 금융서비

---

56) Lévesque & Newcombe, *supra* note 52, p. 88 참조. 일반적 예외조항의 해석과 관련
   하여, WTO 협정의 해석방법이 활용될지 여부, 통상협정과 투자협정의 목적은 근본
   적으로 다른지, 일반적 예외조항을 도입한 이후 내국민대우는 맥락상 어떻게 해석되
   어야 하는지 등의 쟁점이 제기될 수 있다. Céline Lévesque, "Influences on the
   Canadian FIPA Model and the US Model BIT: NAFTA Chapter 11 and Beyond",
   The Canadian Yearbook of International Law, Vol. 49 (2006), pp. 274~277 참조.
57) Lévesque & Newcombe, *supra* note 52, pp. 88~89 참조.

스의 성격과 금융기관의 역할을 인정하고, 국가가 이를 위해 구체적인 조치를 취할 필요성이 있다는 점을 고려한 예외로 볼 수 있다.[58]

한편, 캐나다 모델투자협정은 본질적 안보이익 예외를 일반적 예외조항의 한 부분으로 규정하고 있다. 본질적 안보조항은 GATT 제21조 및 NAFTA 제2102조의 안보상 예외와 유사하게 규정되어 있다.[59] 2004년 캐나다의 모델투자협정 제10.4조 (b)에서는 본질적 안보이익에 해당하는 사유를 세 가지로 제한하고 있으므로, 안보이익에 경제위기까지 포함되는 것으로 해석하는 것은 어려울 것으로 평가되고 있다.[60]

이처럼 캐나다가 체결한 국제투자협정에서는 GATT 유형의 일반적 예외조항의 사유와 요건뿐만 아니라 기존 국제투자협정에 반영된 본질적 안보예외와 금융건전성 예외, 문화산업에 관한 적용배제 조항도 하나의 예외조항에서 규정하고 있다. 하나의 일반적 예외조항에서 개별 예외사유와 예외사유의 적용요건을 구체적으로 규정하여 규제권한 확보에 관하여 비교적 예측가능하고 통일된 해석을 가능하게 하였다는 의의가 있다.

4. EU 국제투자협정의 관련 실행

(1) EU 투자정책의 변화

초기 BIT 체결을 주도한 유럽 국가들은 주로 투자보호 의무에 대해서는 규정하였지만, 일반적 예외조항은 부재한 국제투자협정을 체결해왔

---

58) 금융건전성 예외는 이미 1996년 MAI 교섭과정에서 논의되었다. OECD, *The Treatment of Prudential Measures in the MAI*, DAFFE/MAI/EG5(96)1 (October 7, 1996) 참조.
59) Lévesque & Newcombe, *supra* note 52, p. 89 참조.
60) *Ibid.*, p. 90 참조.

다. 예컨대 독일의 국제투자협정에는 내국민대우와 최혜국대우에 관한
예외조항만을 규정하였다.61) 프랑스의 일부 국제투자협정에서도 문화적,
언어적 다양성 보존을 위한 규제권한만을 정의조항에서 규정했으며 일
반적 예외조항은 도입하지 않았다.62) 이러한 유럽 국가들의 국제투자협
정 실행은 EU가 투자협정 협상권한을 갖게 된 이후 투자챕터를 포함한
자유무역협정을 체결하면서 취한 접근방식과 구별된다. 2010년 이후 EU
는 투자협정 체결과정에서 규제권한을 명시적으로 고려하거나 일반적
예외조항을 투자챕터에 대해서도 적용하는 입장을 채택하고 있기 때문
이다.

2009년 리스본 조약(Treaty of Lisbon) 발효로 EU 집행위원회(European
Commission)가 투자 분야에 관한 협상권한을 갖게 되었다.63) 구체적으로
EU기능조약(Treaty on the Functioning of European Union: "TFEU") 제207
조 제1항 제1문에서는 EU의 공동통상정책은 투자에 관하여 단일 원칙
들에 근거하여야 한다고 규정하고, EU가 해외직접투자에 관한 조약을
체결할 배타적 권한을 수립하고 있다.64) TFEU 제207조 제1항에 따라
EU는 회원국을 대신하여 투자 챕터를 포함한 자유무역협정을 체결하기
시작하였다.65) EU 회원국들이 기존에 체결한 BIT와 FTA 투자챕터는 향

---

61) 예를 들어, 2007 Germany-Bahrain BIT, Protocol, Ad Article 3 참조.
62) 예를 들어, 2003 France-Uganda BIT, Article 1.6 참조.
63) Matthias Herdegen, *Principles of International Economic Law*, 2nd edition (Oxford
    University Press, 2016), p. 435 참조.
64) *Ibid.*; TFEU 제207조 제1항 제1문은 다음과 같다:

Article 207

1. The common commercial policy shall be based on uniform principles,
particularly with regard to changes in tariff rates, the conclusion of tariff and trade
agreements relating to trade in goods and services, and the commercial aspects of
intellectual property, foreign direct investment, the achievement of uniformity in
measures of liberalisation, except policy and measures to protect trade such as
those to be taken in the event of dumping or subsidies. (밑줄은 필자가 추가).

65) European Commission, "Investment Protection and Investor-to-State Dispute Settle-

후 EU가 체결한 국제투자협정으로 대체될 것인바, EU가 2009년 이후
국제투자협정 실행에서 채택한 입장을 검토할 필요가 있다.

우선, EU는 국제투자협정 체제의 불균형 문제를 해소하기 위하여 실
체적 측면과 절차적 측면에서 국제투자협정을 개혁하려는 시도를 하였
다. EU의 국제투자협정 재편 노력은 투자보호에 관한 실체적 의무조항
의 명확화와 분쟁해결제도 개선이라는 두 가지 측면에서 나타나고 있
다.66) 먼저 실체적 의무조항의 명확화는 정당한 목적에 따른 조치를 허
용하는 방식으로 이루어진다. 예를 들어, 간접수용 조항은 건강상 이유
로 화학제품을 금지하거나 엄격한 환경입법을 도입하는 것과 같이 정당
한 목적이 있는 경우에도 투자자의 청구원인으로 이용되었다. 이러한 점
에서 투자유치국 규제권한과 정당한 공공정책 목표를 추구할 권리를 확
인하고, 이를 보장할 수 있도록 간접수용 조항을 상세하고 정확하게 규
정하는 것을 의미한다.67) 다음으로, 분쟁해결제도 개선은 투자자의 무분
별한 청구(frivolous claims)를 방지하고, 투자협정 체제의 투명성을 향상
시키며 중재판정의 일관성을 확보하기 위하여 항소제도를 도입하는 것
과 관련되어있다.68)

EU의 실행은 국제투자협정의 새로운 쟁점과 관련한 대표적 실행을
제시하고 있는 점에서 의의가 있다. EU에서는 투자유치국의 규제권한과
투자보호 문제가 국제투자법의 핵심 주제로 부각되었음에 주목하여 자
유무역협정의 투자챕터에서 비(非)무역적 가치의 보호와 투자보호 수준
문제를 논의하였다.69) 특히 EU 집행위원회는 비무역적 가치와 투자보호

---

ment in EU Agreements," *Fact Sheet* (November 2013), p. 3 참조.
66) *Ibid.,* p. 2 참조.
67) *Ibid.,* pp. 7~8 참조. 예컨대, 국가가 비차별적인 방법으로 공공이익을 보호하는 조치
를 취하는 경우, 국가의 규제권한은 그러한 조치가 투자자에 미치는 경제적 영향에
우선한다고 규정하는 방식이다
68) *Ibid.,* pp. 8~9 참조.
69) Anna De Luca, "Integrating Non-Trade Objectives in the Oncoming EU Investment

양자 간 균형을 위해 두 가지 쟁점을 언급하였다.[70] 첫째는 건강, 안전, 환경 같은 공공정책을 규율함에 있어 EU 회원국들이 행동의 자유를 갖는지의 문제, 둘째는 인권, 환경, 지속가능한 발전과 같은 비무역적 목표를 투자보호에 어떻게 통합할 것인지의 문제였다.[71] 마찬가지로 일반적 예외조항도 투자보호와 규제권한 확보 사이의 균형을 회복하기 위한 쟁점의 하나로 다루어졌다.

집행위원회는 EU의 공동투자정책은 EU와 회원국 정부가 공공정책 목표를 추구하는 데 필요한 조치를 채택하고 집행하는 것을 허용한다고 보았다.[72] EU는 자유무역협정을 체결하면서 국가의 규제권한을 존중하는 입장을 취해왔으며, 규제권한을 적극 고려하는 이러한 입장은 향후 EU가 투자 챕터 포함된 포괄적 자유무역협정을 체결하는 과정에서 반영될 것으로 여겨진다.[73] 이는 EU의 공동통상정책이 EU조약(Treaty on European Union) 제21조 및 TFEU 제205조에 따라 민주주의, 인권, 지속가능한 발전, 환경보존과 개선 등을 포함하는 원칙에 합치하여야 하는 일종의 헌법적 의무를 갖기 때문이기도 하다.[74] 유럽의회도 이미 2011년 4월 6일 결의에서 투자보호가 EU 투자협정의 최우선순위이어야 한다고 하면서도 투자보호와 규제권한 간에 균형을 달성할 필요성이 있음을 강조하였다.[75]

Policy: What Policy Options for the EU?", Tamara Takács et al. (eds.), *Linking Trade and Non-commercial Interests: the EU as a Global Role Model?*, *CLEER Working Papers* (2013), pp. 65~66 참조.

70) *Ibid.*, p. 68 참조.

71) *Ibid.*

72) *Ibid.*

73) Catharine Titi, "International Investment Law and the European Union: Towards a New Generation of International Investment Agreements", *European Journal of International Law*, Vol. 26, No. 3 (2015), pp. 644~645 참조.

74) *Ibid.*, p. 645 참조.

75) European Parliament, Resolution of 6 April 2011 on the Future European International Investment Policy(2010/2203), paras. 15, 23~36 참조.

(2) CETA의 일반적 예외조항

2009년 이후 EU 투자정책의 변화에 근거하여, 최근 EU가 체결한 자유무역협정에서는 투자챕터에도 적용되는 일반적 예외조항을 도입하고 있다. 대표적으로 2016년 CETA 제28.3조는 투자챕터의 일부에 관하여 GATT 제20조가 협정의 일부로 편입된다고 규정하고 있다(부록 2 참조).

CETA의 제28.3조 제1항에 의하면, 투자챕터의 투자 설립 및 비차별 의무와 관련하여 GATT 제20조가 이 협정으로 도입되어 협정의 일부를 이루게 된다. 또한 제28.3조 제2항에 의하면, 투자챕터의 투자 설립과 비차별대우 의무와 관련하여 이 협정의 어떠한 규정도 회원국이 공공안전이나 공중도덕의 보호나 공공질서 유지를 위한 조치, 인간이나 동식물의 생명이나 건강을 보호하기 위한 조치, 법 규정의 준수를 확보하기 위한 조치를 채택하거나 집행하는 것을 방해하지 않는다. 제28.3조 제2항은 위와 같은 예외사유에 따라 필요한 조치는 동종 상황에 있는 회원국 간에 자의적이거나 부당한 차별이거나 서비스무역에 대한 위장된 제한을 구성하는 방법으로 적용되지 않을 것을 요건으로 한다. 이처럼 CETA에서 GATT 제20조를 도입하고, 투자챕터에 적용되는 일반적 예외조항의 사유와 요건을 상세히 규정한 것은 어떤 내용과 요건의 예외조항이 투자챕터에 적용되는지에 관한 모호성을 가급적 줄이려는 취지로 볼 수 있다.

특히 CETA의 일반적 예외조항은 공공안전(public security), 공중도덕(public morals), 공공질서(public order)를 병렬적으로 제시하였다. 기존 국제투자협정상 예외조항에서 "공공질서"의 범위가 모호하였다는 문제의식에서 안전, 도덕, 질서 등 각 사유를 별개로 규정한 것으로 보인다. 2008년 독일모델투자협정 제3조 제2항에서 보듯이 기존 유럽 국가의 BIT에서 공공안전과 질서를 하나의 예외사유로 규정해 온 실행과도 관련되어 있다. CETA 제28.3조 제2항(a)호 주해에 의하면 공공안전과 공공

질서 예외는 사회의 근본가치에 대해 진정하고 충분히 심각한 위협이
제기되었을 때 원용가능하다.

일반적 예외조항과 별도로 CETA의 예외챕터에서는 자본이동에 관한
예외조치(제28.4조, 제28.5조), 국가안보 예외(제28.6조), 과세조치 예외
(제28.7조), 정보공개(제28.8조), 문화 관련 예외(제28.9조), WTO 의무면
제(제28.10조)에 관한 구체적 예외조항을 두고 있다. 별도의 적용제한 규
정이 없으므로 이러한 구체적 예외조항은 투자챕터에 대해서도 적용된다.

또한, 투자설립 및 비차별 의무에 적용되는 일반적 예외조항과 별도
로 CETA 제8장 투자챕터의 제8.9조에서는 국가의 규제권한을 재확인하
는 조항을 규정하였다. 이 조항은 당사국이 자신의 영역 내에서 공중보
건의 보호, 안전, 환경이나 공중도덕, 소비자보호, 문화다양성의 증진이
나 보호와 같은 정당한 정책목표를 달성하기 위한 규제권한을 재확인하
고 있다.[76] 또한 CETA 제8.9조 제2항은 체약당사국이 투자에 부정적으
로 영향을 미치거나 투자자의 기대에 개입하는 방식으로 자국 국내법을
변경하는 등 규율한다는 사실만으로는 투자보호 의무 위반에 해당하지
않는다고 하였다.[77] 이러한 규제권한 조항은 관습국제법으로 인정된 국
가의 규제권한을 확인하고, 투자보호 기준이 적용되는 맥락을 명확히 한
규정이라고 볼 수 있다.[78]

---

76) CETA Article 8.9조 제1항 참조.
   1. For the purpose of this Chapter, the Parties reaffirm their right to regulate
   within their territories to achieve legitimate policy objectives, such as the
   protection of public health, safety, the environment or public morals, social or
   consumer protection or the promotion and protection of cultural diversity.
77) CETA Article 8.9조 제2항 참조.
   2. For greater certainty, the mere fact that a Party regulates, including through a
   modification to its laws, in a manner which negatively affects an investment or
   interferes with an investor's expectations, including its expectations of profits, does
   not amount to a breach of an obligation under this Section. (후략).
78) EU Commission, "Investment in TTIP and Beyond: the Path for Reform", *Concept
   Paper* (May 5, 2015), <http://trade.ec.europa.eu/doclib/docs/2015/may/tradoc_153

그러나 CETA의 일반적 예외조항은 투자보호 의무 전반에 대해 적용
되는 것이 아니라, 투자설립과 비차별대우 의무에 한해서만 적용되고 있
다. 즉, CETA의 예외조항은 명시한 투자보호 의무에만 적용되는 제한된
예외조항의 형식을 띄고 있다. 한편, 투자챕터에서 국가의 정당한 정책
목표를 위해 규제권한을 확인하는 규정을 두었으나 투자보호 의무와의
관계에서 구속력 있는 권리를 창설하는 방식으로 규정되지는 않았다.

5. 인도 투자협정의 일반적 예외조항

인도는 1990년대 초반부터 국제투자협정을 체결하였으며 2017년 10월
현재 발효한 국제투자협정 숫자도 약 70건에 이르고 있다.[79] 인도는 주
로 투자보호를 목적으로 하는 국제투자협정을 체결해왔다. 2003년 인도
모델투자협정을 보면, 인도는 투자보호와 투자증진을 목적으로 투자보
호 의무와 분쟁해결절차를 규정한 간략한 형태의 협정을 체결해왔다.[80]
2000년대 초반까지 인도가 체결한 양자 간 투자협정에서는 투자 이외의
관심사를 거의 반영하지 않았다.[81]

그러나 1995년부터 2009년까지 인도가 체결한 대부분의 국제투자협정
에서는 본질적 안보이익이나 공공질서 보호를 위한 예외조항을 규정하

408.PDF>(2017년 10월 10일 검색), p. 6 참조.

79) Prabhash Ranjan, "Non-Precluded Measures in Indian International Investment
Agreements and India's Regulatory Power as a Host Nation", *Asian Journal of
International Law,* Issue 2 (2012), p. 28; UNCTAD, International Investment
Agreements Navigator, <http://investmentpolicyhub.unctad.org/IIA/IiasByCountry#
iiaInnerMenu> (2017년 10월 10일 검색) 각각 참조.

80) 2003 India Model BIT 참조.

81) Leïla Choukroune, "Indian International Investment Agreements and Non Invest-
ment Concerns: time for a right(s) approach", *Jindal Global Review,* Vol. 7, Issue
2 (2016), pp. 161~162 참조.

고 있다. 특히 2005년 India-Singapore Comprehensive Economic Cooper-
ation Agreement("India-Singapore CECA")는 투자챕터 제6.11조에서 일반
적 예외조항을 두고 있다.[82] (부록 3 참조).

2005년 India-Singapore CECA의 일반적 예외조항은 공중도덕의 보호
나 공공질서의 유지, 인간이나 동식물의 생명이나 건강보호, 이 챕터의
조항과 불합치하지 않는 법 규정의 준수, 천연자원 보전 등 GATT 제20
조와 GATS 제14조에서 확인되는 공공정책 목표를 위한 규제조치의 채
택이나 집행을 허용하고 있다. 앞에서 살펴본 다른 국제투자협정의 일반
적 예외조항과는 달리 예술적, 역사적, 고고학적 가치를 지니는 국보의
보호를 위해 적용되는 규제조치를 예외사유로 포함하고 있다.

또한, 2005년 India-Singapore CECA는 예외조항에서 열거한 개별 규제
목표에 따라 '조치가 필요한'(necessary to) 경우, '그러한 목적으로 적용
된'(imposed for) 경우, '조치와 관련된'(related to) 경우로 나누어 목적과
조치의 관계를 규정하였다. 목적과 조치의 관계를 엄격하게 규정할수록
투자유치국의 재량권 행사는 제한된다는 점을 반영하여 정책목표에 따
라 차이를 둔 것으로 볼 수 있다.[83] 또한, 열거된 예외적인 규제조치가
타방 당사국이나 같은 조건 하에 있는 체약당사국 투자자에 대해 자의
적이거나 부당한 차별, 혹은 투자나 투자자에 대한 위장된 제한을 구성
하는 방법으로 적용되어서는 안 된다는 남용방지 요건을 두고 있다.

한편, 2005년 India-Singapore CECA 투자챕터 제6.10조의 공공이익에
따른 조치라는 표제의 조항에서, 이 챕터의 어떤 조항도 회원국의 규제
기관이나 사법당국이 건강, 안전, 환경적 관심사를 만족시키는 조치를
포함하여 공공이익에 따른 투자챕터와 합치하는 조치를 취하는 것을 방

82) Ranjan, *supra* note 79, pp. 32~34. 2005 India-Singapore CECA 조문은 UNCTAD,
International Investment Agreements Navigator, <http://investmentpolicyhub.unctad.
org/IIA> (2017년 4월 25일 검색) 참조.
83) Titi, *supra* note 13, p. 191 참조.

해하는 것으로 해석되지 않는다고 규정하였다.[84] 이 조항은 공공이익
관련 조치에 관하여 투자유치국에게 구체적인 권리를 부여하기보다는
공공이익에 대한 고려를 할 수 있다는 선언적 조항이다. 따라서 제6.10
조 공공이익에 따른 조치에 관한 조항은 같은 협정 제6.11조의 일반적
예외조항을 통해 투자유치국에게 구체적인 맥락에서 규제권한을 허용하
는 방식으로 보완되고 있다.

인도의 2015년 모델투자협정 제32조에서도 일반적 예외조항을 도입하
였다(부록 4 참조). 인도의 2015년 모델투자협정 제32.1조에서는 공중도
덕의 보호와 공공질서의 유지, 인간이나 동식물의 생명이나 건강보호,
이 협정 규정들과 불합치하지 아니하는 법 규정의 준수확보, 모든 생물
과 비생물 천연자원을 포함한 환경의 보호와 보전, 예술적·문화적·역사
적 혹은 고고학적 가치를 갖는 국보나 기념물의 보호와 같은 구체적 예
외사유를 열거하고 있다.[85] 이는 GATT 제20조와 GATS 제14조의 예외
사유를 약간의 변형을 거쳐서 도입한 것으로 볼 수 있다.

또한, 투자유치국은 이러한 목적을 위해 필요한 일반적으로 적용되는

---

84) 2005 India-Singapore CECA Article 6.10 참조.

                  Article 6.10: Measures in the Public Interest

  Nothing in this Chapter shall be construed to prevent:

  (a) a Party or its regulatory bodies from adopting, maintaining or enforcing any measure, on a nondiscriminatory basis; or

  (b) the judicial bodies of a Party from taking any measures;

  consistent with this Chapter that is in the public interest, including measures to meet health, safety or environmental concerns.

85) 인도는 2015년 모델투자협정 초안 제16.1조에서 위와 같은 사유 이외에도 금융체제
안전성 확보, 심각한 국제수지 문제의 구제, 노동조건의 개선, 개인정보 보호 등을
포함한 아홉 개의 예외사유를 규정하고 있었다. Grant Hanessian & Kabir Duggal,
"The Final 2015 Indian Model BIT: Is This the Change the World Wishes to
See?", *ICSID Review,* Vol. 32, No. 1 (2017), p. 224 참조. 그러나 2015년 인도 모
델투자협정에서는 제32.1조에서 다섯 가지 공공정책 관련 예외사유를 규정하고, 금
융정책과 환율조치에 대해서는 제32.2조에서 별도의 예외조항으로 규정하였다.

조치를 비차별적인 근거에서 채택하거나 집행할 수 있다고 규정하고 있다. 2015년 인도모델투자협정에서는 GATT와 GATS의 일반적 예외조항 같은 두문의 요건을 삭제하고, 이를 "비차별적인 근거에서 적용되는 일반적 적용가능성을 갖는 조치"(measures of general applicability applied on a nondiscriminatory basis)로 대체하고 있다.

2015년 인도모델투자협정 제32.2조에서는 회원국의 중앙은행이나 통화당국이 금융정책이나 신용정책 혹은 환율정책을 추구하면서 채택하는 일반적으로 적용되는 비차별적인 조치에는 이 조약이 적용되지 않는다고 규정하고 있다. 제32.3조에서는 IMF 협정 하에서 IMF 회원국으로서 갖는 권리와 의무, 예컨대 IMF 규정에 따른 환율조치에 대해서는 영향을 미치지 않는다고 규정하고 있다.

6. 일본 투자협정의 일반적 예외조항

일본의 국제투자협정 프로그램은 다른 주요 자본수출국과 비교해 볼 때 상대적으로 지체되고 제한된 모습으로 나타난다고 평가된다.[86] 일본에는 공식적인 모델투자협정이 없다는 점에서 그러하다.[87] 그러나 일본은 2002년을 기점으로 새로운 국제투자협정 프로그램을 시작하였다.[88] 2002년 이후 일본이 체결한 대부분의 국제투자협정에서 WTO 협정의 일반적 예외조항을 유추 적용하거나, 직접 국제투자협정의 일부로 도입하는 규정 형식을 취하고 있다. 특히 주목할 것은 일반적 예외조항의 적용범위와 절차적 요건을 규정하는 실행이 확인된다는 점이다.

---

86) Shotaro Hamamoto & Luke Nottage, "9. Japan", Brown (ed.), *Commentaries on Selected Model Investment Treaties*, p. 352 참조
87) *Ibid.*
88) *Ibid.*

우선 일반적 예외조항에서 허용되는 예외적 조치를 상세히 규정한 사례가 확인되고 있다. 대표적으로 2002년 일본싱가포르 경제동반자협정 (Agreement between Japan and the Republic of Singapore for a New-Age Economic Partnership: "JSEPA") 제83조는 투자챕터에 관한 일반적 예외를 GATS 제14조에 준하여 상세히 규정하였다.[89] 즉, JSEPA 제83조는 공중도덕의 보호, 공공질서의 유지, 인간 및 동식물의 생명과 건강의 보호, 법 규정의 준수, 제소자 노동, 국보의 보호, 고갈 가능한 천연자원의 보전 등의 예외사유를 명시하고 있다. 다음으로 일반적 예외조항의 남용을 방지하기 위한 두문 규정과 예외조항에 해당하는 규제조치 시행 시 이를 타방 당사국에게 통보할 의무를 부과하고 있다.

일부 국제투자협정에서는 일반적 예외조항을 구체적으로 규정하지 않고 GATT와 GATS의 일반적 예외조항을 도입한다는 준용규정을 두기도 한다. 즉, 2007년 Japan-Cambodia BIT 제18조에서는 구체적 예외사유를 열거하지 않고 GATT와 GATS의 일반적 예외조항을 필요한 변경을 가하여(mutatis mutandis) 국제투자협정에 도입한다고 규정하고 있다.[90]

또한, 국가안보에 관한 예외만 두거나, 투자의 단계를 나누어 일반적 예외조항만 적용되는 경우와 안보상 예외조항까지 모두 적용되는 경우로 구분하여 규정하는 방식도 나타난다.[91] 예를 들어, 2009년 일본스위

---

89) 일본 외무성 홈페이지, http://www.mofa.go.jp/region/asia-paci/singapore/jsepa.html (2017년 10월 10일 검색) 참조.

90) Hamamoto & Nottage, *supra* note 86, p. 370 참조. 2007 Cambodia-Japan BIT 제18조는 다음과 같다:

Article 18 of the Japan-Cambodia BIT

1. For the purposes of this Agreement other than Article 13, Article XX and Article XXI of the General Agreement on Tariffs and Trade 1994 ('GATT 1994') and Articles XIV and XIV bis of the General Agreement on Trade in Services in Annex 1B to the WTO Agreement('the GATS') are incorporated into and form part of this Agreement, *mutatis mutandis.*(밑줄은 필자 추가).

91) Hamamoto & Nottage, *supra* note 86, p. 370 참조.

스 간 자유무역과 경제동반자협정(Agreement on Free Trade and Econo-
mic Partnership between Japan and the Swiss Confederation: "Swiss-Japan
FTA")은 투자 챕터에 대해 적용되는 별도의 예외를 제95조에 규정하였
다(부록 5 참조). 하나의 조문에서 일반적 예외와 안보상 예외를 함께 규
정하고 있다. 2009년 Swiss-Japan FTA 제95조 제1항에 의하면, 투자설립
전 단계(making of investments)에는 GATS의 일반적 예외와 안보상 예외
가 협정의 일부로 편입되어 유추 적용되지만, 설립 후 투자(investments
made)에는 GATS 안보상 예외의 제1항이 협정의 일부로서 적용된다. 투
자설립 이후보다는 설립 전 단계에서 넓은 범위의 공공정책 목표를 위
한 규제권한 행사가 허용될 수 있으므로 이러한 차이를 고려하여 규정
한 것으로 여겨진다.

또한, 2009년 Swiss-Japan FTA 제95조 제3항은 일반적 예외조항이 적
용되지 않는 실체적 의무 조항을 구체적으로 열거하고 있다. 즉, 이 협
정의 일반적 예외조항은 제86조 제1항(공정하고 공평한 대우 및 완전한
보호와 안전), 제91조(수용 및 보상의무), 제92조(내전 시의 대우)에 대해
서는 적용되지 않는다. 같은 협정 제95조 제4항은 일반적 예외조항의 절
차적 요건으로 통보의무를 규정하였다. 회원국은 예외조치를 채택한 경
우 조치가 효력을 발생하기 전이나 가급적 이른 시일 내에 타방 회원국
에 대해 조치가 영향을 미치는 분야, 영향 받는 협정상 의무, 조치의 법
적 근거와 목적 등을 통보하여야 한다.

7. 한국 투자협정의 일반적 예외조항

한국은 2017년 10월 현재 (서명 후 미발효인 7개 협정을 포함하여) 94
개의 양자 간 투자협정을 체결하였다. 여기에 15개의 FTA 투자챕터를
고려하면 한국이 지금까지 체결한 국제투자협정의 숫자는 총 109개에

달하고 있다.[92] 그 동안 한국이 체결한 양자 간 투자협정에서는 일반적 예외조항은 물론 예외조항을 둔 경우도 드물게 확인되고 있다.[93] 1970년대와 1980년대의 초기 양자 간 투자협정뿐 아니라 최근 체결된 양자 간 투자협정에서도 공공정책 목표를 위한 예외조항을 전반적으로 도입하지 않았다.[94] 다만, 일부 국제투자협정에서 공공정책 목표를 반영한 예외조항이나 일반적 예외조항과 유사한 예외조항을 규정하였다.

이러한 관련 실행을 살펴보면, 우선 1964년 한국과 독일 간 투자보장협정 부속의정서 추가 제2조(Ad Article 2)에서는 비차별대우 의무에 대한 구체적 예외조항으로서 공공안전과 질서, 공중보건이나 도덕을 이유로 취해진 조치는 불리한 대우로 간주되지 않는다는 예외를 규정하였다. 2002년 한국과 일본 간 투자보장협정 전문에서 "(BIT의 투자보호 및 투자증진 목표가) 일반적으로 적용되는 건강, 안전, 환경조치를 완화시키지 않고도 달성될 수 있다"(Recognising that these objectives can be achieved without relaxing health, safety and environmental measures of general application)라고 규정하였다. 또한, 한국-일본 투자보장협정 제4조와 제5조에서 비차별대우, 이행요건 등 일부 조약상 의무와 관련하여 회원국이 각각 명시한 분야에서 유보조치를 취할 수 있다는 규정을 두고 있으며, 같은 협정 제16조에서 안보상 예외조치, 인간과 동식물의 생명

---

92) 외교부 국제경제국 경제협정규범과, "우리나라 투자보장협정 체결 현황(2017. 10)", 외교부 홈페이지; 산업통상자원부, "우리나라 FTA 현황", <http://fta.go.kr/main/ situation/kfta/ov> (2017년 11월 6일 검색) 각각 참조. 한·EU FTA에서는 투자에 관한 별도의 챕터가 없고, 서비스무역과 투자설립을 제7장에서 다루고 있다.

93) UNCTAD, International Investment Agreements Navigator, <http://investmentpoli cyhub.unctad.org/IIA/CountryBits/111>(2017년 9월 16일 검색) 참조.

94) 한국이 체결한 양자 간 투자협정 중 어떠한 예외조항도 포함하지 않은 협정으로는, 1971년 한국-스위스 BIT, 1974년 한국-네덜란드 BIT, 1988년 한국-덴마크 BIT, 1991년 한국-인도네시아 BIT, 1996년 한국-인도 BIT, 1999년 한국-알제리 BIT, 2003년 한국-알바니아 BIT, 2007년 한국-키르기스스탄 BIT, 2007년 한국-중국 BIT, 2007년 한국-가봉 BIT, 2007년 한국-모리셔스 BIT 등이 있다. UNCTAD International Investment Agreements Navigator (2017년 9월 16일 검색) 참조.

이나 건강보호 조치, 공공질서 유지 조치를 취할 수 있다는 일반적 예외조항과 유사한 공공정책 예외조항을 규정하였다. 2009년 한국과 르완다 투자보장협정 전문에서는 건강, 안전, 환경의 보호와 소비자보호, 국제적으로 인정된 노동권과 합치하는 방식으로 투자보호 목적을 달성하고자 한다는 점을 명시했고, 제15조에서 안보상 예외조항을 규정하였다.

한국은 주로 최근 체결된 일부 자유무역협정의 투자챕터에서 일반적 예외조항을 도입하고 있다. 한국이 인도, 호주, 콜롬비아와 각 체결한 자유무역협정에서 투자챕터에 대해 적용되는 일반적 예외조항을 규정하고 있는바, 이에 관하여 아래에서 검토하기로 한다.

(1) 2009년 한국-인도 포괄적경제동반자협정

2009년 한국-인도 포괄적경제동반자협정(이하 "한국-인도 CEPA")에서는 투자챕터 제10.18조에서 일반적 예외조항을 규정하고 있다.[95](부록 6 참조). 단일 예외조항에서 투자챕터에 적용되는 일반적 예외조항과 안보상 예외조항을 규정하고 있다.

우선, 제10.18조 제1항은 GATT 제20조와 GATS 제14조에 유사한 예외사유와 두문의 요건을 제시하고 있다. 공중도덕과 공공질서의 유지, 환경보호 조치, 법 규정의 준수 확보를 위한 조치, 국보의 보호를 위한 조치, 천연자원 보전 조치를 정당한 목적의 예외사유로 명시하고 있다. 투자유치국은 이러한 조치가 필요할 때 동종 상황에 있는 국가 간에 자의적이거나 부당한 차별, 또는 투자에 대한 위장된 제한을 구성하는 방식으로 적용하여서는 안 된다는 두문의 요건도 적용된다. 통상적으로 자유무역협정에서는 이러한 일반적 예외조항을 별도의 예외챕터에서 제시하는 경우가 많지만, 한국-인도 CEPA는 투자챕터에서 일반적 예외조항

---

95) 2009년 한국-인도 CEPA 일반적 예외조항의 국문본은 법무부, 『한국의 투자협정 해설서: BIT와 FTA를 중심으로』(2010), p. 418 참조.

을 규정하고 있다.[96] 또한, 한국-인도 CEPA 제10.18조 제2항에서는 상세
한 안보상 예외조항을 규정하였다. 제10.18조 제4항에 의하면, 일반적 예
외조치 및 안보상 예외조치를 채택한 경우 혹은 이러한 조치를 종료한 경
우에 가능한 범위에서 완전하게 타방 당사국에게 즉시 통보하여야 한다.

(2) 2014년 한국-호주 자유무역협정

2014년 한국-호주 FTA에는 투자챕터에 대해서 별도로 적용되는 일반
적 예외조항이 있다.[97] 이런 점에서 상품무역, 서비스무역, 원산지, 무역
구제 등의 영역에 한정해서 적용되었던 다른 자유무역협정의 일반적 예
외조항과는 구별된다.[98] 2014년 한국-호주 FTA 제22.1조 제3항은 투자
챕터에 대한 일반적 예외조항을 상세하게 규정하였다(부록 7 참조).

한국-호주 FTA의 일반적 예외조항은 구체적인 예외사유에 있어서는
GATT 제20조를 참조하고 있다. 즉, GATT 제20조 (b)호, (d)호, (f)호, (g)
호의 인간이나 동식물의 생명 또는 건강을 보호하기 위한 조치, 이 협정
과 불합치하지 아니하는 법과 규정의 준수를 위해 필요한 조치, 예술적,
역사적, 고고학적 가치를 갖는 국보의 보호를 위해 적용된 조치, 생물이
나 비생물 유한천연자원 보전에 관한 조치를 열거하고 있다. 다만, 두문

---

96) *Ibid.*, pp. 420~421 참조.
97) 2014년 한국-캐나다 FTA 제22.1조 제3항에서도 투자챕터에 적용되는 일반적 예외조
항을 두고 있다. 한국-캐나다 FTA 제22.1조 제3항의 일반적 예외조항은 2004년 캐나
다 모델투자협정 제10조 제1항의 일반적 예외조항과 거의 동일하게 규정하고 있다.
98) 예컨대 2004 US-Australia FTA, 2004 Australia-Thailand FTA, 2008 Australia-
Chile FTA, 2008 China-Singapore FTA, 2008 New Zealand-China FTA, 2009
China-Peru FTA에서는 일반적 예외조항이 투자챕터에 대해 적용되지 않았다.
Sappideen & He, *supra* note 34, p. 113 및 각주 146; Simon Lester, "Improving
Investment Treaties through General Exceptions Provisions: The Australian
Example", *Investment Treaty News* (May 14, 2014), <http://www.cato.org/publica-
tions/commentary/improving-investment-treaties-through-general-exceptions-provisio
ns>(2017년 11월 7일 검색) 참조.

에서 "동종의 조건"이라는 문구를 삭제하고 투자나 투자자 간에 자의적이거나 부당한 차별 혹은 무역이나 투자에 대한 위장된 제한을 구성하는 방법으로 적용되어서는 안 된다고 규정하고 있다.

(3) 2014년 한국-콜롬비아 자유무역협정

2014년 한국-콜롬비아 FTA도 예외챕터의 제21.1조 제2항에서 투자챕터에 대해 적용되는 일반적 예외조항을 다음과 같이 규정하고 있다.

Article 21.1. General Exceptions

2. For purposes of Chapters 8 (Investment), (⋯)Article XIV of the GATS (including its footnotes) is incorporated into and made part of this Agreement, *mutatis mutandis*. The Parties understand that the measures referred to in Article XIV(b) of the GATS include environmental measures necessary to protect human, animal, or plant life or health. The Parties understand that the measures referred to in Article XIV(a) of the GATS include measures aimed at preserving internal public order.

위 일반적 예외조항에 의하면, 투자 챕터의 목적상 GATS 제14조가 각주를 포함하여 필요한 변경을 가하여(*mutatis mutandis*) 이 협정에 통합되어 그 일부가 된다. 또한, 체약당사국들은 GATS 제14조 (b)호의 조치들은 환경조치를 포함하며, GATS 제14조 (a)호의 조치들은 국내 공공질서 유지를 목적으로 한 조치를 포함한다고 양해하였다.

이와 같이 투자챕터에 대해 GATS 제14조의 일반적 예외조항을 협정의 일부로 통합하여 적용하는 방식은 2015년 한국-베트남 FTA 제16.1조 제2항, 2015년 한국-뉴질랜드 FTA 제20.1조 제2항 등에서도 확인되고 있다. 반면, 2015년 한중 FTA 제21.1조의 일반적 예외조항은 투자챕터에

대해서는 적용되지 않고, 투자챕터에서 별도로 적용되는 일반적 예외조항도 규정하고 있지 않다.[99)]

　살펴본 바와 같이 한국의 국제투자협정에서는 투자챕터에서 별도의 일반적 예외조항을 규정하거나, 혹은 자유무역협정의 예외챕터에서 GATS 제14조가 필요한 변경을 거쳐 협정의 일부가 된다고 규정하고 투자 챕터에 대해서 이러한 조항이 적용된다고 명시하는 방식으로 규정하고 있다. 2014년 한국-호주 FTA는 투자챕터에 대한 일반적 예외조항을 구체적으로 규정하는데, 대체로 GATT 제20조의 예외사유와 두문의 요건에 기초하고 있다. 한국이 체결한 국제투자협정에서는 구체적인 규정내용에는 각각 차이가 있으나, 대체로 GATT 제20조 혹은 GATS 제14조를 약간 수정하여 이러한 예외사유와 두문의 요건이 투자보호 의무에 대해 적용된다고 규정하고 있다.

---

99) 2015년 한국-베트남 FTA, 2015년 한국-뉴질랜드 FTA, 2015년 한중 FTA 협정문은 <http://www.fta.go.kr> (2017년 10월 10일 검색) 참조.

제3절 다양한 예외조항 실행의 수렴가능성

최근 국가들은 국제투자협정에서 예외조항을 다양한 방식으로 도입하고 있다. 국제투자협정의 예외조항 별로 공공이익에 포섭되는 주제가 상이하여 향후 투자자-국가 간 분쟁해결절차의 해석 과정을 복잡하게 만들 수 있다.[100] 특히 구체적 사안에서 적용되는 국제투자협정이 무엇인지에 따라 어떤 협정에서는 허용되는 규제조치가 다른 투자협정에서는 허용되지 않는 경우도 발생할 수 있다.

우선 미국의 경우 투자협정에서 일반적 예외조항을 도입하지 않고, 환경, 노동, 금융서비스, 안보 등 구체적 규제목표에 따라 정책적 관심사를 고려하여 투자활동에 관한 조치를 채택하는 것을 방해하지 않는다는 취지로 규정하고 있다. 반면, 캐나다와 인도는 모델투자협정에서 일반적 예외조항을 두고 이후 체결되는 양자 간 투자협정에서 이러한 모델에 기초하여 일반적 예외조항을 도입하고 있다. 캐나다는 2004년 모델협정에서 GATT 제20조에 기초한 사유와 요건의 일반적 예외조항을 규정하였고, 금융제도, 통화정책, 환율정책, 안보, 정보공개, 문화산업에 관해 투자유치국이 취하는 조치를 투자협정상 의무에서 배제하는 조항도 일반적 예외조항이라는 표제 하에 함께 규정했다. 2015년 인도 모델투자협정도 GATT와 GATS의 일반적 예외조항과 같은 예외사유를 도입하고 있다. 다만 일반적 예외조항에서 GATT와 같은 두문의 남용방지요건 대신에 일반적 적용성을 갖는 조치를 비차별적으로 적용한다는 취지로 일반적 예외조항의 요건을 규정하고 있다. 2015년 인도 모델투자협정에서도

---

100) Sappideen & He, *supra* note 34, pp. 112~113 참조.

금융정책에 관한 예외를 함께 규정하였고, 특징적인 것은 투자보호 의무는 IMF 협정에 따른 회원국의 권리와 의무에 영향을 미치지 않는다고 규정한 점이다.

EU는 2016년 CETA의 예외챕터에서 투자챕터의 투자설립과 비차별대우에 관해서 일반적 예외조항이 적용된다고 규정하는 한편, 규제권한을 확인하는 별도의 조항을 두었다. EU 집행위원회에서 투자 분야에 대한 협상권한을 갖게 된 이후 EU의 투자정책을 반영하여 투자유치국 규제권한을 고려한 투자협정이 체결되었다.

일본은 2002년 이후 국제투자협정에서 일반적 예외조항을 도입하고 있으나, 구체적으로 예외사유를 열거하는 경우, GATT나 GATS의 조항을 적절한 변경을 거쳐 적용하는 경우 등 다양한 형태로 일반적 예외조항을 규정하고 있다. 일본의 국제투자협정에서는 관습국제법에 근거한 투자보호 의무인 수용조항과 공정하고 공평한 대우에는 일반적 예외조항이 적용되지 않는다고 적용범위를 제한한 사례가 있으며, 특히 일반적 예외조항에 따른 조치를 취한 경우 관련된 규제조치가 효력을 발생하기 전에 타방 당사국에 통보해야 한다는 절차적 요건을 규정하기도 하였다.

한국은 일부 국제투자협정에서 일반적 예외조항을 도입하고 있으나, 양자 간 투자협정보다는 주로 투자챕터를 포함한 자유무역협정에서 일반적 예외조항이 확인된다. 구체적 도입방법도 투자챕터에 대한 별도의 일반적 예외조항을 둔 경우와 예외챕터에서 투자챕터에까지 적용되는 일반적 예외조항을 규정한 경우 등 협정별로 상이하다.

이처럼 국가별, 개별 조약별로 상이한 예외조항 실행에도 불구하고 특히 최근 다수의 국제투자협정의 실행을 종합해볼 때 규제권한에 대한 고려가 예외조항 형태로 반영되어야 한다는 일종의 잠정적 합의가 나타나고 있음을 알 수 있다. 특히 2000년 이후 예외조항 실행에서는 이전 예외조항보다 넓은 범위의 정책목표를 위한 조치를 허용하고 있다. 또한, 예외조항에서 정책목표와 예외조항 행사요건을 구체적으로 규정함으로써 투자보호와의 관계에서 허용되는 규제권한 행사의 범위를 명확히 하려는 시도가 이루어지고 있다.

그러므로 국가들이 투자유치국에게 허용된 공공목적의 규제권한 행사의 범위를 결정하고 이를 합의가능한 적절한 형태의 예외조항을 통해 명시적으로 규율한다면, 국제투자협정의 해석과 적용과정에서 규제권한 확보에 관한 각기 다른 실행이 점차 수렴될 수 있으리라 생각한다. 즉, 어떠한 정책목표를 예외조항에 반영할 것인지, 두문의 요건을 포함시킬 것인지, 절차적 요건을 포함시킬 것인지, 투자협정의 모든 실체적 의무에 대해 예외조항을 적용할 것인지 등의 문제에서 국가들의 서로 다른 입장을 조정해 나갈 수 있을 것이다. 다음 장에서 국제투자협정에서 규제권한과의 균형을 위한 예외조항의 모델조항에 관해 검토하면서 이 부분을 살펴보려고 한다.

제6장

국제투자협정의 예외조항 모델

최근 국제투자협정의 예외조항은 허용되는 규제조치 범위를 기존 협정보다 확장하여 구체적으로 규정하고 있다. 본질적 안보와 공공질서에 관한 예외뿐 아니라 공공복지 목표에 관한 예외와 금융건전성 예외 등이 포함되었고, 그 밖에도 일부 국제투자협정에서는 GATT 제20조 또는 GATS 제14조 같은 일반적 예외조항을 도입하였다. 이 장에서는 기존 예외조항 실행을 종합적으로 고려하여 '일반화'된 예외조항을 도입해야 하는 근거를 살펴본다. 다음으로, 실체적 의무조항 해석이 구체적으로 규제권한의 허용범위를 명시한 예외조항으로 보완되어야 한다는 점을 살펴보려고 한다. 이러한 분석에 기초하여 규제권한과의 균형을 위한 '일반화'된 예외조항의 모델조항을 제안한다.

제1절 '일반화'된 예외조항의 도입 근거

국제투자협정에서 '일반화'된 예외조항을 도입해야 이유는 투자유치국의 규제권한 행사를 효과적으로 보장할 수 있다는 점에 있다. 다시 말해, 하나의 일반화된 조항에서 투자유치국의 여러 공공정책 목표를 망라하여 규정함으로써 기존의 규제권한 확보방안과 비교할 때 투자보호와 규제권한의 균형을 위한 안정되고 예측 가능한 법적 규율이 가능할 것 것이라는 점이다. 이하에서는 우선 TPP 협정 투자챕터의 여러 규제권한 고려방법과 일반적 예외조항을 검토하려고 한다. 다음으로 국제투자분쟁에서 간접수용 예외조항 해석이 쟁점이 된 판정례를 통해 일반화된 예외조항 도입 필요성에 대해 고찰하고자 한다.

1. 투자보호 목적과 규제권한의 관계

국제투자협정의 예외조항은 정당한 목적의 규제조치를 제시된 요건에 따라 취한 경우 투자협정상 의무위반에 해당하지 않는다고 규정한다. 이를 통해 투자유치국이 일정한 범위의 규제조치를 투자보호 의무에도 불구하고 채택 및 유지할 수 있도록 한다. 2000년대 이후 국제투자협정은 전 세계적인 금융위기, 환경위기, 안보상황 변화에 특히 취약한 국가들이 위기상황에 적절히 대응할 수 있도록 규제권한 행사를 일정 수준 인정해주어야 한다는 점을 고려하기 시작하였다.[1] 이에 따라 최근 국제투자협정에서는 투자보호와 규제권한 간의 적절한 균형을 재조정하기 위한 방법을 다각도로 모색하고 있다.[2]

그러나 현재 국제투자협정에서는 규제권한을 보장하기 위한 수단이 다양하게 나타나며, 투자보호와 규제권한의 균형을 위한 '일반화'된 예

---

1) Pia Acconci, "The Integration of Non-Investment Concerns as an Opportunity for the Modernization of International Investment Law", Sacerdoti et al. (eds.), *General Interests of Host States in International Investment Law,* pp. 169~170; Brigitte Stern, "The Future of International Investment Law: A Balance Between the Protection of Investors and the States' Capacity to Regulate", Alvarez & Sauvant (eds.), *The Evolving International Investment Regime,* p. 175; Giorgio Sacerdoti, "BIT Protections and Economic Crises: Limits to Their Coverage, the Impact of Multilateral Financial Regulation and the Defence of Necessity", *ICSID Review,* Vol. 28, No. 2 (2013), p. 352 각각 참조.

2) 투자유치국의 이익과 투자보호 이익 간에 균형을 맞출 필요성이 제기되면서 국가들은 투자자 권리를 제한하는 한편, 투자유치국의 규제권한을 명확히 하는 방향으로 양자 간 투자협정의 내용을 수정하였다. Andrew Newcombe, "Developments in IIA Treaty-making", De Mestral & Levesque (eds.), *Improving International Investment Agreements,* p. 23 참조.

외조항이 확인되지 않고 있다. 오히려 하나의 국제투자협정에서도 규제
권한을 반영하기 위한 여러 조항들이 확인된다. 예컨대 TPP 협정은 전
문(前文)에서 공공복지 목표를 제시하고, 투자챕터에서 환경과 보건 기
타 규제목표에 관한 고려조항과 간접수용에 관한 예외조항을 두어 규제
권한을 고려하는 여러 조항을 중첩적으로 규정하였다. TPP 협정 전문
(前文)은, "고유한 규제권한을 인정하고, 입법 및 규제 상 우선순위를 설
정하고 공공복지를 보장하며 정당한 공공복지 목표를 보호하기 위한 각
회원국의 유연성을 보존하기로 결정한다."라고 규정한다.3) 또한, TPP 협
정 투자챕터 제9.16조에서는 "이 챕터의 어떠한 조항도 자국 영역 내에
서의 투자활동이 환경, 건강, 기타 규제목적에 민감한 방식으로 취해지
도록 확보하는 데 적절하다고 회원국이 간주하는, 그렇지 않으면 이 챕
터에 합치하는 조치를 회원국이 채택, 유지, 집행하는 것을 방해하는 것
으로 간주되지 아니한다."라고 규정하고 있다.4) 셋째, TPP 협정 투자챕
터의 수용 부속서인 TPP 협정 Annex 9-B Expropriation 제3항(b)호는 간
접수용에 해당하지 않을 수 있는 규제조치에 대해 예시하였다. 즉, "드
문 상황을 제외하고는 공중보건, 안전과 환경과 같은 정당한 공공복지
목표를 보호하기 위해 고안되고 적용된 회원국의 비차별적 규제조치는
간접수용에 해당하지 않는다."5)

---

3) TPP 전문("…Recognize their inherent right to regulate and resolve to preserve the
flexibility of the Parties to set legislative and regulatory priorities, safeguard public
welfare, and protect legitimate public welfare objectives…;") 참조.
4) TPP Article 9.16:
   Investment and Environmental, Health and other Regulatory Objectives
   Nothing in this Chapter shall be construed to prevent a Party from adopting,
   maintaining or enforcing any measure otherwise consistent with this Chapter that
   it considers appropriate to ensure that investment activity in its territory is
   undertaken in a manner sensitive to environmental, health or other regulatory
   objectives.
5) TPP Annex 9-B. Expropriation 3.(b):
   Non-discriminatory regulatory actions by a Party that are designed and applied to

위와 같은 규제권한을 고려한 국제투자협정상 다양한 규정은 각각 어떠한 한계가 있는지 살펴보고자 한다. 우선, 조약 전문은 조약 해석 시 고려할 요소의 하나로 조약의 문맥을 구성하며 조약의 목적을 반영하는 것으로 간주되기도 한다.[6] 예컨대 TPP 협정 전문과 같이 정당한 공공복지 목적을 위한 회원국의 유연성을 보존한다고 규정되어 있다면 이러한 목적을 고려하여 실체적 의무조항을 해석할 수 있다. 조약 전문은 실체적 의무조항의 의미가 불확실할 때 조약의 목적을 고려한 폭넓은 해석을 가능하게 한다.[7] 그러나 실체적 의무조항이 명확히 규정되어 있는 경우에는 조약 전문의 공공복지 목적에 대한 고려가 실체적 의무조항의 내용을 대체할 수는 없다.

둘째, TPP 협정 투자챕터 제9.16조와 같이 규제목적을 고려한 투자활동이 행해지도록 회원국이 적절한 조치를 취할 수 있다는 조항은 투자보호 목적과 규제목적을 균형 있게 고려하는 재량을 투자유치국에게 부여하는 역할을 한다. 그러나 이 조항 역시 정당한 규제목적에 따른 조치가 투자협정상 의무에 우선하도록 인정하는 법적 효과는 없다. 이 조항에 따라 규제목적을 고려하더라도 투자챕터에 합치하여야 한다는 제한사항, 즉 "otherwise consistent with this Chapter"라는 조건이 있기 때문이다.

셋째, 간접수용 예외조항은 명시된 비차별적 규제조치에 대해서는 간접수용에 해당하지 않는다고 규정하여, 제한된 범위에서 국가의 규제권한을 보호하는 기능을 한다. 그러나 이러한 예외조항은 간접수용에 한정되므로, 국제투자협정상 다른 의무조항에서는 규제권한을 고려하지 못하는 한계가 있다.

---

protect legitimate public welfare objectives, such as public health, safety and the environment, do not constitute indirect expropriations, except in rare circumstances.

6) 1969년 비엔나 조약법 협약 제31조 제2항 참조.
7) Richard Gardiner, *Treaty Interpretation*, 2nd edition (Oxford University Press, 2015), p. 206 참조.

위에서 살펴본 다양한 규제권한 고려 규정과 비교할 때 투자유치국의
정당한 규제목표를 망라하여 규정한 '일반화'된 예외조항은 투자협정상
여러 실체적 의무와 관련하여 투자유치국의 규제권한 행사를 인정한다
는 의의가 있다. 예컨대 GATT 제20조와 같은 일반적 예외조항을 규정
한 경우를 살펴보자. 이 조항은 투자보호 의무와의 관계에서 예외적으로
허용되는 조치를 구체적으로 제시한다. 물론 해당 조항이 규정된 형식은
TPP 협정 제9.16조와 일견 유사하다. 그렇지만, 일반적 예외조항에는 그
렇지 않으면 투자챕터에 합치하는 조치이어야 한다는 제한요건이 없기
때문에 보다 폭넓은 범위에서 투자유치국의 규제권한 행사가 인정될 수
있다. 요컨대, 일반적 예외조항은 투자유치국의 규제권한 행사를 실체적
의무에 우선하여 명시적으로 허용한다. 규제권한의 허용범위를 명확하
게 제시한다는 점에서 '일반화'된 예외조항의 형태로 규제권한과의 균형
을 모색하는 방법은 의미가 있다.

2. 간접수용 예외조항과의 비교

간접수용 조항의 해석을 통해 국제투자협정상 규제권한의 허용범위가
충분히 인정되고 있는지를 살펴보려고 한다. 만약 구체적 예외조항을 통
해 투자유치국의 규제권한이 적절히 고려되고 있다면 별도로 '일반화'된
예외조항을 규정할 필요성이 줄어들 것이기 때문이다.

(1) 간접수용 예외조항의 의의

간접수용 예외조항은 정당한 목적의 비차별적 규제조치가 간접수용에
해당하지 않는다고 규정한 조항이다. 국제투자협정에서는 이와 같은 간
접수용에 관한 예외가 협정에 도입되기 전부터 규제권한이 어떠한 경우

에 허용될 것인지에 관한 논의가 이루어졌다. 특히 간접수용 여부를 판
단하는 해석이론의 하나로서 규제권한이론이 발전해왔다.[8] 규제권한이
론은 관습국제법상 외국인 보호에 관해 국가의 재량권이 폭넓게 인정된
것과 관련되어 있으며, 1961년 하버드 국가책임협약 초안 제4조 및 제10
조에서 공공질서, 안전, 공중보건 같은 공공정책 목표를 위한 조치에 대
해서는 외국인에게 손해를 입힌 행위의 위법성을 배제한 논의와도 관련
되어있다.[9]

그러나 규제권한이론은 정당한 목적의 규제조치의 범위에 관하여 명
확한 판단기준을 제시하지는 못하였다. 예를 들어 2006년 *Saluka v.
Czech Republic* 사건 중재판정부는 국가의 규제권한으로 간주되는 일반
적 규제를 채택한 경우에는 수용에 해당하지 않는다고 하였으나, 아직
국제법은 어떤 규제가 국가의 규제권한에 속하는 '허용되고' '통상적으
로 받아들여지는' 규제조치인지를 완전하고 명확한 방식으로 구별하지
못하였다고 언급하였다.[10] 국가의 특정행위가 유효적절한 규제조치와
수용(收用)을 구분하는 양자 간 구분선을 넘어섰는지는 중재판정부의
판단에 맡겨져 있으며, 중재판정부는 해당 조치가 발생한 상황을 고려하
여 이를 결정하고 있다.[11]

따라서 규제권한의 허용범위에 대한 불명확성을 해소하려면 허용되는
규제권한 범위를 구체적으로 제시하는 방향으로 국제투자협정의 실체적
조항이 규정되어야 할 것으로 생각된다. 예컨대 간접수용 예외조항은 간
접수용에 해당하지 않는 투자유치국 규제권한 행사 범위를 규정한다.

---

8) 관습국제법상 규제권한을 인정한 판례로서 *Saluka v. Czech Republic*, Partial Award, para. 262 참조. 규제권한이론과 간접수용 관련 판례에 관해서는 이 책 제2장 제3절 참조.
9) Harvard Draft Convention on the International Responsibility of States for Injuries to Aliens, Article 4(2) & Article 10(5) 참조.
10) *Saluka v. Czech Republic*, Partial Award, paras. 262~263 참조.
11) *Ibid.*, para. 264.

2004년과 2012년 미국의 모델투자협정의 수용 부속서는 정당한 공공복지 목표를 보호하기 위하여 고안되거나 적용되는 비차별적인 규제조치는 간접수용에 해당하지 않는다고 규정하고 있다.[12] 위 수용 부속서에서는 정당한 공공복지 목표로서 공중보건, 안전, 환경을 예시하고 있다.

또한, 한국이 체결한 국제투자협정, 그 중에서도 대표적으로 2007년 한미 FTA 제11장 투자챕터의 부속서도 간접수용 예외를 규정하였다. 한미 FTA 투자챕터 부속서 11-B 제3조 제2항에서는 "예컨대, 행위 또는 일련의 행위가 그 목적 또는 효과에 비추어 극히 심하거나 불균형적인 때와 같은 드문 상황을 제외하고는, 공중보건, 안전, 환경 및 부동산 가격안정화(예컨대, 저소득층 가계의 주거여건을 개선하기 위한 조치를 통한)와 같은 정당한 공공복지 목적을 보호하기 위하여 고안되고 적용되는 체약당사국의 비차별적인 규제행위는 간접수용을 구성하지 아니한다."라고 규정하고 있다.[13] 한미 FTA 수용 부속서 주해에 의하면 정당한 공공복지 목적의 목록은 한정적이지 않다.

위와 같은 간접수용 예외조항에 비추어 볼 때 다음과 같은 세 가지 조건을 갖춘 규제조치는 간접수용에 해당하지 않고 예외적으로 허용되는 범위에 있는 것으로 간주되고 있다. 첫째, 공중보건, 안전, 환경 등 정당한 공공복지 목적을 위한 규제행위일 것, 둘째, 정당한 목적을 위한 비차별적인 규제일 것, 셋째, 일련의 조치가 목적이나 효과에 비추어 과도하게 불균형하지 않을 것이 그것이다. 요컨대 투자유치국의 규제권한이 인정되는 중요한 정책목표를 규정하고, 이러한 규제조치가 허용되기

12) Jasper Krommendijk & John Morijn, "'Proportional' by What Measure(s)?: Balancing Investor Interests and Human Rights by Way of Applying the Proportionality Principle in Investor-State Arbitration", Pierre-Marie Dupuy et al. (eds.), *Human Rights in International Investment Law and Arbitration* (Oxford University Press, 2009), pp. 433~434; 2004 US Model BIT, Annex B, para. 4; 2012 US Model BIT, Annex B, Article 4(b) 참조.
13) 2007년 한미 FTA 투자챕터 제11장, 부속서 11-B 제3조 제2항 참조.

위한 행사방법과 정도를 제시하고 있다.

이 중에서도 간접수용 예외조항의 세 번째 요건인 조치가 목적이나 효과에 비해 "과도하게 불균형하지 않을 것"이라는 요건을 살펴보자. 이 요건은 간접수용 조항이 투자재산에 대한 지나치게 불균형한 침해를 규제하기 위한 목적의 조항이라는 점과 관련되어있다.[14] 즉, 간접수용 예외조항은 정당한 목적의 비차별적인 규제조치를 보호하기 위한 조항이며, 문제된 규제조치가 투자보호 목적 '자체'를 배제하거나 투자자의 재산에 대한 '지나친' 침해에 해당하는 경우라도 그러한 규제권한 행사를 보호하려는 조항은 아니다. 요컨대 간접수용 예외조항은 투자유치국 조치가 허용되는 규제권한 행사인지와 관련해 투자자의 권리행사와의 균형을 고려하고 있다.

(2) 2016년 *Philip Morris v. Uruguay* 사건 분석

2016년 *Philip Morris v. Uruguay* 사건(이하 "*Philip Morris* 사건")에서는 관습국제법상 규제권한이론에 근거하여 투자유치국의 조치가 간접수용에 해당하는지를 검토하였다.[15] 문제된 조치는 우루과이 정부가 담배 제조업자들에게 하나의 상품명만을 표시하도록 하고, 담배포장지에 포

---

14) 예를 들어, 2008 China-New Zealand FTA Annex 13. Expropriation 제3항에서 간접 수용 조항으로 불균형한 침해를 규제하는 취지가 확인된다. 즉, 간접수용에 해당하려 면 투자자의 재산권 박탈이 심각하거나 불확정한 기간 동안 이루어지고, 공공목적에 비해 불균형한 침해가 발생하여야 한다. 해당 조문은 다음과 같다:

3. In order to constitute indirect expropriation, the state's deprivation of the investor's property must be:

(a) either severe or for an indefinite period; and

(b) disproportionate to the public purpose.

15) *Philip Morris Brands Sàrl, Philip Morris Products S.A. and Abal Hermanos S.A. v. Oriental Republic of Uruguay,* ICSID Case No. ARB/10/7, Award (July 8, 2016) ("*Philip Morris v. Uruguay*, Award), paras. 289~290 참조.

함되는 건강경고문의 크기를 전체의 80%로 증가하도록 한 조치였다.[16]
이 사건에서 적용된 1988년 Swiss-Uruguay BIT에는 공공복지 목적의 비
차별적 규제조치가 간접수용에 해당하지 않는다는 간접수용 예외가 규
정되지 않았다. 중재판정부는 관습국제법상 투자유치국의 규제권한 행
사를 인정하여 간접수용에 해당하지 않는다고 판정하였다.

이 사건 중재판정부가 문제된 조치의 간접수용 해당성을 부정한 1차
적 근거는 투자유치국 조치가 투자를 상당부분 침해하는 효과를 발생시
키지는 않았다는 점에 있다. 정당한 규제권한 행사라는 점은 중재판정부
가 문제된 조치의 간접수용 해당성을 부정한 보충적 근거였다. 구체적으
로, 중재판정부는 투자유치국 조치 이후에도 투자의 상당한 가치가 남아
있었으므로 수용에 해당하지 않는다면서도 이에 덧붙여 이 조치는 "국
가의 규제권한의 유효한 행사"(a valid exercise of the State's police powers)
이기 때문에 간접수용이 아니라고 언급하였다.[17]

이 사건의 관련 분석 부분을 살펴보면 다음과 같다. 우선 청구인들은
Swiss-Uruguay BIT 제5조 제1항은 동 조항에 합치하지 않는 수용을 금지
하므로, 국가의 규제권한에 근거하여 간접수용을 부정할 아무런 법적 근
거가 없다고 주장하였다.[18] 그러나 중재판정부는 비엔나 협약 제31조
제3항 (c)호에 따라 '당사국간 적용 가능한 국제법의 관계규칙'을 참조하
여 Swiss-Uruguay BIT 제5조 제1항을 해석하여야 한다고 하면서, 관습국
제법 규칙을 해석에 참조할 수 있다고 하였다.[19]

중재판정부는 적용 가능한 국제법의 관계규칙으로서 관습국제법상 규
제권한에 대해 국가실행과 기존 협정을 통해 살펴보고 있다. 우선 중재
판정부는 공중보건 보호를 위한 규제조치를 허용하는 국가실행이 확인

---

16) *Ibid.*, paras. 9~11, 110~112 & 121~123 참조.
17) *Ibid.*, paras. 286~287 참조.
18) *Ibid.*, para. 289 참조.
19) *Ibid.*, para. 290 참조.

된다고 보았다. 공중보건 보호는 규제권한의 본질적 표현(essential mani-
festation)으로 오랫동안 인정되어왔고, 이는 Swiss-Uruguay BIT 제2조 제
1항의 "공공안전과 질서, 공중보건과 도덕을 이유로" 투자유치를 거절할
권리를 허용하는 데서 나타난다고 하였다.20)

또한, 공공정책 목적의 규제권한 행사가 간접수용에 해당하지 않는다
는 이론은 1961년 하버드 국가책임협약초안 제10조 제5항, 1987년 미국
대외관계법 리스테이트먼트, 2004년 OECD 보고서, 2000년 이후의 투자
중재 판정, 유럽인권법원 판례 등을 통해 국제법의 일부로 확인되고 있
다고 언급하였다.21) 이에 덧붙여 2004년과 2012년 미국 모델투자협정,
2004년과 2012년 캐나다 모델투자협정, 2016년 CETA, 2016년 EU-Sing-
apore FTA의 각 수용조항에서는 정당한 공공복지 목표를 위해 고안되고
적용된 비차별적인 규제조치는 간접수용에 해당하지 않는다는 취지의
규정이 있고, 이는 관습국제법을 반영한 것이라고 하였다.22)

위와 같은 근거에서 그 동안의 국가관행과 판례에 비추어 규제권한이
론을 인정하였다.23) 국제법에서는 통상 관습국제법 형성을 위해 국가의
일반적 관행과 법적확신이 필요하다고 보고 있다.24) *Philip Morris* 사건
중재판정부는 정당한 공공복지 목적의 규제조치가 간접수용에 해당하지
않는다는 국가관행이 오랜 기간 일관되게 지속된 점, 그 간의 조약과 판
례의 태도로 미루어 규제권한이론이 법적확신을 획득하여 관습국제법으
로 성립하였다고 보았다.

Philip Morris 사건에서 알 수 있듯이 간접수용 예외가 국제투자협정
에 규정되지 않은 경우에도 관습국제법에 비추어 국가의 규제조치가 허

<hr>

20) *Ibid.*, para. 291 참조.
21) *Ibid.*, paras. 292~299 참조.
22) *Ibid.*, paras. 300~301 참조.
23) *Ibid.*, paras. 290~299 참조.
24) *Second Report on Identification of Customary International Law* by Michael
Wood, Special Rapporteur, A/CN.4/672 (May 22, 2014), pp. 8~14 참조.

용될 수도 있다. 즉, 이 사건은 규제조치의 본질과 목적에 비추어 허용되는 규제조치인지 아니면 수용인지 여부를 판단하였던 기존 중재판정의 법리를 재확인하였다. 그러나 2016년 *Philip Morris* 사건에서 확인된 관습국제법에 근거한 규제권한 해석은 국제투자협정에서 규제권한과의 균형을 확보하는 방법으로 다음과 같은 두 가지 한계가 있다.

첫째, 관습국제법상 규제권한이론은 문제된 조치가 간접수용에 해당하는지를 판단하는 데 한하여 제한적으로 적용된다는 점이다. 즉 관습국제법상 규제권한이론은 여타의 실체적 의무조항 해석에서는 투자유치국의 규제권한을 고려하는 법적 효과가 없다. 예컨대, *Philip Morris* 사건에서는 FET 의무와 관련하여 투자유치국의 규제정책 변화가 투자자의 적법한 기대(legitimate expectation)와 법적 안정성을 훼손하는 규제권한 행사인지가 검토되었으나, 구체적으로 어떠한 범위의 규제권한 행사가 허용되는지는 다루어지지 않았다.[25] 간접수용 이외에 다른 실체적 의무조항을 해석하고 적용하면서 규제조치가 예외적으로 허용된다고 보기 위해서는 국제투자협정에 구체적인 법적 근거가 있어야 한다. 그렇지 않으면 중재판정부의 해석에 따라 규제권한 고려 여부가 달라질 수 있다.

둘째, *Philip Morris* 사건은 관습국제법상 규제권한이론에서 인정하는 규제목표의 범위를 구체적으로 제시하지 않고, 공중보건 보호를 위한 조치가 규제권한이론에서 허용된다는 점을 밝혔을 뿐이라는 점이다. 즉, 규제권한이론과 관련하여 규제목표의 허용범위를 좁게 보는 입장에서는 조세, 범죄, 공공질서 유지에 관한 조치를 정당한 규제권한 행사로 보지만, 허용범위를 넓게 보는 입장에서는 건강, 안전, 도덕을 위한 조치도 정당한 규제권한의 범위에 속한다.[26] 허용되는 규제목표를 지나치게 넓게 해석하면 국가가 정당한 공공복지 목적으로 행하는 규제권한 행사는

---

25) *Philip Morris v. Uruguay*, Award, paras. 421~435 참조.
26) Ben Mostafa, "The Sole Effects Doctrine, Police Powers and Indirect Expropriation under International Law", *Australian International Law Journal* (2008), p. 274 참조.

모두 간접수용에 해당하지 않는 것으로 귀결될 위험이 있으며, 다른 한 편 규제목표의 허용범위를 좁게 해석하면 공공이익 해당성 판단을 국가 에 유보해 온 기존 입장에 합치하지 않는다.[27] 요컨대, 국제법상 허용되 는 국가의 규제권한 범위에 대해서 상반된 해석이 존재하며, *Philip Morris* 사건에서는 규제권한의 허용범위에 관한 이러한 입장차를 해소 하였다고 보기 어렵다.

특정 규제조치의 허용 여부가 불분명할 때 이를 해결할 수 있는 방법 은 규제권한의 범위를 제시한 조항을 두는 한편, 정당한 규제권한 행사 인지에 대한 1차적 판단권한을 국가에게 부여하는 것이다. 예컨대 WTO 협정은 허용되는 규제목표로 간주될 조치의 유형과 그러한 조치가 예외 조항을 통해 허용되기 위한 요건에 관하여 일반적 예외조항을 통해 규 정하고, 패널과 항소기구에서는 규제목표와 그러한 목표의 적절한 수준 을 WTO 회원국이 스스로 결정할 수 있다는 입장을 제시하고 있다.[28]

따라서, 관습국제법상 규제권한이론으로 일정한 규제조치가 간접수용 에 해당하지 않는 허용되는 조치로 인정될 수 있더라도 규제권한의 허 용범위에 대한 불명확성을 해소하기 위해서는 어떠한 범위와 요건의 규 제권한 행사가 투자보호의무와의 관계에서 허용되는지를 제시하는 조항 이 필요하다. 특히 국가가 다양한 목적에서 채택하고 집행하는 규제조치 와 관련하여 간접수용뿐 아니라 다른 실체적 의무조항과의 관계에서도 허용되는 규제권한의 범위를 명시할 필요가 있다.

---

27) *Ibid.*, pp. 275~278 참조.
28) 예를 들어, Appellate Body Report, *EC-Asbestos*, para. 168; Caroline Henckels, *Proportionality and Deference in Investor-State Arbitration* (Cambridge University Press, 2015), p. 52 참조.

3. 검토: '일반화'된 예외조항의 유용성

간접수용 예외조항에서는 투자유치국의 정당한 규제권한 행사가 인정될 수 있는 요건을 제시하였다. 다만 간접수용 예외조항은 투자유치국의 구체적인 규제조치의 한 유형인 간접수용 해당성에만 관련되며, 다른 실체적 의무조항에 대해서는 정당한 목적의 규제권한 행사가 허용되는지를 명시하지 않았다. 이는 관습국제법상 규제권한이론을 참조하여 간접수용 여부를 판정한 2016년 *Philip Morris* 사건에서 확인되었다.

국제투자협정에는 투자자를 보호하려는 목적의 여러 실체적 의무조항이 있고, 규제권한과의 균형을 고려하여 해석할 필요성은 여러 실체적 의무조항에서 공통적으로 나타난다. 이런 점에서 국제투자협정에서 '일반화'된 예외조항을 두는 것은 다음과 같은 의의가 있다.

첫째, '일반화'된 예외조항은 조약상 특정 의무에 대하여 구체적으로 그 적용범위를 제한한다는 문구가 없다면 조약상 어떠한 의무에 대해서도 적용된다. 이러한 예외조항이 있으면 국제투자협정상 어떤 실체적 의무조항에 대해서도 투자유치국의 정당한 정책목표에 따른 조치는 의무 위반에 해당하지 않는 것으로 해석한다. 주의할 점은 기존 국제투자협정의 예외조항은 주로 일부 투자보호 의무에만 적용되는 구체적 예외조항으로 존재해왔기 때문에 '일반화'된 예외조항을 규정할 때에는 실체적 의무의 성격을 고려해야 한다는 점이다.

둘째, 이러한 예외조항은 어떠한 조치가 허용되는 규제권한 행사에 해당하는지를 해석할 때 기존 예외조항보다 명확한 지침을 제시해 줄 수 있다는 측면이다. 대체로 일반적 예외조항에 의하면, 국제투자협정상 의무에 대한 일응 위반이 있더라도 정당한 정책목표를 위한 조치로서 그러한 조치가 필요하거나 목적과 관련되고, 투자보호를 제한하려는 목적으로 적용되어서는 안 된다는 구체적인 요건이 적용된다. WTO 협정의 일반적 예외조항과 국제투자협정의 예외조항이 유사한 요건으로 규

정되어 있다면 WTO 패널과 항소기구의 법리를 참조하여 해석하는 것도 가능할 것이다.[29]

셋째, 국제투자협정의 여러 실체적 의무조항과 관련하여 예외조항을 규정함으로써 투자보호 의무와의 관계에서 규제권한이 언제, 어떠한 경우에 허용되는지에 대한 일관된 법리 발전을 도모할 수 있다. 다양한 내용과 형식으로 국제투자협정 전반에 걸쳐 중첩적으로 규정된 기존 예외조항과 달리 단일한 조항에서 예외적으로 허용되는 조치를 규정한다면, 국제투자협정에서 허용되는 규제조치에 관한 불확실성을 완화할 수 있을 것이다.

---

29) 예를 들어, *Continental Casualty* 사건에서는 US-Argentina BIT의 예외조항의 'necessity' 요건을 해석하는 데 WTO 패널과 항소기구 관련 판정례를 활용하였다. *Continental Casualty, Award*, paras. 193~195 참조.

제2절 실체적 의무조항 해석에서의 규제권한 고려

규제권한의 허용범위를 명시한 조항이 없는 상황에서 어떤 방법으로 규제권한이 인정될 수 있는가? 이 절에서는 실체적 의무조항의 해석 시 규제목적을 고려함으로써 규제권한을 명시적이고 예측가능하게 보장할 수 있는지를 검토하려고 한다. 먼저 조약 전문에 규제목표를 반영함으로써 국제투자협정의 실체적 조항을 균형 있게 해석하는 방법을 살펴본다. 다음으로, 문제된 조치의 정당한 규제목적을 고려한 해석방법을 검토하고, 마지막으로 내국민대우 해석 시 규제목적을 고려한 판례를 통해 이러한 해석방법의 문제점을 분석한다.

1. 조약 전문에 규제목표를 명시하는 방법

조약 전문에 반영된 문구는 조약 해석에 영향을 미친다. 조약은 그 문맥과 목적을 고려하여 용어의 통상적 의미에 따라 해석되며, 조약의 전문은 조약의 문맥과 해당 조약의 목적을 제시하는 것으로 간주되기 때문이다.[30] 국제 판례에서도 조약 전문에 반영된 목적에 비추어 조약을 목적적으로 해석하는 방법이 확인된다.[31] 그렇다면, 국제투자협정에서

---

30) 1969년 비엔나 조약법 협약 제31조 제1항 및 제2항; Aikaterini Titi, *The Right to Regulate in International Investment Law* (Nomos, 2014), p. 115 각각 참조.
31) *US-Shrimp* 사건에서 WTO 협정 전문에 근거한 해석이 이루어졌다. 이 사건 항소기구는 고갈가능한 천연자원(exhaustible natural resources)에 생물자원이 포함되는 것으로 해석하면서 WTO 협정 전문의 "지속가능한 발전"에 근거하여 이 용어가 "환경의 보호와 보전에 관한 국제공동체의 관심에 비추어 해석되어야한다"라는 점을 지적

도 전문에 반영된 목적은 다른 조항들의 법적 의미를 해석하는 데 필수
적인 고려요소로 이용될 수 있을 것이다.

국제투자협정 전문에서는 통상적으로 투자보호와 투자증진을 투자협
정의 목표로 규정한다.[32] 그 동안 많은 중재판정부들은 해외투자의 보
호를 국제투자협정의 유일하고 배타적인 목적으로 보거나 최소한 주된
목적이라는 입장에서 국제투자협정의 실체적 의무를 해석해왔다.[33] 투
자보호와 투자증진을 주된 목적으로 보아 국제투자협정을 해석하는 경
우, 투자자의 이익에 편향되고 투자유치국의 정당한 이익을 허용하지 않
는 해석으로 귀결될 수 있다는 문제가 있다.[34]

한편, 투자보호 목적을 강조한 기존 해석과는 달리, 일부 중재판정부
에서는 FET 의무를 해석하면서 조약 전문에 제시된 전반적 목표, 즉 체
약당사국 간 경제관계를 확장하고 강화한다는 목표를 고려하였다. 즉,
2006년 *Saluka* 사건 중재판정부는 국제투자협정의 해석에서 균형된 접
근법이 필요하다는 점을 다음과 같이 강조하였다.

> 해외투자 보호는 조약의 유일한 목적이 아니며, 해외투자를 증진하고 당사
> 자 간의 경제관계를 확장하고 강화한다는 전반적 목적을 위한 필수적 구성
> 요소이다. 이는 투자보호를 위한 조약의 실체적 조항들의 해석에서 균형된
> 접근을 요구한다. 그 이유는 해외투자에 부여되어야 할 보호를 강조하는 해

하였다. Appellate Body Report, *US-Shrimp*, paras. 128~131 참조.
32) Campbell McLachlan QC, "Investment Treaties and General International Law",
International and Comparative Law Quarterly, Vol. 57 (2008), p. 371 참조.
33) Jürgen Kurtz, *The WTO and International Investment Law: Converging Systems*
(Cambridge University Press, 2016), p. 170. 이와 달리, 투자보호 및 증진은 투자자
본국과 투자유치국의 복지와 발전을 위한 수단이라는 점에서 국제투자협정의 궁극적
목적은 경제발전이라고 보는 시각도 있다. Anne Van Aaken & Tobias A. Lehmann,
"Sustainable Development and International Investment Law", Roberto Echandi &
Pierre Sauvé (eds.), *Prospects in International Investment Law and Policy* (Cam-
bridge University Press, 2013), p. 332 참조.
34) Titi, *supra* note 30, p. 119 참조.

석은 투자유치국 정부로 하여금 해외투자의 유치(admitting foreign invest-ments)를 포기하도록 하고(dissuade), 그 결과 당사국들 상호간의 경제 관계를 확장하고 강화한다는 전반적인 목표를 약화시키는 결과로 이어질 수 있기 때문이다.[35]

Saluka 사건의 중재판정부는 투자보호라는 1차 목적뿐만 아니라 투자보호를 통해 국가 간 경제관계를 강화한다는 전반적 목표(overall aim)를 고려하여 투자협정을 해석하여야 한다고 하였다. 이러한 입장에 비추어볼 때 균형된 접근법이란 투자유치국이 공공이익에 따라 국내문제를 규율할 권리를 참작하여 투자자에 대한 의무위반 여부를 검토하는 것이다.[36] 그러나 Saluka 사건에서 중재판정부가 언급한 균형된 해석방법은 중재판정부의 일반적 입장으로 보기는 어렵다.[37]

또한, 조약 전문을 통해 확인된 국제투자협정의 목적을 협정 해석에 반영하는 것이 규제권한 확보에 유의미하려면, 우선 국제투자협정의 목적이 다른 공공이익 역시 고려하여야 한다. 최근 국제투자협정 전문에서는 투자보호뿐 아니라 국가의 규제권한에 대한 고려를 포함시키는 경향이 확인되고 있다.[38] 이처럼 국제투자협정의 전문에 공공이익에 대한 고려를 포함시키면 관련 실체적 의무조항을 해석할 때 투자보호 목적뿐 아니라 규제이익 보호까지 반영할 수 있다.

다만, 조약 전문은 해당 조약의 대상과 목적을 제시하는 중요한 근거

---

35) *Saluka v. Czech Republic*, Partial Award, para. 300 참조.
36) *Ibid.*, paras. 305~306 참조.
37) Kurtz, *supra* note 33, p. 170 참조.
38) UNCTAD, "Taking Stock of IIA Reform", *IIA Issues Note* No. 1 (March 2016), pp. 15~19의 도표 참조. UNCTAD의 IIA Mapping Project의 데이터베이스에 의하면, 국제투자협정 전문에 국가의 규제권한에 관한 구체적 문구로서 'regulatory auto-nomy', 'policy space', 'flexibility to introduce new regulations' 등을 포함시킨 협정은 정리된 2,573개 협정 중에서 43개 협정이다. <http://investmentpolicyhub.unctad.org/IIA/mapped Content#iiaInnerMenu> (2017년 11월 5일 검색) 참조.

이기는 하지만, 조약의 목적을 파악하기 위해서는 조약의 실체적 조항을 포함하여 조약 전체를 검토하여야 한다.[39] 조약 전문에 규제권한을 고려하는 문구가 있더라도 국제투자협정 전반과 실체적 의무조항에서 확인되는 투자보호 목적을 대체할 수는 없을 것으로 생각된다. 다시 말해, 조약 전문에 규제목표를 명시하는 방법은 특정 규제조치와 투자보호 목적이 상충(相衝)되는 경우 투자보호와 정당한 규제목적 중 어느 것에 우선순위를 두어 실체적 의무조항이 해석될지에 대해서는 법적 근거를 제시하지 않는다.

따라서 조약 전문에 명시된 규제목표만으로는 투자유치국의 공공이익을 위해 투자보호 의무에 위배되는 조치를 취한 경우 협정위반에 해당하지 않는다고 보기 어렵다. 실제 분쟁에서는 주로 공공이익과 투자자의 이익이 충돌할 때 어느 가치에 우선순위를 둘 것인지, 특히 공공이익과 투자자 이익이라는 상반된 가치를 협정 해석 과정에서 어떻게 조화할 것인지가 쟁점이 된다. 규제권한의 범위가 구체적 조항을 통해 규정되지 않았다면 국제투자협정에서 투자보호와 규제권한 간의 균형을 고려한 해석이 이루어질지는 여전히 예측하기 어렵다는 문제가 있다.

2. 정당한 규제목적을 고려한 해석방법

국제투자협정에서 실체적 의무조항을 해석할 때 정당한 규제목적을 고려함으로써 규제권한을 간접적으로 확보할 수 있다. 규제목적을 고려한 해석이란 중재판정부가 FET나 간접수용 조항 같은 실체적 의무와 관련하여 국가의 정당한 규제조치는 의무 위반에 해당하지 않는다고 해석

---

39) Gardiner, *supra* note 7, pp. 217~218 참조. 예를 들어, WTO 항소기구는 관련 조약의 실체적 조항을 상세히 검토하는 과정에서 조약 전문을 언급하였다. *Ibid.*, p. 218 참조.

하는 것이다. 간접수용의 경우에는 앞에서 보았듯이 공공목적을 위한 비차별적 규제권한 행사는 간접수용에 해당하지 않는다고 명시한 예외조항을 통해 규제목적을 고려한 해석이 이루어진다.40) 한편, FET의 경우에는 투자유치국의 의무범위를 축소함으로써 간접적으로 규제권한을 보장해왔다. 즉, 공정하고 공평한 대우를 관습국제법상 외국인 대우의 최저기준과 동일한 내용으로 해석하는 것이다. 예컨대 한미 FTA 제11.5조 제2항에서는 외국인 대우에 대한 관습국제법상 최소기준을 적용대상투자에 부여하여야 할 대우의 최소기준으로 규정하고 있다.41) 이 경우 투자유치국은 투자자에 대해 국제기준에 따른 최소한의 대우를 부여하면 되므로 투자유치국의 조치가 FET 의무를 위반하였다는 주장이 받아들여지지 않을 가능성이 높아진다.

국제투자협정에서는 정당한 규제조치가 FET 의무 위반이나 간접수용 위반으로 간주되면서 국가의 규제권한이 지나치게 제한된다는 비판이 제기되었다.42) 이에 대응하여 국가들이 채택할 수 있는 전략은 절차적으로는 기존 조약을 종료하거나 개정하거나 해석하는 방법, 실체적으로는 FET 조항이나 간접수용조항을 구체적 내용과 형식을 가진 조항으로 재정의하고 재구성하는 방법이 있다.43) FET 조항을 재정의하는 방법으로는 중재판정부가 해석상 지나치게 넓은 재량을 갖는 것을 배제하기 위하여 FET의 내용을 국제법이나 관습국제법에 연결시켜 규정하는 방식, FET를 개방된 형식(open-ended formulation)이 아니라 구체적인 내용을 가진 형식으로 규정하는 방식이 있다.44) 이는 실체적 의무조항을 구

---

40) UNCTAD, *supra* note 38, "Taking Stock of IIA Reform", pp. 15~19의 도표 참조.

41) 2007년 한미 FTA 제11.5조 제2항 참조.

42) Eric De Brabandere, "States' Reassertion of Control over International Investment Law: (Re)Defining 'Fair and Equitable Treatment' and 'Indirect Expropriation'", Kulick (ed.), *Reassertion of Control over the Investment Treaty Regime*, p. 294 참조.

43) *Ibid.*, p. 295 참조.

44) *Ibid.*, p. 296 참조.

체적으로 좁게 해석함으로써 그에 대하여 허용되는 투자유치국의 규제권한의 범위를 확장시키는 해석방법이다.

중재판정부에서 규제조치를 존중하는 해석방법은 관습국제법이나 조약상 조항에 근거하여 규제권한이 허용되는 것과는 구분된다. 국가의 규제권한은 국제투자협정이나 관습국제법상 구체적인 법적 근거가 있는 개념으로 국가에게 일정한 자격이나 권한(entitlement)을 보장한다.45) 반면 중재판정부에 의해 규제조치를 존중하는 해석은 협정에 명시적인 법적 근거가 없더라도 행해질 수 있다.46) 규제조치의 존중이란 구체적 상황에서 중재판정부의 판단에 따라 국가의 규제권한 행사를 인정할 것인지가 '선택되는' 것이기 때문이다. 규제권한(right to regulate)은 실체법의 문제라면, 규제조치의 존중(deference)은 중재판정부가 취하는 법 해석에 대한 접근법을 의미한다.47)

그러나 국제투자협정에서는 국가의 규제권한을 법적 권리로서 명시적으로 인정하지 않았고, 중재판정부에 규제권한의 허용 여부에 대한 판정을 맡겨두는 것은 안정성과 예측가능성 측면에서 한계가 있다.48) 규제권한을 규정한 근거조항이 없다면 실체적 의무조항의 다양한 해석가능성으로 인해 투자유치국의 규제권한이 실질적 보장 여부도 불명확하다.

투자유치국의 정당한 이익을 고려하여 실체적 의무조항을 해석하였지만 실제로는 국가에게 불리한 판정을 내린 사례가 있다.49) 예를 들어 *Lemire v. Ukraine* 사건에서는 FET 조항을 해석하면서 공공이익을 위하여 입법이나 행정결정을 할 투자유치국의 주권을 고려하였으나 문제된 조치가 자의적이고 차별적이라는 이유로 FET 의무에 위배된다고 인정하였다.50) 이로부터 알 수 있듯이 중재판정부가 규제목적을 고려하여

---

45) Titi, *supra* note 30, p. 40 참조.
46) *Ibid.*
47) *Ibid.*
48) *Ibid.*, p. 289 참조.
49) *Ibid.*

실체적 의무의 해석기준을 마련하고 사안에 적용하더라도 실체적 의무 해석은 결국 사실관계에 대한 평가에 근거하여 이루어지게 된다. 중재판 정부가 규제권한보다 투자보호를 강조하는 입장을 선택할 경우 국가의 주권 행사가 불가피하게 제한될 수도 있다.[51] 그러므로 국제투자협정에 규제권한을 허용하는 구체적 조항이 도입되지 않았다면 실체적 의무 해 석 시 규제목적을 고려하더라도 투자보호에 비해 투자유치국 권한을 적 절한 수준으로 반영하지 못할 수 있다.

3. *S.D. Myers v. Canada* 사건의 내국민대우 해석

앞에서 살펴보았듯이 NAFTA 투자챕터에는 일반적 예외조항이 적용 되지 않는다. 그렇지만 NAFTA 투자챕터의 내국민대우 해석에서 규제목 적을 고려한 사례가 있다. 즉 NAFTA 중재판정부는 NAFTA 제1102조 내국민대우 조항의 "동종상황"(like circumstances)을 해석할 때 규제목표 를 고려함으로써 투자보호와 공공정책 목표 간의 균형을 확인하였다.[52] 이와 관련하여 NAFTA의 내국민대우 해석은 우선, 내국투자자와 외국인 투자자 간에 서로 다른 대우가 부여되었는지 검토하고, 둘째, 이러한 대 우가 정당한 정책목표에 근거한 합리적인 차별인지를 검토하였다.[53]

S.D. Myers v. Canada 사건(이하 *S.D. Myers* 사건)에서는 폴리염화비페

---

50) *Joseph Charles Lemire v. Ukraine,* ICSID Case No. ARB/06/18, Decision on Jurisdiction and Liability (January 14, 2010), paras. 272~273, 285, 356~357 참조.

51) Stephan W. Schill, "International Investment Law and Comparative Public Law", Stephan W. Schill (ed.), *International Investment Law and Comparative Public Law*, p. 7 참조.

52) Céline Lévesque, "The Inclusion of GATT Article XX Exceptions in IIAs: A Potentially Risky Policy", Echandi & Sauvé (eds.), *Prospects in International Investment Law and Policy,* p. 365 참조.

53) *Ibid.,* p. 366 참조.

닐(PCB)이라는 환경유해물질을 처리하는 S.D. Myers사가 캐나다의 PCB 수출금지조치에 대해 NAFTA 투자챕터 위반을 주장하였다. 이 사건 중 재판정부는 내국민대우 조항을 해석하면서, GATT 제20조의 판례에 비추어 "동종 상황"을 해석하였다.[54] 이에 대해 Todd Weiler는 중재판정부 가 정당화될 수 있는 차별이라면 투자자에 대한 배상의무를 배제하는 신중한 접근법을 취한 것이라고 평가했다.[55]

S.D. Myers 사건 중재판정부는 WTO 판례에서 "동종성"의 의미는 사 안의 모든 상황을 고려하여야 한다고 하면서, GATT의 경우에도 동종성 판단은 동일 여건에 있는 상품에 대한 차별 대우가 제20조의 정당한 공 공정책 조치로서 정당화될 수 있는지의 문제까지 연결될 수 있다고 하 였다.[56] 이러한 맥락에서 NAFTA 제1102조의 "동종 상황"에 대해서도 환경에 대한 우려와 환경적 관심사에 의해 정당화되지 않는 무역왜곡을 회피할 필요성을 모두 포함하여 NAFTA의 법적 맥락에서 나오는 일반 원칙을 참작하여 해석하여야 한다고 하였다.[57] 따라서 중재판정부는 동 종 상황을 평가하면서 공공이익을 보호하기 위하여 투자자를 다르게 취 급하는 정부의 규제를 정당화할 수 있는 상황인지 참작하였다.[58] 외국 인투자자와 내국투자자를 다르게 대우하는 조치가 정당한 목적에 근거 한 것이라면 동종 상황에 해당하지 않아 내국민대우 위반으로 간주되지 않는다.[59]

---

54) S.D. Myers Inc. v. Government of Canada, UNCITRAL, Partial Award (November 13, 2000)("S.D. Myers v. Canada, Partial Award"), paras. 245~247; Friedl Weiss, "Trade and Investment Law: What Relations?", Sacerdoti et al. (eds.), General Interests of Host States in International Investment Law, p. 97 각각 참조.
55) Todd Weiler, "Prohibitions Against Discrimination in NAFTA Chapter 11", Weiler (ed.), NAFTA Investment Law and Arbitration, pp. 37~38 참조.
56) S.D. Myers v. Canada, Partial Award, para. 246 참조.
57) Ibid., para. 250 참조.
58) Ibid.
59) 이서연, 박덕영, "NAFTA 투자중재 사건에서의 국제환경협정의 고려", 『서울국제법

이 사건에서 중재판정부는 캐나다가 문제된 조치를 통해 추구한 목표
는 정당하다고 보았다. 다만, 이러한 목표를 달성하면서도 내국민대우를
위반하지 않을 이용 가능한 대안이 있었다는 점에서 내국민대우 위반에
해당한다고 인정하였다.[60]

S.D. Myers 사건에서 개별의견을 제시한 Schwartz 박사는 GATT/WTO
체제와 투자협정이 긴밀한 관련이 있다는 데 주목하였다. GATT 제20조
같은 일반적 예외조항이 없더라도 여기에 반영된 기본 관념에 비추어
정당한 환경목적이 있었는지, 그러한 목적 달성을 위해 불가피하게 외국
인 투자자를 다르게 대한 것인지를 분석했다.[61] 구체적으로 NAFTA의
내국민대우는 적절한 맥락을 고려하여 해석한다면 GATT 제20조와 같은
종류의 분석, 즉 정당한 환경상 이유나 그 밖의 공공복지 목적이 있었는
지에 대한 검토를 필요로 한다고 하였다.[62] Schwartz는 NAFTA에서 일
반적 예외조항을 투자챕터에 대해 준용하지 않은 것은 공공정책 예외조
항을 투자규범에는 적용하지 않으려는 의도가 아니라고 하였다.[63] 또한
OECD 실행도 투자에서의 동종 상황을 평가할 때 정책목표를 참작한다
고 지적하였다.[64]

그러나 *S.D. Myers* 사건에서 내국민대우와 관련하여 사실상 GATT 제
20조의 일반적 예외조항에 따라 정부의 규제조치가 정당화될 수 있는지
를 판단한 해석방법은 다음과 같은 문제가 있다. 우선, NAFTA의 내국민
대우 조항에 국가의 정당한 규제목적을 고려할 수 있는 명시적 근거가
없음에도 GATT 제20조 해석을 참작하였다는 점이다.

연구』제20권 제1호 (2013), p. 185 참조.

60) *S.D. Myers v. Canada*, Partial Award, paras. 252~256 참조.
61) *S.D. Myers v. Canada*, Partial Award, Separate Opinion by Dr. Bryan Schwartz,
    concurring except with respect to performance requirements (November 12, 2000),
    paras. 70~75 참조.
62) *Ibid.*, paras. 129 & 131.
63) *Ibid.*, para. 135.
64) *Ibid.*, para. 136.

WTO 항소기구는 GATT 제3조 제4항의 내국민대우 해석과 관련하여, 규제조치의 정당성 여부는 일반적 예외조항 검토 단계에서 분석하여야 한다는 입장을 제시한 바 있다.[65] 이와 달리 일반적 예외조항이 적용되지 않는 TBT 협정의 제2조 제1항의 내국민대우 해석에서 항소기구는 실체적 의무위반 여부를 판단할 때 규제목적의 정당성을 판단하고 있다.[66] 예컨대 *US-Clove Cigarettes* 사건에서는 정당한 규제상 차이(legitimate regulatory distinction)에 근거한 수입상품 차별은 내국민대우 위반에 해당하지 않는다고 하였다.[67] 즉, 이 사건 항소기구는 TBT 협정 제2조 제1항의 내국민대우 해석을 통해 무역자유화와 규제권한 간의 균형을 확보할 수 있다고 언급하였다.[68] 그러나 이와 같이 TBT 협정의 내국민대우를 해석한 것은 TBT 협정 전문 제6회독(sixth recital)에서 규제목적을 위하여 필요한 조치를 취할 수 있다는 문구가 포함되어 있었기 때문이다.[69]

그러므로 이러한 WTO 판례의 태도를 고려할 때, *S.D. Myers* 사건에서 내국민대우의 동종 상황에 대한 평가를 사실상 GATT 제20조의 요건인 정부규제가 정당한지, 내국민대우에 위반하지 않는 대안이 있는지에 따라 판단한 것은 NAFTA 투자챕터에 구체적 근거가 없는 상황에서 문제

---

65) Appellate Body Reports, *EC-Seal Products*, para. 5.125 참조.
66) Appellate Body Report, *United States-Measures Affecting the Production and Sale of Clove Cigarettes,* WT/DS406/AB/R (April 24, 2012), paras. 172~175 참조.
67) *Ibid.*, para. 174 참조.
68) *Ibid.*, para. 109 참조.
69) *Ibid.,* para. 172("This interpretation of Article 2.1 is buttressed by the sixth recital of the preamble of the TBT Agreement, in which WTO Members recognize that: …no country should be prevented from taking measures necessary to ensure the quality of its exports, or for the protection of human, animal, or plant life or health, of the environment, or for the prevention of deceptive practices, at the levels it considers appropriate, subject to the requirement that they are not applied in a manner that would constitute a means of arbitrary or unjustifiable discrimination between countries where the same conditions prevail or a disguised restriction on international trade, and are otherwise in accordance with the provisions of this Agreement.") 참조.

가 될 수 있다. 내국민대우의 동종성 판단 시 규제목적을 고려하기 위한
취지라면, 그러한 취지를 반영하는 문구가 조약의 문언이나 문맥을 통해
확인되어야 한다. 이러한 근거가 없다면 국제투자협정에서 규제목적의
정당성을 내국민대우 위반 여부를 판단 시 고려하더라도 이러한 해석이
일관되게 적용될 것으로 생각되지 않는다.[70]

또한, *S.D. Myers* 사건을 통해 투자협정에서 내국민대우를 해석할 때
규제목적을 고려할 수 있는 가능성이 제시되었지만, 이는 투자협정의 내
국민대우에 해당하기 위해 GATT와 마찬가지로 동종성(likeness)이라는
공통요건이 존재했기 때문이다.[71] 그러나 GATT와 국제투자협정에서 내
국민대우의 동종성을 같은 취지로 해석할 수 있는지, GATT와 달리 일
반적 예외조항이 적용되지 않는 NAFTA 투자챕터에서 GATT 제20조의
일반적 예외조항의 해석방법을 반영할 수 있는지의 문제가 있다.

이와 달리 국제투자협정에 '일반화'된 예외조항을 도입하면, 정부의
차별조치가 정당한 규제목적에 근거하여 허용되는 조치인지에 관하여
실체적 의무 위반을 판단하는 단계가 아니라 예외조항의 적용 단계에서
분석하게 된다. 또한 이러한 예외조항이 투자협정상 의무 전반에 대해
적용된다면 다른 실체적 의무에 관해서도 정당한 정책목표를 고려하여
투자협정 위반에 해당하는지를 분석함으로써 투자유치국의 규제권한을
효과적으로 확보할 수 있다.

규제권한의 범위를 제시한 예외조항은 중재판정부의 실체적 의무조항

---

70) 내국민대우에서 정책목적을 고려하는 것은 *Pope & Talbot* 사건에서도 확인된다. 즉,
내국투자와 외국투자간 상이한 대우가 명시적이거나 사실상 차별의 의도가 없고 합
리적 정부정책과 관련된다면 내국민대우 위반이 아니라고 언급하였다. *Pope &
Talbot, Inc v. Government of Canada,* UNCITRAL, Award on the Merits of Phase
2 (April 10, 2001), paras. 78~79 참조. 그러나 합리적 정부정책이 무엇인지를 알
수 있는 근거가 투자협정에 없으므로 언제 어떠한 규제권한 행사가 허용될지 추측하
기 어렵다는 문제가 있다.
71) 박덕영 외, 『국제투자법』(박영사, 2012), pp. 148~149 참조.

의 해석에서 예측가능성을 확보해주는 의의가 있다. 우선 중재판정부는 국가들이 투자협정 체결 시 투자보호 목적 이외에 다양한 정책적 관심사 및 투자보호와 대립하는 목표를 함께 고려하고 있음을 이해하고 국제투자협정상 의무를 해석하게 된다.[72] 중재판정부가 예외조항을 고려하여 실체적 의무조항을 해석한다면, 국가들은 공공목적의 규제조치를 적절히 입안하여 행사할 경우 협정상 의무위반이 있더라도 이러한 조치에 대해 책임 문제가 제기되지 않을 것이라는 점을 합리적으로 예측할 수 있다.[73]

4. 소결

국제투자협정에서 실체적 의무조항 해석을 통해 규제권한과의 균형을 모색하는 방법이 활용되어왔다. 우선, 조약 전문에 반영된 공공이익에 관한 문구를 투자협정의 목적이나 문맥으로 파악하여 투자보호와 규제권한의 균형을 고려한 해석을 할 수 있다. *Saluka v. Czech Republic* 사건에서 중재판정부가 제시한 균형된 해석방법이 그러한 사례이다. 그러나 투자보호뿐 아니라 다른 목표를 고려한 균형된 해석은 투자분쟁에서 일반적이지는 않다. 조약 전문에 제시된 규제목표는 공공이익과 투자자의 이익이라는 상반된 가치 중에 어느 것이 우선할 수 있는지, 양자 간의 균형을 어떻게 맞출 것인지에 대한 해석기준을 제시하지도 못한다.

또한, 실체적 의무조항을 해석할 때 규제권한을 고려하기 위해서는 투자협정에서 구체적으로 규제권한을 제시한 규정이 필요하다. *S.D. Myers* 사건처럼 적용 가능한 예외조항이 없는 상황에서 규제목적을 고려하여 내국민대우 위반 여부를 해석한 사례가 있지만 이는 동종성이라

72) Kurtz, *supra* note 33, pp. 170~171 참조.
73) *Ibid.*, p. 171 참조.

는 GATT와의 공통요건에 기초하여 규제조치가 정당화될 수 있는지를 고려한 것이다. 투자협정의 실체적 의무 전반에서 정당한 목적의 규제조치가 허용될 수 있는지를 합리적으로 예측하려면 규제권한의 허용범위를 구체적으로 제시한 예외조항이 필요할 것이다.

제3절 예외조항의 모델조항

기존 국제투자협정의 예외조항은 일부 주제영역이나 일부 실체적 의무에 대해서만 적용되었다. 이러한 경우 허용되는 규제권한의 범위가 지나치게 협소하거나, 때로는 규제권한이 포괄적으로 규정되어 투자보호 목적이 지나치게 제한될 수 있다. 이 절에서는 규제권한의 허용범위에 대한 예측가능성 제고를 위해 규제권한의 허용범위와 요건을 구체적으로 규정한 예외조항의 모델조항을 제안하고자 한다. 예외조항에 도입될 정당한 정책목표의 유형, 예외조항 원용을 위한 실체적 요건과 기타 절차적 요건을 살펴보고 모델조항을 제시하려고 한다.

1. 논의의 전제

국제투자협정은 예외조항을 다양한 방법으로 규정하고 있다. 비합치조항이나 유보조항의 경우 투자협정의 일부 실체적 의무만을 배제하였고, 비배제조치 조항은 주로 안보와 공공질서 같은 일부 주제영역에 대해서 적용되는 형태로 규정되었다.[74] 또한, 실체적 의무별로 예외조항의 적용여부가 상이하였기 때문에 투자유치국이 예외조항을 근거로 정당한 목적의 규제조치라는 점을 항변할 수 있는 대상이 제한적이었다.

한편, 국제투자협정의 수용조항, 내국민대우, FET 등의 실체적 의무조

---

74) 전자의 예로, 한미 FTA 제11.12조는 기존 비합치조치에 대해 내국민대우, 최혜국대우, 이행요건, 고위경영진 및 이사회 조항이 적용되지 않는다고 규정한다. 후자의 예는 1991년 US-Argentina BIT 제11조 참조.

항에서 규제목적을 고려한 해석방법이 확인되고 있다. 그러나 이러한 해석방법에는 투자유치국의 규제권한이 언제 어느 수준에서 허용될 것인지에 대한 해석상 불명확성이 존재한다. 또한, 적용되는 예외조항이 없는 경우, 관습국제법상 긴급피난 항변, 관습국제법상 규제권한이론이 투자유치국의 규제권한 행사를 인정하는 근거로 이용되기도 한다. 그러나 관습국제법상 항변을 통해 허용되는 규제권한의 범위는 제한적이다. 긴급피난 항변은 긴급상황에서 국가의 위법행위를 정당화하는 항변이고, 규제권한이론은 주로 간접수용과 관련하여 일정한 범위의 정당한 목적의 규제조치를 허용하는 해석이론이었기 때문이다.

위와 비교하여 최근 주목할 만한 국제투자협정 실행은 '일반적 예외조항'의 형태로 예외조항을 규정하는 방식이다. 제5장에서 살펴보았듯이 GATT 제20조 또는 GATS 제14조의 문언이 협정의 일부로 편입한다고 규정하는 방식[75], GATT 제20조나 GATS 제14조의 예외사유와 요건을 추가하거나 제외함으로써 약간의 변형을 거쳐서 수용하는 방식이 있다.[76] GATT와 GATS의 일반적 예외조항을 국제투자협정에서 유사하게 도입한 경우에는 예외조항에서 정책목표, 필요성 요건, 두문의 남용방지 요건을 공통적으로 규정하고 있다.[77]

그러나 GATT와 GATS의 일반적 예외조항은 각각 상품무역과 서비스무역과 관련된 조치에 적용되기 때문에 이러한 예외조항을 국제투자협정에 그대로 적용하는 것은 문제가 있다.[78] 국제투자협정은 투자유치국

---

75) 예를 들어, 2007 Japan-Cambodia BIT 제18조 참조.

76) Canada 2004 Model BIT Article 10 등 참조. 정당한 정책목표로는 공공질서, 건강, 안전, 환경, 금융건전성 규제, 문화적 다양성 등이 제시되었다. 예외조항에 포함되는 정당한 정책목표의 유형은 개별 협정에 따라 선택적으로 규정되고 있다. APEC, *International Investment Agreements Negotiators Handbook: APEC/UNCTAD Modules* (IIA Handbook) (December 2012), pp. 116~119 참조.

77) *Ibid.*, p. 116 참조. 다만 India 2015 Model BIT Article 32에는 GATT 제20조 혹은 GATS 제14조와 같은 두문의 요건이 없다.

78) Razeen Sappideen & Ling Ling He, "Dispute Resolution in Investment Treaties",

의 영역 내에서의 외국인 투자행위를 규율하지만, 외국인 투자는 국제투
자협정 뿐 아니라 투자유치국의 국내법에 의해서도 규율되고 있기 때문
이다.[79] 따라서 국제투자협정에 규제권한과의 균형을 고려한 예외조항
을 도입할 때에는 정책목표와 행사요건을 구체적으로 규정하여 예외조
항에 근거하여 어떠한 규제조치가 허용될 것인지를 제시하여야 한다.

국제투자협정에 '일반화'된 예외조항을 규정하는 경우, 수용 조항이나
FET 조항 같이 관습국제법에 근거한 의무조항에 대해서도 적용되는지,
만약 적용된다면 수용 시 보상의무도 배제되는지의 문제도 검토할 필요
가 있다. 이 문제에 관하여 일부 학자들은 일반적 예외조항을 도입하더
라도 수용 시 보상의무에는 영향을 미치지 않는다는 점을 명시하여야
한다고 주장했다.[80] 이하에서는 위와 같은 쟁점을 고려하여 향후 국제
투자협정에 도입할 예외조항의 모델조항이 어떠한 내용으로 구성될 수
있는지 검토한다. 정당한 정책목표, 예외조항의 남용방지요건, 예외조항
의 적용범위, 기타 절차적 요건 등을 살펴보고 모델조항을 제시하고자
한다.

Journal of World Trade, Vol. 49, No. 1 (2015), p. 114 참조.
79) 2016년 현재 108개 국가에 외국인 투자 관련 국내법령이 있다. Jarrod Hepburn, "Domestic Investment Statutes in International Law", *American Journal of International Law,* Vol. 112, No. 4 (2018), p. 658. 한국은 『외국인투자 촉진법』(2018. 12. 31. 일부개정, 2019. 4. 1. 시행, 법률 제16131호)과 동법 시행령 및 시행규칙에서 외국인 투자를 규율하고 있다.
80) Elizabeth Boomer, "Rethinking Rights and Responsibilities in Investor-State Dispute Settlement", Jean E. Kalicki (ed.), *Reshaping the Investor-State Dispute Settlement System* (Brill, 2014), pp. 216~217; Andrew Newcombe, "General Exceptions in International Investment Agreements", Segger et al. (eds.), *Sustainable Development in World Investment Law,* p. 369 각각 참조.

2. 정당한 정책목표

(1) 정당한 정책목표의 유형

국제투자협정의 예외조항과 관련하여 다양한 국가실행이 확인된다. 일반적 예외조항에서 본질적 안보이익만을 허용되는 규제조치로 규정한 사례도 흔하지는 않지만 확인되고 있다.[81] 그러나 2000년 이후 체결·발효된 국제투자협정의 예외조항에서는 본질적 안보이익 조치, 공공질서와 그 밖의 정책목표를 구체적으로 규정하고 있다.

국제투자협정의 예외조항 실행에서 나타나는 정책목표는 생명과 건강 보호, 법 규정의 준수 확보, 공중도덕이나 공공질서의 유지, 고갈 가능한 천연자원의 보전과 환경보호 등이다. 이는 1961년 하버드 국가책임협약 초안 제4조 제2항과 제10조 제5항에서 행위의 위법성을 배제하고 예외적으로 규제권한 행사를 허용하는 사유로 제시된 공공정책 목표와 일부 겹치고 있다.[82] 또한, WTO 협정의 일반적 예외조항에서도 유사한 정책목표를 규정하고 있다. 이와 같이 국제투자협정의 예외조항에서 허용되는 핵심적인 정책목표를 구체적으로 규정한 경우에는 규제권한과의 균형을 고려할 수 있다.

국제투자협정의 적용범위에서 배제되는 분야를 열거하는 방식으로 투자유치국의 규제권한을 고려하는 예외조항을 규정할 수 있다. 예를 들어, 2004년 캐나다 모델투자협정 제10조 제2항은 금융건전성 유지를 위한 합리적 조치를 방해해서는 안 된다고 규정하고 있고, 제3항에서는 통화정책이나 신용정책과 환율정책 등 일반적인 거시경제정책 시행에 따

---

81) 예를 들어, 2011 Czech Republic-Sri Lanka BIT 제11조 참조.
82) 1961 Harvard Draft Convention on the International Responsibility of States for Injuries to Aliens, Article 4.2 & Article 10.5. 1961년 하버드 국가책임협약 초안은 공공질서, 건강, 도덕의 유지를 예외사유로 제시하였다.

른 조치에는 투자협정이 적용되지 않는다고 규정하고 있다.[83] 이미 1996
년 OECD 다자간 투자협정(Multilateral Agreement on Investment: MAI)의
전문가그룹 논의에서 MAI의 의무가 금융건전성 감독을 위한 정당한 활
동을 방해하지 않도록 확보할 필요성을 인정하였으며, 금융건전성에 관
한 예외는 2012년 미국모델투자협정 제20조에서도 규정하였다.[84] 따라
서 모델조항에서도 금융건전성을 위한 조치와 통화정책과 환율정책 등
거시경제정책 시행에 따른 조치를 구체적 요건 하에서 허용하도록 규정
함으로써 투자유치국의 중요한 경제정책상의 자율성을 확보할 수 있다.
　기존 국제투자협정의 예외조항은 주로 국가안보와 공공질서 유지만을
허용되는 정책목표로 규정하였다. 이와 달리 모델조항에서는 환경보호,
천연자원 보전, 공중도덕 보호, 금융건전성 조치 등 중요한 정책목표에
따른 조치들을 허용 가능한 조치로서 규정함으로써 투자보호와 규제권
한의 균형을 맞출 수 있다.

(2) 투자유치국의 재량적 판단 인정여부

　대체로 국제투자협정에서는 예외사유를 구체적으로 열거하는 방식으
로 예외조항을 규정하고 있으나 포괄적으로 규제목표를 정하고 그 판단
을 국가에 유보하는 방식으로 규정할 수도 있다.[85] EU사법재판소, WTO
패널과 항소기구는 실제 분쟁에서 예외조항의 정당한 정책목표에 해당
하는지 문제되었을 때 예외조항에 명시된 목표 이외에도 각 국가는 정
책목표와 보호수준을 결정할 수 있다는 입장을 제시했다.[86] 공공이익이

---

83) Canada 2004 Model BIT, Articles 10.2 & 10.3 참조.
84) OECD, *The Treatment of Prudential Measures in the MAI*, DAFFE/MAI/EG5
　　(96)1(October 7, 1996); 2012 US Model BIT Article 20 각각 참조.
85) 예를 들어 2016 Argentina-Qatar BIT Article 10은 영역 내에서 허용되는 규제권한
　　을 예시적 규정으로 두고 있다.
86) Henckels, *supra* note 28, pp. 49~52. EU사법재판소는 허용되는 정책목표가 구체적

라는 범주 하에서 다양한 목표가 재산권의 제한 근거로 활용될 수 있다
는 점은 유럽인권협약의 수용조항 해석에서 잘 나타난다.[87] 유럽인권법
원은 수용조항의 "일반이익"(general interest)이란 넓은 범주의 정부활동
을 포괄한다고 하면서, 그 사회의 필요(needs)에 관한 직접적인 지식은
각 국 정부가 보유하고 있으므로 공공이익에 해당 여부에 대한 1차적
평가는 국제법원보다는 정부에 맡기는 것이 낫다고 보았다.[88]

공공이익 해당성과 관련해 국가의 판단재량을 인정한 위와 같은 국제
법원의 태도를 고려할 때, 국제투자협정의 예외조항에서도 허용되는 정
책목표를 예시적으로 열거하고 그 판단을 투자유치국에게 유보하는 방
식으로 예외조항을 규정할 수도 있을 것이다. 그러나 국제투자협정의 예
외조항 실행은 다양하므로, 정당한 정책목표인지를 투자유치국 판단에
유보하는 것은 규제권한 행사 범위에 관한 불확실성을 심화시킬 수 있
다는 문제가 있다. 규제권한을 둘러싼 투자협정 해석상 불확실성을 가급
적 줄이고자 한다면, 국제투자협정에서 투자유치국의 중요한 정책목표
를 고려하여 예외사유를 규정하여야 할 것이다. 다만 예외조항의 해석
시 예외사유가 지나치게 확장되는 것은 배제할 필요가 있다.

요컨대, 국제투자협정의 예외조항을 통해 특정한 규제조치의 허용 여
부에 대한 근거를 명확히 확인할 수 있어야 한다. 정책목표를 포괄적이
거나 예시적인 문구로 규정하기보다는 아래 예시조항에서 보듯이 구체
적이고 명시적인 문구로 제시하여야 한다.

으로 규정되어 있지 않더라도, 관련 국제기준이 없고 규범적 불확실성이 존재하는
경우에는 국가의 재량적 판단을 존중하여 규제권한 수준을 결정하였다. *Ibid.*, p. 50.
87) 유럽인권협약 제1부속서 제1조에서는 법과 국제법 원칙에 규정된 조건에 의하지 아
니하고는 재산을 박탈당해서는 안 된다고 하면서도, 제1조 제2항에서 일반이익에 따
라 재산권 보호규정을 제한할 국가의 권리를 인정하고 있다
88) 예를 들어, *James and others v. United Kingdom, Judgment* (February 21, 1986),
ECHR Series A, No. 98, para. 46 참조.

<예시조항>

1. Nothing in this agreement shall be construed to prevent a Party from taking any action necessary for the protection of its essential security interests in times of war or armed conflict, or other emergency in international relations.

2. (···)nothing in this agreement shall be construed to prevent a Party from adopting, enforcing or maintaining any measures:

 (a) necessary to protect public security or public morals or to maintain public order;

 (b) necessary to protect human, animal or plant life or health;

 (c) necessary to ensure compliance with laws and regulations that are not inconsistent with the provisions of this Agreement; or

 (d) relating to the protection of the environment or conservation of living or non-living exhaustible natural resources.

3. Nothing in this agreement shall be construed to prevent a Party from adopting or enforcing measures relating to financial services for prudential reasons.

4. Nothing in this agreement shall apply to non-discriminatory measures of general application by a central bank or monetary authority of a Party in pursuit of monetary and related credit policies or exchange rate policies.

첫째, 위 예시조항 제1항에서는 전시나 무력충돌, 국제관계의 위기상황에서 본질적 안보이익 보호를 위해 필요한 조치를 예외사유로 규정하고 있다.

둘째, 제2항에서는 제1항과는 별도로 투자유치국의 핵심적인 규제권한 행사로서, 공공안전이나 공중도덕의 보호 및 공공질서의 유지, 인간이나 동식물의 생명이나 건강보호, 법 규정의 준수를 위해 필요한 조치, 고갈 가능한 천연자원의 보전이나 환경보호에 관한 조치를 예외사유로 규정한다. 제2항에 대해서는 추가적인 실체적 요건이 적용될 것이므로

제1항의 조치와는 별도로 규정한다.

셋째, 제3항과 제4항에서 보듯이 투자유치국이 취하는 금융건전성 조치, 비차별적으로 취해진 일반적인 거시경제정책에 따른 조치가 허용되어야 한다는 점에서 이를 예외사유로 규정한다. 특히 제4항은 통화신용정책이나 환율정책에 따른 일반적이고 비차별적인 조치에는 투자협정이 적용되지 않는다는 취지로 규정한다.

3. 예외조항의 남용방지 요건

예외조항에 해당하면 조약상 의무위반으로 간주되지 않는다. 그러나 예외조항이 조약의 기본목적이나 다른 국제법상 의무를 대체하기 위한 것은 아니므로 예외조항의 남용을 방지하기 위한 요건을 둔다. 예를 들어, 1997년 MAI 초안은 일반적 예외조항에서 이 조항이 국제의무 회피수단으로 활용될 수 없다고 규정하였다.[89] 이러한 문구는 1998년 MAI 초안에서 삭제되었으나, 대신 동 초안에서는 일반적 예외조항 제3항 공공질서 예외에서 "자의적이거나 부당한 차별이거나 위장된 투자제한의 방법으로 적용되지 않을 것"이라는 두문의 요건을 두고 있다.[90] *US-Gasoline* 사건과 *US-Shrimp* 사건에서 WTO 항소기구가 언급했듯이, 일반적 예외조항 남용을 방지하는 두문의 요건은 일반적 예외조항을 원용하

---

89) "Paragraphs 2 and 3 may not be invoked by a Contracting Party as a means to evade its obligations under this Agreement." The Multilateral Agreement on Investment Consolidated Texts and Commentary, DAFFE/MAI(97)1/REV2 (May 13, 1997), pp. 68& 133 참조. 마찬가지로 2002 Japan-Korea BIT 제16조, 2003 Japan-Vietnam BIT 제15조, 2008 Japan-Lao Republic BIT 제18조의 예외조항에서 투자협정상 의무에 합치하지 않는 조치를 취할 때 그러한 조치를 협정상 의무를 회피하는 수단으로 사용해서는 안 된다고 규정하고 있다.

90) *The Multilateral Agreement on Investment*, Draft Consolidated Text, DAFFE/MAI(98)7/REV1 (April 22, 1998), p. 76 참조.

는 피제소국과 실체적 의무위반을 주장하는 제소국 간에 권리의 균형을 확보하는 방향으로 해석되고 있다.[91]

현재 국제투자협정 실행에서도 공공질서와 환경보호와 같은 정책목표에 관한 예외조항에서 주로 남용방지 요건을 규정하고 있다. 투자 간 혹은 투자자 간에 자의적이거나 부당한 차별을 구성하는 방법으로 적용되어서는 안 된다는 요건, 그리고 다른 체약당사국의 투자나 투자자에 대한 위장된 제한이 되어서는 안 된다는 요건을 규정하고 있다.[92] 국제투자협정의 예외조항은 투자보호와 규제권한 사이의 균형을 모색하기 위한 것이므로 모델조항 제2항에 규정된 예외조치와 관련하여 예외조항 남용을 방지하기 위한 요건을 규정할 필요가 있다. 다만, 이러한 남용방지 요건은 정당한 정책목표 중에서 제1항의 본질적 안보이익 조치, 제3항의 금융건전성 조치와 제4항의 통화정책 및 환율정책의 시행에 관해서 적용되는 조치에는 적용되지 않는다. 모델조항 제1항, 제3항, 제4항의 조치가 본질적으로 국내 투자자와 해외투자자를 구분하지 않고 일반적으로 적용되는 성격을 갖기 때문이다.

<예시조항>

2. Subject to the requirement that such measures are not applied in a manner that would constitute arbitrary or unjustifiable discrimination between investments or between investors, or a disguised restriction on international trade or investment, (…)

---

91) Appellate Body Report, *US-Gasoline*, p. 22; Appellate Body Report, *US-Shrimp*, paras. 156~159 각각 참조.

92) Canada 2004 Model BIT Article 10.1; 2016 CETA Article 28.3(2); 2005 India-Singapore CECA Article 6.11(1); 2014년 한국-호주 FTA 제22.1조 제3항 등 참조.

4. 예외조항의 적용범위

예외조항은 적용범위를 제한하는 문구가 없으면 조약상 어떠한 의무에 대해서도 적용된다. 예를 들어, GATT 제20조는 "이 협정의 어떠한 규정도 체약국에 의한 조치의 채택이나 집행을 배제하는 것으로 간주되지 아니한다"라고 규정하였고, *US-Gasoline* 사건 항소기구는 제20조에 열거된 예외는 GATT 하에서의 모든 의무와 관련된다고 언급하였다.[93] 그렇다면, 국제투자협정의 예외조항이 관습국제법에 근거한 의무에 대해서도 적용된다고 볼 수 있을까? 수용 시 보상의무나 대우의 최저기준에 관한 규정은 관습국제법에 그 연원을 두고 있다. 관습국제법에 기초한 투자협정상 의무에 대해서도 예외조항으로 그 의무위반이 정당화될 수 있는지 검토한다.

(1) 수용조항에 대한 적용여부

우선 수용조항에 대해서는 공공목적의 규제조치라는 이유만으로 수용의 범위에서 제외하는 일반적 예외가 적용되지 않는다는 것이 통상적인 해석이었다.[94] 이러한 취지로서 *Santa Elena v. Costa Rica* 사건 중재판정부는 "수용에 해당하는 환경조치는 사회 전체에 이익이 되더라도, 국가가 그 정책을 이행하기 위해 취하는 다른 수용적 조치와 유사하다. 재산이 수용되었다면 국내적이든 국제적이든 환경 목적을 위한 것이라도 그에 대해 보상을 지불할 국가의 의무는 여전히 존재한다."라고 하였다.[95] 이러한 중재판정부의 해석은 수용조항의 기본 목적을 고려할 때 수용에

---

93) Appellate Body Report, *US-Gasoline*, p. 21 참조.
94) 박덕영 외, 앞의 책 (주 71), p. 265 참조.
95) *Ibid.; Compañia del Desarrollo de Santa Elena, S.A. v. Republic of Costa Rica*, ICSID Case No. ARB/96/1, Final Award (February 17, 2000), para. 72 참조.

대한 보상의무는 수용조항의 본질적 내용이므로 예외조항으로 배제할 수 없다는 의미이다. 마찬가지로 일부 학자들은 재산권의 직접적 박탈에 해당하는 직접수용의 경우에는 예외조항을 통해 보상의무를 배제하는 것이 어렵다고 주장하였다.[96] 국가의 정당한 정책목표를 위한 규제조치라고 하더라도 수용 시 보상의무를 부담하지 않는 것은 투자협정의 근본목적을 지나치게 제한한다는 입장이었다.[97]

그러나 일부 투자분쟁의 중재판정부에서는 규제권한이론을 반영하여, 정부의 일반적 규제조치가 비차별적인 방식으로, 불균형한 재산상 손실을 입히지 않는 방식으로 취해졌다면 간접수용에 해당하지 않으며 이러한 규제조치는 보상을 필요로 하지 않는다는 입장을 제시해왔다.[98] 특히 최근 판례에서는 투자유치국의 규제권한과의 균형을 찾는 방향으로 간접수용 해당 여부를 판단하는 해석이 제시되고 있다.[99]

그런데 국제투자협정의 예외조항은 규제권한과의 균형을 위해 도입되는 조항이며, 공공질서와 환경보호 등과 관련된 예외에 대해서는 정당한 정책목표뿐 아니라, 그러한 목적달성을 위해 필요하거나 관련된 조치일 것, 투자나 투자자에 대한 자의적이거나 부당한 차별이 아닐 것을 요건으로 하고 있다. 이러한 예외조항에서 협정상 의무위반에 해당하지 않는 것으로 간주하는 규제조치는 간접수용 예외조항이 명시한 정당한 공공복지 목적의 비차별적인 규제조치를 포함하는 외연을 갖는다. 따라서 일응 수용이나 간접수용에 해당하는 조치의 경우에도 예외조항 모델조항

---

96) Kurtz, *supra* note 33, p. 185; José E. Alvarez & Tegan Brink, "Revisiting the Necessity Defence: Continental Casualty v. Argentina", K. Sauvant (ed.), *Yearbook on International Investment Law and Policy* 2010~2011 (Oxford University Press, 2012), p. 342 참조.

97) Newcombe, *supra* note 80, p. 369 참조.

98) 이에 관한 판례로는 이 책 제2장 제3절의 '간접수용과 규제권한 관련 판례 검토' 참조.

99) 즉, 정당한 목적의 규제조치가 불균형한 부담을 주지 않는 방식으로 취해져야 한다고 하였다. *Azurix Corp. v. The Argentine Republic*, ICSID Case No. ARB/01/12, Award (July 14, 2006), para. 311 참조.

제2항에서 규정하는 정당한 정책목표, 필요성이나 관련성 요건, 두문의 남용방지요건에 근거하여 예외적으로 허용되는 규제조치인지 사안별로 검토할 수 있다.

(2) 공정하고 공평한 대우에 대한 적용여부

FET 의무에 대해서는 예외조항이 적용될 수 없다고 보는 입장이 있다. 이 입장은 FET를 독자적인 조약상 의무가 아니라, 관습국제법상 외국인 대우의 최저기준에 근거한 의무라고 보는 시각에 근거한 것이다.[100] 이러한 성격의 의무에 대해서는 예외를 명시적으로 인정하기 어렵다고 본다. 실제로 일부 자유무역협정의 투자챕터에서는 일반적 예외조항을 도입하면서, ① 수용조항이나 FET와 같은 의무에는 적용되지 않는다고 규정하거나 ② 내국민대우, 최혜국대우 그리고 이행요건에 관해서만 예외조항이 적용된다고 규정하고 있다.[101] 또한 일부 학자는 대우의 최저기준을 위반한 것으로 간주되는 행위의 경우, 일반적 예외조항에 따라 규제조치가 정당화되기 위한 엄격한 두문의 요건을 충족시킬 것으로 보기 어렵다고 하였다.[102]

---

100) 관습국제법상 대우의 최저기준과 FET 기준의 관계는 학자들과 중재판정부에서 논의된 가장 논쟁적인 주제 중 하나였다. Patrick Dumberry에 의하면, 오늘날 국제투자협정에 규정된 FET 의무는 통상 독자적인 조약상 의무로 간주되지만 명시적으로 '국제법'(혹은 대우의 최저기준)에 연결시켜 규정한 경우에는 관습국제법상 의무로 볼 수 있다. Patrick Dumberry, *Fair and Equitable Treatment: Its Interaction with the Minimum Standard and Its Customary Status* (Brill, 2018), p. 48. 관련 중재판정례는 *ibid.*, pp. 53~57 참조.

101) 전자의 사례로는 Swiss-Japan FTA Article 95.3 참조. 후자의 사례로는 Australia-Japan FTA Article 14.15 참조.

102) Newcombe, *supra* note 80, pp. 368~369; Andrew Newcombe, "The Use of General Exceptions in IIAs: Increasing Legitimacy of Uncertainty?", Armand de Mestral & Céline Lévesque (eds.), *Improving International Investment Agreements* (Routledge, 2013), p. 281 참조.

그러나 FET 의무는 다수의 중재판정부 판정을 통해 투자자의 정당한 기대보호, 적법절차, 투명성과 안정성, 자의적인 조치의 배제, 비례성 등을 그 규범내용으로 하는 독자적 의무로 발전하였다.103) 요컨대 FET에 대해서도 투자유치국의 규제권한을 고려하여 그 의무위반 여부를 해석할 필요성이 있다. 예를 들어, *BG Group v. Argentina* 사건에서 중재판정부는 "경제, 정치, 법적 환경의 변화에 적응하기 위해서 국가의 규제권한은 여전히 필요하다"고 했다.104) *Micula v. Romania* 사건에서는 FET 기준이 규제적 안정성 자체(regulatory stability *per se*)를 권리로 부여하지는 않는다고 하면서, 국가는 규제권한이 있기 때문에 투자자는 특별한 확약이 없다면 국내법이 변화할 것을 예상해야 한다고 하였다.105) 이러한 언급에서 미루어 볼 때, FET 의무에 대해서도 규제권한을 고려하는 예외조항이 적절한 수준에서 적용될 수 있다.

5. 기타 절차적 요건

(1) 타방 당사국에 통보 여부

예외조항에 따른 규제조치를 취하기에 앞서 타방 체약당사국에게 이를 통보하고 협의할 요건을 규정할 것인지 살펴본다. 예를 들어, 2002년

---

103) 중재판정부 판정을 통해 FET 의무가 안정성, 투자자의 기대보호, 투명성 등을 포괄하는 기준으로 제시되었다는 점에 대해서는 Rudolf Dolzer & Christian Schreuer, *Principles of International Investment Law*, 2nd edition (Oxford University Press, 2012), pp. 145~160 참조.

104) *BG Group v. Argentine Republic*, UNCITRAL, Award (December 24, 2007), para. 298 참조.

105) *Ioan Micula, Viorel Micula, S.C. European Food S.A, S.C. Starmill S.R.L. and S.C. Multipack S.R.L. v. Romania*, ICSID Case No. ARB/05/20, Final Award (December 11, 2013), para. 666 참조.

한국과 일본 간 투자보장협정 제16조, 2002년 Japan-Vietnam BIT 제13조, 2008년 Japan-Lao Republic BIT 제18조 제4항, 2009년 Swiss-Japan FTA 제95조 제4항에서는 이러한 사전 통보요건을 규정하고 있다. 일반적 예외조치를 취한 경우 해당 조치가 효력을 발생하기 전에 영향 받는 분야와 협정상 의무, 조치의 법적 근거와 목적 등을 타방 당사국에 통보하여야 한다. 이러한 사전 통보 의무가 부과되면, 투자자와 투자자 본국은 투자유치국의 조치로 투자활동을 제한하는 효과가 발생하기에 앞서 대응방안을 마련할 수 있다. 또한, 이러한 조치가 일반적 예외조항에 해당하여 투자협정상 의무에 합치하는지, 아니면 협정상 의무위반으로 간주되는 조치인지를 검토할 수 있다. 일반적 예외조항에 따른 조치라고 판단한다면, 투자분쟁해결절차에 제소하지 않는 방안을 취할 것이다.

반면, 투자유치국 입장에서는 이러한 사전 통보 요건이 부과되면 구체적인 조치를 취하기에 앞서 그러한 조치가 미치는 영향, 관련된 의무, 조치의 법적 근거를 면밀히 검토하여야 한다는 부담이 있다. 즉 투자유치국의 규제조치 행사를 제한하는 효과가 있다. 특히 국가안보 관련조치, 공공질서유지 조치, 민감한 경제정책과 관련한 조치의 경우에 그러하다. 국제투자협정의 예외조항 모델조항에서는 이러한 사전 통보 요건을 두지 않는 것이 적절할 것으로 판단된다.

(2) 분쟁해결절차에서 배제 여부

당사국 간 합의에 근거하여 공공목적의 예외조치를 분쟁해결절차에서 처음부터 배제하는 요건을 규정할 것인지도 살펴본다. 예컨대 2015년 China-Australia FTA는 제9.8조에서 일반적 예외조항을 규정하고, 제9.11조 제4항에서 정당한 공공복지목표를 위해 비차별적으로 취한 조치들은 투자분쟁의 주제가 되어서는 안 된다고 규정하고 있다.[106) 구체적인 절차는 다음과 같다. 투자자가 규제조치에 대해 투자분쟁을 제기한 경우

투자유치국은 제9.11조 제5항에 따라 해당 조치가 분쟁해결절차에서 제
외되는 근거를 구체화한 소위 '공공복지 통보'(public welfare notice)를 할
수 있다. 이러한 통보가 행해지면 제9.11조 제6항에 따라 투자중재절차
는 중단되고 타방당사국과 90일의 협의기간이 개시된다. 제9.18조 제3항
에 따라 조약당사국들이 문제된 조치가 공공복지 목적의 규제조치로서 투
자분쟁에서 배제된다고 합의하면 그러한 결정은 중재판정부를 구속한다.

　공공목적 규제조치를 투자자-국가 간 분쟁 대상으로 할 경우 투자유
치국의 규제권한을 지나치게 제한할 수 있다는 우려에서 둔 규정이다.
그러나 이 조항은 특정 규제조치가 투자분쟁의 대상이 되는지를 조약당
사국들이 판단하도록 함으로써 투자분쟁을 정치화(politicization)하였다
는 비판을 받고 있다.107) 또한, 공공정책 목표를 위한 규제조치라고 하
더라도, 실체적 의무의 내용을 고려할 때 투자유치국의 정당한 권한행사
로 인정하기에 과도하고 형평에 어긋나는 경우에는 투자분쟁의 대상에
서 배제하는 것이 적절하지 않다. 그러므로 모델조항에서 공공복지 목적
의 조치를 투자분쟁해결절차에서 배제하는 예외는 도입하지 않는 것이
타당하다.

---

106) 2015 China-Australia FTA 제9.11조 참조.

Article 9.11

4. Measures of a Party that are non-discriminatory and for the legitimate public
welfare objectives of public health, safety, the environment, public morals or
public order shall not be the subject of a claim under this Section.

107) Anthea Roberts & Richard Braddock, "Protecting Public Welfare Regulation
Through Joint Treaty Party Control: a ChAFTA Innovation", *Columbia FDI
Perspectives*, No. 176 (June 20, 2016) 참조.

6. 모델조항

투자유치국이 정당한 정책목표를 위해 취한 규제조치를 예외적으로
허용하는 조항을 다음과 같이 제안한다. 다음과 같이 네 개의 항으로 나
누어서 규정하였다.

Exceptions for Regulatory Powers

1. Nothing in this agreement shall be construed to prevent a Party from taking any action necessary for the protection of its essential security interests in times of war or armed conflict, or other emergency in international relations.

2. Subject to the requirement that such measures are not applied in a manner that would constitute arbitrary or unjustifiable discrimination between investments or between investors, or a disguised restriction on international trade or investment, nothing in this agreement shall be construed to prevent a Party from adopting, enforcing or maintaining any measures:

   (a) necessary to protect public security or public morals or to maintain public order;

   (b) necessary to protect human, animal or plant life or health;

   (c) necessary to ensure compliance with laws and regulations that are not inconsistent with the provisions of this Agreement; or

   (d) relating to the protection of the environment or the conservation of living or non-living exhaustible natural resources.

3. Nothing in this agreement shall be construed to prevent a Party from adopting or enforcing measures relating to financial services for prudential reasons.

4. Nothing in this agreement shall apply to non-discriminatory measures of general application by a central bank or monetary authority in pursuit of monetary and related credit policies or exchange rate policies.

---

(1) 세부조항별 근거

① 우선, 제1항은 본질적 안보이익 보호에 관한 예외이다. 투자유치국의 안보 관련 조치를 허용한다. 이 예외조항은 협정상 투자보호 의무 전반에 대해 허용되는 조치를 제시한다. 국제투자협정 체결 이후에도 투자유치국이 전시나 무력충돌 시에 안보관련 조치를 취할 권리는 보장되어야 하기 때문이다. 기존 국제투자협정에서도 본질적 안보를 보호하기 위한 국가의 조치를 허용하는 예외조항이 여러 조약실행에서 확인되었다.108)

그러나 기존 국제투자협정에서는 본질적 안보이익이 정의되지 않았고, 본질적 안보이익은 사안의 사실관계에 비추어 해석되었다.109) 이는 본질적 안보이익을 건강이나 환경에 대한 위협, 경제나 금융체제에 대한 위협으로부터의 보호까지 포함하는 넓은 개념으로 해석할 가능성을 제시한다. 예컨대 국제 판례와 2001년 ILC 국가책임협약초안 주석서에 근거하면 본질적 이익은 안보나 자연재해, 해상안전 등 여러 주제영역과 관련되는 것으로 해석되었다.110) 따라서 모델조항에서는 본질적 안보조치의 허용범위와 이러한 규제조치가 인정되는 요건을 명확히 하기 위해, 제1항에서 본질적 안보이익에 관한 예외조항의 범위를 구체적으로 규정하였다. 즉, 전시, 무력충돌 시, 그 밖의 국제관계의 위기상황이라는 세

---

108) 본질적 안보이익 관련 예외조항은 이 책 제5장 제1절 2. 예외조항에 관한 최근 국가 실행 분석 참조.
109) 예를 들어 *LG&E* 사건에서, 중재관정부는 당시 아르헨티나의 상황이 국내질서를 회복하고 경제위기를 중지하기 위해 즉각적이고 결정적인 조치를 요구하였다고 하면서 심각한 경제위기도 본질적 안보이익에 해당할 수 있다고 판단하였다. *LG&E*, Decision on Liability, para. 238 참조.
110) ILC, *Draft Articles on Responsibility of States for Internationally Wrongful Acts with Commentaries, 2001*, Article 25 참조. 본질적 이익을 해석한 국제 판례로는 ICJ, *Gabčíkovo‐Nagymaros*, Judgment, para. 53; ICJ, *Oil Platforms, Judgment*, para. 73 등 참조.

가지의 예외상황을 상정하여 본질적 안보이익 조치를 규정하였다.

한편, 기존 국제투자협정에서는 1991년 US-Argentina BIT 제11조와 같이 본질적 안보이익 보호조치와 공공질서 유지를 위한 조치를 함께 규정하는 경우도 있었다. 그러나 모델조항에서는 전자가 주로 대외관계에서 비롯된 위기 시 조치인 반면, 후자는 공동체 내적인 질서 및 가치의 보호와 관련된 조치라는 점을 유의하여 별개 항으로 규정하기로 한다. 제1항에서는 대외관계에서 비롯된 안보조치를 규정하는 반면, 제2항에서 공공질서 등에 관한 예외조항을 규정한다.

② 제2항은 안보 이외에 투자유치국이 추구하는 다른 정당한 정책목표들을 구체적으로 제시하고, 이에 따른 규제조치를 허용하는 예외조항이다. 즉, 공중도덕과 공중안전의 보호, 공공질서의 유지, 생명과 건강의 보호, 국내법의 준수, 환경보호 또는 고갈 가능한 천연자원의 보전 등을 위해 채택되거나 집행되거나 유지되는 조치를 보호한다. 제2항의 예외조항은 최근 국제투자협정에서 GATT나 GATS의 일반적 예외조항을 일부 반영하여 다양한 정책목표를 도입한 예외조항 실행이 점차 나타나는 점을 반영한 것이다.[111]

투자협정 전반에 적용되는 일반적 예외조항을 두지 않더라도 내국민대우, 간접수용조항, 혹은 FET 조항과 관련하여 투자유치국의 규제목적을 고려한 해석이 일부 판례에서 제시되고 있다.[112] 그러나 이러한 실체적 의무조항의 해석은 규제조치의 범위를 구체적이고 명확하게 제시하는 조항이 없다면, 투자유치국의 규제권한이 언제 허용되는지를 예측하

---

111) 이 책 제5장 제2절 국가별 일반적 예외조항 실행 참조.

112) 내국민대우와 관련하여 규제목적을 고려한 판례로는 *S.D. Myers v. Canada*, Partial Award, paras. 245~250; *Pope & Talbot v. Canada*, Award on the Merits of Phase 2, paras. 78~79 참조. 한편, FET와 관련하여 균형된 해석을 강조한 사례로는 *Saluka v. Czech Republic*, Partial Award, paras. 300~306 참조. 간접수용조치와 관련하여 규제권한이론을 반영한 해석사례로는 *Philip Morris v. Uruguay*, Award, paras. 286~299 참조.

기 어렵다는 문제를 노정하였다. 여러 실체적 의무조항에 공통적으로 적용되는 예외조항을 구체적으로 규정함으로써 투자보호와 규제권한의 관계를 고려한 국제투자협정 해석이 가능할 것으로 생각된다.

다만, 제2항의 예외조항은 투자유치국의 여러 공공정책 목표와 관련되는 만큼 제1항의 본질적 안보 예외조항보다 구체적으로 적용요건을 규정할 필요가 있다. 즉, 정책목표를 세분화하여 정책목표에 따라 목표와 조치간 관계를 그러한 목표를 위해 필요한(necessary) 조치이거나 혹은 관련된(relating to) 조치이어야 한다고 규정한다. 또한 이러한 예외조항은 투자나 투자자에 대한 자의적이거나 부당한 차별이 아닐 것, 투자에 대한 위장된 제한이 아닐 것을 조건으로 협정상 모든 의무에 대해 적용된다. 제2항의 예외조항은 일응 투자협정상 의무위반이 인정되었을 때 적용되므로 투자분쟁 본안(merit)에서 항변으로 활용될 수 있다.

③ 제3항은 금융건전성을 위한 조치를 규정한 예외조항이다. 투자협정상 의무에도 불구하고 그러한 목적을 위한 조치의 채택이나 집행이 배제되지 않는다고 규정한다. 제3항에 대해서는 예외조항의 남용을 방지하기 위한 추가적인 요건이 적용되지 않는다.

금융건전성 예외는 2012년 미국 모델투자협정 제20조, 2004년 캐나다 모델투자협정 제10조 등 일부 국가의 실행에서 나타나고 있다. GATS에서도 금융시장을 외국자본에 전면 개방하면 국내금융기관이 외국자본에 독점될 가능성을 우려하여, 금융서비스에 관한 부속서 제2항에서 자유화를 제한하는 적용배제(carve-out)를 규정하고 있다.[113] 전 세계적인 금융위기 발생을 효과적으로 억제하려면 각 국의 자율적인 금융감독 기능과 위기에 대한 대응조치가 일정 범위에서 허용되어야 한다는 점에서 금융건전성 조치에 관한 예외를 모델조항 제3항에서 규정하였다.

---

113) GATS 금융서비스에 관한 부속서 제2항(a)("Notwithstanding any other provisions of the Agreement, a Member shall not be prevented from taking measures for prudential reasons, including…") 참조.

④ 제4항은 중앙은행이나 금융당국이 취하는 통화정책이나 신용정책, 환율정책을 추구하기 위한 비차별적인 조치에 관한 예외를 규정하였다. 제4항은 이러한 조치에는 투자협정이 적용되지 않는다고 규정한다. 제4항에 대해서는 제2항과는 달리, 필요성이나 관련성, 남용방지를 위한 추가적인 요건이 적용되지 않는다. 특히 제4항은 통화정책과 환율정책에 따른 조치에는 투자협정이 적용되지 않는다고 규정하므로 이러한 조치에 해당하는 것을 투자유치국이 입증하면 중재판정부의 관할권이 성립하지 않는다. 즉, 제4항은 중재판정부 관할권 배제효과를 갖는 예외조항이다.

(2) 모델조항의 의의 및 평가

최근 국제투자협정의 예외조항은 본질적 안보이익 보호와 공공질서 유지뿐만 아니라 다양한 공공정책 목표를 구체적으로 제시하고 있다. 또한, 실체적 의무조항을 해석하면서 투자유치국의 규제목표를 고려하는 판례도 확인되고 있다. 이러한 실행과 판례의 경향을 고려할 때, 투자협정상 여러 실체적 의무에 대한 예외조항 혹은 투자협정의 적용범위를 제한하는 배제조항을 단일의 예외조항에서 규정함으로써 투자자의 이익과 투자유치국의 규제권한과의 균형을 확보할 수 있을 것으로 생각한다. 이러한 모델조항을 통해 정당한 정책목표로 인정되는 범위가 확장될 것이나, 제2항의 예외사유에 대해서는 일단 협정상 의무위반이 일응 인정된 경우에 예외조항이 발동하며 예외조항의 남용을 방지하기 위한 요건이 충족되어야 하고, 예외조항의 입증책임을 투자유치국이 부담하므로 투자협정의 기본 목적과의 균형이 유지될 수 있다.

또한, 모델조항 제1항의 본질적 안보예외에 관해서도 본질적 안보이익에 해당하는 구체적 상황을 열거하였으므로 투자유치국의 규제권한을 지나치게 넓게 인정하는 방향으로 해석되지는 않을 것이다. 한편, 모델조항 제3항과 제4항은 최근 미국과 캐나다, 인도 등의 국가에서 금융위기 및 경제위기에 대응하기 위한 구체적 조치를 투자협정의 예외조항에 반영하는 경향을 고려한 조항이다. 이 조항에서는 금융서비스에 관한 건전성조치가 투자협정상 의무에서 배제되지 않는다고 규정하거나, 혹은 비차별적으로 적용되는 통화신용정책 및 환율정책에 따른 조치를 투자협정의 적용에서 배제하였다.

이처럼 모델조항에서는 투자유치국의 규제권한이 언제 어떠한 경우에 인정되는지를 구체적으로 제시함으로써 향후 투자분쟁에서 이에 관한 해석상 불확실성을 완화하고자 하였다. 한국의 경우는 투자챕터를 포함한 자유무역협정에서 주로 예외조항을 규정하고 있다. 향후 한국이 체결하는 양자 간 투자협정에서도 규제권한을 명시적으로 고려한 예외조항을 도입함으로써 투자보호와의 균형을 모색할 수 있을 것으로 기대한다.

제7장

결　론

최근 투자유치국의 규제조치에 대해 많은 수의 투자분쟁이 제기되고 있다. 그러나 투자보호와 투자유치국의 규제권한을 어떻게 균형 있게 고려할 것인지에 관해서는 충분히 논의되지 못하였다. 그 동안 국제투자협정에서 예외조항의 의미는 제한적으로 다루어졌다. 이에 이 책에서는 국제투자협정에서 규제권한이 어떻게 논의되어왔는지를 살펴보고, 기존 예외조항 실행의 한계를 검토하였다. 이러한 분석에 기초하여 국제투자협정에서 규제권한과의 균형을 위한 예외조항을 어떠한 내용과 형식으로 규정할 것인지를 제시해 보았다.

　우선, 국제투자협정의 기본구조와 내용을 통해 투자유치국의 규제권한 문제가 충분히 반영되지 않은 점을 살펴보았다. 국제투자협정은 투자유치국 내에서 체약당사국 투자자에 의한 투자활동을 규율하며, 투자자의 실체적 이익과 절차적 권리에 대해 규정하고 있다. 반면 투자유치국의 국내규제 권한이 어떤 경우에 허용되는지에 관해서는 구체적인 조항이 없었고, 이 문제는 관습국제법에서 규제권한을 어떻게 다루는지 혹은 실체적 의무조항을 어떻게 해석하는지에 따라 결정되었다.

　국제투자협정에서 투자보호에 비해 투자유치국의 규제권한 행사에서 불균형이 나타났으며, 그 원인은 세 가지로 볼 수 있다. 첫째, 국제투자협정이 투자유치국의 재량권 행사를 제한하려는 목적으로 체결되었고, 둘째, 투자유치국의 정당한 규제목적을 위한 조치에 대해서 투자분쟁이 제기되었다는 점이다. 셋째, 국제투자협정의 실체적 의무조항이 모호하고 불명확한 표현으로 규정되어 투자자들이 분쟁해결절차에서 이를 유리하게 구성하여 청구를 제기할 수 있다는 점이다.

　초기 국제투자협정은 투자보호를 근본 목적으로 하는 조약으로 체결되었다. 투자보호에 이해관계를 갖고 있던 선진국들이 투자에 관한 최소한의 국제적 보호규범을 보장받기 위하여 양자 간 투자협정을 주도적으로 체결하였다. 국제투자협정은 투자유치국의 재량권 행사를 제한하는 조약으로 출발하였기 때문에 투자활동을 규율하는 주권적 권한 측면은 반영되지 못하였다. 그러나 투자유치국의 주권적 권한 행사가 일정 부분 인정되어야 한다는 점이 1960년대와 1970년대 UN총회 결의에서 제시되었다. 1962년 UN총회 결의 제1803호, 1974년 UN총회 결의 제3102호, 1974년 UN총회 결의 제3281호에서 투자보호 기준을 재확인하려는 선진국들의 입장과 투자활동을 규율하는 주권적 권한을 보장받으려는 개발도상국들의 입장차가 확인되었다. 한편, 전통적인 자본수출국이었던 선진국들이 자본수입국의 역할도 하게 되면서 투자협정에서 공공이익을 고려해야 한다는 공감대가 확대되었다.

이와 관련하여 국제투자협정에서 규제권한 개념이 어떻게 논의되고 발전되었는지를 살펴보았다. 규제권한 개념은 특히 간접수용에 해당하지 않는 예외와 관련하여 논의되었다. 첫째, 규제권한이론은 미국 연방헌법 제5조의 해석에서 발전한 이론으로, 주로 수용과 정당한 목적의 규제조치를 구분하는 해석기준으로 발전하였다. 최근에는 간접수용 해당 여부를 판단하는 해석이론으로 일부 투자분쟁 판례에서 확인되기도 하였다. 둘째, 조약상 의무에 대한 예외사유로서 규제권한이 논의되었다. 1961년 하버드 국가책임협약 초안에서 규제권한이 인정되는 예외사유로 공공질서, 건강, 도덕을 제시하였다. 반면, 국제투자협정에서는 규제권한을 반영하기 위해 구체적인 규제권한 조항을 어떻게 도입할 것인지는 충분히 검토되지 못하였다. 1990년대 후반부터 공공정책에 대한 관심사가 국제투자협정과 국제투자분쟁의 주된 쟁점이 되면서 다양한 정책목표를 투자협정에 반영하려는 시도가 이루어졌다. 투자보호와 공공이익 간에 균형을 확보할 수 있도록 투자협정을 재편하여야 한다는 데에는 국가들이 문제의식을 공유하고 있으나 균형 확보를 위한 구체적 방법에 관해서는 상반된 입장이 확인되었다.

위와 같은 논의에 기초하여 이 책에서는 국제투자협정에서 예외조항이 갖는 의의를 살펴보았다. 국가들이 조약상 의무와의 관계에서 국가의 정책상 자율성을 허용하기 위하여 도입하는 수단인 예외조항, 그 중에서도 조약상 의무 전반에 걸쳐서 정당한 정책목표를 위한 조치를 보호하기 위한 '일반화'된 예외조항이 갖는 의미에 주목하였다. 예외조항은 조약상 의무의 범위를 조정함으로써 조약의 유연한 적용을 가능하게 하며, 조약상 예외조항에 해당할 경우에는 조약상 의무위반에 해당하지 않는 것으로 간주된다. 국가들은 긴급피난 항변에 근거하여 의무위반을 정당화하기도 한다. 긴급피난 항변은 예외조항과 달리 의무위반에 해당하더라도 이를 정당화하는 기능을 한다. 한편, 국제인권협약에서 보듯이 국제법상 예외조항은 전쟁이나 공공위기 같은 엄격한 상황요건을 요구하고 있어 국가의 정당한 규제권한을 허용한다는 취지로 활용되지 않고 있다. 정당한 정책목표를 위해 필요한 규제조치를 보호하는 예외조항은 WTO 협정에서 확인되고 있다.

WTO 협정의 일반적 예외조항은 협정상 어떠한 의무 위반에 대해서도 이 조항에서 열거하는 구체적인 정책목표를 달성하기 위하여 필요한 조치이거나 관련된 조치라면 그러한 조치의 채택이나 집행이 방해받지 않는다고 규정하고 있다. WTO 협정의 일반적 예외조항은 정당한 정책목표를 위한 회원국의 조치를 보장하는 조항이며, 일반적 예외가 적용되기 위한 요건으로 필요한 조치일 것과 신의칙에 따른 적용이 이루어질 것을 구체적인 요건으로 제시하고 있다. 일반적 예외조항은 WTO 협정의 기본 목적과 문제된 조치의 구체적인 정책목표를 모두 고려하여 양자 간 균형을 확보하도록 해석된다는 점에서 그 본질적 의의를 확인할 수 있다.

반면 국제투자협정에서는 규제권한 확보를 위한 '일반화'된 예외조항이 부재하고 있다. 국제투자협정에서는 투자보호 의무에도 불구하고 정당한 목적의 규제조치라면 협정상 의무위반에 해당하지 않는다고 구체적으로 규정한 조항이 없었다. 그 대신 예외조항이나 유보조항과 같이 특정 분야나 주제를 조약의 적용범위에서 배제하는 조항들이 있다. 국제투자협정의 예외조항은 조약상 일부 의무의 적용을 배제하며 이를 통해 조약체결로 제한되는 주권적 권한을 일정 부분 보상해주는 기능을 해왔다.

기존 국제투자협정의 예외조항 해석을 통해서는 투자유치국의 규제조치가 정당화될 것인지 불확실하다는 문제가 아르헨티나 투자분쟁 사건을 통해 확인되었다. 아르헨티나가 경제위기 시 취한 긴급조치가 투자협정의 예외조항에 의하여 허용되는지와 관련하여, 동일한 국제투자협정의 예외조항에 대해서도 중재판정부가 상이하게 해석한 결과 서로 다른 결론에 도달하였다. 국제투자협정의 기존 예외조항 해석만으로는 허용되는 규제권한 범위에 대한 예측 가능한 법리가 제시되지 못하였다. 즉 국제투자협정의 예외조항 해석에서 확인되는 사실은 국가가 일상적으로 추구하는 정당한 목적의 규제조치는 지금까지 국제투자협정에 반영된 예외조항과 그 해석론으로는 국제투자협정에 합치되는 조치로 인정되기 어렵다는 점이다. 이는 기존 국제투자협정의 예외조항의 한계에서 비롯된 것이기도 하였다. 국제투자협정의 예외조항은 "본질적 안보이익"이나 "공공질서의 유지"와 같이 제한된 쟁점과 맥락에서 허용되는 조항이었으며, 일부 중재판정부의 해석방법론에서 나타났듯이 관습국제법상 긴급피난의 엄격한 요건에 비추어 제한적으로 해석되어왔다. 이에 따라 이러한 예외조항을 통해서는 투자유치국이 행사할 수 있는 규제권한의 범위가 제한된다는 문제가 확인되었다.

따라서 이 책에서는 국제투자협정에서 규제권한과의 균형을 효과적으로 모색하기 위한 대안을 최근 국제투자협정에서 나타난 일반적 예외조항의 실행을 통해 살펴보았다. 각 국의 일반적 예외조항 실행으로서 캐나다, EU, 일본, 인도, 한국의 경우를 검토하고, 아직 일반적 예외조항의 도입이 투자유치국의 규제권한을 반영하기 위한 보편적 방안으로 여겨

지지 않는다는 점을 확인하였다. 대표적으로 미국은 환경, 노동, 금융서
비스, 안보 등과 관련하여 주제별로 투자활동과 정책목표 간에 구체적인
고려를 하는 규정방식을 선호하고 있다.

일반적 예외조항을 도입한 경우는 우선 캐나다와 인도의 국제투자협
정에서 나타나는데 GATT 제20조와 GATS 제14조의 일반적 예외조항을
변형한 형태로 일반적 예외조항의 구체적 사유와 요건을 정하고 있다.
EU는 2016년 CETA에서 투자설립과 비차별 의무에 대한 일반적 예외조
항을 두고, 규제권한을 재확인하는 조항도 두었다. 일본의 일부 국제투
자협정에서는 일반적 예외조항을 두고 있지만, 일부 협정에서는 공정하
고 공평한 대우와 수용조항 등에는 일반적 예외조항이 적용되지 않는다
고 규정하였다. 일반적 예외조항에 따른 예외조치를 채택하기 전에 타방
당사국에 대해 통보해야 한다는 절차적 요건을 포함시킨 경우도 확인되
었다. 한국의 경우는 주로 자유무역협정의 투자챕터에서 일반적 예외조
항을 적용하고 있다.

이처럼 일반적 예외조항에 관한 국가실행이 다양하게 나타난다. 국가
들이 규제권한을 일정 범위에서 보장할 필요성에는 공감하였지만, 규제
권한을 어느 수준에서 허용할 것인지에 관해 국제적으로 합의된 규칙은
확인되지 않는다. 그러나 2000년대 이후 국제투자협정의 예외조항 실행
을 전반적으로 검토하면, 본질적 안보이익과 공공질서 예외뿐 아니라 공
중도덕의 보호, 인간과 동식물의 생명과 건강보호, 환경보호, 천연자원
의 보전 등 여러 정책목표에 관하여 예외조항이 구체화되고 확장되는
경향을 확인할 수 있다. 국제투자협정에서 확인되는 여러 예외조항 실행
의 공통분모를 추출하여 국제투자협정에서 허용되는 규제권한의 범위에
관하여 '일반화'된 예외조항을 제시하는 것은 의미 있는 작업이라 여겨
진다.

또한, '일반화'된 예외조항이 필요한 이유는 기존 국제투자협정에서
규제권한을 고려하면서 규제권한의 허용범위를 구체적이고 명확하게 제

시하지 못하였기 때문이다. 우선, 간접수용에 관한 예외조항은 특정한 규제조치가 허용되는 요건을 제시하는 의의는 있으나 다른 실체적 의무조항의 해석에 대해서는 적용되지 않는다. 최근 *Philip Morris v. Uruguay* 사건 같이 규제권한이론을 통해 국가의 정당한 목적의 규제조치가 허용된다고 본 사례도 존재하나, 규제권한이론은 허용되는 국가의 규제목표를 구체적으로 제시하지 않고 대체로 간접수용 해당성에 대해서만 적용된다. 다음으로 조약 전문에 규제목적을 명시하는 방법, 정당한 규제목적인지를 고려하여 실체적 의무를 해석하는 방법도 다음과 같은 한계가 있다. 먼저 조약 전문에 반영된 규제목적이 실체적 의무조항에 명시된 투자보호 목표에 우선한다고 볼 수는 없다는 것이다. 또한, 실체적 의무조항 해석 시 규제목적을 고려하는 방법도 허용되는 규제조치에 관한 근거조항이 없다면 투자유치국의 권한이 허용될 것으로 합리적으로 예측하기 어렵다.

이 책에서는 이러한 분석에 기초하여, 국제투자협정에서 규제권한과의 균형을 모색하기 위한 예외조항의 모델조항을 제시하였다. 구체적으로 예외조항에서 규정하는 정책목표, 그 밖의 실체적이고 절차적인 요건, 적용범위에 관해 검토했다. 우선, 예외조항에서 본질적 안보이익, 공공질서와 안전, 도덕, 환경보호, 금융건전성, 거시경제정책 시행 등 핵심적인 정책목표를 구체적으로 규정하여 향후 규제권한 행사에 관한 불확실성을 줄일 필요가 있다. 또한, 일부 예외사유에 관해서는 예외조항의 남용을 방지하기 위한 요건을 포함시키고, 예외조항에 대한 입증책임도 투자유치국이 부담하도록 함으로써 투자자의 권리와의 균형을 고려하도록 규정하여야 한다.

국제투자협정상 의무에 대한 포괄적 예외조항은 투자를 증진하고 경제발전을 도모한다는 투자협정의 본질을 흐릴 수 있기 때문에 반영되기 어렵다. 그러나 예외조항에서 규제권한의 범위를 핵심적인 정책목표와 관련하여 구체적으로 제시한다면 이는 향후 투자분쟁에서 투자유치국의 규제권한 범위에 관한 해석상 불확실성을 완화해줄 수 있다. 한국은 주로 자유무역협정의 투자챕터에서 일반적 예외조항을 규정하였고, 양자간 투자협정에서 예외조항을 규정한 경우는 많지 않았다. 그러나 국제투자협정이 투자보호뿐 아니라 공공이익을 고려한 조약으로 발전하고 있다는 점, 이미 여러 국가들이 규제권한을 균형 있게 고려하는 방안을 모색하고 있다는 점을 감안하여 한국도 국제투자협정 체결 시 규제권한의 범위를 구체적으로 제시한 '일반화'된 예외조항 도입을 검토할 필요가 있다.

부록: 국제투자협정상 주요 일반적 예외조항

1. 2004년 캐나다 모델투자협정 제10조

Article 10 General Exceptions

1. Subject to the requirement that such measures are not applied in a manner that would constitute arbitrary or unjustifiable discrimination between investments or between investors, or a disguised restriction on international trade or investment, nothing in this Agreement shall be construed to prevent a Party from adopting or enforcing measures necessary:

   (a) to protect human, animal or plant life or health;

   (b) to ensure compliance with laws and regulations that are not inconsistent with the provisions of this Agreement; or

   (c) for the conservation of living or non-living exhaustible natural resources.

2. Nothing in this Agreement shall be construed to prevent a Party from adopting or maintaining reasonable measures for prudential reasons, such as:

   (a) the protection of investors, depositors, financial market participants, policy-holders, policy-claimants, or persons to whom a fiduciary duty is owed by a financial institution;

   (b) the maintenance of the safety, soundness, integrity or financial responsibility of financial institutions; and

   (c) ensuring the integrity and stability of a Party's financial system.

3. Nothing in this Agreement shall apply to non-discriminatory measures of general application taken by any public entity in pursuit of monetary and related credit policies or exchange rate policies. This paragraph shall not

affect a Party's obligations under Article 7 (Performance Requirements) or Article 14 (Transfer of Funds);

4. Nothing in this Agreement shall be construed:

(a) to require any Party to furnish or allow access to any information the disclosure of which it determines to be contrary to its essential security interests;

(b) to prevent any Party from taking any actions that it considers necessary for the protection of its essential security interests(⋯)

(c) to prevent any Party from taking action in pursuance of its obligations under the United Nations Charter for the maintenance of international peace and security.

5. Nothing in this Agreement shall be construed to require a Party to furnish or allow access to information the disclosure of which would impede law enforcement or would be contrary to the Party's law protecting Cabinet confidences, personal privacy or the confidentiality of the financial affairs and accounts of individual customers of financial institutions.

6. The provisions of this Agreement shall not apply to investments in cultural industries.

7. Any measure adopted by a Party in conformity with a decision adopted by the World Trade Organization pursuant to Article IX:3 of the WTO Agreement shall be deemed to be also in conformity with this Agreement. An investor purporting to act pursuant to Section C of this Agreement may not claim that such a conforming measure is in breach of this Agreement.

2. 2016년 CETA 제28조 제3항

Comprehensive Economic and Trade Agreement
Article 28.3 General exceptions

1. For the purposes of (⋯) <u>Sections B (Establishment of investment) and</u>

C (Non-discriminatory treatment) of Chapter Eight (Investment), Article XX of the GATT 1994 is incorporated into and made part of this Agreement. The Parties understand that the measures referred to in Article XX (b) of the GATT 1994 include environmental measures necessary to protect human, animal or plant life or health. The Parties understand that Article XX(g) of the GATT 1994 applies to measures for the conservation of living and non-living exhaustible natural resources.

2. For the purposes of (···) Sections B (Establishment of investments) and C (Nondiscriminatory treatment) of Chapter Eight (Investment), subject to the requirement that such measures are not applied in a manner which would constitute a means of arbitrary or unjustifiable discrimination between the Parties where like conditions prevail, or a disguised restriction on trade in services, nothing in this Agreement shall be construed to prevent the adoption or enforcement by a Party of measures necessary:

(a) to protect public security or public morals or to maintain public order;

(b) to protect human, animal or plant life or health; or

(c) to secure compliance with laws or regulations which are not inconsistent with the provisions of this Agreement including those relating to:

 (i) the prevention of deceptive and fraudulent practices or to deal with the effects of a default on contracts;

 (ii) the protection of the privacy of individuals in relation to the processing and dissemination of personal data and the protection of confidentiality of individual records and accounts; or

 (iii) safety. (밑줄은 필자 추가)

3. 2005년 India-Singapore CECA 제6.11조

Article 6.11: General Exceptions

Subject to the requirement that such measures are not applied in a manner which would constitute a means of arbitrary or unjustifiable discrimination against the other Party or its investors where like conditions prevail, or a disguised restriction on investments or investors of a Party in the territory of the other Party, nothing in this Chapter shall be construed to prevent the adoption or enforcement by a Party of measures:

(a) necessary to protect public morals or to maintain public order;

(b) necessary to protect human, animal or plant life or health;

(c) necessary to secure compliance with laws or regulations which are not inconsistent with the provisions of this Chapter including those relating to:(…)

(d) imposed for the protection of national treasures of artistic, historic or archaeological value;

(e) relating to the conservation of exhaustible natural resources if such measures are made effective in conjunction with restrictions on domestic production or consumption. (밑줄은 필자 추가)

4. 2015년 인도모델투자협정 제32조

2015 Indian Model BIT Article 32. General Exceptions

32.1 Nothing in this Treaty shall be construed to prevent the adoption or enforcement by a Party of measures of general applicability applied on a nondiscriminatory basis that are necessary to:

(i) protect public morals or maintaining public order;

(ii) protect human, animal or plant life or health;

(iii) ensure compliance with law and regulations that are not inconsistent with the provisions of this Agreement;

(iv) protect and conserve the environment, including all living and nonliving natural resources;

(v) protect national treasures or monuments of artistic, cultural, historic or archaeological value.

32.2 Nothing in this Treaty shall apply to non-discriminatory measures of general application taken by a central bank or monetary authority of a Party in pursuit of monetary and related credit policies or exchange rate policies. This paragraph is without prejudice to a Party's rights and obligations under Article 6.

32.3 Nothing in this Treaty shall affect the rights and obligations of Parties as members of the International Monetary Fund under the IMF Articles of Agreement, as applicable from time to time, including the use of exchange actions which are in conformity with the IMF Articles of Agreement. In case of any inconsistency between the provisions of this Agreement and the IMF Articles of Agreement, the latter shall prevail.

5. 2009년 Swiss-Japan FTA 제95조

Agreement on Free Trade and Economic Partnership between Japan and the Swiss Confederation Article 95. General and Security Exceptions

1. In respect of the making of investments, Articles XIV and XIV bis of the GATS, which are hereby incorporated into and made part of this Agreement, *mutatis mutandis,* shall apply.

2. Paragraph 1 of Article XIV bis of the GATS shall also apply, *mutatis mutandis*, to investments made.

3. This Article shall not apply to paragraph 1 of Article 86, and Articles 91 and 92.

4. In exceptional circumstances, where a Party takes a measure pursuant to paragraphs 1 and 2, that Party shall, prior to the entry into force of the measure or as soon as possible thereafter, notify the other Party of the following:

 (a) the sector and sub-sector or activity affected by the measure;

(b) the obligation or provisions of this Agreement affected by the measure;

(c) the legal basis of the measure;

(d) a succinct description of the measure; and

(e) the purpose of the measure.

6. 2009년 한국-인도 포괄적경제동반자협정 제10.18조

Article 10.18: Exceptions

1. Subject to the requirement that such measures are not applied in a manner which would constitute a means of arbitrary or unjustifiable discrimination between States where like conditions prevail, or a disguised restriction on investors and investments, nothing in this Chapter shall be construed to prevent the adoption or enforcement by any Party of measures:

(a) necessary to protect public morals or to maintain public order;

(b) necessary to protect human, animal or plant life or health, or the environment;

(c) necessary to secure compliance with laws and regulations which are not inconsistent with the provisions of this Chapter;

(d) necessary to protect national treasures of artistic, historic or archaeological value; or

(e) necessary to conserve exhaustible, natural resources if such measures are made effective in conjunction with restrictions on domestic production or consumption.

2. Nothing in this Chapter shall be construed:

(a) to require a Party to furnish any information, the disclosure of which it considers contrary to its essential security interests;

(b) to prevent a Party from taking any actions which it considers necessary for the protection of its essential security interests;

(···)

(c) to prevent a Party from taking any action in pursuance of its obligations under the United Nations Charter for the maintenance of international peace and security; or

(d) to require a Party to accord the benefits of this Chapter to an investor that is an enterprise of the other Party where a Party adopts or maintains measures in any of its laws or regulations which it considers necessary for the protection of its essential security interests with respect to a non-Party or an investor of a non-Party that would be violated or circumvented if the benefits of this Chapter were accorded to such an enterprise or to its investments.

(···)

4. A Party shall immediately inform the other Party to the fullest extent possible, of measures taken under paragraphs 1, 2(b) and (c) and of their termination, if such measures were taken.

7. 2014년 한국-호주 자유무역협정 제22.1조

Article 22.1 General Exceptions

3. For the purposes of Chapter 11 (Investment), subject to the requirement that such measures are not applied in a manner which would constitute arbitrary or unjustifiable discrimination between investments or between investors, or a disguised restriction on international trade or investment, nothing in this Agreement shall be construed to prevent a Party from adopting or enforcing measures:

(a) necessary to protect human, animal or plant life or health;

(b) necessary to ensure compliance with laws and regulations that are not inconsistent with this Agreement;

(c) imposed for the protection of national treasures of artistic, historic or archaeological value; or

(d) relating to the conservation of living or non-living exhaustible natural resources if such measures are made effective in conjunction with restrictions on domestic production or consumption.

The Parties understand that the measures referred to subparagraph (a) include environmental measures to protect human, animal or plant life or health, and that the measures referred to in subparagraph (d) include environmental measures relating to the conservation of living and non-living exhaustible natural resources.

참고문헌

단행본

(1) 국문

김호철,『기후변화와 WTO: 탄소배출권 국경조정』, 경인문화사, 2011.
법무부,『양자 간 투자협정 연구』, 2001.
_____,『한국의 투자협정 해설서: BIT와 FTA를 중심으로』, 2010.
박덕영 외,『국제투자법』, 박영사, 2012.
신희택, 김세진 편저,『국제투자중재와 공공정책: 최신 국제중재판정례 분석』,
　　　서울대학교 출판부, 2014.
일본국제경제법학회 (편),『국제경제법의 쟁점: 통상, 투자, 경쟁』, 박영사, 2014.
정인섭,『신국제법강의: 이론과 사례』, 제7판, 박영사, 2017.
최승환,『국제경제법』, 제4판, 법영사, 2014.
칼 엥기쉬, 안법영·윤재왕 (역),『법학방법론』(원서명: *Einführung in das juris-
　　　tische Denken*), 세창출판사, 2011.
한국국제경제법학회,『신국제경제법』, 신보정판, 박영사, 2013.
小寺 彰 (편), 박덕영·오미영 (역),『국제투자협정과 ISDS』, 한국학술정보,
　　　2012 (원서명:『國際投資協定-仲裁による法的保護』).

(2) 영문

Alvarez, José, *Public International Law Regime Governing International
　　　Investment.* Pocketbooks of the Hague Academy of International Law,
　　　2011.

Alvarez, José, et al. (eds.), *The Evolving International Investment Regime:
　　　Expectations, Realities, Options, Oxford University Press, 2011.*

Baetens, Freya (ed.), *Investment Law within International Law: Integrationist
　　　Perspectives,* Cambridge University Press, 2013.

Binder, Christina et al. (eds.), *International Investment Law for the 21st
　　　Century,* Oxford University Press, 2009.

Bjorklund, Andrea K. (ed.), *Yearbook on International Investment Law and Policy 2012~2013,* Oxford University Press, 2014.

Bohlander, Michael, et al. (eds.), *International Law and Power: Perspectives on Legal Order and Justice: Essays in Honour of Colin Warbrick,* Martinus Nijhoff, 2009.

Boyle, Alan & Christine Chinkin, *The Making of International Law,* Oxford University Press, 2007.

Broude, Tomer & Yuval Shany (eds.), *Multi-Sourced Equivalent Norms in International Law,* Hart Publishing, 2011.

Brown, Chester, *A Common Law of International Adjudication,* Oxford University Press, 2007.

_____ (ed.), *Commentaries on Selected Model Investment Treaties,* Oxford University Press, 2012.

Brown, Chester & Kate Miles (eds.), *Evolution in Investment Treaty Law and Arbitration,* Cambridge University Press, 2011.

Brownlie, Ian, *Principles of International Law,* 7th edition, Oxford University Press, 2008.

Chaisse, Julien & Tsai-yu Lin (eds.), *International Economic Law and Governance: Essays in Honour of Mitsuo Matsushita,* Oxford University Press, 2016.

Cook, Graham, *A Digest of WTO Jurisprudence on Public International Law Concepts and Principles,* Cambridge University Press, 2015.

Crawford, James, *The International Law Commission's Articles on State Responsibility: Introduction, Text and Commentarie,.* Cambridge University Press, 2002.

_____, *State Responsibility: The General Part,* Cambridge University Press, 2013.

Crawford, James, et al. (eds.), *The Law of International Responsibility,* Oxford University Press, 2010.

De Mestral, Armand & Céline Lévesque, *Improving International Investment Agreements,* Routledge, 2012.

Desierto, Diane A., *Public Policy in International Economic Law: The ICESCR in Trade, Finance, and Investment,* Oxford University Press, 2015.

_____, *Necessity and National Emergency Clauses: Sovereignty in Modern Treaty Interpretation,* Brill, 2012.

Dolzer, Rudolf & Christoph Schreuer, *Principles of International Investment Law.* 2nd edition, Oxford University Press, 2012.

Douglas, Zachary, et al., *The Foundations of International Investment Law: Bringing Theory Into Practice,* Oxford University Press, 2014.

Dumberry, Patrick, *Fair and Equitable Treatment: Its Interaction with the Minimum Standard and Its Customary Status*, Brill, 2018.

Dunoff, Jeffrey & Mark A. Pollack (eds.), *International Law and International Relations: The State of the Art,* Cambridge University Press, 2012.

Dupuy, Pierre-Marie, et al. (eds.), *Human Rights in International Investment Law and Arbitration,* Oxford University Press, 2009.

Echandi, Roberto & Pierre Sauvé (eds.), *Prospects in International Investment Law and Policy,* Cambridge University Press, 2013.

Fastenrath, Ulrich et al. (eds.), *From Bilateralism to Community Interest: Essays in Honour of Judge Bruno Simma,* Oxford University Press, 2011.

Gardiner, Richard, *Treaty Interpretation,* 2nd edition, Oxford University Press, 2015.

Gazzini, Tarcisio, Eric De Brabandere (eds.), *International Investment Law: The Sources of Rights and Obligations,* Martinus Nijhoff, 2012.

Grando, Michelle T., *Evidence, Proof, and Fact-Finding in WTO Dispute Settlement,.* Oxford University Press, 2009.

Henckels, Caroline, *Proportionality and Deference in Investor-State Arbitration: Balancing Investment Protection and Regulatory Autonomy,* Cambridge University Press, 2015.

Herdegen, Matthias, *Principles of International Economic Law,* 2nd edition, Oxford University Press, 2016.

Hindelang, Steffen & Markus Krajewski (eds.), *Shifting Paradigms in International Investment Law,* Oxford University Press, 2016.

Hollis, Duncan (ed.), *The Oxford Guide to Treaties,* Oxford University Press, 2012.

Irwin, Douglas A., et al. *The Genesis of the GATT,* Cambridge University Press, 2008.

Jennings, Roberts & Arthur Watts, *Oppenheim's International Law,* 9th edition, Vol. 1: Peace, Longman, 1992.

Kalicki, Jean E. & Anna Joubin-Bret (eds.), *Reshaping the Investor-State Dispute Settlement System,* Brill, 2014.

Kelsen, Hans, *Principles of International Law,* Rinehart, 1952.

Kläger, Roland, *'Fair and Equitable Treatment' in International Investment Law,* Cambridge University Press, 2011.

Kinnear, Meg, et al. (eds.), *Building International Investment Law: The First 50 Years of ICSID,* Wolters Kluwer, 2016.

Koskenniemi, Martii (ed.), *Sources of International Law,* Ashgate, 2000.

Kulick, Andreas, *Global Public Interest in International Investment Law,* Cambridge University Press, 2012.

_____, (ed.), *Reassertion of Control over the Investment Treaty Regime,* Cambridge University Press, 2017.

Kurtz, Jürgen, *The WTO and International Investment Law: Converging Systems,* Cambridge University Press, 2016.

Lauterpacht, Hersch, *The Function of Law in the International Community,* Oxford University Press, 2011 Reprinted.

Lazo, Rodrigo Polanco, et al. (eds.), *The Role of the State in Investor-State Arbitration,* Brill, 2014.

Mitchell, Andrew D., *Legal Principles in WTO Disputes,* Cambridge University Press, 2008.

Montt, Santiago, *State Liability in Investment Treaty Arbitration: Global Constitutional and Administrative Law in the BIT Generation,* Hart Publishing, 2009.

Mouyal, Lone Wandahl, *International Investment Law and the Right to Regulate: A Human Rights Perspective.* Routledge, 2016.

Muchlinski, Peter, et al. (eds.), *The Oxford Handbook of International Investment Law,* Oxford University Press, 2008.

Newcombe, Andrew & Louis Paradell, *Law and Practice of Investment Treaties: Standards of Treatment,* Wolters Kluwer, 2009.

Paparinskis, Martins, *The International Minimum Standard and Fair and Equitable Treatment,* Oxford University Press, 2012.

Pauwelyn, Joost, *Conflict of Norms in Public International Law: How WTO Law Relates to Other Rules of International Law,* Cambridge University Press, 2003.

Petersmann, Ulrich, *International Economic Law in the 21st Century: Constitutional Pluralism and Multilevel Governance of Interdependent Public Good,* Hart Publishing, 2012.

Quresh, Asif H., *Interpreting WTO Agreements: Problems and Perspectives,* 2nd edition, Cambridge University Press, 2015.

Raz, Joseph, *The Authority of Law: Essays on Law and Morality,* 2nd edition, Oxford University Press, 2009.

Reinisch, August (ed.), *Standards of Investment Protection,* Oxford University Press, 2008.

Sacerdoti, Giorgio, et al. (eds.), *General Interests of Host States in International Investment Law,* Cambridge University Press, 2014.

Salacuse, Jeswald, *The Law of Investment Treaties,* 2nd edition, Oxford University Press, 2015.

Sauvant, Karl P. (ed.), *Yearbook on International Investment Law and Policy 2008~2009,* Oxford University Press, 2009.

_____ (ed.), *Yearbook on International Investment Law and Policy 2010~2011,* Oxford University Press, 2012.

Sauvant, Karl P. & Lisa E. Sachs (eds.), *The Effect of Treaties on Foreign Direct Investment: Bilateral Investment Treaties, Double Taxation Treaties, and Investment Flows,* Oxford University Press, 2009.

Schabas, William A., *The European Convention on Human Rights: A Commentary*, Oxford University Press, 2015.

Schill, Stephan W., *Multilateralization of International Investment Law*, Cambridge University Press, 2009.

_____, (ed.), *International Investment Law and Comparative Public Law*, Oxford University Press, 2010.

Schrijver, Nico, *Sovereignty over Natural Resources: Balancing Rights and Duties*, Cambridge University Press, 1997.

Segger, Marie-Claire Cordonier, et al. (eds.), *Sustainable Development in World Investment Law*, Wolters Kluwer, 2011.

Seid, Sherif H., *Global Regulation of Foreign Direct Investment*, Asgate, 2002.

Shaw, Malcolm N., *International Law*, 7th edition, Cambridge University Press, 2014.

Sornarajah, M., *The International Law on Foreign Investment*, 3rd edition, Cambridge University Press, 2010.

Thirlway, Hugh, *The Sources of International Law*, Oxford University Press, 2014.

Titi, Aikatherini, *The Right to Regulate in International Investment Law*, Nomos, 2014.

Treves, Tullio, et al. (eds.), *Foreign Investment, International Law and Common Concerns*, Routledge, 2014.

Van den Bossche, Peter & Werner Zdouc, *The Law and Policy of the World Trade Organization: Text, Cases and Materials*, 3rd edition, Cambridge University Press, 2013.

Van Harten, Gus, *Investment Treaty Arbitration and Public Law*, Oxford University Press, 2007.

_____, *Sovereign Choices and Sovereign Constraints: Judicial Constraint in Investment Treaty Arbitration*, Oxford University Press, 2013.

Vandevelde, Kenneth J., *U.S. International Investment Agreements*, Oxford University Press, 2009.

_____, *Bilateral Investment Treaties: History, Policy, and Interpretation.* Oxford University Press, 2009.

Venzke, Ingo, *How Interpretation Makes International Law: On Semantic Change and Normative Twists,* Oxford University Press, 2012.

Villiger, Mark, *Customary International Law and Treaties,* Martinus Nijhoff Publishers, 1985.

Von Tigerstrom, Barbara, *Human Security and International Law,* Hart Publishing, 2007.

Weiler, Todd, *NAFTA Investment Law and Arbitration: Past Issues, Current Practice, Future Prospects,* Transnational Publishers, Inc., 2004.

Zleptnig, Stefan, *Non-economic Objectives in WTO Law: Justification Provisions of GATT, GATS, SPS, and TBT Agreements,* Martinus Nijhoff, 2010.

논문

(1) 국문

권한용, 김윤일, "투자자-국가소송제도(ISD)에 있어 간접수용(Indirect Expropriation) 규정에 관한 법적 검토",『동아법학』제60호 (2013).

김혁기, "법해석에 의한 모호성 제거의 불가능성",『서울대학교 법학』제50권 제1호 (2009).

김형석, "법발견에서 원리의 기능과 법학방법론-요제프 에써의『원칙과 규범』을 중심으로-"『서울대학교 法學』제57권 제1호 (2016).

김화진, "새로운 국제질서와 회사의 국제법 주체성",『인권과 정의』(2016).

서철원, "투자보장협정상 투자자보호와 경제위기에 대응하는 조치와의 관계에 관한 연구",『서울국제법연구』제18권 1호 (2011).

오승진, "WTO 분쟁해결과 입증책임",『국제법학회논총』제59권 제1호 (2014).

이서연, 박덕영, "NAFTA 투자중재 사건에서의 국제환경협정의 고려",『서울국제법연구』제20권 제1호 (2013).

이재민, "국내법 우선 적용 조항과 비엔나 협약 제27조",『법학논총』제28집 제4호, 한양대학교 법학연구소 (2011).

_____, "투자분쟁해결절차에서의 간접수용의 개념-NAFTA에서의 미국 의 경

험을 중심으로", 『서울法學』 제20권 제2호 (2012).

_____, "정당한 정부지원조치의 외연: TPP 국영기업챕터 '예외조항' 실 험과 WTO 보조금 협정에의 시사점", 『국제법학회논총』 제61권 제4호 (2016).

이재형, "국제투자협정상 '대우의 최저기준'에 관한 연구", 『고려법학』 제73호 (2014).

장승화, "한미 FTA 투자 관련 협상에서 나타난 몇 가지 쟁점에 관한 연구", 『국 제거래법연구』 제15권 제2호 (2006).

조영진, "GATT 제XX조 일반적 예외의 WTO 부속협정 적용 어부에 대한 고 찰", 『국제경제법 연구』 제13권 제1호 (2015).

(2) 영문

Alford, Roger P., "The Self-judging WTO Security Exception", *Utah Law Journal,* No. 3 (2011).

Alvarez, José E., "Return of the State", *Minnesota Journal of International Law,* Vol. 20, No. 2 (2011).

Anderson, Henrik, "Protection of Non-Trade Values in WTO Appellate Body Jurisprudence: Exceptions, Economic Arguments, and Eluding Questions", *Journal of International Economic Law,* Vol. 18 (2015).

Ascensio, Hervé, "Article 31 of the Vienna Conventions on the Law of Treaties and International Investment Law", *ICSID Review,* Vol. 31, No. 2 (2016).

Bartels, Lorand, "The Chapeau of the General Exceptions in the WTO GATT and GATS Agreements", *American Journal of International Law,* Vol. 109 (2015).

Bates, Ed, "Avoiding Legal Obligations Created by Human Rights Treaties", *International and Comparative Law Quarterly,* Vol. 57, Issue 4 (2008).

Borchard, Edwin, "The "Minimum Standard" of the Treatment of Aliens", *Michigan Law Review,* Vol. 38, No. 4 (1940).

Burke-White, William W. and Andreas von Staden, "Investment Protection in Extraordinary Times: The Interpretation and Application of Non-Precluded

Measures in Bilateral Treaties", *Virginia Journal of International Law,* Vol. 48, No. 2 (2008).

Cann, Jr, Wesley A., "Creating Standards and Accountability for the Use of the WTO Security Exception: Reducing the Role of Power-based Relations and Establishing a New Balance between Sovereignty and Multilate- ralism", *Yale Journal of International Law,* Vol. 26 (Summer 2001).

Cantegreil, Julien, "The Audacity of the Texaco/Calasiatic Award: René-Jean Dupuy and the Internationalization of Foreign Investment Law", *European Journal of International Law,* Vol. 22, No. 2 (2011).

Chaisse, Julien, "Exploring the Confines of International Investment and Domestic Health Protections-Is a General Exceptions Clause a Forced Perspective?", *American Journal of Law & Medicine,* Vol. 39 (2013).

Cho, Sungjoon & Jürgen Kurtz, "Converging Divergences: A Common Law of International Trade and Investment", *Chicago-Kent College of Law Research Paper,* No. 2015-2.

Choudhury, Barnali, "International Investment Law as a Global Public Good", *Lewis & Clark Law Review,* Vol. 17 (2013).

Choukroune, Leïla, "Indian International Investment Agreements and Non Invest- ment Concerns: Time for a Right(s) Approach", *Jindal Global Review,* Vol. 7, Issue 2 (2016).

Condon, Bradly J., "Treaty Structure and Public Interest Regulation in International Economic Law", *Journal of International Economic Law,* Vol. 17 (2014).

_____, "Mexican Energy Reform and NAFTA Chapter 11: Articles 20 and 21 of the Hydrocarbons Law and Access to Investment Arbitration", *World Energy Law and Business,* Vol. 9, Issue 3 (2016).

Côté, Christine, "*A Chilling Effect?: The Impact of International Investment Agreements on National Regulatory Autonomy in the Areas of Health, Safety and the Environment*", *A Thesis for Doctor of Philosophy, London School of Economics and Political Science,* 2014.

Coyle, John F., "The Treaty of Friendship, Commerce and Navigation in the

Modern Era", *Columbia Journal of Transnational Law,* Vol. 51 (2013).

Dar, Wasiq Abass, "Understanding Public Policy as an Exception to the Enforcement of Foreign Arbitral Awards: A South-Asian Perspective", *European Journal of Comparative Law and Governance,* Vol. 2 (2015).

Davey, William J., "Non-Discrimination in the World Trade Organization: The Rules and Exceptions", *Recueil des Cours 354, Collected Courses of the Hague Academy of International Law 2011* (Martinus Nijhoff, 2012).

De Brabandere, Eric, "Host State's Due Diligence in International Investment Law", *Syracuse Journal of International Law and Commerce,* Vol. 42, No. 2 (2015).

De Luca, Anna, "Integrating Non-Trade Objectives in the Oncoming EU Investment Policy: What Policy Options for the EU?", Tamara Takács, Andrea Ott & Angelos Dimopoulos (eds.), *Linking Trade and Non-commercial Interests: the EU as a Global Role Model? CLEER Working Papers* (2013).

De Mestral, Armand, "When Does the Exception Become the Rule?: Conserving Regulatory Space under CETA", *Journal of International Economic Law,* Vol. 18, No. 3 (2015).

Desierto, Diane, "Necessity and 'Supplementary Means of Interpretation' for Non-Precluded Measures in Bilateral Investment Treaties", *University of Pennsylvania Journal of International Law,* Vol. 31 (Spring 2010).

DiMascio, Nicholas & Joost Pauwelyn, "Non-discrimination in Trade and Investment Treaties: Worlds Apart or Two Sides of the Same Coin?", *American Journal of International Law,* Vol. 102 (2008).

Douglas, Zachary, "The Hybrid Foundations of Investment Treaty Arbitration", *British Yearbook of International Law,* Vol. 74, Issue 1 (2004).

Du, Michael Ming, "The Rise of National Regulatory Autonomy in the GATT/WTO Regime", *Journal of International Economic Law,* Vol. 14, No. 3 (2011).

Dumberry, Patrick, "Are BITs Representing the 'New' Customary International Law in International Investment Law?", *Penn State International Law*

Review, Vol. 28, No. 4 (2010).

El Zeidy, Mohamed M., "The ECHR and States of Emergency: Article 15: A Domestic Power of Derogation from Human Rights Obligations", *MSU-DCL Journal of International Law,* Vol. 11 (2002).

Fahner, Jeanrique, "The Contested History of International Investment Law: From a Problematic Past to Current Controversies", *International Community Law Review,* Vol. 17 (2015).

Fauchald, Ole Kristian, "Flexibility and Predictability Under the World Trade Organization's Non-Discrimination Clauses", *Journal of World Trade,* Vol. 37, No. 3 (2003).

Franck, Susan, "The Legitimacy Crisis in Investment Treaty Arbitration: Privatizing Public International Law Through Inconsistent Decisions", *Fordham Law Review,* Vol. 73 (2005).

Gagliani, Gabriele, "The Interpretation of General Exceptions in International Trade and Investment Law: Is a Sustainable Development Interpretive Approach Possible?", *Denver Journal of International Law and Policy,* Vol. 43, No. 4 (2015).

Galvez, Cynthia C., "'Necessity', Investor Rights, and State Sovereignty for NAFTA Investment Arbitration", *Cornell International Law Journal,* Vol. 46 (2013).

Gazzini, Tarcisio, "General Principles of Law in the Field of Foreign Investment", *Journal of World Investment and Trade,* Vol. 10, Issue 1 (2009).

Gaukrodger, David, "The Balance between Investor Protection and the Right to Regulate in Investment Treaties", *OECD Working Papers on International Investment, 2017.*

Gibson, Catherine H., "Beyond Self-Judgment: Exceptions Clauses in US BITs", *Fordham International Law Journal,* Vol. 38 (2015).

Gross, Oren & Fionnuala Ní Aoláin, "From Discretion to Scrutiny: the Revisiting of the Margin of Appreciation Doctrine in the Context of Article 15 of the European Convention on Human Rights", *Human Rights Quarterly,* Vol. 23 (2001).

Guan, Wenwei, "How General Should the GATT General Exceptions Be?: A

Critique of the 'Common Intention' Approach of Treaty Interpretation", *Journal of World Trade,* Vol. 48, No. 2 (2014).

Guzman, Andrew T., "Why LDCs Sign Treaties That Hurt Them: Explaining the Popularity of Bilateral Investment Treaties", *Virginia Journal of International Law,* Vol. 38 (1998).

Guillaume, Gilbert, "The Use of Precedent by International Judges and Arbitrators", *Journal of International Dispute Settlement,* Vol. 2, No. 1 (2011).

Hackworth, Green H., "Responsibility of States for Damages Caused in Their Territory to the Person or Property of Foreigners: The Hague Conference for the Codification of International Law", *American Journal of International Law,* Issue 3 (1930).

Hahn, Michael, "Vital Interests and the Law of GATT: An Analysis of GATT's Security Exception", *Michigan Journal of International Law,* Vol. 12 (Spring 1991).

Hanessian, Grant and Kabir Duggal, "The Final 2015 Indian Model BIT: Is This the Change the World Wishes to See?", *ICSID Review,* Vol. 32, No. 1 (2017).

Henckels, Caroline, "Indirect Expropriation and the Right to Regulate: Revisiting Proportionality Analysis and the Standard of Review in Investor-State Arbitration", *Journal of International Economic Law,* Vol. 15, No. 1 (2012).

_____, "Protecting Regulatory Autonomy through Greater Precision in Investment Treaties: The TPP, CETA and TTIP", *Journal of International Economic Law,* Vol. 19, No. 1 (2016).

Henderson, Henrik, "Protection of Non-Trade Values in WTO Appellate Body Jurisprudence: Exceptions, Economic Arguments, and Eluding Questions", *Journal of International Economic Law,* Vol. 18, No. 2 (2015).

Hepburn, Jarrod, "Domestic Investment Statutes in International Law", *American Journal of International Law,* Vol. 112, No. 4 (2018).

Houde, Marie-France, Katia Yannaca Small, "Relationships between International Investment Agreements", *OECD Working Papers on International Investment* (2004/01, OECD Publishing).

Jaime, Margie-Lys, "Relying upon Parties' Interpretation in Treaty-based Investor-State Dispute Settlement: Filling the Gaps in International Investment Agreements", *Georgetown Journal of International Law,* Vol. 46 (2014).

Kapterian, Gisele, "A Critique of the WTO Jurisprudence on 'Necessity'", *International and Comparative Law Quarterly,* Vol. 59 (2010).

Keene, Amelia, "The Incorporation and Interpretation of WTO-Style Environmental Exceptions in International Investment Agreements", *Journal of World Investment and Trade,* Vol. 18, No. 1 (2017).

Kim, Julie A., "A Standard Public Order Treaty Carve-out as a Means for Balancing Regulatory Interests in International Investment Agreements", 서울대학교 박사학위 논문 (2017).

Kishoiyian, Bernard, "The Utility of Bilateral Investment Treaties in the Formulation of Customary International Law", *Northwestern Journal of International Law and Business,* Vol. 14, No. 2 (1994).

Kleinheisterkamp, Jan, "Investment Treaty Law and the Fear for Sovereignty: Transnational Challenges and Solutions", *The Modern Law Review,* Vol. 78, No. 5 (2015).

Koskenniemi, Martti and Päivi Leino, "Fragmentation of International Law? Post-modern Anxieties", *Leiden Journal of International Law,* Vol. 15 (2002).

Korzun, Vera, "The Right to Regulate in Investor-State Arbitration", *Vanderbilt Journal of Transnational Law,* Vol. 50 (2017).

Kurtz, Jürgen, "The Use and Abuse of WTO Law in Investor-State Arbitration: Competition and Its Discontents", *European Journal of International Law,* Vol. 20, No. 3 (2009).

_____, "Adjudging the Exceptional at International Investment Law: Security, Public Order and Financial Crisis", *International and Comparative Law Quarterly,* Vol. 59 (2010).

_____, "Charting the Future of the Twin Pillars of International Economic Law", *Jerusalem Review of Legal Studies,* Vol. 9, No. 1 (2014).

Lauterpacht, Hersch, "Restrictive Interpretation and the Principle of Effectiveness in the Interpretation of Treaties", *British Yearbook of International Law*

(1949).

Lee, Jaemin, "Beneath the Tip of the Iceberg-Global Financial Crisis, Bank Bailouts and the SCM Agreement", *Asian Journal of WTO and International Health and Policy*, Vol. 10 (2015).

Levashova, Yulia, "Public Interest Norms in the European International Investment Policy: A Shattered Hope?", *European Company Law*, Vol. 9, No. 2 (2012).

Lévesque, Céline, "Influences on the Canadian FIPA Model and the US Model BIT: NAFTA Chapter 11 and Beyond", *Canadian Yearbook of International Law*, Vol. 49 (2006).

Maier, Bernhard, "How Has International Law Dealt with the Tension between Sovereignty over Natural Resources and Investor Interests in the Energy Sector? Is There a Balance?", *International Energy Law Review*, Vol 4 (2010).

Mann, Howard, "Investment Agreements and the Regulatory State: Can Exceptions Clauses Create a Safe Haven for Governments?", *Background Papers for the Developing Country Investment Negotiators' Forum* (IISD, 2007).

Martin, Antoine, "Investment Disputes after Argentina's Economic Crisis: Interpreting BIT Non-precluded Measures and the Doctrine of Necessity under Customary International Law", *Journal of International Arbitration*, Vol. 29, No. 1 (2012).

McLachlan, Campbell QC., "Investment Treaties and General International Law", *International and Comparative Law Quarterly*, Vol. 57 (2008).

Miles, Kate, "International Investment Law: Origins, Imperialism and Conceptualizing the Environment", *Colorado Journal of International Environmental Law and Policy*, Vol. 21, No. 1 (2010).

Moloo, Rahim and Justin Jacinto, "Environmental and Health Regulation: Assessing Liability Under Investment Treaties", *Berkeley Journal of International Law*, Vol. 29, No. 1 (2011).

Moon, William J., "Essential Security Interests in International Investment Law", *Journal of International Economic Law*, Vol. 15, No. 2 (2012).

Mostafa, Ben, "The Sole Effects Doctrine, Police Powers and Indirect Expropriation under International Law", *Australian International Law Journal,* Vol. 15 (2008).

Newcombe, Andrew, "General Exceptions in International Investment Agreements", *Draft Discussion Paper,* Prepared for BIICL Annual WTO Conference (May 13~14, 2008, London), https://www.biicl.org/files/3866_andrew_new combe.pdf.

Ortino, Federico, "Refining the Content and Role of Investment 'Rules' and 'Standards': A New Approach to International Investment Treaty Making", *ICSID Review,* Vol. 28, No. 1 (2013).

Paine, Joshua, "The Project of System-Internal Reform in International Investment Law: An Appraisal", *Journal of International Dispute Settlement,* Vol. 6 (2015).

Pauwelyn, Joost, "The Rule of Law without the Rule of Lawyers?", *American Journal of International Law,* Vol. 109, No. 4 (2015).

Ranjan, Prabhash, "Non-Precluded Measures in Indian International Investment Agreements and India's Regulatory Power as a Host Nation", *Asian Journal of International Law,* Vol. 2 (2012).

Roberts, Anthea, "Power and Persuasion in Investment Treaty Interpretation: The Dual Role of States", *American Journal of International Law,* Vol. 104 (2010).

Roberts, Anthea & Richard Braddock, "Protecting Public Welfare Regulation Through Joint Treaty Party Control: a ChAFTA Innovation", *Columbia FDI Perspectives,* No. 176 (June 20, 2016).

Rosenfeld, Friedrich, "The Trend from Standards to Rules in International Investment Law and Its Impact upon the International Power of Arbitral Tribunals", in *ASIL Proceedings* (2014).

Sacerdoti, Giorgio, "BIT Protections and Economic Crises: Limits to Their Coverage, The Impact of Multilateral Financial Regulation and the Defence of Necessity", *ICSID Review,* Vol. 28, No. 2 (2013).

Salacuse, Jeswald W., "BIT by BIT: The Growth of Bilateral Investment Treaties and Their Impact on Foreign Investment in Developing Countries",

International Lawyers, Vol. 24, No. 3 (1990).

_____, "The Emerging Global Regime for Investment", *Harvard International Law Journal,* Vol. 51, No. 2 (Summer 2010).

Salacuse, Jeswald W. & Nicholas P. Sullivan, "Do BITs Really Work?: An Evaluation of Bilateral Investment Treaties and Their Grand Bargain", *Harvard International Law Journal,* Vol. 46 (2005).

Sauvant, Karl P., "The Evolving International Investment Law and Policy: Ways Forward", *Policy Options Paper* (International Centre for Trade and Sustainable Development, January 2016).

Schill, Stephan W., "Enhancing International Investment Law's Legitimacy: Conceptual and Methodological Analysis of a New Public Law Approach", *Virginia Journal of International Law,* Vol. 52 (2011).

Shin, Hi-Taek & Julie A. Kim, "Balancing the Domestic Regulatory Need to Control the Inflow of Foreign Direct Investment Against International Treaty Commitments: A Policy-Oriented Study of the Korean Foreign Investment Promotion Act and the Korea-US FTA", *Asia Pacific Law Review,* Vol. 19, No. 2 (2011).

Simma, Bruno & Dirk Pulkowski, "Of Planets and the Universe: Self-contained Regimes in International Law", *European Journal of International Law,* Vol. 17, No. 3 (2006).

Sloane, Robert, "On the Use and Abuse of Necessity in the Law of State Responsibility", *American Journal of International Law,* Vol. 106 (2012).

Sohn, Louis B. & R. R. Baxter, "Responsibility of States for Injuries to the Economic Interests of Aliens", *American Journal of International Law,* Vol. 55, No. 3 (1961).

Sourgens, Frederic G., "Keep the Faith: Investment Protection Following the Denunciation of International Investment Agreements", *Santa Clara Journal of International Law,* Vol. 11, Issue 2 (2013).

Spears, Suzanne A., "The Quest for Policy Space in a New Generation of International Investment Agreements", *Journal of International Economic Law,* Vol. 13, No. 4 (2010).

Stumberg, Robert, "Sovereignty by Subtraction: The Multilateral Agreement on Investment", *Cornell International Law Journal*, Vol. 31, No. 3 (1998).

Titi, Catharine, "International Investment Law and the European Union: Towards a New Generation of International Investment Agreements", *European Journal of International Law*, Vol. 26, No. 3 (2015).

Vandevelde, Kenneth J., "Rebalancing Through Exceptions", *Lewis & Clark Law Review*, Vol. 17, No. 2 (2013).

Venter, Francois, "Filling Lacunae by Judicial Engagement with Constitutional Values and Comparative Methods", *The Tulane European and Comparative Forum* (Tulane University School of Law, 2014).

Vicuna, Francisco Orrego, "Regulatory Authority and Legitimate Expectations: Balancing the Rights of the State and the Individual under International Law in a Global Society", *International Law FORUM du droit international*, Vol. 5, No. 3 (2003).

Waibel, Michael, "Two Worlds of Necessity in ICSID Arbitration: CMS and LG&E", *Leiden Journal of International Law*, Vol. 20, Issue 3 (2007).

White, Robin C. A., "A New International Economic Order", *International and Comparative Law Quarterly*, Vol. 24 (1975).

Yanaca-Small, Katia, "Indirect Expropriation and the Right to Regulate," in *International Investment Law: A Changing Landscape* (OECD, 2005).

기타문서

(1) Restatement of the Law

Restatement of the Law, Second, Foreign Relations Law of the United States, American Law Institute. Washington D.C., 1965.

Restatement of the Law, Third, Foreign Relations Law of the United States, Vol. 2, Washington D.C., 1987.

(2) EU 문서

European Commission, "Investment Protection and Investor-to-State Dispute

Settlement in EU Agreements", *Fact Sheet* (November 2013).

_____, "Investment in TTIP and Beyond-the Path for Reform",
Concept Paper (May 2015).

European Parliament, *Report on the Future European International Investment
Policy* (2010/2203(INI)).

(3) ILC 문서

*Draft Articles on Responsibility of States for Internationally Wrongful Acts
with Commentaries,* 2001 (United Nations, 2008).

International Responsibility: First Report by Garcia Amador, A/CN.4/96
(January 20, 1956), *Yearbook of the International Law Commission
1956,* Vol. Ⅱ.

Second Report by F. V. Garcia Amador, Responsibility of the State for Injuries
Caused in Its Territory to the Person or Property of Aliens, A/CN.4/106
(February 15, 1957), *Yearbook of the International Law Commission
1957,* Vol. II.

Report by Mr. Roberto Ago, Chairman of the Sub-Committee on State Responsi-
bility, A/CN.4/152, *Yearbook of the International Law Commission
1963,* Vol. Ⅱ.

Working Paper prepared by Mr. Roberto Ago, A/CN.4/SC.1/WP.6, *Yearbook
of the International Law Commission 1963,* Vol. Ⅱ.

Second Report on State Responsibility, by Roberto Ago, A/CN.4/233,
Yearbook of the International Law Commission 1970, Vol. Ⅱ.

Addendum to the Eighth Report on State responsibility by Mr. Roberto Ago,
A/CN.4/318/ADD.5-7, *Yearbook of the International Law Commission
1980,* Vol. Ⅱ, Part 1.

Report of the Study Group of the International Law Commission (Finalized
by Martii Koskenniemi), "Fragmentation of International Law: Difficulties
Arising From the Diversification and Expansion of International Law"
(April 13, 2006), A/CN.4/L.682.

Second Report on Identification of Customary International Law by Michael

Wood, Special Rapporteur, A/CN.4/672 (May 22, 2014).

(4) OECD 문서

The Treatment of Prudential Measures in the MAI, DAFFE/MAI/EG5(96)1 (October 7, 1996).
The Multilateral Agreement on Investment Consolidated Texts and Commentary, DAFFE/MAI(97)1/REV2 (May 13, 1997).
The Multilateral Agreement on Investment Consolidated Text, DAFFE/MAI (98) 7/REV1 (April 22, 1998).
OECD Guidelines for Multinational Enterprises, 2011 Edition.

(5) UNCTAD 문서

Bilateral Investment Treaties 1959~1999, New York, 2000.
"Preserving Flexibility in IIAs: The Use of Reservation", UNCTAD/ITE/IIT/2005/8, *UNCTAD Series on International Investment Policies for Development* (May 2006).
Bilateral Investment Treaties 1995~2006: Trends in Investment Rulemaking, New York and Geneva, 2007.
"The Protection of National Security in IIAs", *UNCTAD Series on International Investment Policies for Development* (2009).
"Denunciation of the ICSID Convention and BITs: Impact on Investor-State Claims", *IIA Issues Note* No. 2 (December 2, 2010).
"Scope and Definition", *UNCTAD Series on Issues in International Investment Agreements Ⅱ* (2011).
"International Investment Agreements Negotiators Handbook: APEC/UNCTAD MODULES" (May 2013).
"Towards a New Generation of International Investment Policies: UNCTAD's Fresh Approach to Multilateral Investment Policy-Making", *IIA Issues Note*, No. 5 (July 2013).
"Investment Policy Framework for Sustainable Development", UNCTAD/DIAE/ PCB/2015/5 (2015).

"Taking Stock of IIA Reform", *IIA Issues Note*, No. 1 (March 2016).
World Investment Report 2014~2019.

(6) UN총회 결의 및 UN문서

Resolution adopted by the General Assembly 1803, *Resolution on Permanent Sovereignty over Natural Resources* (December 14, 1962), UN Doc. A/5217.

Declaration on the Establishment of a New International Economic Order (May 1, 1974), A/RES/S-6.

*Charter of Economic Rights and Duties of State*s (December 12, 1974), A/RES/3281(XXIX).

Ruggie, John, "Protect, Respect and Remedy: a Framework for Business and Human Rights", *Report of the Special Representative of the Secretary- General on the Issue of Human Rights and Transnational Corporations and Other Business Enterprises*, General Assembly, A/HRC/8/5 (April 7, 2008).

웹사이트

산업통상자원부 FTA 홈페이지: <http://www.fta.go.kr/main/>.

UNCTAD International Investment Agreements Navigator: <http://investmentpolicyhub.unctad.org/IIA>.

U.S. Department of State, NAFTA Investor-State Arbitrations, Interpretation of the Free Trade Commission of Certain Chapter 11 Provisions: <https://www.state.gov/documents/organization/38790.pdf>.

판례

(1) PCIJ/ICJ

The Mavrommatis Palestine Concessions, P.C.I.J. Reports 1924, Series A, No. 2.

Lotus Case, France/Turkey, P.C.I.J. Reports 1927, Series A, No. 9.

Application of the Convention of 1902 governing the Guardianship of Infants (Netherlands v. Sweden), Judgment (November 28, 1958), *I.C.J. Reports 1958.*

Barcelona Traction, Light and Power Company, Limited, Judgment (February 5, 1970), *I.C.J. Reports 1970.*

Military and Paramilitary Activities in and against Nicaragua (Nicaragua v. United States of America), Judgment (June 27, 1986), *I.C.J. Reports 1986.*

Legality of the Threat or Use of Nuclear Weapons, Advisory Opinion (July 8, 1996), *I.C.J. Reports 1996.*

Gabčíkovo-Nagymaros Project(Hungary/Slovakia), Judgment (September 25, 1997), *I.C.J. Reports 1997.*

Oil Platforms (Islamic Republic of Iran v. United States of America), Judgment (November 6, 2003), *I.C.J. Reports 2003.*

(2) 중재판정

L.F.H. Neer & Pauline Neer v. United Mexican States, Award (October 15, 1926), *RIAA,* Vol. Ⅳ.

Texaco Overseas Petroleum Company and California Asiatic Oil Company v. Government of the Libya Arab Republic, Dupuy, Sole Arbitrator, Award on the Merits (January 19, 1977).

Compañia del Desarrollo de Santa Elena, S.A. v. Republic of Costa Rica, ICSID Case No. ARB/96/1, Final Award (February 17, 2000).

Metalclad Corporation v. United Mexican States, ICSID Case No. ARB(AF)/97/1, Award (August 30, 2000).

S.D. Myers Inc. v. Government of Canada, Separate Opinion by Dr. Bryan Schwartz on Partial Award (November 12, 2000).

S.D. Myers Inc. v. Government of Canada, UNCITRAL, Partial Award (November 13, 2000).

Pope & Talbot Inc. v. Government of Canada, Award on the Merits of Phase

2 (April 10, 2001).

Mondev International Ltd. v. The United States of America, ICSID Case No. ARB(AF)/99/2, Award (October 11, 2002).

Marvin Feldman v. The United Mexican States, ICSID Case No. ARB(AF)/99/1, Award (December 16, 2002).

SGS Société Générale de Surveillance S.A. v. Republic of the Philippines, ICSID Case No. ARB/02/6, Decision of the Tribunal on Objections to Jurisdiction (January 29, 2004).

Waste Management, Inc. v. United Mexican States("Number 2"), ICSID Case No. ARB(AF)/00/3, Award (April 30, 2004).

CMS Gas Transmission Company v. The Argentine Republic, ICSID Case No. ARB/01/8, Award (May 12, 2005).

Methanex Co. v. United States of America, UNCITRAL, Final Award (August 3, 2005).

International Thunderbird Gaming Corporation v. The United Mexican States, UNCITRAL, *Separate Opinion of Thomas Wälde* (December 2005).

Saluka Investment B.V. v. The Czech Republic, UNCITRAL, Partial Award (March 17, 2006).

Azurix Corp. v. The Argentine Republic, ICSID Case No. ARB/01/12, Award (July 14, 2006).

Fireman's Fund Insurance Company v. The United Mexican States, ICSID Case No. ARB(AF)/02/1, Award (July 17, 2006).

ADC Affiliate Limited and ADC & ADMC Management Limited v. Republic of Hungary, ICSID Case No ARB/03/16, Award (October 2, 2006).

LG&E Energy Corp. LG&E Capital Corp. LG&E International Inc. v. Argentine Republic, ICSID Case No. ARB/02/1, *Decision on Liability* (October 3, 2006).

Enron Corporation Ponderosa Assets, L.P v. Argentine Republic, ICSID Case No. ARB/01/3, Award (May 22, 2007).

CMS Gas Transmission Company v. Argentine Republic, ICSID Case No.

ARB/01/ 8, Decision of the Ad Hoc Committee on the Application for Annulment of the Argentine Republic (September 25, 2007).

Sempra Energy International v. Argentine Republic, ICSID Case No. ARB/02/16, Award (September 28, 2007).

BG Group Plc. v. Argentine Republic, UNCITRAL, Award (December 24, 2007).

Continental Casualty Company v. Argentine Republic, ICSID Case No. ARB/03/9, Award (September 5, 2008).

Glamis Gold, Ltd. v. the United States of America, UNCITRAL, Award (June 8, 2009).

Joseph Charles Lemire v. Ukraine, ICSID Case No. ARB/06/18, Decision on Jurisdiction and Liability (January 14, 2010).

Chemtura Corporation v. Government of Canada, UNCITRAL, Award (August 2, 2010).

Total S.A. v. Argentine Republic, ICSID Case No. ARB/04/1, Decision on Liability (December 27, 2010).

EDF International S.A., Saur International S.A. and Leon Participaciones Argentinas S.A. v. Argentine Republic, ICSID Case No. ARB/03/23, Award (June 11, 2011).

Continental Casualty Company v. Argentine Republic, ICSID Case No. ARB/03/9, Decision on the Application for Partial Annulment of Continental Casualty Company and the Application for Partial Annulment of the Argentine Republic (September 16, 2011).

El Paso Energy International Company v. The Argentine Republic, ICSID Case No. ARB/03/15, Award (October 31, 2011).

Occidental Petroleum Corporation and Occidental Exploration and Production Company v. The Republic of Ecuador, ICSID Case No. ARB/06/11, Award (October 5, 2012).

Ioan Micula, Viorel Micula, S.C. European Food S.A, S.C. Starmill S.R.L. and S.C. Multipack S.R.L. v. Romania, ICSID Case No. ARB/05/20, Final Award (December 11, 2013).

Philip Morris Brands Sàrl, Philip Morris Products S.A. and Abal Hermanos

S.A. v. Oriental Republic of Uruguay, ICSID Case No. ARB/10/7, Award (July 8, 2016).

(3) GATT 및 WTO 패널/항소기구 보고서

Canada-Measures Affecting Exports of Unprocessed Herring and Salmon, Report of the Panel adopted on 22 March 1988, L/6268-35S/98.

United States-Section 337 of the Tariff Act of 1930, Report by the Panel adopted on 7 November 1989, L/6439-36S/345.

Appellate Body Report, *United States-Standards for Reformulated and Conventional Gasoline,* WT/DS2/AB/R (May 20, 1996).

Appellate Body Report, *United States-Measures Affecting Imports of Woven Wool Shirts and Blouses from India,* WT/DS33/AB/R (May 23, 1997).

Appellate Body Report, *European Communities-Measures Concerning Meat and Meat Products(Hormones),* WT/DS26/AB/R, WT/DS48/AB/R (February 13, 1998).

Appellate Body Report, *United States-Import Prohibition of Certain Shrimp and Shrimp Products,* WT/DS58/AB/R (November 6, 1998).

Appellate Body Report, *Korea-Measures Affecting Imports of Fresh, Chilled and Frozen Beef,* WT/DS161/AB/R, WT/DS169/AB/R (January 10, 2001).

Appellate Body Report, *European Communities-Measures Affecting Asbestos and Products Containing Asbestos,* WT/DS135/AB/R (April 5, 2001).

Appellate Body Report, *United States-Measures Affecting the Cross-Border Supply of Gambling and Betting Service,* WT/DS285/AB/R (April 20, 2005).

Appellate Body Report, *Brazil-Measures Affecting Imports of Retreaded Tyres,* WT/DS332/AB/R (December 17, 2007).

Appellate Body Report, *United States-Measures Relating to Shrimp from Thailand, United States-Customs Bond Directives for Merchandise Subject to Anti-Dumping/Countervailing Duties,* WT/DS343/AB/R, WT/DS345/AB/R (August 1, 2008).

Appellate Body Report, *China-Measures Affecting Trading Rights and Distribution Services for Certain Publications and Audiovisual Entertainment Products,* WT/DS363/AB/R (January 19, 2010).

Appellate Body Reports, *China-Measures Related to the Exportation of Various Raw Materials,* WT/DS394/AB/R, WT/DS395/AB/R, WT/DS 398/AB/R (February 22, 2012)

Appellate Body Report, *United States-Measures Affecting the Production and Sale of Clove Cigarettes,* WT/DS406/AB/R (April 24, 2012).

Appellate Body Reports, *European Communities-Measures Prohibiting the Importation and Marketing of Seal Products,* WT/DS400/AB/R, WT/DS401/AB/R (June 18, 2014).

Panel Report, *United States-Measures Affecting the Cross-Border Supply of Gambling and Betting Service,* WT/DS285/R (November 10, 2004).

Panel Report, *Brazil-Measures Affecting Imports of Retreaded Tyres,* WT/DS332/R (June 12, 2007).

Panel Report, *China-Measures Affecting Trading Rights and Distribution Services for Certain Publications ad Audiovisual Entertainment Products,* WT/DS 363/R (August 12, 2009).

Panel Report, *United States-Certain Measures Affecting Imports of Poultry from China,* WT/DS392/R (September 29, 2010).

(4) 유럽인권법원

European Court of Human Rights, *Lawless v. Ireland* (No. 3), Application No. 332/57, Judgment (July 1, 1961).

James and others v. United Kingdom, Judgment (February 21, 1986), ECHR Series A, No. 98.

Denmark, Norway, Sweden and the Netherlands v. Greece(the "Greek case"), Application Nos. 3321/67 and 3 others, Report of the European Commission of Human Rights on the "Greek Case" (November 5, 1969).

찾아보기

지은이 김보연

서울대학교 외교학과 졸업
서울대학교 대학원 외교학과 석사
외교통상부 통상법무과 근무
한양대학교 법학전문대학원 법학전문석사
서울대학교 대학원 법학과 (국제법 전공) 박사
현재 서울여자대학교 강사, 변호사

유민총서 06

국제투자협정의 예외조항 연구
- 규제권한과의 균형을 위한 예외조항 모색 -

초판 1쇄 인쇄 2019년 9월 03일
초판 1쇄 발행 2019년 9월 16일
지 은 이 김보연
편   찬 홍진기법률연구재단
주   소 서울특별시 종로구 동숭3길 26-12 2층
전   화 02-747-8112 팩스 : 02-747-8110
홈 페 이 지 http://yuminlaw.or.kr

발 행 인 한정희
발 행 처 경인문화사
편 집 부 한명진 김지선 유지혜
마 케 팅 전병관 하재일 유인순
출 판 번 호 제406-1973-000003호
주   소 파주시 회동길 445-1 경인빌딩 B동 4층
전   화 031-955-9300 팩 스 031-955-9310
홈 페 이 지 www.kyunginp.co.kr
이 메 일 kyungin@kyunginp.co.kr

ISBN 978-89-499-4832-4 93360
값 28,000원